"十三五"全国高等院校民航服务专业规划教材

航空运输地理

陈文华◎编著

Geography of Air Transportation

清华大学出版社
北 京

内 容 简 介

全书分为三个部分，共计十一章：第一部分讲述地球与航空关系，内容包括地理学与航空运输地理、地球运动与航空飞行、航空气象与航空飞行、地球经纬度与飞行导航；第二部分讲述中国航空运输布局，内容包括航空运输布局、中国航空区划、中国国内主要机场分布、中国国内航空公司及航线分布；第三部分讲述世界航空运输布局，内容包括世界航空区域划分、世界主要航空枢纽城市以及世界主要航空公司。

本书可作为民用航空运输经济管理类、服务类专业的基础性课程选用教材，适用于高等院校航空运输类专业本科、专科、高职、高专学生的教学；同时也可作为航空公司、机场从业人员的岗位培训教科书。

图书在版编目（CIP）数据

航空运输地理 / 陈文华编著. —北京：清华大学出版社，2020.10（2023.12重印）
“十三五”全国高等院校民航服务专业规划教材
ISBN 978-7-302-55560-5

Ⅰ. ①航… Ⅱ. ①陈… Ⅲ. ①航空运输—运输地理—高等学校—教材 Ⅳ. ①F56

中国版本图书馆 CIP 数据核字（2020）第 089930 号

责任编辑：杜春杰
封面设计：刘 超
版式设计：文森时代
责任校对：马军令
责任印制：沈 露

出版发行：清华大学出版社
网 址：https://www.tup.com.cn，https://www.wqxuetang.com
地 址：北京清华大学学研大厦 A 座　　邮 编：100084
社 总 机：010-83470000　　邮 购：010-62786544
投稿与读者服务：010-62776969，c-service@tup.tsinghua.edu.cn
质量反馈：010-62772015，zhiliang@tup.tsinghua.edu.cn
印 装 者：北京嘉实印刷有限公司
经 销：全国新华书店
开 本：185mm×260mm　　印 张：20.5　　字 数：472 千字
版 次：2020 年 10 月第 1 版　　印 次：2023 年12月第8次印刷
定 价：59.80 元

产品编号：073881-01

“十三五”全国高等院校民航服务专业规划教材
丛书主编及专家指导委员会

“十三五”全国高等院校民航服务专业规划教材编委会

郭雅萌（江西青年职业学院）
高　琳（济宁职业技术学院）
黄　晨（天津交通职业学院）
黄春新（沈阳航空航天大学）
黄紫葳（抚州职业技术学院）
黄婵芸（原中国东方航空公司乘务员）
崔祥建（沈阳航空航天大学）
曹璐璐（中原工学院）
梁向兵（上海民航职业技术学院）
崔　媛（张家界航空工业职业技术学院）
彭志雄（湖南艺术职业学院）
梁　燕（郴州技师学院）
操小霞（重庆财经职业学院）
蒋焕新（长沙航空职业技术学院）
庞　敏（上海民航职业技术学院）
李艳伟（沈阳航空航天大学）
史秋实（中国成人教育协会航空服务教育培训专业委员会）
郭勇慧（哈尔滨幼儿师范高等专科学校）
范钰顺（四川传媒学院）
杨　琴（上饶职业技术学院）
刘文珺（南昌航空大学）
张贺滕（山东外事职业大学）
王永霞（潍坊职业学院）

出版说明

随着经济的稳步发展，我国已经进入经济新常态的阶段，特别是十九大指出：当前中国社会的主要矛盾已经转化为人民日益增长的美好生活需要和不平衡不充分的发展之间的矛盾，这客观上要求社会服务系统要完善升级。作为公共交通运输的主要组成部分，民航运输在满足人们对美好生活的追求和促进国民经济发展中扮演着重要的角色，具有广阔的发展空间。特别是“十三五”期间，国家高度重视民航业的发展，将民航业作为推动我国经济社会发展的重要战略产业，预示着我国民航业将会有更好、更快的发展。从国产化飞机 C919 的试飞，到宽体飞机规划的出台，以及民航发展战略的实施，标志着我国民航业已经步入崭新的发展阶段，这一阶段的特点是以人才为核心，而这一发展模式必将进一步对民航人才质量提出更高的要求。面对民航业发展对人才培养提出的挑战，培养服务于民航业发展的高质量人才，不仅需要转变人才培养观念，创新教育模式，更需要加强人才培养过程中基本环节的建设，而教材建设就是其首要的任务。

我国民航服务专业的学历教育，经过 18 年的探索与发展，其在办学水平、办学结构、办学规模、办学条件和师资队伍等方面都发生了巨大的变化，专业建设水平稳步提高，适应民航发展的人才培养体系初步形成。但我们应该清醒地看到，目前我国民航服务类专业的人才培养仍存在着诸多问题，特别是专业人才培养质量仍不能适应民航发展对人才的需求，人才培养的规模与高质量人才短缺的矛盾仍很突出。而目前相关专业教材的开发还处于探索阶段，缺乏系统性与规范性。已出版的民航服务类专业教材，在吸收民航服务类专业研究成果方面做出了有益的尝试，涌现出不同层次的系列教材，推动了民航服务的专业建设与人才培养，但从总体来看，民航服务类教材的建设仍落后于民航业对专业人才培养的实践要求，教材建设已成为相关人才培养的瓶颈。这就需要我们以引领和服务专业发展为宗旨，系统总结民航服务实践经验与教学研究成果，开发全面反映民航服务职业特点、符合人才培养规律和满足教学需要的系统性专业教材，积极有效地推进民航服务专业人才的培养工作。

基于上述思考，编委会经过两年多的实际调研与反复论证，在广泛征询民航业内专家的意见与建议、总结我国民航服务类专业教育的研究成果后，结合我国民航服务业的发展趋势，致力于编写出一套系统的、具有一定权威性和实用性的民航服务类系列教材，为推进我国民航服务人才的培养尽微薄之力。

本系列教材由沈阳航空航天大学、南昌航空大学、郑州航空工业管理学院、上海民航职业技术学院、长沙航空职业技术学院、西安航空职业技术学院、中原工学院、上海外国语大学、山东大学、大连外国语大学、沈阳师范大学、曲阜师范大学、湖南艺术职业学院、陕西师范大学、兰州大学、云南大学、四川大学、湖南民族职业学院、江西青年职业学院、天津交通职业学院、潍坊职业学院、南京旅游职业学院等多所高校的众多资深专家和学者共同打造，还邀请了多名原中国东方航空公司、原中国南方航空公司、原中国国际航空公司和原海南航空公司中从事多年乘务工作的乘务长和乘务员参与教材的编写。

目前，我国民航服务类的专业教育呈现多元化、多层次的办学格局，各类学校的办学模式也呈现出个性化的特点，在人才培养体系、课程设置以及课程内容等方面，各学校之间存在着一定的差异，对教材也有不同的需求。为了能够更好地满足不同办学层次、教学模式对教材的需要，本套教材主要突出以下特点。

第一，兼顾本、专科不同培养层次的教学需要。鉴于近些年我国本科层次民航服务专业办学规模的不断扩大，在教材需求方面显得十分迫切，同时，专科层面的办学已经到了规模化的阶段，完善与更新教材体系和内容迫在眉睫，本套教材充分考虑了各类办学层次的需要，本着“求同存异、个性单列、内容升级”的原则，通过教材体系的科学架构和教材内容的层次化，达到兼顾民航服务类本、专科不同层次教学之需要。

第二，将最新实践经验和专业研究成果融入教材。服务类人才培养是系统性问题，具有很强的内在规定性，民航服务的实践经验和专业建设成果是教材的基础，本套教材以丰富理论、培养技能为主，力求夯实服务基础，培养服务职业素质，将实践层面行之有效的经验与民航服务类人才培养规律的研究成果有效融合，以提高教材对人才培养的有效性。

第三，落实素质教育理念，注重服务人才培养。习近平总书记在党的十九大报告中强调，“要全面贯彻党的教育方针，落实立德树人根本任务，发展素质教育，推进教育公平，培养德智体美全面发展的社会主义建设者和接班人”，人才以德为先，以社会主义价值观铸就人的灵魂，才能使人才担当重任，这也是高校人才培养的基本任务。教育实践表明，素质是人才培养的基础，也是人才职业发展的基石，人才的能力与技能附着在精神与灵魂，但在传统的民航服务教材体系中，包含素质教育板块的教材较为少见。根据党的教育方针，本套教材的编写考虑到素质教育与专业能力培养的关系，以及素质对职业生涯的潜在影响，首次在我国民航服务专业教学中提出专业教育与人文素质并重、素质决定能力的培养理念，以独特的视野，精心打造素质教育教材板块，使教材体系更加系统，强化了教材特色。

第四，必要的服务理论与专业能力培养并重。调研分析表明，忽视服务理论与人文素质所培养出的人才很难有宽阔的职业胸怀与职业精神，其未来的职业生涯发展就会乏力。因此，教材不应仅是对单纯技能的阐述与训练指导，更应该在不淡化专业能力培养的同时，强化行业知识、职业情感、服务机理、职业道德等关系到职业发展潜力的要素的培养，以期培养出高层次和高质量的民航服务人才。

第五，架构适合未来发展需要的课程体系与内容。民航服务具有很强的国际化特点，而我国民航服务的思想、模式与方法也正处于不断创新的阶段，紧紧把握未来民航服务的发展趋势，提出面向未来的解决问题的方案，是本套教材的基本出发点和应该承担的责任。我们力图将未来民航服务的发展趋势、服务思想、服务模式创新、服务理论体系以及服务管理等内容重新进行架构，以期能对我国民航服务人才培养，乃至整个民航服务业的发展起到引领作用。

第六，扩大教材的种类，使教材的选择更加宽泛。鉴于我国目前尚缺乏民航服务专业更高层次办学模式的规范，各学校的人才培养方案各具特点，差异明显，为了使教材更适用于办学的需要，本套教材打破了传统教材的格局，通过课程分割、内容优化和课外外延化等方式，增加了教材体系的课程覆盖面，使不同办学层次、关联专业可以通过教材合理组合，以获得完整的专业教材选择机会。

本套教材规划出版品种大约为四十种，分为：① 人文素养类教材，包括《大学语文》《应用文写作》《艺术素养》《跨文化沟通》《民航职业修养》《中国传统文化》等。② 语言类教材，包括《民航客舱服务英语教程》《民航客舱实用英语口语教程》《民航实用英语听力教程》《民航播音训练》《机上广播英语》《民航服务沟通技巧》等。③ 专业类教材，包括《民航概论》《民航服务概论》《中国民航常飞客源国概况》《民航危险品运输》《客舱安全管理与应急处置》《民航安全检查技术》《民航服务心理学》《航空运输地理》《民航服务法律实务与案例教程》等。④ 职业形象类教材，包括《空乘人员形体与仪态》《空乘人员职业形象设计与化妆》《民航体能训练》等。⑤ 专业特色类教材，包括《民航服务手语训练》《空乘服务专业导论》《空乘人员求职应聘面试指南》《民航面试英语教程》等。

为了开发职业能力，编者联合有关 VR 开发公司开发了一些与教材配套的手机移动端 VR 互动资源，学生可以利用这些资源体验真实场景。

本套教材是迄今为止民航服务类专业较为完整的教材系列之一，希望能借此为我国民航服务人才的培养，乃至我国民航服务水平的提高贡献力量。民航发展方兴未艾，民航教育任重道远，为民航服务事业发展培养高质量的人才是各类人才培养部门的共同责任，相信集民航教育的业内学者、专家之共同智慧，凝聚有识之士心血的这套教材的出版，对加速我国民航服务专业建设、完善人才培养模式、优化课程体系、丰富教学内容，以及加强师资队伍建设能起到一定的推动作用。在教材使用的过程中，我们真诚地希望听到业内专家、学者批评的声音，收到广大师生的反馈意见，以利于进一步提高教材的水平。

丛 书 序

《礼记·学记》曰："古之王者，建国君民，教学为先。"教育是兴国安邦之本，决定着人类的今天，也决定着人类的未来。企业发展也大同小异，重视人才是企业的成功之道，别无二选。航空经济是现代经济发展的新趋势，是当今世界经济发展的新引擎。民航是经济全球化的主流形态和主导模式，是区域经济发展和产业升级的驱动力。发展中的中国民航业有巨大的发展潜力，其发展战略的实施必将成为我国未来经济发展的增长点。

"十三五"正值实现我国民航强国战略构想的关键时期，"一带一路"倡议方兴未艾，"空中丝路"越来越宽阔。高速发展的民航运输业需要持续的创新与变革，同时，基于民航运输对安全性和规范性要求比较高的特点，其对人才有着近乎苛刻的要求，只有人才培养先行，夯实人才基础，才能抓住国家战略转型与产业升级的巨大机遇，实现民航运输发展的战略目标。我国民航服务人才发展经历多年的积累，建立了较为完善的民航服务人才培养体系，培养了大量服务民航发展的各类人才，保证了我国民航运输业的高速持续发展。与此同时，我国民航人才培养正面临新的挑战，既要通过教育创新提升人才品质，又需要人才培养过程精细化，把人才培养目标落实到人才培养的过程中，而教材作为专业人才培养的基础，需要先行，以发挥引领作用。教材建设发挥的作用并不局限于专业教育本身，其对行业发展的引领。专业人才培养方向的把握，人才素质、知识、能力结构的塑造以及职业发展潜力的培养具有不可替代的作用。

我国民航运输发展的实践表明，人才培养决定着民航发展的水平，而民航人才的培养需要社会各方面的共同努力。我们惊喜地看到，清华大学出版社秉承"自强不息，厚德载物"的人文精神，发挥品牌优势，投身于民航服务专业系列教材的开发，改变了民航服务教材研发的格局，体现了其对社会责任的担当。

本套教材组织严谨，精心策划，高屋建瓴，深入浅出，具有突出的特色。第一，从民航服务人才培养的全局出发，关注了民航服务产业的未来发展趋势，架构了以培养目标为导向的教材体系与内容结构，比较全面地反映了服务人才培养趋势，起到了良好的统领作用；第二，使教材的本质——适用性得到了回归，体现在每本教材均有独特的视角和编写立意，既有高度的提升、理论的升华，也注重教育要素在课程体系中的细化，具有较强的可用性；第三，引入了职业素质教育的理念，补齐了服务人才素质教育缺少教材的短板，可谓对传统服务人才培养理念的一次冲击；第四，教材编写人员参与面非常广泛，这反映出本套教材充分体现了当今民航服务专业教育的教学成果和编写者的思考，形成了相互交流的良性机制，势必会对全国民航服务类专业的发展起到推动作用。

教材建设是专业人才培养的基础，其与教材服务的行业的发展交互作用，共同实现人才培养—社会检验的良性循环，是助推民航服务人才培养的动力。希望这套教材能够在民航服务类专业人才培养的实践中，发挥更积极的作用。相信通过不断总结与完善，这套教材一定会成为具有自身特色的、适应我国民航业发展要求并深受读者喜欢的规范教材。

原海南航空公司总裁、原中国货运航空公司总裁、原上海航空公司总裁

朱益民

2017 年 9 月

前　　言

在民航服务专业的教学计划中，航空运输地理是一门必修的基础课。地理学是研究人类生存的地理环境以及人类活动与地理环境关系的科学。航空运输是人类活动的组成部分，航空运输地理又是地理学的一个分支，因而航空运输地理是研究航空运输与地理环境的关系，研究航空运输的空间分布及其发展规律的一门学科。

航空运输的活动范围属于地表空间，地表空间变化与地球本身的空间位置、地球的结构以及地球运动紧密相关，因此航空活动必然会受到气象、时差、偏向力等的影响和制约。

航空运输产品是旅客或货物在空间中的位移。航空运输地理研究的是世界重要国家和地区的自然、政治、经济、人文与航空运输之间的关系，其中，空港城市的地理特征、航空公司的分布、运力投入的区域分布和航线的结构是本书研究的主要内容。本书通过大量数据和实例分析各种自然及人文因素对航空运输布局的影响，揭示了当今世界航空运输的布局和规律。

地图是航空运输地理学的重要组成部分，本教材用简明扼要、通俗易懂的图表语言反映了航空运输地理的特点和发展趋势。与以往同类教材相比，航线图是本教材的特色。过去由于缺乏大数据的支持，研究结果无法正确地反映航空公司和机场的航线分布，现在进入了信息化时代，在大数据的支撑下，航线图可以随时随地反映出航空运输在瞬间发生的变化。

航空运输地理具有边缘学科的双重特性，它既是地理学的分支，又是航空运输知识体系的重要组成部分，可作为民航院校、军队院校以及普通院校有关专业的基础课程。航空运输地理运用地理学的基本原理和基础知识为民航业务服务，有些内容（如国家代码、航空公司代码、机场代码）直接用于民航业务工作，因此，它属于专业基础课的范畴。不同层次、不同专业在开设此课时，对内容的侧重、取舍可因人而异，有所区别。航空运输地理教材还可作为民航工作人员以及客货代理人的短期培训教材，供各类短训班使用。就目前教育状况分析可知，大多数已有学历的民航工作人员对航空运输地理方面的知识了解得还不够深入。因此，无论从知识结构还是从专业需要的角度来说，民航工作人员学习一些航空运输地理相关知识都是必要的。

编者在本教材的编写过程中参考了大量的专著、教材和资料，相关作者在前期进行的探索和研究为本教材的编写奠定了坚实的基础。教材中采用的所有相关数据均来自权威机构，力求最新、最准、最全，通过大量数据来呈现航空公司、机场、航线在不同地域中的分布现状和发展的最新高度。此外，清华大学出版社“‘十三五’全国高等院校民航服务专业规划教材编委会”王益友教授和编辑们的信任和理解，以及他们在编写过程中给予的耐心指导和热情帮助，也使编者深受感动，在此表示衷心的感谢。

正如“国家级教学名师”、南开大学教授顾沛所说的：“教材不是编出来的，是教出来的，来回反复修改，来回‘磨’出来的。”本教材凝练了编者十多年的教学经验，每一段文字的撰写、每一张图表的制作都保留着编者教学的痕迹。由于编者水平有限，本教材中尚存在一些已知的和未知的不足，真诚希望读者不吝赐教，使之日臻完善。

编　者

2019 年 4 月 15 日于上海

CONTENTS 目录

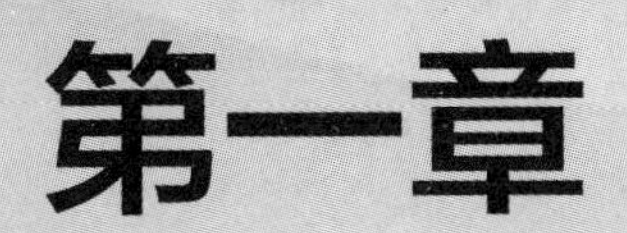

第一章

地理学与航空运输地理

学习目标

1. 了解地理学的基本概念和特性。
2. 了解航空运输地理与地理学之间的关系。
3. 掌握航空运输地理的主要内容。
4. 理解学习航空运输地理的重要性和必要性，并能掌握正确的学习方法。

第一节 地 理 学

一、地理学的内涵

地理学是研究人类生存的地理环境以及人类活动与地理环境关系的科学。

（一）地理环境

地理环境是指一定社会所处的地理位置以及与之相联系的各种自然条件的总和，包括气候、土地、河流、湖泊、山脉、矿藏以及动植物资源等，它是人类赖以生存的物质条件。自然环境是由岩石、地貌、土壤、水、气候、生物等自然要素构成的自然综合体。地理环境是影响人类发展的重要因素。从人类历史发展来看，地理环境对于文明的形成及文化的传承具有关键性的影响。从世界各国的实际状况来看，地理环境差异大的国家与民族之间，文化差异也非常大。

（二）人类活动

人类活动是人类为了生存发展和提升生活水平，不断进行的不同规模、不同类型的活动，包括农、林、渔、牧、矿、工、商、交通、观光和各种工程建设等。人类开垦、搬运和堆积的速度已经逐渐趋同于自然地质作用的速度，人类对生物圈和生态系统的改造有时甚至超过了自然生物作用的规模。人类活动已成为地球上一种巨大的地质营造力，这种力量迅速而剧烈地改变着自然界，反过来也影响着人类自身的福祉。

（三）人类活动对地理环境的影响

人类本来就是自然的一个组成部分。人类诞生之初，其活动能力，也就是影响自然的能力很弱，最多只能引起局部地区小气候的改变。但是近几百年来，人类社会的超速发展已经使人类活动成了影响地球上各圈层自然环境稳定的主导负面因素。以工业革命为例，工业化意味着要大量燃烧煤和石油，意味着人类的生产要向地球大气层排放巨量的废气，其中的二氧化碳气体造成大气温室效应，使全球变暖，导致极地冰川融化、海平面上升；二氧化硫和氮氧化物可以形成酸雨；氯氟烃气体破坏高空臭氧层，造成南极臭氧层空洞和全球臭氧层减薄。同时，工业化生产排放的污染气体也使人类聚居的城市成了浓度特高的大气污染中心。此外，人类活动还引发了森林和草原植被的退化或消亡、生物多样性的减退、水土流失……这一切无不给人类敲响了警钟，人类在发展经济、提高生活质量的同时，也在无形中闯下了弥天大祸。近年来，人类逐渐开始意识到必须要善待自然，对自己的发展和活动有所控制，由此，人和自然的和谐发展也成为地理学研究的重要内容。

二、地理学的发展

（一）早期人类对地理的认识

早在 15 世纪时，人类由于生活在相互隔绝、各自独立的几块陆地上，没有人能确切地知道地球究竟是方的还是圆的，几乎每一块陆地上的人都认为自己生活在世界的中心，当时的欧洲人认为，除了欧洲、亚洲、非洲三块大陆，其他地方则是混沌未开的。在公元 1400 年以后的二百年间，欧洲绘图人笔下的几块陆地宛如正在成长的胚胎，逐步由模糊的团状演变成我们今天所熟悉的清晰可见的模样。正是从那个时期起，原本互相隔离的大陆被“连接”在一起，这个过程就是地理大发现。

（二）近代地理学形成的历史背景

第一，文艺复兴后，以哥白尼日心说为先导的欧洲科学革命为近代地理学创立了科学和哲学基础。哥白尼《天体运行论》的发展揭开了这场科学革命的序幕，把《创世记》的神学体系完全推翻。意大利自然科学家乔尔丹诺·布鲁诺把日心说又推进一步，他认为太阳不是宇宙的绝对中心，大自然是无限的。地理学受这场科学革命的影响很深，其突出表现是地理唯物论的形成，即对待自然界的规律要从地球的整体去认识，建立理论体系、对待人类社会的规律也要试图从环境中找原因。

第二，“地理大发现”，即人类广泛的地理活动，为近代地理学的发展奠定了实践基础，也为葡萄牙、西班牙、荷兰、英国、法国、德国等西方大国的相继崛起奠定了物质基础。从 15 世纪至 17 世纪，欧洲长久持续着的探险活动为地理学发展提供了极为丰富的自然、人文资料和素材，不断扩大的空间知识为人们认识和研究地理规律提供了可靠的依据。

第三，产业革命后，资本主义经济高速发展，曾一度在欧洲地理学界盛行的“环境决定论”为欧洲列强的殖民扩张提供了理论依据，巨大的生产力需求促使各主要资本主义国家到全球各地去占领商品市场、争夺原料产地、扩大殖民地，地理学的发展是顺应了强大的社会需要的结果。

第四，航海、测绘、观测技术的发展为近代地理学的发展提供了有力的研究技术手段，地图学的逐步完善则为欧洲列强的海外扩张提供了不可缺少的技术支持。航海动力的根本改进和陆上交通技术条件的完善给地理探险、地理考察事业提供了安全保障和便利条件。19 世纪前叶，地图投影、三角测量等技术的发展使地理信息记录、传播的数量和速度大大提高，地理学家借助各种仪器开阔了眼界。

第五，相邻学科的发展和科学大分化趋势促进了近代地理学体系的建立。近代地理学在吸收相邻学科成果的基础上建立、发展起来，天文学、地学、生物学、植物学、动物学等领域的科学进展大大深化了人类的自然观，间接地推动了地理学的发展。

三、地理学的特性

地理学具有四个显著特性，即地域性、综合性、动态性及多样性。

（一）地域性

地域性是地理学最显著的特性。地域指地表空间，地表是一个巨系统，是与人类有直接关系的地理环境。任何地理现象都必然要落实在一定的地表空间内，即有一定的空间分布。地貌、气候、资源、经济等地理要素都必须在一定的地表空间中反映出来，各要素之间又有着密切的联系。地球表面自然现象和人文现象空间分布不均匀的特点决定了地理学研究具有区域性的特性。由于不同的地区存在不同的自然现象和人文现象，某种地理要素在一个地区呈现出的变化规律与在另一个地区呈现的可能完全不同，因此研究地理区域就要剖析不同区域内部的结构，包括不同地理要素之间的关系及其在区域整体中的作用、区域之间的联系，以及它们在发展变化中的相互制约关系。正是由于各地理要素特定的空间分布才造成地域间的差异，研究地理现象的地域差异规律是地理学最主要的内容之一。航空运输的活动范围在广阔的地表空间中，地面站点、空中航线都有一定的空间分布，这种分布具有很强的地域性，各区域之间的差异十分明显。

（二）综合性

综合性是地理学的另一个显著特性。地理学经过不断发展，逐步形成了完整的科学体系，形成了一门内容广泛的学科。作为地理学研究对象的地球表面是一个多种要素相互作用的综合体，这也决定了地理学研究的综合性特点。地理学不仅限于研究地球表面的各个要素，更重要的是把地球看作统一的整体，综合地研究其组成要素及它们的空间组合，着重于研究各要素之间的相互作用、相互关系以及地表综合体的特征和时、空变化规律。地理学的综合性研究分为不同的层次，层次不同，复杂程度也不同。高层次的综合性研究即人地相关性的研究，它是地理学所特有的。当代，由于系统论、信息论、控制论等新理论的出现，以及电子计算机、遥感等先进技术的广泛应用，地理学的综合性更为突出。地理学的知识涉及地质、天文、气象、海洋、古生物、地球物理、地球化学以及政治、经济、文化、交通、人口、聚落等众多科学领域，这就要求地理学对一切具有地域性的现象进行研究，对众多的相关要素进行必要的归纳，对自然规律、社会经济规律进行综合。由于地理学与其他科学的交叉渗透，从而形成了一系列边缘学科，航空运输地理就是这种交叉渗透的产物。航空运输地理作为地理学的边缘学科，也具有明显的综合性。航空运输的空间分布要受到地质、地貌、气象、气候、天文等自然条件的制约，同时又要受到政治、经济、技术、人口等社会因素的影响。此外，航空运输还具有自身的专业知识体系，不了解这些知识就不可能认识航空运输空间分布的形成及其发展规律。因此，航空运输地理要对各种自然的、人文的相关因素进行归纳、综合，发现和总结航空运输的分布及其发展规律，从而为航空运输的发展提供理论和实践方面的依据。

（三）动态性

地球表面不断变化的特点决定了地理学具有动态性，人们必须用动态的观点对其进行研究。地理学研究既注重空间的变化，也注重时间的变化，这种变化有周期性的，也有随机性的；有长周期的，也有短周期的。用动态的观点研究地理学要求人们把现代地理现象作为历史发展的结果和未来发展的起点，研究不同发展时期和不同历史阶段的地理现象的规律。现代地理学已经可以对某些区域的未来发展提出预测，并根据预测结果进行控制和管理，以满足人们对区域发展的要求。因此，时间和空间统一的概念在地理学研究中越来越受到重视。

（四）多样性

地球表面的复杂性决定了地理学研究方法的多样性。现代地理学研究主要采用野外考察与室内实验、模拟相结合的研究方法。地理学的研究对象是地球表面，关于地球表面的属性和特征的资料主要来自野外考察。随着航空遥感、气象卫星、地球资源卫星、航天技术等方面的成果被广泛应用于地理学研究，野外考察的速度和测绘精度得以提高。地理数据的处理、各种地理现象的实验室模拟等也迅速发展起来，这不仅仅大大提高了工作效率，也促进了地理学的快速发展。

第二节　航空运输地理

一、航空运输地理与地理学的关系

航空运输是人类活动的组成部分，航空运输地理是研究航空运输与地理环境的关系，研究航空运输的空间分布及其发展规律的一门学科。

航空运输地理是一门新兴的学科，是庞大的地理学体系中的一个小小的分支。它与公路、铁路、水运、管道等其他运输地理分支共同组成交通运输地理。交通运输地理从属于经济地理学，经济地理学又是人文地理学的一个重要分支。航空运输地理在地理学体系中的位置及从属关系如图 1-1 所示。

可见，航空运输地理属于人文地理学的范畴。人文地理学主要研究人类活动与地理环境的关系，探讨各种人文现象的空间分布及其发展规律，其核心理论是人地关系论。人地关系即人与环境的辩证关系：一方面，人类处于主动地位，不断地改造、利用、保护着地理环境；另一方面，地理环境又不断地影响着人类活动。人文地理学的研究如果脱离了这一理论，就失去了它的科学价值。航空运输地理作为人文地理学的分支，也离不开人地关系论。航空运输的发展明显受到自然环境和社会环境的制约。20 世纪 20 年代，限于当时的航空技术水平，飞机尚不能飞越浩瀚的大洋和险峻的山脉，航空运输的分布局限在国内或区域内。20 世纪 50 年代后，随着科学技术的发展，航空技术水平有了很大的提高。今天，飞机可飞越地面的任何天然障区，航空运输的活动范围遍及世界各地。但是，地理环境仍然不断地影响着航空运输，恶劣的天气经常危及飞行安全，地面障碍也在一定程度上对飞行安全构成威胁，政治动荡、经济衰退均直接影响着航空运输的发展。可见，人们若不尊重自然和社会发展的客观规律，必然会受到客观环境的制约，而孤立地强调环境的制约作用，不主动积极地改造、利用客观环境，也必然会阻碍航空运输的发展。

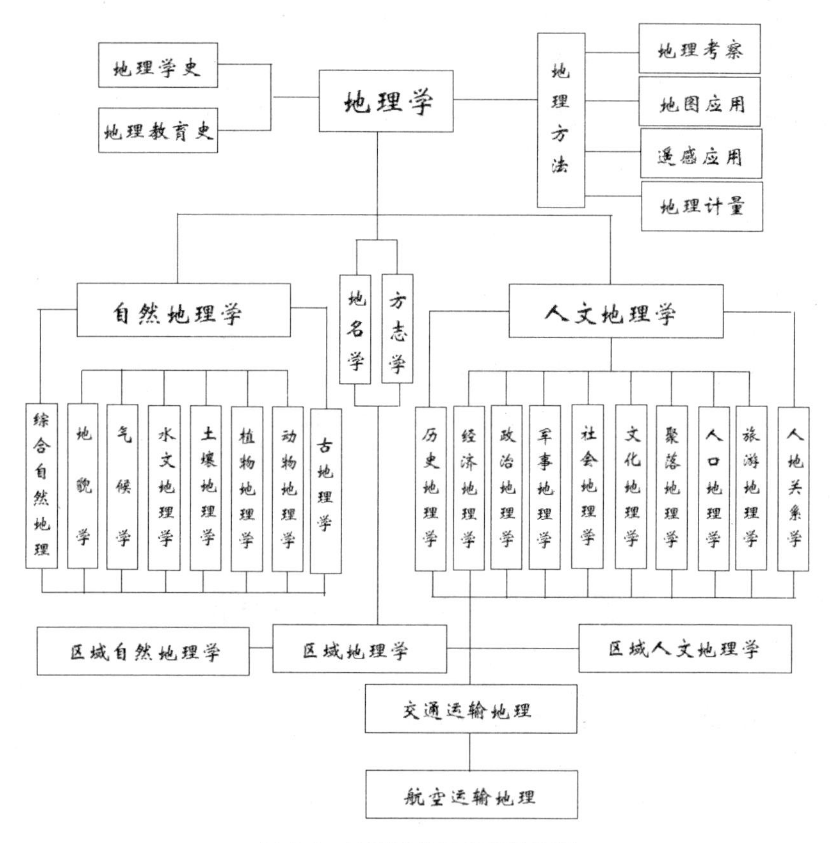

图 1-1　地理学体系框架结构图

二、航空运输地理的研究内容

将地理学的理论与社会实践相结合，为社会服务是现代地理学发展的必然趋势。航空运输地理这一分支学科的产生是社会实践的需要，因此，航空运输地理是一个应用性很强的学科。从应用的角度出发，航空运输地理研究的主要内容如下。

（一）地球与飞行概述

航空运输的活动范围在地表空间，地表空间与地球本身的空间位置，地球的结构、性质紧密相关。地球的运动造成了昼夜更替、四季变化、地方时差等与飞行有关的地理现象。飞机相对于地表运动，由此而产生飞行偏移、机上昼夜长短等特殊问题。飞行层中也会产生各种复杂的天气现象，从而影响和制约飞行活动。

（二）航空运输布局

航空运输的产品是指旅客或货物的空间位移。飞机总是从某一航站出发，按照规定的航路穿越某些地区或国家，到达另一航站。为了保证飞行的顺利进行，必须设立管制中心、地面雷达站、维修基地等地面站点，这些点、线都必然有它们的空间分布，从而形成运输网络。航空运输布局的形成受到各种自然及人文因素的影响。当今世界航空运输的布局具有较明显的规律，在一定的布局条件下，还需要研究合理运输问题（即航线的走向）。

（三）区域航空运输地理

航空运输具有明显的地域差异规律。目前，世界航空运输布局主要受空运大国的影响和控制。几乎所有的空运大国都是经济发达国家，这些国家在政治、经济、文化等方面的联系基本决定了当前世界航空运输的分布状况。20 世纪 70 年代以来，中国航空运输发展迅速，并对世界航空运输布局产生了一定影响。因此，中国及世界其他重要国家和地区的自然、经济、交通状况，特别是航空运输布局、空港城市的地理特征是航空运输地理研究的重要内容。

（四）航空地图

地图历来是航空运输的必备工具。随着现代科学技术的应用，航空地图的种类及数量逐渐增多。航线分布图、机场分布图、飞行图、地形图、客货流分布图等被广泛应用于客货运输、空中管制、机场建设、区域规划等方面。地图的有关知识是航空运输人员必须掌握的知识。

思　考　题

1. 简述地理学的内涵和研究内容。
2. 简述地理学的特性。
3. 简述航空运输地理的概念。
4. 简述航空运输地理与地理学的关系。
5. 简述航空运输地理的研究内容。

第二章

地球运动与航空飞行

学习目标

1．了解太阳对地表空间的影响。
2．了解地球大气的层结构与飞行层范围。
3．了解地球的自转及其影响。
4．了解运动物体的偏转规律。
5．掌握角速度和线速度的计算方法。
6．了解地球公转及其影响。
7．掌握时间系统的构成内容。
8．掌握时差的换算和飞行时间的计算方法。

第一节　地　　球

航空运输是三维空间的人类活动。随着科学技术的进一步发展，空间技术已在航空领域内不断得到应用，飞机飞行高度已扩展到 10 千米以外的高空。全球卫星导航系统的出现使航空活动进入了更为广阔的地表空间。地球的空间位置、地球运动、地球大气的圈层结构、地球大气的运动都直接或间接地对航空活动产生影响。

一、地球的空间位置

地球在宇宙中渺小得犹如空气中的尘埃。宇宙在空间上是无边无际的，在时间上是无始无终的。地球与某些星体相互联系、相互制约，并以其特定的空间位置及运动规律创造了适于人类生存的生机勃勃的地理环境。

宇宙大爆发于约 150 亿年前，银河系形成于约 140 亿年前，太阳的年龄约为 50 亿年，地球诞生距今已有约 46 亿年。

太阳系由恒星、行星、卫星、彗星等天体组成。太阳是太阳系中唯一的一颗恒星。行星是绕恒星公转、本身不发光的星体。卫星是绕行星运行的固态天体。彗星是绕太阳运转的天体，呈云雾状，一般认为慧核的主要部分由冰物质组成。

太阳有八大行星，离太阳最近的是水星，其后依次排列为金星、地球、火星、木星、土星、天王星、海王星。宇宙天体系统如图 2-1 所示，可见地球在宇宙中的地位真可谓沧海一粟。

科学家发现，太阳黑子与耀斑的活动具有周期性。当黑子增多时，耀斑也活动频繁。耀斑发出的能量极大，短短几分钟内就能发出相当于 100 亿颗百万吨级氢弹的能量，发出的极强的无线电波和大量射线能到达地球。此外，日冕层由于远离太阳中心，又有 100 万摄氏度的高温，因此大量的高能带电粒子流高速飞逸到星际空间，我们称这种粒子流为太阳风。太阳风有时能吹遍太阳系的各个角落，当然也会对地球空间产生影响。

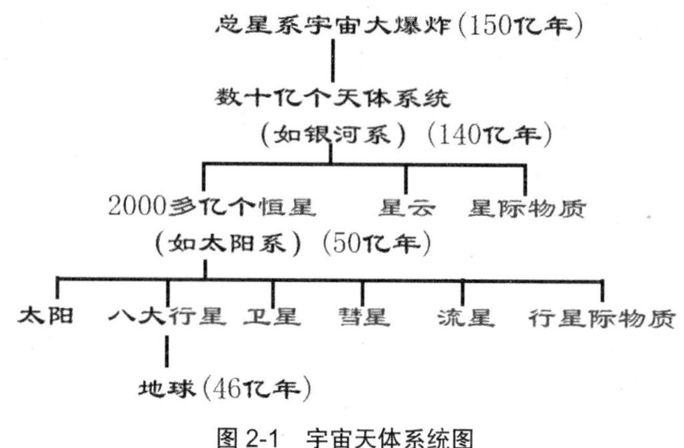

图 2-1　宇宙天体系统图

以上这些无线电波、大量射线及带电粒子流进入地球大气层后，主要有三方面的影响：一是在南北两极地区上空形成五彩斑斓的极光；二是可能破坏和扰乱地球大气中的电离层，致使航空无线电短波通信暂时中断；三是可能扰乱地球的磁场，引起磁暴，使磁针不能正确指示方向。上述现象对地面无线电设备的正常运行以及高空飞行会造成一定干扰，但这些现象的持续时间不长、影响时间也较短。

二、地球的构造

地球是一个东西稍凸、南北稍扁的椭圆球体，它的长半径为 6 378.28 千米，短半径为 6 356.86 千米，两者的差值很小，人们一般把地球当作一个圆球体，它的平均半径为 6 371 千米。地球绕一条轴线自转，这条轴叫地轴，地轴在地表上有两个端点，南面是南极，用 S 表示，北面为北极，用 N 表示。

地球分为四大洋（太平洋、大西洋、印度洋、北冰洋）和七大洲（北美洲、南美洲、欧洲、非洲、亚洲、大洋洲及南极洲）。赤道把地球分为南半球和北半球，东经160° 和西经 20° 把地球划分为东半球和西半球。

地球是一个球体，它具有明显的圈层结构，大体来说可分为外部圈层和内部圈层。外部圈层指地表外的各个圈层，它由气体、液体及生物等共同组成，分为大气圈、水圈和生物圈；内部圈层可分为地壳、地幔和地核。影响航空飞行的主要是大气圈。

三、大气圈

大气圈是环绕在地球外层的气体圈层，主要由 N、O、H、C 等元素组成。其中，N 元素约占 78%，O 元素约占 21%，二者容积占大气圈的 99%。大气圈的质量虽然只有地球质量的百万分之一，但是它能对自然环境起到极为深刻的影响。大气圈内部的物质始终处于运动状态，风、云、雨、雪等天气现象都发生在这一层。

大气对生物界的影响更为深刻，厚厚的大气圈好像地球的外衣，能够保护生物免受外层空间中各种宇宙射线的侵害，防止地表温度的剧烈变化和水分散失。地球上的一切生命都离不开大气，可以说，没有大气就没有人类。根据近代卫星探测资料，大气圈的厚度为 2 000～3 000 千米。直接研究这厚厚的大气圈是极不方便的，人们通常按照大气圈在垂直方向上的温度变化特点以及空气运动的规律把大气圈分为两个部分：离地面 100 千米以上称为近地空间；离地面 100 千米以下称为大气层，从下到上分为五个层次，分别为对流层、平流层、中间层、暖层（又称电离层）、散逸层，如图 2-2 所示。

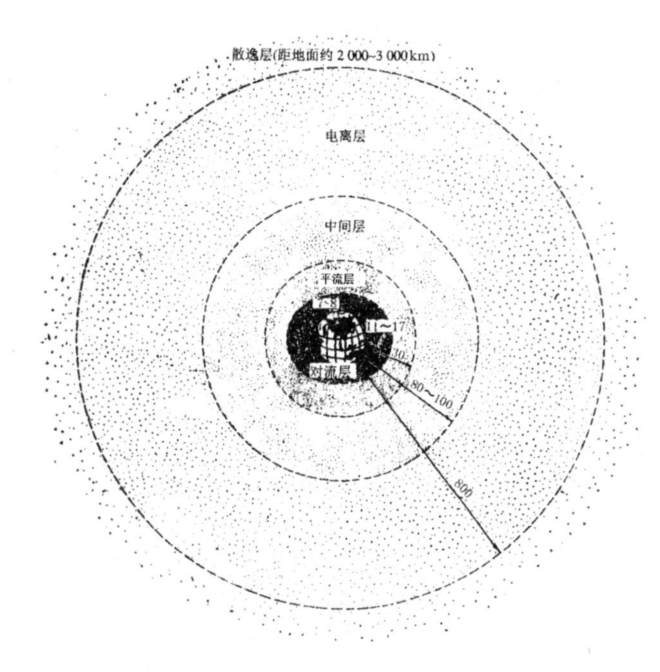

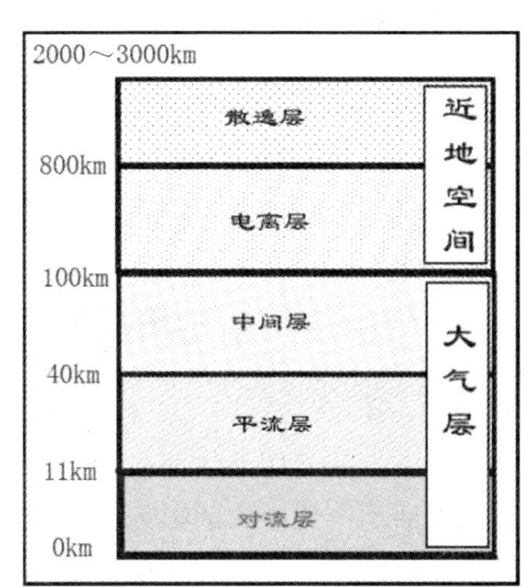

图 2-2　大气圈

从航空的角度上看，飞机的活动范围在大气圈的底层。目前，高空飞行的飞机一般不超过 20 000 米，民航运输飞机大多在 12 000 米以下，这一圈层的厚度还不足整个大气圈层厚度的 1%。

根据大气层的划分，飞机的活动空间在对流层全部和平流层下部的范围之内，这两层大气的性质与特点影响和制约着飞行活动。

飞机起飞，升到一定高度后开始水平飞行，水平飞行的层次有一定的高度范围。在对流层中、下部，各种天气现象频繁出现，对飞行不利。但是在短程航线上，由于受距离、机型、空中管制等因素的制约，飞机仍需在这个层次内飞行。而在绝大多数中、远程航线上，航行层次在对流层上部和平流层下部之间，如图 2-3 所示。

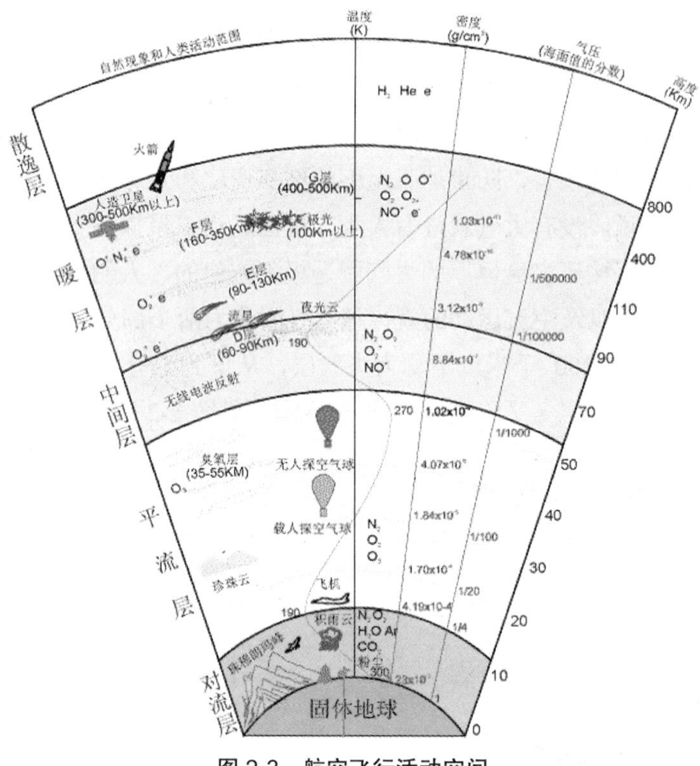

图 2-3 航空飞行活动空间

第二节 地 球 运 动

宇宙中的一切天体都在运动，地球也在运动。这种运动是有规律的，并且对自然环境和人类活动产生巨大的影响。由于地球的运动才产生了昼夜更替、地方时的差异、运动物体的偏转、四季变化和昼夜长短等自然现象，它们与航空运输活动是紧密相关的，深入了解地球运动的规律及其影响是必要的。

一、地球的自转

地球和太阳系其他七大行星一样在绕太阳公转，同时它还围绕着一根假想的自转轴在不停地转动，这就是地球的自转。任何有质量的物体在被推动或受到偏离中心的撞击时都会转动起来，这种现象自百亿年前的宇宙大爆炸以来就在不断地发生着，一切物质都转动了起来。在微观世界里，电子在围绕原子核旋转。在太阳系中，由气体和尘埃组成的星云也在旋转，并且同时在向一个有着巨大质量的中心收缩，这个中心就是太阳。

地球自转速度的快慢取决于其所在的地点。地球上的每一个点的圆周运动都要在 24 小时内完成，地球的赤道上的自转线速度最快，达到每小时 1 600 千米；在苏格兰和加拿大之间，地球的自转速度大约是每小时 900 千米；而在离北极点不远的地方，自转速度只有每小时 3 千米。

（一）自转方向

地球一刻不停地由西向东旋转，从北极上空俯视地球，呈逆时针方向旋转；从南极上空望去，则呈顺时针方向旋转，如图 2-4 所示。

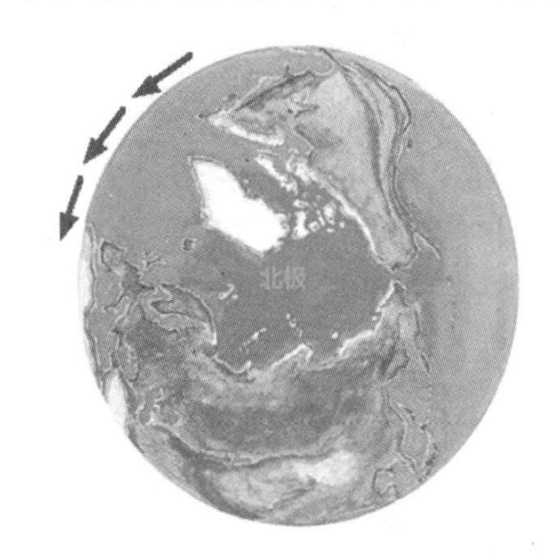

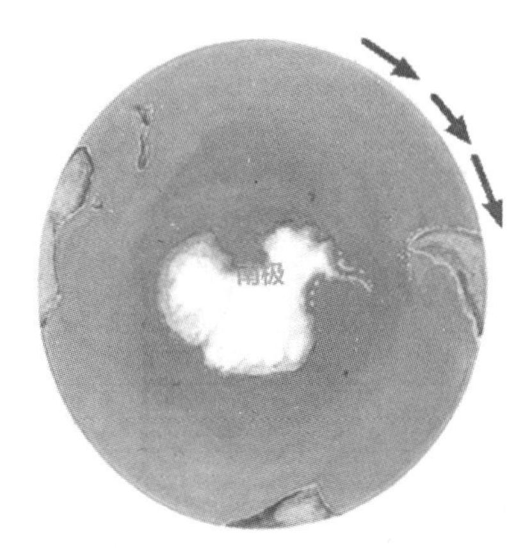

图 2-4　地球自转方向

（二）自转周期

地球自转一周的时间是 23 小时 56 分 4 秒，即一个恒星日。恒星日是地球相对于遥远的恒星（除太阳外）自转一周所用的时间。地球相对于太阳自转一周的时间为 24 小时，称为一个太阳日。一个太阳日与一个恒星日之间的差异主要是地球公转影响的结果。

用天文术语说，一个太阳日就是太阳连续两次经过同一子午面的时间间隔。子午面即通过子午圈的无限伸展的平面。对于地球上任意一地点来说，子午面就是沿南北方向延伸与地面垂直的平面。太阳过子午面时，该地点恰好是正午 12 点。那么，两次正午 12 点的时间间隔恰好是 24 小时。在日常生活中，人们一般把两次天亮或天黑之间的时间段叫作一天，也就是 24 小时。

地球在自转的同时还围绕着太阳公转，当地球处在位置 1 时（见图 2-5），在地表 A 点处，太阳刚好过子午面。当地球运动到位置 2 时，地球相对于遥远的恒星已经转了一圈。但是，由于地球的公转，使得 A 点还没有对着太阳，也就是说太阳还没有第二次过子午面，在地球又转过一个角度 α 到达位置 3 时，这时 A 点又对着太阳了，即太阳第二次过 A 点处的子午面了。我们把从位置 1 到位置 3 所用的时间段定为 24 小时，即一个太阳日。而从位置 1 到位置 2 所用时间即一个恒星日（见图 2-5 中 A 点），它不足 24 小时。如果设地球 A 点从位置 1 到位置 2 所用的时间数为 t，则有 $t+\Delta t=24$ 小时。

Δt 为地球自转 a 角所需的时间，如图 2-5 所示，a 角就是地球公转一天所转过的角度，显然

$$a=360°/365\text{天}\approx 1°$$

那么 24 小时自转的角度为

$$360^\circ + 1^\circ = 361^\circ$$

故自转 a 角所用的时间为

$$\Delta t = 24\ 小时 / 360^\circ \approx 3\ 分\ 56\ 秒$$

故有

$$t = 24\ 小时 - \Delta t = 23\ 小时\ 56\ 分\ 4\ 秒$$

这个 t 值就是地球相对于遥远的恒星自转一周所用的时间，即地球自转的真正周期。

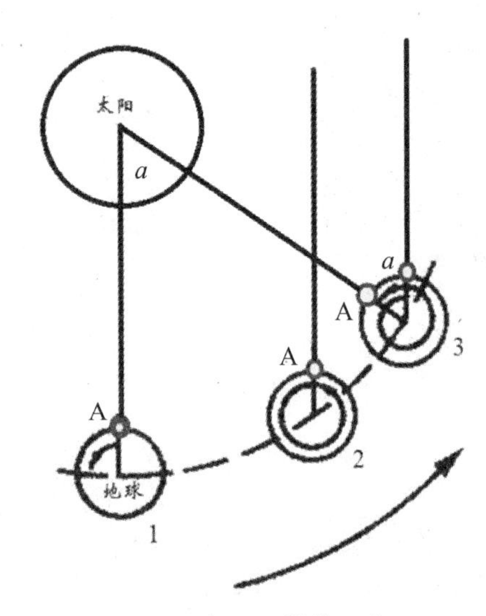

图 2-5　恒星日推算示意图

（三）自转速度

地球自转的速度可分为绕地轴转动的角速度，以及地表上任意一点随地表运动的线速度，如图 2-6 所示。

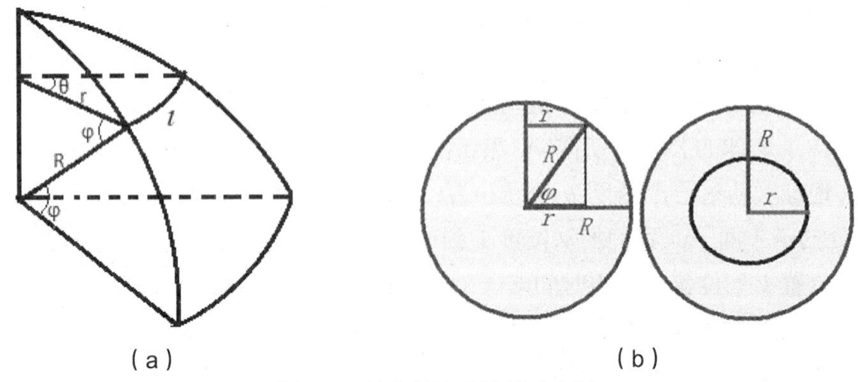

图 2-6　地表线速度推算示意图

（1）角速度 ω，即单位时间内转过的角度：$\omega = \theta/t = 360^\circ/23$ 小时 56 分 4 秒，或 $\omega \approx$

15°/小时≈1°/4 分≈15′/分

（2）线速度 V，即单位时间内转过的弧长：

$r = R\cos\varphi \quad l = 2\pi r = 2\pi R\cos\varphi$

$V = l/t = 2\pi r/t = 2\pi R\cos\varphi/t$

$\because \quad \omega = 2\pi/t \qquad \therefore \quad V = \omega R\cos\varphi$

$\because \quad \theta = 2\pi \qquad \therefore \quad V = \theta R\cos\varphi/t$

式中：V——线速度；

ω——角速度；

l——纬圈周长；

θ——经线夹角

R——地球半径 = 6 371km；

r——纬圈半径；

φ——地理纬度。

（3）计算题：计算北纬 60°处的地表线速度。

解：$V = l/t = 2\pi r/t = 2\pi R\cos\varphi/t$

式中：r——$R\cos\varphi$；

φ——地理纬度 60°；

R——地球半径 6 371km；

t——一天为 24 小时；

l——$2\pi r$。

$V = 2\pi r/t$

$= 2\pi R\cos 60°/24$

$= 2\pi \times 6\,371 \times 0.5/24$

$= 2 \times 3.14 \times 6\,371 \times 0.5/24$

$= 833.54$km

二、地球自转的影响

地球的自转会引发一些极为重要的自然现象，这些现象都有十分重要的地理意义。地球自转产生的现象有以下方面。

（1）昼夜更替现象。

（2）东西部地区的时间差现象，生物作息规律现象。

（3）自转会使地表物体产生惯性离心力，从而塑造了两极略扁、赤道略鼓的地球形状。

（4）由南北半球的地转偏向力引起的各种运动旋转现象。

三、地转偏向

运动物体的偏向是一个极为重要的问题，飞机的长距离飞行明显受其作用，空气运动、河水流动，几乎一切在地球上运动的物体都要受到它的作用。

人们很早就发现，北半球的大河，其右岸冲刷痕迹明显，而在南半球，大河左岸被冲刷得比较厉害。欧洲的一个学者曾做过一个有趣的实验，叫作澡盆实验，即在澡盆里放满水，拔掉塞子后，发现北半球的水流总是沿逆时针方向转动。后来经过许多科学家的实验，人们发现几乎所有物体在运动时都要发生偏转。科学家对这些现象进行研究后发现，这是物体的惯性运动与地球自转共同作用的结果。

（一）惯性离心力

当奔驰的汽车突然刹住，车上的人会立刻前倾，若扶不牢，会禁不住地向前奔跑。这是由于车虽然刹住了，人却仍然保持着原来的运动方向和速度。平时，人们在骑车、跑步、滑冰等运动中，都有这样的感受。运动着的物体总是力求保持自身的运动方向和速度，这就是物理学中的惯性原理。

一般来说，凡做圆周运动的物体都要产生离心力。离心力的大小与圆周运动的线速度有关，线速度越大，离心力就越大。如果我们用细绳拴住一个重物，让它做圆周运动。这时我们的手会感觉到一股拉力，一旦松手，重物就会飞出去，这就是离心力所导致的。由于地球本身在绕地轴转动，因此地球上的物体均受到离心力的作用。我们把地球自转产生的离心力称为惯性离心力。

惯性离心力如图 2-7 所示，A 点绕纬圈做圆周运动，根据物理学中力的分解原理，A 点处的离心力可理解为两个力的合力：一个是垂直于地平面向上的力，另一个是与地平面一致、指向赤道的力，由此可见，赤道两侧的物体有向赤道运动的趋势。另外，赤道处的离心力最大，而赤道上的物体有向外扩张的趋势。由此，使得两极稍扁，而赤道略凸。

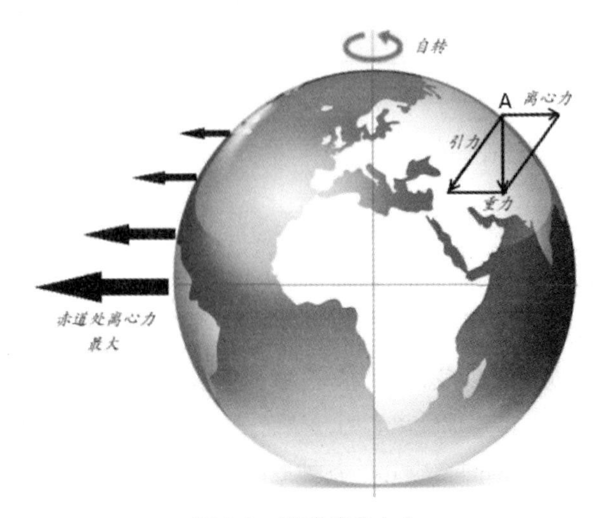

图 2-7　地球的离心力

（二）地转偏向力

当物体相对于地球表面运动时，会受到地转偏向力的影响而改变方向，但地转偏向力并不是一种真正的力，而是一种惯性力。地球自转而使地球表面的运动物体受到与其运动方向相垂直的力，这种力就是地转偏向力，全称地球自转偏向力。地转偏向力不会改变地球表面运动物体的速率（速度的大小），但可以改变运动物体的方向。地转偏向力对航天、航空来说是一种不可忽视的力，它在极地最显著，向赤道方向逐渐减弱，直到消失在赤道处，而地转偏向力对人们日常生活的影响很小，是可以忽略不计的。

（三）自转使方向发生变化

按照惯性原理，在地球上运动的物体总是力求保持自身的方向和速度，但是，由于地球本身在旋转，从而使各地的方向坐标在不断地变化，也就是东、南、西、北的方向在不断地变化，这就使运动物体相对发生了偏转。通俗地说，就是运动物体始终沿原来的方向运动，而东、南、西、北转了方向。

下面做一个实验。把一个带有东、南、西、北方向的平面与地球仪相切于北京，从而代表北京的地平面，做 4 个方向。然后把地球仪转过一个角度，地球上的人随地球一起转动，看不到方向的变化，地球上的人认为东、南、西、北不变，但运动中的物体在东、南、西、北的方向上发生了变化，如图 2-8 所示。因地球自转运动，地球上的运动物体在地转偏向力作用下无法保持原来的方向，在北半球，无论物体如何运动，总要向右偏。

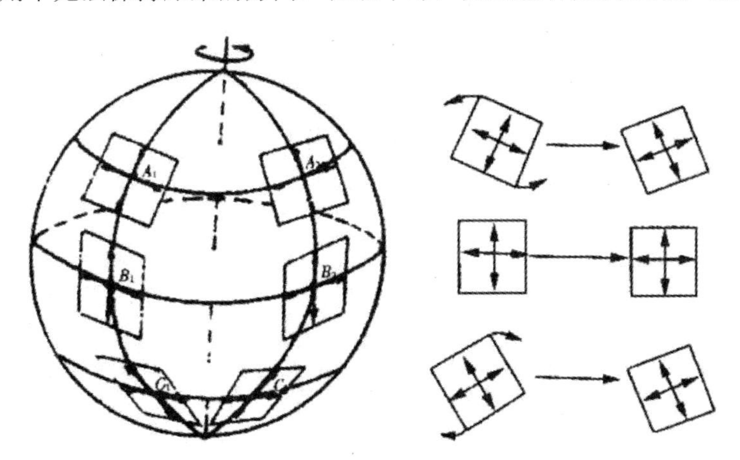

图 2-8　运动物体相对发生了偏转

地转偏向力的作用必然使飞行方向产生一定程度的偏转，实际飞行时，一定要克服这一偏转，否则飞机便不能准确地飞抵目的地。

（四）运动物体的偏转规律

地转偏向力对季风环流、气团运行、气旋（台风）与反气旋（冷空气）的运动路径、洋流与河流的运动方向以及其他许多自然现象有着明显的影响。例如，北半球河流多有冲刷右岸的倾向，高纬度地区河流上浮运的木材多向右岸集中等。

运动物体的偏转规律如下。

（1）在北半球，向运动方向的右侧偏转。

（2）在南半球，向运动方向的左侧偏转。

（3）在赤道上，由于方向在水平面上没有转动，运动物体不发生偏转。

（4）由赤道向两极移动，偏转程度逐步增大。

四、地球的公转

地球除了绕地轴自转外，还绕着太阳公转，我们称地球公转一周的时间为一年。由于地轴和地球公转的平面是斜交的，夹角为60°35'，因此在公转轨道的不同位置时，地球上不同地点受到阳光照射的角度和持续的时间不同，从而形成了地球上的四季、寒暑不同，昼夜长短不同。地球自转一周的时间，我们称为一天。把一天 24 等分，就成为小时，小时再 60 等分为分，分再 60 等分为秒，这就形成我们的基本时间体系。地球公转一周的时间并不是地球自转一周的整数倍，一年等于 365 天 5 小时 48 分 46 秒，因而在历法中就出现了闰年。

公转即地球绕太阳的运动。公转轨迹为椭圆，太阳位于椭圆的一个焦点上。

地球公转产生的现象有以下方面。

（1）根据太阳高度的差异划分出五带：北寒带、北温带、热带、南温带、南寒带。

（2）地球的公转平面和地轴斜交，根据获得热量多少的时间差异划分出四季：春、夏、秋、冬。

（3）昼夜长短的变化现象。昼夜长短变化是安排航班的考虑因素之一，为了充分利用白天，冬半年的航班时刻普遍比夏半年的航班时刻提前 1～2 个小时。

（4）天象位置的变化规律。

（5）万物生长的自然规律。

第三节 时间系统

时间是物质运动的度量衡，和运动有着直接的关联，人类只能依靠一个有规律的运动物体来度量时间，地球就是这样一个物体。几千年来，人类一直依靠地球的运动（包括其他天体的运动）来确定时间，直到 20 世纪人类发现以原子振动的频率来确定时间比以地球的运动更准确后，才建立起新的测时系统。

一、时间

时间是安排航空活动秩序、度量航空活动周期的基本参数之一。时间可度量运动的持续性和顺序性，人们平时所说的时间一方面表示运动的持续性，即表示一个事件（运动）过程的长短，即时间的间隔，称为时段。另一方面，时间也表示事件的顺序性，即事件的先后，表示事件发生的瞬间，称为时刻。在航空活动中，应当严格区分时间和时刻。时刻指事件发生的瞬间，人们平时所称的飞机起飞时间、落地时间、预计进场时间、日出时间，指的都是时刻。时段指航空事件从发生到结束的时刻间隔，如空中飞行时间、航班延误时间等指的就是时段。

如果把时间看成一条直线，时刻就是线上的一点，时段是线的一段，时段是两个时刻之间的距离。时间包含了时刻和时段。

如图 2-9 所示，一架飞机 08:00 从上海起飞，09:00 经过合肥上空，10:00 到达北京，然后起飞，11:00 经过沈阳上空，11:45 到达哈尔滨，上述时间都表示时刻；从上海到哈尔滨需要飞行 3 小时 45 分，表示时段。

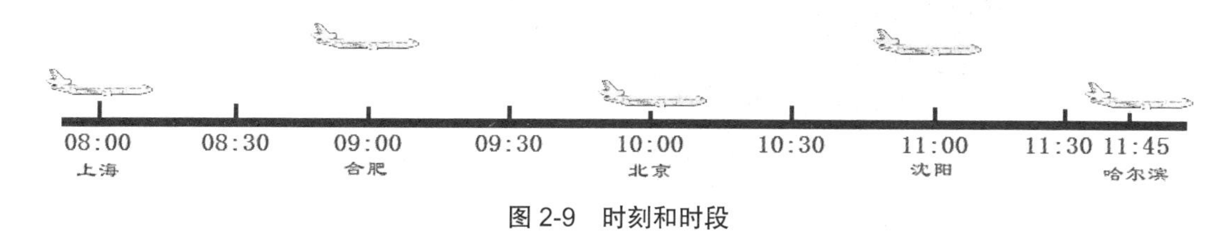

图 2-9　时刻和时段

人类在长期的生产生活中通过观察星体运动的规律形成了不同的计时方式，这就是时间系统。航空活动中常用的时间系统包括地方时、区时和协调世界时。

二、地方时

地方时，顾名思义，就是指当地的时间。自古以来，人类最早通过观察太阳的东升西落来安排作息劳动，习惯于把天亮视为一天的开始，把天黑视为一天的结束，而把太阳在头顶的时刻视为正午 12 时。中国古代有一种计时用的仪器——日晷，它利用影子的长度来确定时刻，把影子最短时视为正午 12 时。

地方时是根据太阳高度角在一天内的周期变化来确定的。例如，将地球上位于不同经度的地区视为观测者，每个观测者在同一瞬间测得的参考点的时角是不同的。因此，每个观测者都有自己的、与他人不同的时间，这一时间称为地方时，它是观测者所在的子午线的时间。位于东边的观测者总是先看到太阳，因此东边的地方时总是比西边的地方时早，不同经线上的地方时之差等于经度差对应的时间差。根据这个规律可以由一地的地方时推测另外一地的地方时。

地球自转一周要转动360°，所需的时间为 24 小时，地球每小时转动15°，转动1°需要 4 分钟，转动 1′需要 4 秒钟，我们判定这种转动是依靠当地对太阳的位置决定的，因此地球表面同一经线连续两次正对太阳的时段叫作一个平均太阳日或平太阳日。把一个平太阳日分为 24 小时，就确定了一个地方的时刻。因此，地方时是以太阳过子午面的时刻为正午 12 时，以此向前后推算而形成的时间系统，如图 2-10 所示。这种时间只适用于当地，故称地方时。地方时是理论区时、各国标准时、世界时的建立基础。

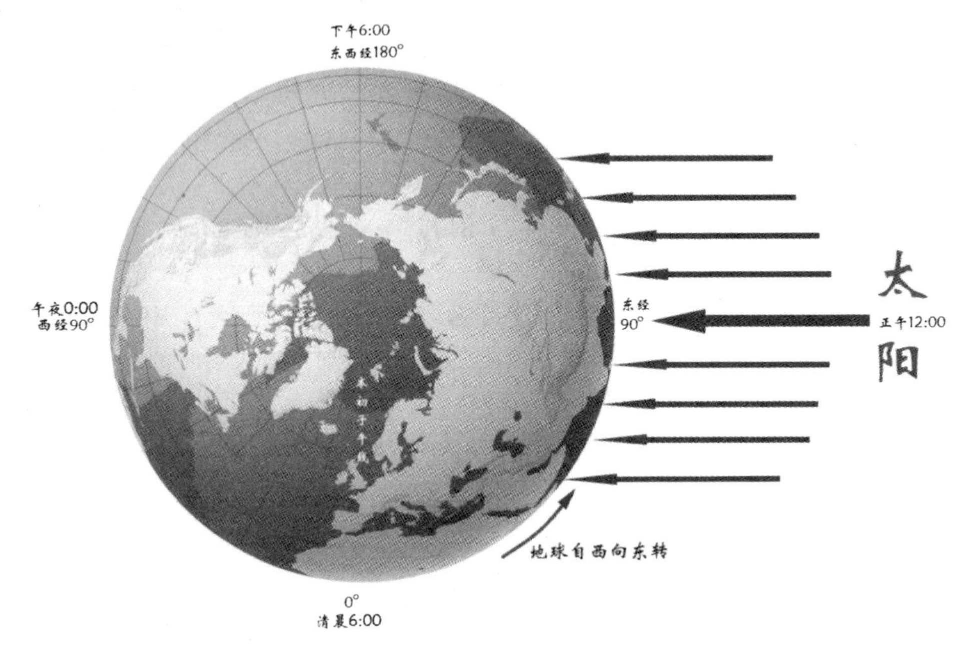

图 2-10　地方时

三、区时

地方时计算起来很麻烦，如果把经度分得很细，就会出现许多地方时，经度不同，时刻不同。假如1°一个地方时，全球就要出现 360 个地方时，这对于通信与交通是极为不便的。地方时适应于当地人的作息习惯，但是，随着长途铁路运输和远洋航海事业的日益发达，国际交往频繁，如果各国采用的是未经协调的地方时，就会给人们带来很多困难。为了克服这一缺点，国际上引入了理论区时。19 世纪 70 年代后期，加拿大铁路工程师弗莱明建议在全世界按统一标准划分时区，实行分区计时。这个建议首先在美国和加拿大被采纳试行，后为多数国家所采用。

世界时区的划分是以本初子午线为标准的。从西经 7.5°到东经 7.5°（经度间隔为15°）为零时区；从零时区的边界分别向东和向西，每隔经度15°划一个时区，东、西各划出 12 个时区；东十二时区与西十二时区相重合，全球共划分成 24 个时区，各时区都以中央经线的地方时为本区共同使用的时间系统。1884 年，华盛顿国际子午线会议决定将这种按全世界统一的时区系统计量的时间称为区时（Zone Time）。

这样，全球的地方时就减少到 24 个，而且每 15 个经度划一个时区，地球转过 15 个经度恰好用一小时的时间。如此划分，可以看出中央经线都是15°的倍数。如此计算起来较为方便，相邻时区之间只差一个小时，两地之间差多少个时区就差多少个小时，东边时区的区时总比西边时区的区时早。

四、当地标准时

区时是为了计时方便，经国际协商而定的一种计时手段，但是一些国家的时区并不是按照理论上的 24 个时区来划分的，而是参照本国的行政区划，根据需要确定的，因此与理论时区略有差异。这样划分得到的时刻系统称为当地标准时（Local Standard Time，LST），它是各国实际采用的时刻系统。在世界各国实际划分的时区图上，时区之间的界限不完全是经线，多呈曲线与折线，其主要原因是考虑到了行政区划。

从经度上看，中国的范围由东五区到东九区，所跨 5 个时区，也就是说最东面比最西面早了约 4 小时。为了使用方便，中国采用东八区的时区作为全国统一时区，也就是东经 120°处的地方时，称作北京时间（Beijing Time，BT）。北京时间是通过法律形式确定下来的全国共同使用的时间系统，因此北京时间是中国的法定标准时间。

这样一来也造成一个问题，即各地的天亮天黑与当地的时刻不统一了。例如，在春分时节，北京早上 6 点就天亮了，而新疆的乌鲁木齐此时正是一片黑暗，为此，新疆的作息制度比北京推迟了两个小时。实际上，新疆采用的是东六区的区时。

俄罗斯的国土范围从东一区到西十一区，跨 12 个时区，如果统一使用一个区时，那么一部分地区将会出现一个极不合理的现象，就是明明是午夜时分，钟表上所指的却是正午 12 点。因此俄罗斯共划分出了 11 个时区，最西面的一个地区实际跨了两个理论时区。此外，俄罗斯的区时确定还有一个特点，即基本上超前一个区时，只要占着东边的时区，就以东面的区时作为实际使用的区时，因此俄罗斯多数城市的时刻比理论时刻早一小时。例如，圣彼得堡基本上在东经30°线上，应在东二区，但实际上采用了东三区的时刻。

还有一些国家根据本国所跨的经度范围采用半区时，就是说区时出现了小数。例如，伊朗按理论区时，它的一半在东三区，另一半在东四区，因此它采用东 3.5 区时，就是把东三区的一半和东四区的一半合为一个时区，这样，中央经线就是东三区与东四区的交界线了。实际上它的中央经线是52.5°E，它不是15°的倍数。这样使用起来，伊朗本国十分方便，却增加了与其他国家换算的麻烦。

阿富汗采用东 4.5 区时，印度、斯里兰卡、尼泊尔采用东 5.5 区时，缅甸采用东 6.5 区时，因此这些国家与中国的时区差应该出现小数。这些国家与中国时间换算的方法是：用该国的时区数减去 8，因为中国在东八区。例如，印度为 5.5 − 8 = −2.5，表示印度比中国晚 2.5 个小时。

在北美洲，加拿大的纽芬兰岛也采用西 3.5 区时。与中国的时间相比较，纽芬兰岛比中国晚 11.5 个小时。

当地标准时可以通过第四节中的国际时差换算表查算获得。

五、世界标准时——格林尼治时和标准时差

区时系统既满足了当地人的生活习惯，同时也为国际交往中时间的换算带来了便利。

而在国际通信、航空及科学记录等领域仍需要统一的时间标准。因此，国际上规定采用零时区的区时作为全世界共同使用的时间系统，称为世界时，也叫格林尼治时间（Greenwich Mean Time，GMT）。世界标准时是英国伦敦格林尼治天文台采用的地方时，即本初子午线上的地方时。它也是英国、摩洛哥、几内亚、冰岛、科特迪瓦等国家、地区以及一些群岛所采用的当地标准时，在理论区时中，就是中时区（零时区）采用的时刻系统。

Standard Clock Time 缩写为 SCT，直译为标准钟点时，指当地标准时与格林尼治时间的标准时差。

GMT 是世界各国所参照的标准时刻系统，各国实际采用的当地标准时均可用 GMT±SCT 来表示，即某地的标准时比 GMT 早或者晚多少小时和分钟。

六、夏令时

Daylight Saving Time 缩写为 DST，直译为日光节约时，俗称夏令时。夏令时是指按照当地标准时，在夏半年将作息时间提前一小时，冬半年又调回的时刻系统。采用夏令时是为了充分利用夏半年白天较长的日光时段，以求节省能源。目前，世界上有 100 多个国家采用夏令时，并达到了理想的预期效果，如美国通过实行夏令时，平均每天可节电 1%。

中国曾于 1986—1991 年实行夏令时，但并未取得节省能源的效果，故后来终止。

由于夏令时比当地标准时提前了一个小时，故 DST = LST + 1。如果在夏令时的使用时段内，甲乙两地都使用夏令时间，按正常方法计算；如果甲乙两地一个使用标准时间，另一个使用夏令时间，在计算时就要考虑夏令时间与标准时间的差，需要先把夏令时间换成当地的标准时间再进行计算。例如，某地夏令时间为上午 10:00，实际当地标准时间是 09:00。夏令时间换算成当地标准时间应该是夏令时间减去 1 小时。

七、世界时和协调世界时

由于地球自转速度存在着周期性、不规律变化和长期变慢的趋势，每年大约要比原子时慢 1 秒钟，国际天文学会和国际无线电咨询委员会于 1971 年开始决定采用“协调世界时”（Coordinated Universal Time，UTC）。协调世界时采用原子秒长，各国授时机构根据国际计量局的通知于每年岁中或岁末调慢 1 秒，以适应世界时长期变慢的趋势。航空应用中，协调世界时与世界时的差别可以忽略。

八、日界线

为了统一全球的日期和时刻，就必须要划出日界线。

由于地球成逆时针方向旋转，地表不同经度两地之间的东西方向是相对的，因此难以确定谁在谁的东面，而且有日期不统一的问题，即哪里最先进入新的一天。假设地球上有甲、乙两地，似乎应该是乙在甲的东面，但是甲认为自己在东面，理由是由于地球由西向东转，乙向东转过大半圈后才能到达甲现在的位置。引入了日界线的概念后，如果人为地划定一条经线，把它作为最早进入新的一天的起点，问题就迎刃而解了。如果划在乙的东面，那么，乙比甲早，如果划在甲、乙之间，那么，甲比乙早。

日界线如放在0°经线上最理想，它有利于世界各地日期的换算，但是0°经线穿过许多欧洲国家，把它作为日界线，这些国家就会出现同时有两个日期的现象，这无论对工作还是生活都很不方便。为了避免这一现象，日界线划在太平洋上，并且有几个弯折。

经国际间协商，日界线划在了180°经度处。如此，以东经180°处为最早（最东），而西经180°处为最晚（最西）。日界线以西为东十二区，日界线以东为西十二区，东十二区为最早（最东），西十二区为最晚（最西）。

日界线确定后，由于地球由西向东转，因此日界线西侧的地方总是最先进入新的一天，而日界线东侧的地方要等地球转了快一周之后，才开始新的一天。因此，东、西十二区虽在一个时区内，它们钟点数相同，但是日期差一天，东十二区总比西十二区早一天。这样，在飞机向东越过日界线时，为了和当地日期一致，日期要减一天；向西越过日界线时，为了与当地日期一致，日期要加一天，我们把有关日界线的问题小结如下。

（1）向东越过日界线，减一日；向西越过日界线，加一日。

（2）东、西十二区内钟点相同；东十二区总比西十二区早一天。

（3）东十二区为最东；西十二区为最西。

第四节 时　　差

一、时差的产生

一个住在巴黎的人如果中午想和住在纽约的朋友打电话，一定会把朋友从美梦中吵醒，因为巴黎的中午相当于纽约的清晨。如果我们从巴黎飞往纽约，乘坐的是和地球自转线速度一样快的飞机，那么时间对我们来说好像是静止的，当我们到达纽约时，当地时间恰好就是从巴黎起飞的时间，这就造成了经度不同的地区，时刻不同。当东经90°处于正午 12 点时，0°本初子午线处刚刚天亮，而180°经线处则已经夕阳西下了。

二、时差的影响

地球自转造成了经度不同地区的时刻不同，当飞机跨越经度时，就产生了时刻上的不统一。目前，世界主要航线的分布多呈东西向，飞机沿这些航线飞行时，必然会跨越经度，并且飞机航班时刻表中起飞时间和到达时间均以当地时间公布。因此，也就必须进行时差的换算。这个问题对安排航班、制订飞行计划和提高服务质量具有实际意义。此外，时差和飞行中昼夜长短的变化对机组人员的生物钟也将产生较大影响。

三、时差图

为了计算时差，可利用时差图，如图 2-11 所示。

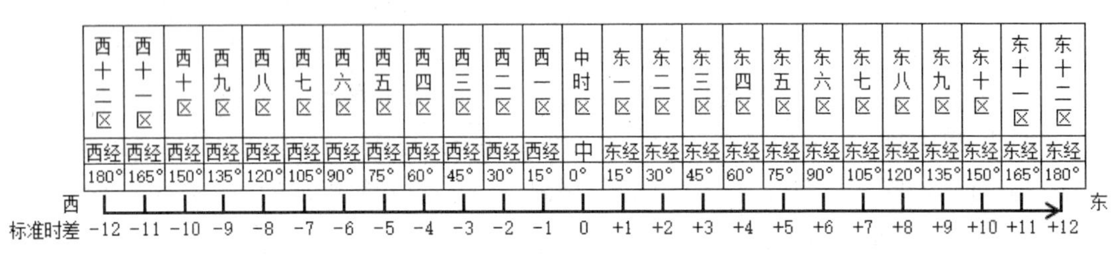

图 2-11　时差图

从图 2-11 所示时差图可以得出以下结论。

（1）由于地球自西向东自转，同纬度偏东位置的地方总比偏西位置的地方要先见到日出，时刻较早。

（2）标准时差是当地中央经线的区时与格林尼治时间（世界时），即本初子午线区时之间的时差，正数表示早几个小时，负数表示晚几个小时。

（3）计算两个时区之间的时差 Δn 时，均是用东边时区的标准时间减去西边时区的标准时间，结果是正数，表示东边区时比西边区时早几个小时，或者说西边区时比东面区时晚几个小时。

例如，东八区与西五区的时差 $\Delta n = E_{东} - E_{西} = (+8) - (-5) = 13$，即东八区时间比西五区时间早 13 小时。又如，西二区与西十区的时区差 $\Delta n = (-2) - (-10) = 8$，即西十区比西二区晚 8 小时。

（4）已知西边城市时间，求东边城市时间，就用西边城市时间加时差；已知东边城市时间，求西边城市时间，就用东边城市时间减时差。公式如下

$$E = E_0 \pm \Delta n$$

E：求所在城市时间；

E_0：已知城市时间；

Δn：时差。

$$E_{东} = E_{0西} + \Delta n$$

$$E_{西} = E_{0东} - \Delta n$$

（5）如果计算结果大于 24 小时，则日期加一日后，时刻减去 24 小时；如果计算结果出现负值，则日期减一日后，时刻加上 24 小时。

举例：如果东八区现在是早上 9 点，西五区现在是什么时间？

计算如下

$$\Delta n = E_{东} - E_{西} = (+8) - (-5) = 13:00$$

$E_{西} = E_{东} - \Delta n$

$= 09:00 - 13:00$

$= 09:00 + 24:00 - 13:00$（时刻加上 24 小时，日期减一天）

$= 33:00 - 13:00$

$= 20:00$

答：西五区是前一天晚上 20:00。

四、地方时转换

两个地区地方时之间的差称作时差。经度每相隔15°，地方时时刻相差 1 小时，经度每相隔1°，时刻相差 4 分钟，同一经线上的各地地方时一定相同，不同经线上各地地方时存在差异。

我们仍可用以上公式和规则来计算地方时转换。

【例 2-1】当135°E 的地方时是 8 点时，73°E 是几点？

解答：

第一步，求地方时差。

$$135°\text{E} - 73°\text{E} = 62°$$

$$\Delta n = (62° \div 15°) \times 60\ \text{分钟} = 248\ \text{分钟} = 4\ \text{小时}\ 8\ \text{分钟}$$

第二步，求地方时。

$$E_{西} = E_{东} - \Delta n = 08:00 - 04:08 = 03:52$$

答：73°E 的地方时为03:52。

【例 2-2】当60°E 的地方时是 9 点时，120°W 是几点？

解答：

第一步，根据时差图求地方时差。

$$60°\text{E} - 120°\text{W} = 180°$$

$$\Delta n = (180° \div 15°) \times 1\ \text{小时} = 12\ \text{小时}$$

第二步，求地方时。

$E_{西} = E_{东} - \Delta n = 09:00 - 12:00$

$= 09:00 + 24:00 - 12:00$（时刻加上 24 小时，日期减一天）

$= 33:00 - 12:00$

$= 21:00$

答：当60°E 的地方时是 9 点时，120°W 是前一天晚上 21 点。

五、使用国际时差换算表计算时差

在时差计算中，首先要学会使用国际时差换算表，如表 2-1 所示，各国实际采用的当地标准时间均可在表中获得。为了简化计算，各国各地相对世界标准时差和与北京标准时间的时差也在列表中。

表 2-1 主要国家/城市国际时差换算表

国家（地区）与城市	时　区	与世界标准时时差	与北京东八区标准时时差
新西兰、斐济	东十二区	12	4
法属新喀里多尼亚、瓦努阿图、关岛	东十一区	11	3
俄罗斯（符拉迪沃斯托克）、澳大利亚（布里斯班、堪培拉、霍巴特、墨尔本、悉尼）、巴布亚新几内亚	东十区	10	2
日本、朝鲜、韩国、俄罗斯（尼古拉耶夫斯克）	东九区	9	1
中国、蒙古、新加坡、马来西亚、菲律宾、文莱、俄罗斯（伊尔库茨克）、澳大利亚（珀斯、弗里曼特尔）	东八区	8	0
泰国、印度尼西亚、越南、柬埔寨、老挝	东七区	7	−1
缅甸		6.5	−1.5
孟加拉、哈萨克斯坦	东六区	6	−2
印度、斯里兰卡、尼泊尔		5.5	−2.5
俄罗斯（鄂木斯克）、巴基斯坦、塔吉克斯坦、乌兹别克斯坦、吉尔吉斯斯坦、土库曼斯坦	东五区	5	−3
阿富汗		4.5	−3.5
阿联酋、毛里求斯、阿塞拜疆、亚美尼亚、格鲁吉亚	东四区	4	−4
伊朗		3.5	−4.5
沙特阿拉伯、科威特、伊拉克、俄罗斯（莫斯科、圣彼得堡）、乌克兰、埃塞俄比亚、坦桑尼亚、吉布提、乌干达、索马里、肯尼亚、马达加斯加、土耳其、苏丹	东三区	3	−5
约旦、黎巴嫩、叙利亚、巴勒斯坦、希腊、保加利亚、罗马尼亚、芬兰、白俄罗斯、莫桑比克、埃及、博茨瓦纳、南非、赞比亚、利比亚	东二区	2	−6
荷兰、比利时、塞尔维亚、波斯尼亚和黑塞哥维那、克罗地亚、德国、匈牙利、丹麦、波兰、直布罗陀、西班牙、挪威、法国、捷克、意大利、瑞典、阿尔巴尼亚、梵蒂冈、奥地利、波兰、瑞士、阿尔及利亚、刚果（布）、喀麦隆、刚果（金）、尼日利亚、安哥拉、乍得、突尼斯、纳米比亚、尼日尔	东一区	1	−7
爱尔兰、葡萄牙、英国、冰岛、科特迪瓦、马里、塞内加尔、摩洛哥、加那利群岛、利比里亚	中时区	0	−8
巴西（巴西利亚）、阿根廷、乌拉圭、苏里南	西三区	−3	−11
巴拉圭、委内瑞拉、玻利维亚、特立尼达和多巴哥、波多黎各、智利	西四区	−4	−12
美国（亚特兰大、巴尔的摩、波士顿、底特律、迈阿密、纽约、费城、匹兹堡、华盛顿、哥伦比亚特区）、加拿大（蒙特利尔、魁北克、多伦多、 渥太华）、哥伦比亚、巴拿马、古巴、牙买加、秘鲁	西五区	−5	−13
美国（芝加哥、达拉斯、休斯敦、新奥尔良、圣路易斯）、加拿大（丘吉尔港、温尼伯）、墨西哥	西六区	−6	−14
美国（盐湖城）、加拿大（埃德蒙顿）	西七区	−7	−15
美国（拉斯维加斯、洛杉矶、圣迭戈、旧金山、西雅图）、加拿大（温哥华）	西八区	−8	−16
美国（安克雷奇）	西九区	−9	−17
美国（檀香山）、法属波利尼西亚	西十区	−10	−18
萨摩亚	西十一区	−11	−19

【例 2-3】当世界标准时是 12:00 时，求新加坡的当地标准时间。

解答：从表 2-1 中得知新加坡属东八区，与世界标准时时差为 8 小时，世界标准时为 12:00，则

$$
\begin{aligned}
E_{东} &= E_{西} + \Delta n \\
&= 12:00 + 08:00 \\
&= 20:00
\end{aligned}
$$

答：当世界标准时是 12:00 时，新加坡的当地标准时为 20:00。

【例 2-4】当世界标准时是 12:00 时，求巴拿马的当地标准时。

解答：从表 2-1 中得知巴拿马属西五区，与世界标准时时差为−5 小时，$\Delta n = 0 - (-5) = 5$ 小时，世界标准时为 12:00，则

$$
\begin{aligned}
E_{西} &= E_{东} - \Delta n \\
&= 12:00 - 05:00 = 07:00
\end{aligned}
$$

答：当世界标准时为 12:00 时，巴拿马的当地标准时为 07:00。

【例 2-5】当委内瑞拉加拉加斯的当地标准时为 08:00 时，求泰国曼谷的当地标准时。

解答：从表 2-1 中得知委内瑞拉属西四区，与世界标准时时差为−4 小时，泰国曼谷属东七区，与世界标准时时差为 7 小时，用东面时区标准时间减去西面时区的标准时间，即 $\Delta n = 7 - (-4) = 11$ 小时，求东面城市时间，即

$$
\begin{aligned}
E_{东} &= E_{西} + \Delta n \\
&= 08:00 + 11:00 \\
&= 19:00
\end{aligned}
$$

答：当加拉加斯当地标准时为 08:00 时，曼谷的当地标准时为 19:00。

一些联邦制国家在本国实行多时区制，如美国、加拿大、巴西、澳大利亚等，一个国家有多个时区。航空公司的航班时刻表均以当地时间公布，游客在这类多时区的国家旅行时也要考虑时差问题，以免造成时间上的混乱。多时区国家的各个时区是以不同的区域来表示的，主要城市的相关信息可直接从表 2-1 中查到，但其他城市的时差就需要借助其他工具，如通过世界地图中的“世界时区”来定位。

【例 2-6】当西班牙马德里处于 10 月 30 日 05:00 时，请问加拿大温哥华此时的当地时间是几点？

解答：从表 2-1 中得知西班牙属东一区，与世界标准时时差为+1，加拿大温哥华属西八区，与世界标准时时差为−8，用东面时区标准时间减去西面时区的标准时间，时差 $\Delta n = 1 - (-8) = 9$ 小时，则

$$
\begin{aligned}
E_{西} &= E_{东} - \Delta n \\
&= 05:00 - 09:00 \\
&= 05:00 + 24:00 - 09:00 \text{（时刻加上 24 小时，日期减一天为 10 月 29 日）} \\
&= 29:00 - 09:00 \\
&= 20:00
\end{aligned}
$$

答：当西班牙马德里处于 10 月 30 日 05:00 时，加拿大温哥华此时的当地时间是 10

月 29 日晚上 20:00。

此例与上述算例的主要区别就是涉及了日期的变化，当所得时间为负值时，可将日期推算至前一日；当所得时间大于 24 时，可将日期推算至后一日。

六、起飞航班时刻的推算

国际航班业务中需要具体确定起飞和到达时刻，在飞行时间确定的前提下，起飞时刻决定了到达时刻。起飞航班时刻的推算过程如以下例题。

【例 2-7】中国访美代表团要在 10 月 1 日 8 时前从纽约乘专机赶到北京参加国庆活动，如果飞行时间为 14 小时 30 分，如何紧凑地安排专机的起飞时刻？

分析：此题实际上是要求安排最紧凑的起飞时刻。可首先考虑飞行时间，推算出起飞时北京时间是多少，然后再利用时差的换算求得当地的起飞时刻。当然也可以先考虑时差的换算，即求出在到达北京时，纽约的时刻是多少，然后再考虑飞行时间，推算起飞时刻。

解：

第一步，推算起飞时间。

起飞时的北京时间应为

10 月 1 日 8 时−14 小时 30 分 = 9 月 30 日 17 时 30 分

第二步，求时差。

查表 2-1 得到北京属东八区，与世界标准时时差为+8，纽约属西五区，与世界标准时时差为−5，时差 $\Delta n = 8 - (-5) = 13$。

第三步，时差换算，把北京时间换算成纽约时间。

式中已知条件：$E_{东}$ = 9 月 30 日 17 时 30 分；

求起飞时纽约的时间应为

$$E_{西} = E_{东} - \Delta n$$
$$= 17{:}30 - 13{:}00$$
$$= 04{:}30\text{（9 月 30 日）}$$

答：中国访美代表团必须乘坐 9 月 30 日 04:30 以前的航班，当然还要加上地面旅行时间，因此航班还要更早。

七、飞行时间计算

【例 2-8】某航班于北京时间 6 月 3 日 11 时 25 分从北京起飞，飞往莫斯科。到达时，莫斯科时间为当日 19 时 15 分，求飞行时间（莫斯科采用东三区的夏令时）。

分析：解此类题的关键是要用统一的标准时刻去推算。此外，夏令时比当地标准时早 1 小时。莫斯科东三区的夏令时间为 19 时 15 分，比 GMT 早 4 个小时；莫斯科东三区的标准时间实际为 18 时 15 分，比 GMT 早 3 个小时。

本题给出了莫斯科采用东三区的夏令时，即莫斯科时间比 GMT 早 4 个小时，北京比

GMT 早 8 小时应作为常识掌握，故不用查表也可计算。

解法一：统一采用世界标准时系统（GMT）计算。

到达时 GMT 为 = 6 月 3 日 19 时 15 分 − 4 小时 = 6 月 3 日 15 时 15 分

起飞时 GMT 为 = 6 月 3 日 11 时 25 分 − 8 小时 = 6 月 3 日 3 时 25 分

飞行时间为 GMT 的到达时间减去 GMT 的起飞时间

飞行时间 = 6 月 3 日 15 时 15 分 − 6 月 3 日 3 时 25 分 = 11 小时 50 分

解法二：统一采用北京时间系统计算。

到达时的北京时间为

$$E_{东} = E_{西} + \Delta n$$

$$E_{北京} = E_{莫斯科} + \Delta n$$

= 6 月 3 日 19 时 15 分 + (8 − 4)小时

= 6 月 3 日 23 时 15 分

起飞时的北京时间为 6 月 3 日 11 时 25 分（已知条件）。

飞行时间为北京的到达时间减去北京的起飞时间

飞行时间 = 6 月 3 日 23 时 15 分 − 6 月 3 日 11 时 25 分 = 11 小时 50 分

以上两种解法所得到的结果是相同的。

思 考 题

1．太阳活动对地表空间有哪些影响？
2．地球大气圈结构如何划分？
3．航空器在空间的活动范围有哪些？
4．地球自转一周需要多少时间？以什么标准来确定？
5．太阳日和恒星日的差异是由什么原因造成的？
6．地球自转可分为角速度和线速度，分别计算北纬 45° 处的地表角速度和线速度。
7．总结地球上运动物体的偏转规律。
8．简述地球公转对人类活动的影响。
9．简述时间的概念以及它包括哪些内容。
10．区时是如何划分的？
11．地方标准时间是如何确定的？
12．简述世界标准时间的作用，区时与世界标准时间的时差如何计算？
13．日界线划在哪个区域？运动物体跨过日界线时如何计算日期？
14．如何计算时差 Δn？
15．如何计算两城市地方时的时差？
16．如何使用国际时差换算表计算时差？
17．如何使用时差公式计算两个城市之间的时差？
18．如何计算飞行时间？

第三章

航空气象与航空飞行

学习目标

1．了解民用航空器的活动层特点。

2．掌握影响飞行的气象物理参数。

3．了解主要的气象现象。

4．掌握影响航空飞行的恶劣天气的内容。

第一节 气 象

每架翱翔蓝天的飞机都是在大气层中飞行的，它们无时无刻都要受到大气层的制约，航空器能否起降，其起降方向、载量、两地间的飞行时间等都与气象相关。从导致航空器延误和发生事故的原因来看，气象原因占的比率最高，大约 80%的航班延误是由于天气原因造成的，约 30%的航空器事故与天气有关，所以飞行与气象条件有着密切的关系。民航气象部门作为航空系统的重要组成部分，肩负着重要使命：最大限度地减少天气对航空运行安全的威胁。

一、民用航空器的活动层

大气层是各种航空器活动的空间，大气层中的各种现象和空气运动对航空器的活动有着重要影响。因此，我们对大气层的性质和它内部产生的各种现象要有基本了解。

大气层紧紧包围着地球，目前，国际公认的大气层上界为距地面 100 千米，在 100 千米之外，仍有空气分子一直延伸到距地面 2 000～3 000 千米，这一区域称为近地空间，分为电离层和逸散层，电离层紧挨大气层，那里的空气分子被电离形成电离层，反射高频电磁波。高频通信作为目前航空通信的主要手段之一，就是依靠电离层的反射把信息传播到很远的距离的。近地空间是载人航天器的主要活动场所。

民用航空器活动在对流层和平流层下部，高度从地面到 18 000 米之内。没有增压座舱的飞机和小型喷气飞机在 6 000 米以下的对流层中飞行。大型和高速的喷气客机有增压装置，可在 7 000～13 000 米的对流层顶部和平流层中飞行，那里几乎没有垂直方向的气流运动，飞机飞得很平稳，而且空气稀薄，飞行阻力小，因而飞机可以较高的速度飞行，节约燃料，提高经济性，现代民航运输的大部分活动在这一层中进行。超音速飞机和一些高速军用飞机为了减少阻力，巡航在 13 500～18 000 米甚至更高的高空。

（一）对流层

对流层是离地面最近的一层，从海平面算起，平均高度为 11 千米，在赤道上空高约 17 千米，而在极地上空为 8 千米左右。对流层的高度因地区、季节不同而不同，这一层的大气密度最大，压力也最高，其中包含了大量水汽。由于地面吸收的热量加热了空气，热气流要上升，在这一层中，空气不仅水平流动而且还垂直流动，所以称为对流层。离地面越远，大气的温度越低，因而这一层也叫作变温层。地球上的各种天气变化，如云、雾、雨、风、雪等都出现在这一层内，这给航空器的飞行带来了困难。

（二）平流层

平流层在对流层之上（通常把平流层和对流层的分界线定为 11 000 米），它的顶部距地面 80～100 千米，空气在这一层几乎没有垂直流动，因而叫平流层。但水平方向由于地球自转上层空气摩擦力小而落后于下层空气的运动，形成了与地球表面平行方向的运动。由于没有水蒸气，平流层内除风外，没有其他天气现象。平流层可分为两部分，下部温度基本保持不变，约为-56℃，因而下部这一层也叫同温层。在同温层的上部，40 千米以上部分，由于臭氧吸收紫外线，放出热量，温度上升，再向上温度又下降，因此平流层上部也称为中间层。由于空气稀薄，涡轮喷气发动机无法在平流层中工作，目前只有少数研究用机型能在这一层中飞行。

二、影响飞行的气象物理参数

首先要分清天气、气象、气候这三个基本概念。

天气是指某一个地区距离地表较近的大气层在短时间内的具体状态。

气象是指发生在大气中的各种自然现象，即某瞬时内大气中各种气象要素（如气温、气压、湿度、风、云、雾、雨、闪、雪、霜、雷、雹、霾等）空间分布的综合表现。

气候是指一个地方多年平均的天气特征，气候特征是相对稳定的。

对飞行影响最大的气象物理参数是气压、天气温度及空气密度。它们之间相互联系，随着地理纬度、季节的变化而变化。

（一）气压

气压是指单位面积上向上延伸到大气上界的垂直空气柱的重量。著名的马德堡半球实验证明了气压的存在，它来自于空气的重量，也来自于空气内部分子的热运动。气压的大小与海拔高度、大气温度、大气密度等有关，它一般随高度升高按指数律递减，随着温度的降低而减低。

大气压有两种表示方法：一种是用汞柱的高度表示，另一种是用通用的压力单位帕斯卡（Pa）表示，在气象上常用百帕（毫巴）作为气压的度量单位。它们之间的关系是

1 毫米汞柱 = 133.32 帕斯卡

例如，在海平面的标准气压为 760 毫米汞柱，或者为 101 325 帕斯卡。

此外，在航空气象上还经常使用毫巴和英制单位：磅/平方英寸（Psi），它们之间的关系是

1 毫巴 = 100 帕斯卡，1 Psi = 6 894.76Pa

用这些单位表示的标准大气压为 1 013.25 毫巴或 14.7Psi。大气压力随着高度的增

加，基本上呈线性下降，航空器一直在使用这个规律制造气压式高度表、空速表来确定飞机的飞行高度和飞行速度。

由于各地的大气条件随不同高、低压系统的移动而随时在变化，所以高度表在不同时间、不同地点和不同高度皆与标准大气有所不同。因此，飞机上的高度表读数必须经过适当拨定，才能显示出实际高度。飞机起飞前必须经过高度拨定，航程上因海平面气压不断变化，其高度表所显示的高度与实际海拔高度会发生误差，有时候误差可能很大。依据高度表拨定程序的规定：凡飞行在海平面高度约 3 330 米（11 000 英尺）及以下的飞机，应采用飞经当地的实际海平面气压值（QNH）；飞行在海平面高度约 3 940 米（13 000 英尺）及以上的飞机，以标准大气压力（QNE）1 013.25 毫巴为高度拨定值。

所以在航空上，针对不同情况要使用不同的气压标准。

（1）标准大气压（QNE）：把温度为 0℃、纬度为45° 的海平面的气压作为标准情况时的气压，称为 1 个大气压，其值为 760 毫米汞柱，或相当于 1 013.25 毫巴。

（2）场面气压（QFE）：场面气压是指着陆区（跑道入口端）最高点的气压，由于各站所处地理位置及海拔高度不同，站点间的气压常有较大差异。飞行员如果用 QFE 的高度计设定来校正高度表，那么在机场上高度表的指针就会指向 0 英尺。

（3）实际海平面气压（QNH）：它是指将观测到的场面气压按照标准大气压标准修正到平均海平面的气压。飞行员如果用 QNH 的高度计来校正高度表，那么飞机上高度表的指针就会指向该机场的海拔高度，也就是航图上所标注的机场数据。

（二）大气温度

气象学上把表示空气冷热程度的物理量称为空气温度，简称气温。大气温度是指大气层内空气的温度，它表示空气分子受热的程度，温度高的空气分子，热运动的动能大，温度低的空气分子的动能小。一般我们使用国际上标准气温度量单位摄氏度（℃）来表示大气温度。

大气不能直接吸收太阳光的短波辐射，其热量主要来自于地表的长波辐射。因此，离地表越近，大气温度越高，离地表越远，大气温度越低。在大气的底层，气温随着高度的增加而递减，平均每上升 1 000 米下降 6.5℃，到达同温层后，温度基本保持不变。标准大气条件下，在 11 000～26 000 米的高度，空气温度均保持在-56.5℃。通常，航班飞机多在 7 000 米以上的高空平飞，机外温度多在-30℃以下，因此，航班飞机都有较好的保温和密封设施。

（三）空气密度

空气密度是指单位体积内空气的质量。我们知道气体的密度和它的温度、压力之间的关系由气态方程式所决定，因此知道了大气的压力和温度，空气的密度也就确定了。大气的压力和温度都随着高度增加而下降，因而空气密度也随高度增加而下降，而且下降的速度比压力和温度要快。我们常用某一高度上的空气密度和海平面空气密度之比来表示空气密度的大小，这个比值称为相对空气密度。例如，11 000 米高度的相对空气密度为 0.3，我们就能很容易地知道在这个高度，空气的密度只有地面空气密度的 30%。

由于空气的密度直接影响飞行的升力和阻力，因此航空器的驾驶员都要掌握空气密度随高度变化的规律。

（四）气压、气温和密度的关系

气压主要与高度、温度有关。气压随高度的增加而递减，高空气压通常小于 0.5 个大气压。因此，飞机机舱必须密封，失密将导致舱内人员、物体被卷出。在同一高度上，温度越高气压越低，温度越低气压越高。同时空气密度又与气温和气压有关，温度越高密度越低，气压越低密度越低。

气压、气温等因素影响飞机起飞和着陆时的滑跑距离，影响飞机的升限和载重以及燃料的消耗。因为飞机的升力与空气密度成正比，空气密度减小，引擎动力亦会跟着减弱，影响飞机爬升的动力，如果密度减至某一定值时，跑道长度不能满足飞机正常的载重量所需，就得减轻飞机的载重量，这样飞机才容易起飞和爬升，所以在高原地区，低压会造成航班飞机的全重减载。另外，机场海拔高度越高，其平均气压越低，平均密度亦越小，因此在设计机场时，高海拔机场需要建设较长的跑道，以应起飞之需。

另外，高空温度越低，飞机引擎效率越高，当高空温度比正常值高时，只有消耗更多油料，飞机才能维持正常的巡航动力。在准备飞行计划时，需要利用高空温度数据来决定所需油料。

三、主要的气象现象

（一）风

风是由空气流动引起的一种自然现象，即由于地球运动，大气层中温度不同和大气压力不同，使空气在不同方向上形成对流。地球大气层的总体运动有三个方面：一是由于太阳的辐射造成赤道和两极的温差，低空中冷空气由两极流向赤道，而在高空中，空气则由赤道流向两极。二是由于地球的自转产生了对运动空气的附加力，这种力也称为哥氏力，它使空气运动的方向发生改变。三是由于地面各位置的空气压力不同造成的压力梯度。我们在天气图上用等压线表示，空气总是从高压区流向低压区。

风常指空气的水平运动分量，包括方向和大小，即风向和风速。但对于飞行来说，还包括垂直运动分量，即所谓的垂直或升降气流。

风速是指空气在单位时间内流动的水平距离，风力是指风吹到物体上所表现出的力量的大小，空气流动得越快，风速越大，风的力量自然也越大。风速的单位用每秒多少米或每小时多少千米来表示，而发布天气预报时，大都用风力等级来表示。风向是指风来的方向，用方位表示。

风与飞行的关系十分密切，飞机的起飞着陆、巡航高度的确定、活动半径的计算、最佳航线的选择和燃料载量的确定等都需要考虑风的影响。从飞行方向来说，有顺风、逆风和侧风等不同情况和特征。飞机的起降过程通常要求在逆风条件下进行，可使飞机离地和着陆的速度较小，缩短滑跑距离。在有侧风尤其是侧风分量（风沿垂直于跑道方向的分量）较强时，飞机起飞和着落的操纵会变得较为复杂。当侧风分量增大时，机头易向侧风方向偏转，所以飞机在侧风中滑跑时，应向侧风方向压杆。

（二）云

云是由悬浮在空中的无数小水滴或（和）小冰晶组成的可见聚合体，它是地球庞大的水循环系统作用的结果。太阳照在地球的表面，水蒸发形成水蒸气，一旦水汽过饱和，水分子就会聚集在空气中凝结核的周围，由此产生水滴或冰晶，将阳光散射到各个方向，由此就产生了云的外观。

从形状上分，云可以分成积云和层云。积云是从底部一直向上延伸的，它的底部和周围都有强大的气流，因而在这些区域中飞行是不稳定的，而云的上面，气流是平稳的。大部分积云中都含雨，积雨云中常伴有雷电、狂风、暴雨等恶劣天气，发展强烈时还会有冰雹，因此飞机禁止在积雨云中或积雨云区飞行。层云中一般不含雨。另外，云中还会有严重的积冰。

按高度分，云可分为低云（距地面 2 000 米）、中云（距地面 2 000～7 000 米）、高云（距地面 7 000 米以上）和垂直延伸云（从距地面 300 米一直延伸到平流层底部）。

飞机在云或云体附近区域中会遇到强烈的颠簸，因此应远离积雨云、雷暴云。另外，云还会影响驾驶员的能见度，由云而转变的雾、雨、雷雨、冰雹也都会给飞行安全带来一定的影响。

（三）降水

大气降水是地表淡水的主要来源，与人们的生活息息相关。降水泛指液态或固态水从云中降到地面的现象。云中的水滴和冰晶增长到不能飘浮在空中时才降到地面，产生降水。降水按其颗粒形态可分为液态降水和固态降水。液态降水即降雨；固态降水有雪、冰雹、霰等。降水使能见度降低，降水越强，能见度越低，从而影响飞行；降水还能使机场道面湿滑、场地密实度降低，造成飞机冲出跑道或陷落于土质场地；降水可造成雨雪污染飞机和机场道面，遮盖地面标志，直接影响飞行安全。

降水产生的条件主要有两个：一是要有水汽，二是要有空气的抬升，即对流。水汽是降水必不可少的物质条件；对流可造成气温的降低，当气温低过露点温度时，水汽便会产生凝结，从而形成降水。降水的类型有锋面雨、地形雨、对流雨三种。

降水形成的是雨、雪还是冰雹，取决于上空云层的垂直温度和地面温度分布情况。如果上空温度很高，下层温度不太低，形成水滴降到地面的就是雨；如果下层或地面温度高，就可能形成阵雨；如果上层温度低至已经形成结冰，而地面温度不高时，会形成雪；地面温度高时可能把结冰全部融化，降下的是雨；如果上下温差大，使气流向上运动把结冰带向上方，再遇冷的水汽使冰粒增大再降下来就成为冰雹。

降水对飞行有多方面的影响，其影响程度主要与降水强度和降水种类有关。降水会使能见度降低，影响飞机正常飞行，在起降过程中影响尤为明显。同时，飞机在有过冷水滴（如冻雨、雨夹雪）区域中飞行时，机身会立刻冻结，影响飞机的性能。另外，飞机误入积雨云中或在积雨云区附近飞行时，有被雷击的危险。

第二节　影响航空飞行的恶劣天气

正常的飞行过程可分为起飞爬升离场、航路巡航、进近下降着陆三个阶段（见图 3-1）。其中，起飞爬升离场和进近下降着陆两个阶段所用时间约占整体飞行时间的 40%，但其发生事故的概率高达 95%以上；而占总时间 60%左右的航路巡航阶段的事故发生率在 5%以下。

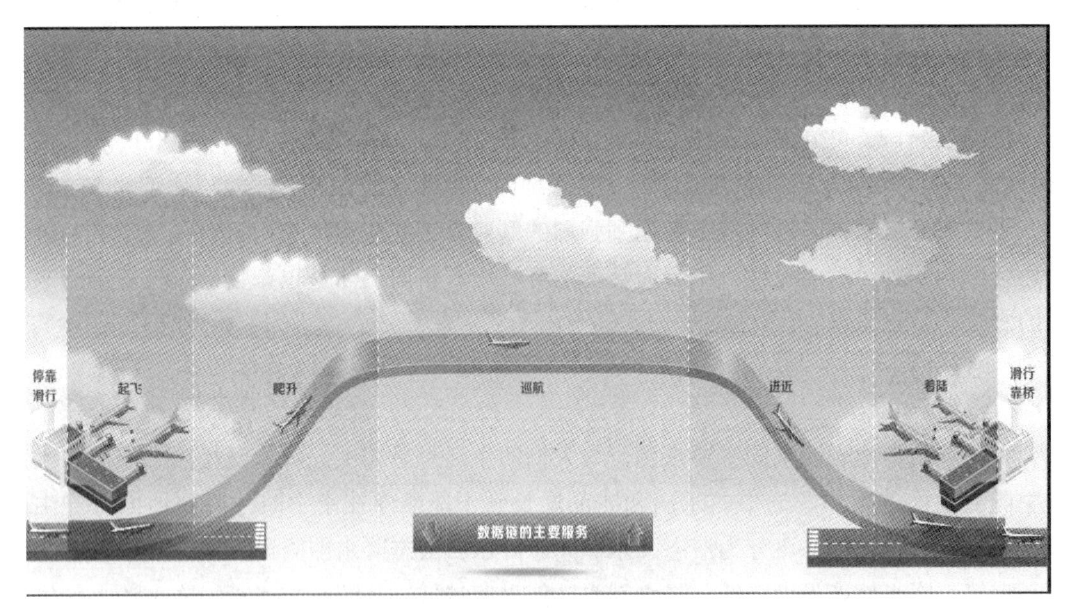

图 3-1　飞行全过程

在飞行发生的事故中，除少数归因于机械故障和操纵失误外，大多数与天气条件有关。严重影响飞行的恶劣天气主要有地面大风、低空风切变、雾、雷暴等。

因气象原因而造成飞行事故的案例，比比皆是。

1977 年 3 月 27 日，由于大雾和低能见度，两架波音 747 飞机在西班牙加那利群岛上的特内里费机场相撞，造成 583 人死亡。

2004 年 11 月 21 日，由于遭遇结冰云团，一架 CRJ200 飞机在包头机场失速坠毁，造成 55 人死亡。

2007 年 7 月 17 日，由于强降雨形成的湿滑跑道，一架空客 A320 飞机在圣保罗孔戈尼亚斯机场降落时冲出跑道，造成 199 人死亡。

2010 年 8 月 24 日，由于低于最低能见度标准运行，一架 ERJ190 飞机在伊春市林都机场进近时坠毁，造成 44 人死亡。

一个个案例触目惊心，最终都指向同一个原因，那就是恶劣的气象环境，民航用血的经验和教训换来了今天对气象条件重要性的认识和严格执行飞行标准的铁的纪律。

为了更好地了解气象环境是如何影响飞行安全的，我们可以对不同的气象要素进行分类和剖析。从天气现象来区分，气象主要包括风、云、雨、雪、雾、霾六类；从对飞行的影响角度来区分，又可以划分为雷暴、台风、侧风、风切变、结冰、低云、能见度等十三种情况。下面就针对这十三种恶劣天气进行逐个分析。

一、雷暴

雷暴是伴有雷击和闪电的局部强对流性天气，经常出现在积雨云云层中，云中、云间或云地之间均产生放电现象，表现为闪电并有雷声，能产生各式各样的危及飞行安全的天气现象。发生雷击时，外部设备的防护罩或整形罩会被击穿，闪电电流进入机舱内部造成设备和电源的损坏，严重时，雷击会在驾驶舱内形成电弧，造成机组晕厥。闪电引起的磁场还会对仪表、通信、导航及着陆系统造成干扰。

闪电是自然界中强烈的、能量巨大的放电现象，一般在对流旺盛的积雨云中的电荷之间或云地之间产生，常伴有强烈的闪电和巨大的轰鸣声，其长度最长可达数千米，温度可高达 28 000℃，超强的电磁场可干扰与破坏飞机导航和通信设备。

积雨云云层中气流呈强烈的垂直运动，强大的上升气流和下降气流会使飞机产生强烈的颠簸，可能导致飞机翻转，容易损坏飞机的结构。如果在航线上遇到雷雨就要绕飞过去，绕飞时也会发生颠簸，这时就要求旅客们坐好，系好安全带以确保飞行安全。遇到这种雷暴天气，每隔一分钟就会有专门的预报员向飞机发送天气信息，以帮助飞机避开危险的天气现象。空中交通管理员也时刻关注着辖区内的天气变化，尽职尽责地引导飞机起飞和降落。

雷暴目前被航空界公认为严重威胁飞行安全的气象，飞行中如果遭遇雷暴云团，必须进行规避。因此，雷暴区被称为飞行活动的“禁区”。所以说，雷雨是严重威胁飞行安全的天气，一般遇到雷雨天气都要取消飞行。

1963 年，泛美航空公司的一架客机被雷电击中油箱爆炸，导致 81 人丧生。2006 年 4 月 8 日 15 时 37 分，由大连经停青岛飞往武汉的 MU2518 波音 737-300 型客机在天河机场降落过程中，起落架舱周边被雷击中，出现 4 个雷击点，但飞机安全降落天河机场，百余名乘客安然无恙。

二、台风

台风是热带风暴的一种，经常发生在南、北纬 5°～25°、接近赤道的海洋上，它在适当的条件下可以由低压发展成强烈的风暴。台风是中心附近最大持续风力达 12 级（风速 32.7 米/秒）及其以上的热带气旋，台风中强烈的对流天气会产生积冰、强烈阵风以及低空风切变等危险天气，造成飞机严重颠簸、能见度降低，严重威胁飞行安全。

台风的水平范围在几百千米以上，最大可达 2 000 多千米。台风的垂直伸展高度可达 12～16 千米。台风中心周围有强烈的气流辐合、上升运动，产生高大的云墙，云墙下经常出现狂风暴雨，最大风速可达 30 米/秒以上，这是台风中大气最恶劣的地区。台风中心的管状眼区内为下降气流，通常为晴好天气。台风内的恶劣天气严重威胁飞行安全，台风常造成台风经过的地区航班暂时中断，甚至会吹翻停在机坪上的飞机，台风构造如图 3-2 所示。

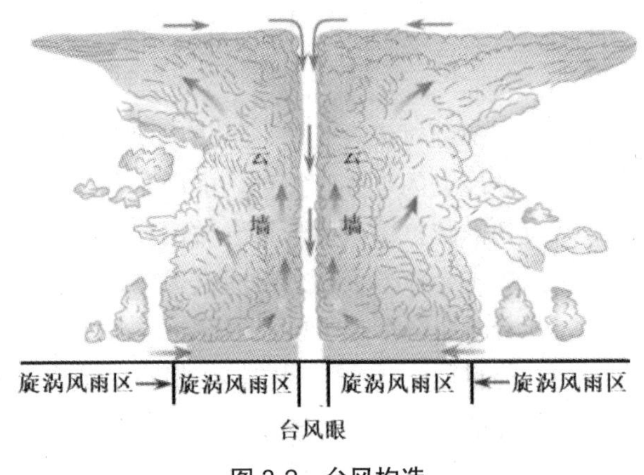

图 3-2　台风构造

三、侧风

飞机最害怕的风——侧风。

在强烈侧风之下进场降落是民航飞机航行中最复杂和危险的飞行动作，因为侧风会把飞机吹离跑道的中线。在飞机的气动设计上要求飞机具有较好的横航向操纵性和安定性，要求飞机对侧风不能太敏感。遇到侧风时，飞行员必须调整飞行的方向加以补偿，在起飞和着陆过程中，飞行员必须聚精会神，根据侧风情况持续调整飞机的姿态和航向，修正飞机偏离的趋势。如果侧风过大或者变化剧烈，超出飞机员调整的能力，可能导致飞机严重偏离跑道或者侧翻，造成飞行事故。

1993 年 11 月 4 日，台风埃洛向西北方向移动接近中国香港，当时的香港启德机场因受到台风之右前部的影响，机场跑道雨势及侧风极为强劲，上午 11:00 风向为 70°，风速为 21kt，阵风 34kt，天气状况非常不好，跑道积水。中华航空公司 CI-605 班机 B747-400 型飞机于当天上午 11:30 左右朝向 13 号跑道降落，由于侧风加上跑道湿滑的缘故，飞机冲出跑道而坠入海中，所幸机上 296 名乘客和机组人员全部获救，未发生重大伤亡事故，唯有旅客 23 人受伤，飞机全部报废，如图 3-3 所示。

图 3-3　中华航空公司 CI-605 航班事故现场

四、风切变

风切变是一种大气现象，是风速在水平和垂直方向的突然变化。飞机在飞行中遇到风切变，空速就会发生突然性的变化，空速变化引起了升力变化，升力的变化又引起了飞行高度的变化。如果遇到的是空速突然减小，而飞行员又未能立即采取措施，飞机就要掉高度，以致发生事故。由于速度是矢量，有大小有方向，所以风切变包括水平风的垂直切变、水平风的水平切变以及垂直风的切变。

发生风切变的概率要看机场的地理位置。雷暴可以引起风切变，因此纬度比较低，即接近热带的地方，由于出现雷暴的机会比较多，容易引发风切变。但风切变不仅仅源于雷暴，复杂的地形也可以带来风切变，如中国香港机场、美国丹佛机场等城市机场的周围有山环绕，强风受山峦与谷地的地形作用，风切变的现象明显。此外，海风也易引起风切变，一般人觉得海风不是很强的天气现象，但其实不然。以中国香港机场为例，盛行风一般是东风，但从海上吹过来的风一般是西风，东风西风汇合在一起，就会引起风切变。

风切变中最易造成飞行事故的是低空风切变，这是一种发生在 600 米高度以下，短距离内风向、风速发生突变的天气现象。这种风切变气流常从高空急速下冲，像向下倾泻的巨型水龙头，当飞机进入该区域时，先遇强逆风，后遇猛烈的下沉气流，随后又是强顺风，飞机就像狂风中的树叶被抛上抛下而失去控制，极易发生严重的坠落事件。国际航空界公认低空风切变是飞机起飞和着陆阶段的一个重要危险因素，如图 3-4 所示。

2007 年 9 月 16 日下午，泰国一架航班号为 OG269 的客机在泰国旅游胜地普吉岛的机场降落时冲出跑道，折断为两截后起火爆炸，风切变可能是导致此次事故的原因。机上 130 名乘客和机组人员中，89 人死亡，包括 36 名泰国人和 53 名外国人；43 人在空难中受伤，其中 5 人伤势严重。

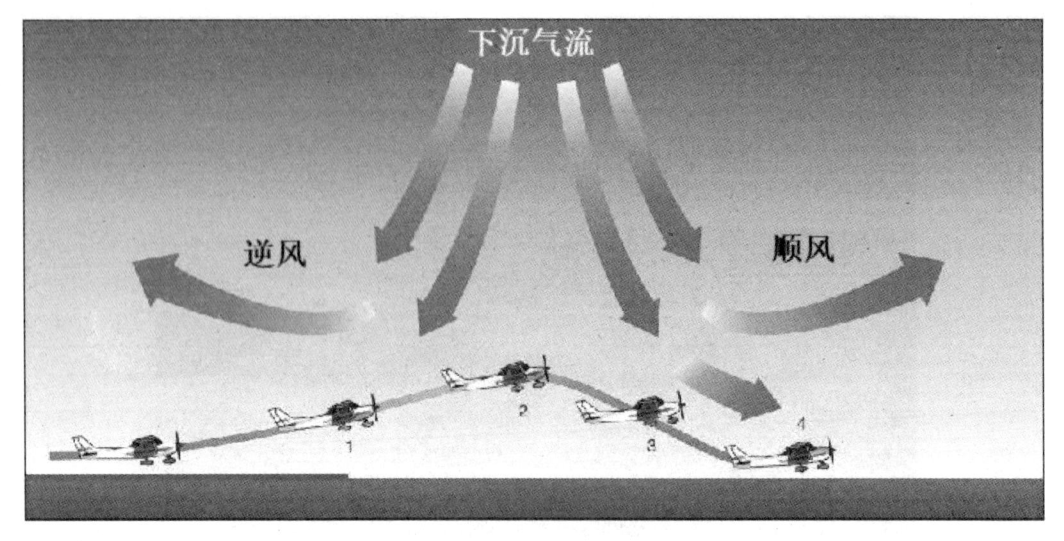

图 3-4　低空风切变

五、湍流（颠簸）

湍流是常见的问题，几乎所有乘客都经历过飞机在空中的颠簸。

湍流是一种气流运动，用肉眼无法看见，而且它经常不期而至。引发湍流的原因可能是气压变化、急流、冷锋、暖锋和雷暴，甚至在晴朗的天空中也可能出现湍流。湍流并非总能被预测出来，雷达有时也发现不了它。

空气不规则的运动（大气湍流）会使飞行中的飞机发生颠簸，颠簸强烈时，飞机可在一分钟内上下抛掷几十次，高度变化几十米，空速变化可达每小时 20 千米以上。颠簸会造成飞行员操纵困难或暂时失去操纵能力，颠簸的出现一般与空气湍流有关。

根据美国联邦航空管理局（FAA）的数据，湍流是导致机上发生非致命伤害事故的主要原因，但通常是因为乘客或机组人员没有系好安全带。

例如，2007 年 7 月 6 日下午 3 时 30 分许，由悉尼飞往广州的南方航空公司 CZ322 航班在途经菲律宾上空时遭遇晴空湍流，飞机发生严重颠簸。在十多秒钟的强气流袭击下，机上多名乘客飞离座位，头部撞上机舱顶，最终 20 多名乘客及机组人员头部或颈部受伤。

虽然湍流可能导致严重的头部撞击，但通常不大可能致命。据美国联邦航空管理局统计，从 1980 年到 2004 年 6 月，美国的飞机总共发生过 198 起湍流事故，导致 266 人重伤，3 人死亡。

六、降水

降水泛指液态或固态水从云中降到地面的现象。产生降水的碎雨云会使能见度降低，影响飞机的起飞和着陆；降水越强，能见度越低，降水对能见度的影响如表 3-1 所示。

表 3-1　降水对能见度的影响

降水	小雨	中雨	大雨	小雪	中雪	大雪
能见度	>10 千米	4～10 千米	<4 千米	>1 千米	0.5～1 千米	<0.5 千米

降水不但能使能见度降低，而且会附着于飞机和地表，对飞机低空飞行及着陆产生不利的影响。在空中，降水会在驾驶舱玻璃上形成流水或黏附雪花，使空中能见度更低。飞机如在含有过冷水滴的云层下飞行，会迅速结冰，危及安全。在大雨中飞行时，雨水的附着会改变机身表面形态，使升力减小、阻力增大的同时，大雨对机身的冲击也会使飞机损失水平和垂直动量，使其在进近阶段过快而失速。

如下大雨，雨的下方容易出现较强的下降气流；大雨和暴雨能使发动机熄火；大雨影响飞机的空气动力。在地面，降水附着在跑道上，会使地面摩擦力减小，导致操纵困难。飞机滑行时，需要依靠轮胎与跑道之间的摩擦力来调整方向或者减速。跑道上积水或者积雪后形成湿滑跑道，摩擦系数大幅降低，直接导致飞机刹停距离增加。摩擦系数的变化还会导致飞行员难以把控刹停的力度，刹停过猛可能引起机轮打滑，增大方向控制难度，甚至造成飞机冲出跑道，造成机体损坏和人员伤亡。因此，适航规章对湿滑跑道的放开有着严格的要求。

七、结冰

在冬季，机翼结冰可能对飞行安全构成巨大威胁（这也是航班延误的一个原因）。

飞机在温度为 0℃以下的云中飞行时，飞机的外表通风面上往往会凝结冰霜，这种现象叫飞行结冰。在温度低于 0℃（特别是-10℃～0℃）的云中，存在着大量的过冷水滴（过冷的液体在气温降至 0℃以下时仍然处于液态）。过冷水滴是很不稳定的，一受到震动，就会冻结。当飞机机体表面的温度低于 0℃时，碰上些过冷水滴就会产生积冰。结冰是很危险的，冰霜的聚积增加了飞机的重量，更重要的是会改变机翼的流线型，造成螺旋桨叶重量的不平衡，或者是汽化器中进气管的封闭，减少进气量，降低飞机动力，使起落架收放困难，无线电天线失去作用，此外还可使油门冻结，断绝油料来源，令驾驶舱窗门结冰，影响驾驶员的视线等，以上种种原因都会造成飞机失事。

机翼结冰可能发生在空中，也可能发生在地面上等待起飞时，它是导致许多飞机坠毁的原因，包括一些大型客机，但这种现象更多地发生在短途班机和小型飞机上。美国国家运输安全委员会的一份研究报告显示，每年都会发生数十起由结冰导致的小型飞机事故。报告还显示，1982—2000 年，与飞行途中机翼结冰有关的事故共导致 819 人死亡，其中大部分事故发生在 10 月至 3 月。

积冰的形态可以分为明冰、毛冰与雾凇三种。明冰和毛冰因为牢固、不易排除，而且增长极为迅速，成为最危险的积冰类型。

八、降雪

冬季里常常会出现大雪纷飞的天气，航空运输也会受到严重阻碍，导致航班延误甚至取消。

降雪对飞机飞行的影响主要体现在以下几个方面。

（1）大雪天气里，机场的能见度严重降低，影响飞行人员的视线。当能见度只有几十米时，飞行人员根本无法操控飞机降落和起飞，甚至无法滑行。如果处理不当，极易出现飞行事故，这时机场只得被迫关闭，正常航班随之变得不正常或被取消。

（2）由于强冷空气的到来，地表温度急剧下降，所降雨雪遇到低温，会在跑道上迅速结成冰层。飞机轮胎与冰层间摩擦力减小，降落或起飞的飞机在跑道上会产生不规则滑动，不易保持方向，极易冲出跑道发生危险。

（3）大雪使飞机机身积冰或结冰，冰霜的聚积增加了飞机的重量，造成的影响如同“七、结冰”所述。

大雪后，跑道被白雪覆盖，还会引起吹雪现象。吹雪是强风将积雪吹起飞舞在近地面空中的现象，使得能见度小于 10 千米。如果雪片被风吹起，高度超过 2 米，称为高吹雪；如果高度不超过 2 米，称为低吹雪。吹雪使跑道能见度恶化，从而影响飞机起降。地面能见度不佳，飞机易产生偏航和迷航，降落时会影响安全着陆，处理不当会危及飞行安全。只有扫清跑道上的积雪，飞机才能正常起飞和降落，小雪天则影响不大，是可以飞行的。

大雪天气里，由于能见度低，为了保障安全，空中交通管制部门会加大飞机之间的安全距离，控制航班起降，加长间隔时间，拉大空间距离，所以难免会让航班等待时间变长，造成航班延误。同时，一旦飞机出现冰冻现象，就必须及时除冰。而除冰作业需要一定的时间，这也势必会影响航班正点。

九、低云

云是在飞行中经常遇到并常会给飞行活动带来影响的一种气象条件。它对飞行的影响主要有：云底高度很低的云影响飞机的起降；云中能见度很低，影响目视飞行；云中的过冷水滴使飞机积冰；云中的湍流造成飞机颠簸；云中明暗不均容易使飞行员产生错觉；云中的雷电损坏飞机，等等。

对飞行有影响的云主要是低云，它会使飞行员看不清跑道，直接影响飞机的起降。由于层云的云底很低，在沿海地区，云底高常会低于决断高度，造成飞机在降落时，飞行员无法正常目视跑道，从而造成飞机复飞。另外，层云云体较薄，机组在层云之上时可以透过层云看到跑道，但随着飞机降落逐渐进入云体，能见度突然下降，机组无法目视跑道并降落的情况时有发生。

飞机一旦进入对流性较强的低云，尤其是积雨云，极易遭到电击，使仪表失灵，油箱爆炸，或者造成强烈颠簸、结冰，导致操纵失灵，发生飞行事故，因此飞行时要尽量避开此类低云。

十、雾

雾从原理上说是靠近地面的云，是悬浮在近地表上空的大量水滴或冰晶，其水点为雨滴的十分之一至百分之一。云雾之分在于云贴近地面即为雾，雾远离地面即为云。雾的厚度一般在几十米到几百米。雾滴悬浮在近地表上空，一方面影响空气的透明度，另一方面对灯光产生较强的反射。机场上空有浓雾时，将严重妨碍飞机的起降，它会使能见度下降，有时甚至降为 0，因此是对航空危害很大的一种气象因素。雾是造成航班延误最主要的天气之一。在中国，雾的分布范围广泛，出现频繁，对飞机的起降影响很大，中国大部分重要空港城市都不同程度的受其影响。

雾的形成有三个条件：一是空气湿度，二是空气中有一定数量的微粒成为核心，三是温度下降。雾的形式有四种：第一种叫辐射雾，是在晴朗的夜晚由于地面辐射热量温度降低形成的晨雾，这种雾多半在太阳升起后至中午以前消失。第二种是平流雾，是由于潮湿空气流向寒冷的地面形成的，多发在初冬季节和近海区域。第三种是上坡雾，是由于湿空气沿坡度上升而温度降低形成的，一般在向风的山坡面和高地上形成。第四种是锋面雾，是由于降雨使空气湿度增大后形成的雾。在中国，前两种雾出现的频率较高，影响范围较大。

1998 年 2 月 16 日，华航 CI-676 班机 A300 型空中巴士由印度尼西亚巴厘岛起飞，于晚间 8 时 6 分准备降落在中国中正国际机场（今台湾桃园机场），因当时机场被浓雾笼罩，能见度相当差（1 000 米），虽超过机场最低起降标准 350 米，但飞机下降与进场时高度过高，飞行员要求复飞，最终飞机不幸坠毁在机场北跑道外的滨海公路上，造成全机 196 人及地面 6 人，总共 202 人罹难。虽然失事原因排除了天气因素，但是浓雾导致的能见度不佳是造成飞行员操作不当的间接原因。

十一、沙尘暴

沙尘暴天气造成的能见度降低现象不但会影响地面交通安全，还会导致机场达不到起降标准，严重影响航班正常，致使飞机不能正常起飞或降落。若飘扬的沙尘侵入飞机发动机，很可能会造成发动机的损害。伴随沙尘天气出现的大风尤其是大侧风、颠簸、风切变等一系列复杂的天气现象，均是威胁航班安全运行的不利因素。

十二、火山灰

火山爆发时，喷发到高空的火山灰与大气中的水汽结合会形成深灰色的云体，飞机上的雷达与地基常规探测仪器都无法辨识，这会严重影响飞行的安全。它能够对飞机的框架和表面造成磨损，污染空气压缩系统、油路、液压系统等设备，还会阻塞飞机的发动机运转，甚至可使引擎熄火，同时跑道、地面设备也会受到污染。

位于冰岛南部的艾雅法拉火山于 2010 年 3 月至 4 月接连两次爆发，岩浆融化冰盖引发的洪水以及火山喷发释放出的大量气体、火山灰对航空运输、气候和人体健康造成了长期影响。据有关方面的统计，该火山爆发造成全球约 680 万人因欧洲空中管制措施受困于 30 多个国家的 300 多个机场。欧洲航空安全局称，在 4 月 15 日至 19 日短短 5 天时间里，欧洲国家航空公司共取消了 7 万多个航班。根据国际航空运输协会的估算，此次“火山灰危机”每天给欧洲的航空业造成了近两亿欧元的损失。

十三、能见度

能见度是反映大气透明度的一个综合性指标，不同气象条件都会造成能见度降低。所谓“能见”，在白天是指能看到和辨认出目标物的轮廓和形体；在夜间是指能清楚地看到目标灯的发光点。凡是看不清目标物的轮廓、认不清其形体，或者所见目标灯的发光点模糊、灯光散乱，都不能算“能见”。能见度分为气象能见度（地面能见度）和空中能见度（飞行能见度）两种。航空界定义的气象能见度是指在昼间以靠近地平线的天空为背景，具有正常视力的人在当时的天气条件下能看清视角大于 20° 的地面灰暗目标物轮廓的最大距离；空中能见度是指飞机在空中飞行时，透过座舱玻璃观测地面或空中目标的最大距离。气象台报告的是气象能见度。测量大气能见度一般可用目测的方法，也可以使用大气透射仪、激光能见度自动测量仪等测量仪器测试。

低能见度对飞机的起飞、着陆都有着相当大的影响。雨、云、雾、沙尘暴、浮尘、烟幕和霾等都能降低能见度，影响航空安全。地面能见度不佳易使飞机偏航和迷航，影响安全着陆，处理不当也会危及飞行安全。

在众多可以引起能见度降低的天气状况中，大雾对航班飞行的影响最为明显，它严重妨碍了航班的起飞和降落。当航线上有雾时，会影响地标航行；当目标区有雾时，对目视地标飞行、空投、照相、视察等活动有严重的影响。

当能见度低于 350 米时，航班就无法起飞；低于 500 米时，航班就无法降落。如果能见度低于 50 米，飞机连滑行都无法进行，处置不当极易造成飞行事故，如飞机在大雾中滑行相撞造成严重事故。

思 考 题

1. 论述气象与飞行的关系。
2. 简述民用航空器的活动范围。
3. 对流层具有哪些特点？
4. 平流层具有哪些特点？
5. 如何区分天气、气象和气候这三个不同概念。
6. 影响气象的主要物理参数是什么？
7. 气压大小与哪些条件有关？
8. 针对不同情况，应使用哪几种气压标准？
9. 空气密度对飞行有哪些影响？
10. 正确表述气压、气温和密度这三者的关系。

11．风是如何产生的？

12．风如何影响飞行？

13．云是如何形成的？如何分类？

14．降水有几种形态？它是如何形成的？

15．降水是如何影响飞行的？

16．飞行可分为几个阶段？飞行事故多数发生在哪个阶段？

17．从对飞行的影响角度来区分，恶劣气象可划分为几种现象？

18．根据近几年的航空纪录，举例说明恶劣天气对飞行的影响。

第四章

地球经纬度与飞行导航

学习目标

1. 了解飞机三维坐标的表示方法。
2. 了解导航的概念。
3. 掌握导航的基本参数。
4. 掌握导航方法。
5. 了解航空地图的识别。

第一节　飞机的空间位置

我们知道地球表面上的任何物体都可以用经纬度来确定它的地理位置。飞机在三维空间中运动，除了对应的地球表面的地点可用经、纬度来确定外，还需要确定它的高度，所以飞机在飞行中的空间位置要用经纬度和飞机离海平面的高度这三个值来确定。为此需要建立一个全球统一的地理坐标体系。

一、地球基本的点线圈

地球表面的形态总是不断变化着的，火山会喷发成长，岛屿会新老交替，山体滑坡和地震会导致大片土地的移动，洋面高度会随着潮汐涨落不断变更，正是诸如此类的长期地表运动不断改变着地表结构。按照地表形态的不同，地球表面分为海洋和陆地，其中陆地表面又分为平原、丘陵、山地、高原和盆地五类。地表特征不同，其飞行特点也不相同，因此又制定了相应的飞行规则。

建立全球统一的地理坐标体系，需要了解以下几个重要概念。

（1）地心：地球的中心。

（2）极点：地球的自转轴与地球的交点：南极（PS）和北极（PN）。

（3）大圆圈线：通过地心的平面与地球表面的割线。大圆线是连接球面上两点最短的路径所在的曲线。

（4）小圆圈：不通过地心的平面与地球表面的割线。

（5）纬线圈：与地轴垂直的平面与地球表面的割线。纬线指示东西方向。

（6）赤道：通过地心且与地轴垂直的平面与地球表面的割线。赤道将地球表面平分为南北两个半球。

（7）经线圈：通过地轴的平面与地球表面的割线。

（8）经线：经线圈被地轴分为两半，每一半都成为一条经线。经线指示南北方向。

二、地球的地理坐标体系

以南、北极为基准建立起地球的地理位置表示系统，这就是经纬度系统。经线、纬线相互交织，构成了地球表面上的经纬网格，经线和纬线通过经纬度描述其度量值。地球表面上任意一点均有且仅有一条经线和一条纬线通过，因此通过经纬度可以唯一确定地球表面上点的位置。

（一）纬度

我们知道赤道平面和地轴垂直并通过地球中心（地心），这个平面和地表面的交线就是赤道。赤道平面把地球分成相等的南北两半，南面是南半球，北面是北半球。纬度是以赤道平面为基准来确定的。地球表面上任意一点与地心的连线同赤道面的夹角称为该点的纬度。由这个定义可知，赤道上的点的纬度是0°，而南北极的纬度是90°。为了区别南北，在南半球的是南纬，用 S 表示，北半球是北纬，用 N 表示，把相同纬度点连起来的线是纬线。纬线是和赤道平面平行的平面在地球表面的割线。纬线形成纬圈，所有纬圈都是平行于赤道的圆。纬度越高，纬圈越小，到了极地，纬圈就是一个点。

北京和地心的连线与赤道平面的夹角为39°55′，北京在北半球，北京的纬度就是北纬39°55′或39°55′N。

（二）经度

包含地轴的平面与地球表面的割线称为经圈，经圈的一半叫经线，也叫子午线。为了计算方便，必须规定一条经线作为起始经线，19 世纪上半叶，很多国家以通过本国主要天文台的子午线为本初子午线。这样一来，在世界上就同时存在多条本初子午线，这给后来的航海及大地测量带来了诸多不便。1884 年，国际经度会议决议确定以通过伦敦格林尼治天文台的经线作为经线的0°，这条经线就称为主经线，也称为本初子午线。和0°经线构成经圈的另一半经线是180°经线，这个经圈把地球分为两半。0°以西为西经，用 W 表示，0°以东是东经，用 E 表示。每一个地方的经线平面与主经线平面的夹角为这个地点的经度。例如，通过北京的经线平面与主经线平面的夹角是116°25′，北京在主经线之东，故北京的经度是东经116°25′或116°25′E，如图 4-1 所示。

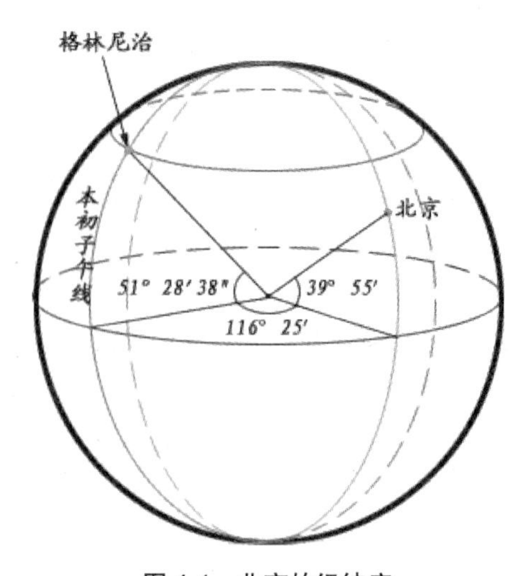

图 4-1 北京的经纬度

三、飞行高度

飞机的活动范围在大气层的底层。目前，高空飞行的飞机一般不超过 20 000 米，民航运输飞机的飞行高度大多在 12 000 米以下。飞机的飞行高度是指飞机所在高度层的位置。

为了使空中飞行的各航空器有统一的高度标准，避免因高度基准不同导致垂直间隔不够而出现事故，飞行统一高度使用的是标准气压高度。标准大气状况下，海平面的气压值为 1 013.25 百帕、760 毫米汞柱或 29.92 英寸汞柱。标准气压面是人为拟定的平面，它的优点是不受大气环境变化的影响，从而避免了因各地气压不同而带来的高度表数据的偏差，保证了飞行安全。

为了保证航路上高度量度的统一，使用国际标准大气压 1 013.25 百帕作为基准，按每 300 米（1 000 英尺）作为一个高度分层，称为飞行高度层（Flight Level，FL），以此来表示在垂直间隔上的飞行高度。例如，在 5 490 米（18 000 英尺）和 5 520 米（18 100 英尺）之间的高度称为 180 高度层，写作 FL180。这样表示的好处是避免了由于气压设定不同而带来的高度表随气压的变化产生波动和混淆，用一层高度来表示飞行高度也保证了飞行中的高度有一定的误差范围。垂直间隔用高度层区分，称为高度层间隔。

当空中同一区域内航空器很多时，要防止航空器相互接近和相撞，就必须保证任何两个航空器之间有足够的距离。由于航空器的航向不同、速度不同、高度不同，因此必须制定一整套国际通用的关于航空器在空中相互距离的规定，把空间高度划分为若干的高度层。中国在 2007 年 11 月前使用国际上通行的方法：FL290 含 8 850 米（29 000 英尺）及其以下，每 600 米（2 000 英尺）为一顺向高度层；FL290（29 000 英尺）以上，每 1 200 米（4 000 英尺）为一顺向高度层。在 FL290 以下，磁航迹在 0°～179°（东向）的飞机使用的是奇数高度层，如 FLl50、FL230、FL290 等；磁航迹在 180°～359°（西向）的飞机使用的是偶数高度层，如 FLl80、FL260 等。这样就能确保不同磁航迹的飞机在 FL290 以下，彼此之间至少有 1 000 英尺的垂直间隔，如东向飞行的高度只能选 FL250、FL270，而相反方向为 FL260、FL280，而在 FL290 以上至少有 2 000 英尺的垂直间隔。通过试验，在北大西洋上空，已经取消 FL290 限制，即在整个空域内，最近两航空器之间采用 1 000 英尺的垂直间隔。

2007 年 11 月 22 日零时（北京时间）起，中国施行新的飞行高度层垂直间隔配备方法。在现行 8 400 米以下飞行高度层实行 300 米垂直间隔、8 400 米以上飞行高度层实行 600 米垂直间隔的基础上，缩小 8 400 米至 12 500 米高度范围内飞行高度层垂直间隔，即 8 400 米至 8 900 米实行 500 米垂直间隔，8 900 米至 12 500 米实行 300 米垂直间隔，12 500 米以上仍维持 600 米垂直间隔不变，如图 4-2 所示。

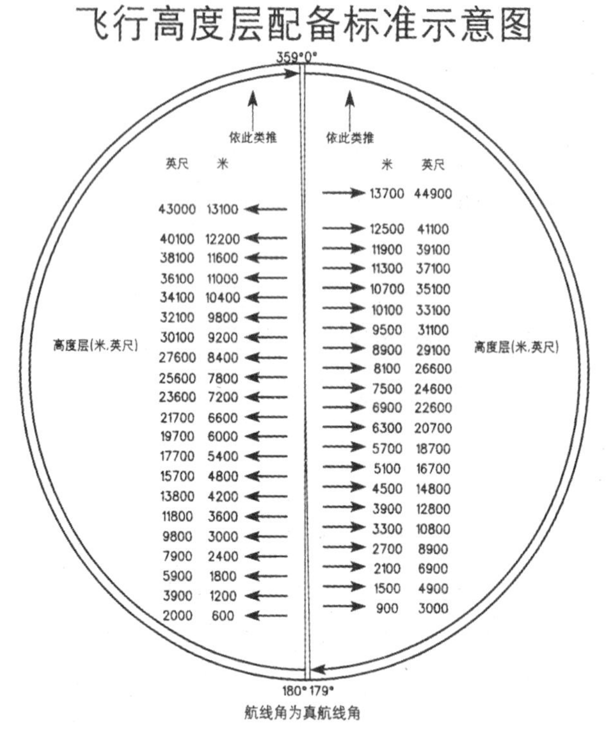

图 4-2　飞行高度层配备标准示意图

第二节　导　　航

一、空中导航的概念

导航是指确定一个物体在运动中的空间或地面的位置和方向的方法。

空中导航是利用导航设备接收和处理导航信息，确定飞机的位置、航向和飞行时间，引导飞机沿着预定的航线从地球表面上一点准确、准时、安全地飞往地球表面上预定点的过程。导航要解决的问题是在哪里、去哪里、向哪走，即定位、定向和确定行进时间。

从人类出现并有最初的政治、经济和军事活动以来，人们便有了对导航的要求，而导航的发展又是以人类的各种活动为基础的。当人类的经济和军事活动还比较简单时，用地形地物作为参照或者通过观察太阳、星体、灯光就可以到达目的地，这便是最初的天文导航和目视导航。到 20 世纪 20 年代，随着人类航空运输事业的兴起和发展，开始出现无方向性信标以及一些原始的推测导航仪器，最初的无线电导航应运而生。第二次世界大战期间，导航已经发展成为一项专门的技术，航空无线电导航在这一阶段取得了巨大的发展。在这一时期，无线电高度表、气压高度表、精密进场雷达、多普勒导航系统、仪表着陆系统（ILS）、甚高频全向信标（VOR）、测距机（DME）、塔康（TACAN）等无线电设备相继出现并得到了广泛的应用，无线电导航逐步发展成为占支配地位的导航方式。20 世纪 70 年代，随着惯性基准系统、卫星导航系统以及飞行管理系统的出现，现代导航系统逐渐发展成为以飞行管理系统（FMS）为核心，综合多源导航数据的区域导航，传统的以设备为中心的导航概念也被以导航规范为中心、基于性能的导航概念所替代。

二、基本导航参数

飞机在三维空间内运动，要顺利完成飞行任务，必须能够及时、准确地测量航向、高度、距离、速度等基本导航元素并确定飞机相对于地面导航设施的无线电方位。

（一）方向、方位角、航向

方向是地面一点对另一点的坐标体系中的角度关系，与距离无关，前面已经讲过地球坐标以南、北极定位，和南北垂直的是东、西方向，这样就建立了方向体系。为了更精确地确定方向，导航采用了方位角的概念。方位角是以经线北端为基准，顺时针测量到水平面的给定的方向线的角度，它的范围是0°～360°。这样北为0°（或360°），东为90°，南为180°，西为270°。从一点到另一点的水平方向称为方位。飞机纵轴前方的延长线叫航向线，飞机所在位置的经线北端顺时针测量至航向线的夹角叫作航向，如图 4-3 所示。

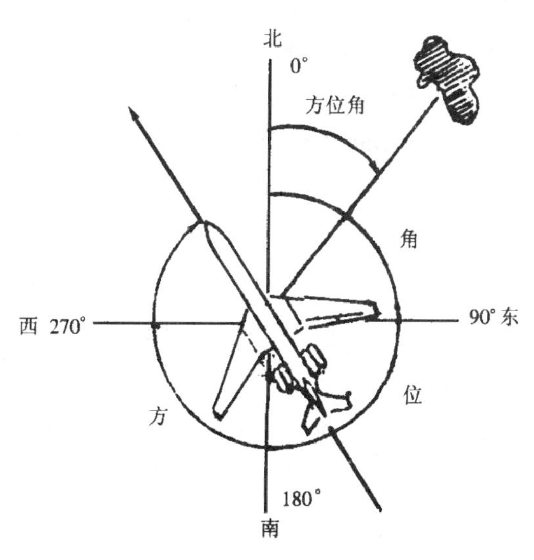

图 4-3 方向体系图

飞机上测量航向的设备包括磁罗盘、陀螺罗盘和惯性基准系统。由于磁差的存在，磁航向与真航向之间相差一个磁差。此外，由于飞机本身是一个大的电磁部件，飞机本身的磁场会导致飞机磁罗盘的指针偏离地磁方向，因此磁罗盘测量的航向与磁航向之间存在着偏差，称为罗差。使用磁罗盘测量飞机航向时，飞行人员应注意修正磁差和罗差的影响。

（二）空速、地速、风速

飞机相对于空气的运动速度称为空速。空速是测定飞机位置的重要飞行性能参数和导航参数。我们通过飞机上的空速表可以知道飞机对空气的相对运动的速度。但是在航线的飞行中更需要知道飞机对地面的相对速度，从而确定飞机所在的位置和飞机达到预定位置的时间。飞机在地面上投影点的移动速度称为地速，地面投影点的移动轨迹称为航迹，由经线北端顺时针量到航迹的角度叫航迹角，如果航迹与航线一致，航迹角就是航线角。

由于空中风的存在，飞机会向下风向偏离预定航迹，飞机相对于地面的运动速度亦不等于飞机空速，顺风使得地速增大，逆风使得地速减小，侧风则会使飞机偏离预定的航线。为了保持沿航线方向飞行，飞行员必须校正风对飞行轨迹的影响。为了保证飞机准确到达目的地，飞行员还应修正飞机空速。

（三）距离、高度

1. 距离

距离是地球表面两点之间连线的长度。由于地球是个球体，所以地表的距离都是弧线的长度。

从球面几何可知，通过球心的平面和球面相交的线是球面上半径最大的圆，称为大圆。对于地球，所有的经圈和赤道都是大圆。

大圆的周长 $= 2\pi R = 2\pi \times 6\ 371 = 40\ 030.267$ 千米

各条纬度线都是平行的，因而纬度的距离是相等的，纬度每差1°的距离是

$\triangle S=$ 经圈长度的一半 $\div 180 = (40\ 030 \div 2) \div 180 = 111$ 千米

同理，赤道上的每隔1°的经度距离也是 111 千米。由于纬圈随纬度变高而缩小，所以经度1°间的距离随纬度变高而缩短。

长度的度量单位国际上通用公制，基准单位是米，1 米是通过巴黎经圈的四千万分之一，在航海和航空中还使用海里，1 海里的长度等于大圆上圆弧 1 分的长度。

1 海里 $= 40\ 030 \div (360\times60) = 1.853$ 千米

由于美国和英国对航空业的长期影响，国际民航界在一些特定的地方还在使用英制单位，因而我们也要对英制长度单位有所了解，以便换算。

1 英寸 ＝2.54 厘米

1 英尺 ＝12 英寸 ＝0.305 米

1 码 ＝3 英尺 ＝0.914 米

1 英里 ＝1 760 码 ＝5 280 英尺 =1.609 千米

2. 飞行高度的确定

高度是指地球表面上的物体距离某一基准面的垂直距离。飞行高度是飞机距离某一基准面的垂直距离。因此测量飞行高度需要两个基本元素：飞机的垂直位置点和测量高度的

基准面。飞行中主要利用气压高度表测量飞行高度，称为气压高度，对应的基准面称为气压基准面。各种气压高度的示意图如图 4-4 所示。

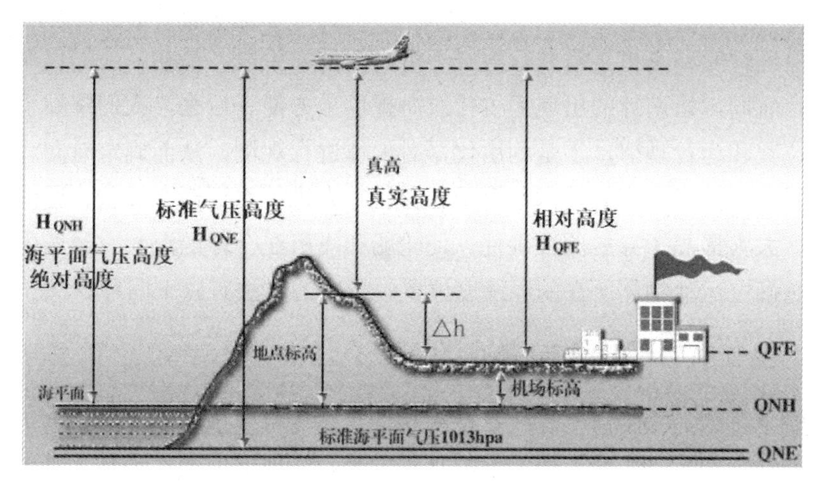

图 4-4　各种气压高度示意图

（1）场面气压（QFE）。场面气压是机场着陆区域内最高点的气压值。飞机在起飞和降落时，必须知道自己和机场之间的相对高度，以确保高度表指示的是飞机与机场地面及地面障碍物之间的垂直距离，这时以机场当地海拔高度的气压高度为零，这样在高度表上表示出来的就是相对于机场的高度。各机场都有固定的地理位置，飞机在起飞前根据当地的气压数据把高度表调到零，对于降落的飞机则在下降到一定高度时由塔台通报气压数据，驾驶员把高度表调至场压高度。

（2）修正海平面气压（QNH）。修正海平面气压是由场面气压按照标准大气状况推算到平均海平面的气压值。飞机在爬升和下降阶段都需要知道真实海拔高度，这样才能通过航图确定飞机和下面地形之间的间距。以海平面的气压数据作为高度的基准面，高度表上得出的就是飞机的实际海拔高度，也叫绝对高度。想要得到飞机与下方地面之间的真实高度，就用海平面气压高度减去由航图上查到的这一位置的标高。

（3）标准海平面气压（QNE）。标准大气状况下，海平面的气压值为 1 013.25 百帕、760 毫米汞柱或 29.92 英寸汞柱。标准气压用于为航路飞行阶段的航空器提供气压高度基准。以标准气压为气压基准测得的气压高度称为标准气压高度。这是为了使空中飞行的各航空器有统一的高度标准，从而避免因高度基准不同导致垂直间隔不够，出现事故。标准气压面是人为拟定的平面，它的优点是不受大气环境变化的影响，从而避免了因各地气压不同而带来的高度表数据的偏差，保证了飞行安全。

从上面的各种高度可以看出，以气压作标准的各种高度，不管在什么地方，都是同时存在的，只要气压不变，它们的高度值就不变。但在不同地区要使用不同基准的高度，因而驾驶员要在飞行过程中根据情况及航管的要求使用不同的气压高度。

三、导航方法

导航是保证轮船和飞机正常航行的必不可少的技术手段。最初，人们仅靠目视判别地表物体来确定航向，指南针的出现为古代航海提供了方便。后来，人们掌握了太空中一些天体的准确位置和运行规律，于是利用仪器对天体进行观测，从而确定航向。随着科学技术的进步，无线电技术、空间技术、电子计算机等先进技术逐渐在导航、通信、监控等方面得到应用，大大提高了导航的准确性，使轮船和飞机在全球的海、空领域内自由航行。导航的实质是确定运动物体所在的经纬度位置。导航的方法有以下四种。

（一）目视导航

目视导航是最早的一种航空导航定位方法，是在飞机上由领航员依据大于或等于测量任务比例尺的地形图上设计的航线，对照飞机下方实际地形地貌，指导飞机按设计航线飞行，并将实际航迹标在地形图上，同时标注在航测记录上的方法。由于其取决于地形特点是否明显和地形图是否正确，以及领航员的技术水平，往往精度较低，在良好情况下，一般误差也在 50～100 米。

（二）天文导航

天文导航是通过对天体高度和方向的观测来确定飞机所处的位置。在某一时刻，对地球上不同的地点来说，天体有不同的高度和方向。人们根据天体运行的时空规律，编制了天文年历。在天文年历中，针对月球，每隔 10 分钟定出一组高度和方向的数据，而其他天体每隔 1 小时定出一组数据。在需要确定经纬度位置时，用仪器测出月球和有关天体的高度和方向，然后用测得的数据与天文年历上给出的数据进行对比、计算，从而确定此时所处的经纬度位置，再对照目的地的经纬度，就可以确定航向。显然，这一方法要受到天气条件的制约。当空中能见度较差时，就无法对天体进行观测，也就无法实施天文导航。在这种情况下，只有通过无线电导航和卫星导航。

（三）无线电导航

无线电导航是目前最主要的导航方式。

无线电导航主要利用电磁波传播的基本特性：电磁波在均匀理想的介质中，沿直线（或最短路径）传播；电磁波在自由空间的传播速度是恒定的；电磁波在传播路线上遇到障碍物或处在不连续介质的界面上时会发生反射。

无线电导航就是利用上述特性，通过测量无线电导航台发射信号（无线电电磁波）的时间、相位、幅度、频率参数，确定运动载体相对于导航台的方位、距离和距离差等导航参数，从而确定运动载体与导航台之间的相对位置关系，据此实现对运动载体的定位和导航。

无线电波是电磁波的重要组成部分，它以电磁波的形式在空间里传播。不同波长和频率的无线电波具有不同的特性，它们在大气中的传播线路和能力亦有所不同。根据频率的高低，可以将无线电波划分为以下不同波段，各波段导航设备的性能和用途如表 4-1 所示。

表 4-1　无线电导航设备的性能和用途

频率分类	频　率	性　能	用　途	设　备
甚低频（VLF）	30kHz 以下	低传播衰减特性	远距离的信息传播	欧米伽（Omega）
低频（LF）	30～300kHz	全向辐射的特征		无方向导航台（NDB） 自动测向接收机（ADF）
中频（MF）	300～3 000kHz			
高频（HF）	3 000kHz～30MHz	电离层的反射进行传播	远距离通信	
甚高频（VHF）	30～300MHz	发射至电离层时没有反射	测距导向等功能	测距仪（DME） 仪表着陆系统（ILS） 微波着陆系统（MLS） 甚高频全向信标台（VOR）
特高频(UHF）	300～3 000MHz			

目前，航路上主要使用甚高频全向信标台和测距仪实行区域导航，这两种设备可提供准确方位和相对距离，为飞机定位。一些小机场使用 NDB 实行 ADF 导航。表 4-1 中的设备设施统称为路基导航设施，未来可能将被卫星导航系统的星基导航设施所取代。

现在的民航客机都是用飞行管理系统（FMS）实行全自动导航的。FMS 可接收各个导航系统的数据信息，如空速、地速、风速、风向高度、无线电方位等，结合导航数据库加以综合计算，利用自动驾驶和自动油门系统，操纵飞机以最佳的飞行路径、最佳的飞行剖面、最省燃油的方式从起飞机场飞到目的地机场，实现自动导航。飞行员可以从繁重的导航计算中解脱出来，由操纵者变为管理者，因此现代化飞机已经不再有领航这个岗位，但是和飞行有关的人员都必须具有领航的基本知识才能够正确使用这些先进的导航设备，因为在特定情况下，还是需要人为判断、决定、处理航行中所发生的问题的。无线电波的信号传输对于现代导航系统具有非常重要的作用，即使是最先进的卫星导航系统，也不可能离开无线电信号的传输。

（四）卫星导航

卫星导航是 20 世纪 70 年代出现的新型导航方式，它首先在航海中得到了应用，航空方面的应用正在探索之中。人造卫星有固定的运行轨道，在一定时刻有一定的位置和覆盖范围，地球同步卫星则总是停留在地表某处的上空。卫星可以接收和应答飞机、轮船发出的信号，并与地面的交通管制中心及机场进行联系，从而进行导航。由于卫星距地表远，所以覆盖范围大，一个导航卫星往往与几十个地面雷达站的作用相当。卫星除了导航外，还可以起通信、监视等作用。因此，卫星导航具有较大的发展潜力。

卫星导航的原理是通过用户手中的接收机精确地测出由 4 个卫星发来信号的传播时间，由这些时间和卫星的轨道参数，就可以建立起 4 个数学方程，通过解算这个方程就可以得出用户的位置和速度。由于无线电波以光速传播，因而时间的精度在卫星导航设备中极为重要，时间精度要求达到 10^{-13} 秒，即两千年的误差不超过 1 秒。使用卫星导航要同时“看”到 4 颗以上的卫星，通常在 6 颗卫星中选择 4 颗。

一个完整的卫星系统能为全球所有的飞行区域提供可靠的服务，能对地球上任意一点提供高精度定位，可以引导飞机在没有复杂导航设备的跑道上进行非精密进近着陆。卫星系统可以使机载设备简化，飞机上只需要装上通用的卫星接收设备，就可以在全球的任何位置与空中和地面保持联系。

中国北斗卫星导航系统（BeiDou Navigation Satellite System，BDS）是中国自行研制的全球卫星导航系统，是继美国全球定位系统（Global Positioning System，GPS）、俄罗斯格洛纳斯卫星导航系统（Global Navigation Satellite System，GLONASS）、欧洲伽利略卫星导航系统（Galileo Satellite Navigation System）之后第四个成熟的卫星导航系统。

北斗卫星导航系统由空间段、地面段和用户段三部分组成，可在全球范围内全天候、不间断地为各类用户提供高精度、高可靠度的定位、导航、授时服务，并具有短报文通信能力，已经初步具备区域导航、定位和授时能力，定位精度为 10 米，测速精度为 0.2 米/秒，授时精度为 10 纳秒。

北斗卫星导航系统原设计空间段由 5 颗静止轨道卫星和 30 颗非静止轨道卫星组成。中国正在实施的北斗卫星导航系统建设，截至 2019 年 11 月 23 日，已成功发射 51 颗北斗导航卫星。根据系统建设总体规划，中国计划在 2020 年左右，建成覆盖全球的北斗卫星导航系统。

四、飞行航线

航线是飞机从地球表面一点（起点）到另一点（终点）的预定路线，航线由起点、转弯点、终点和检查点、航路点构成。确定航线的元素是方向和距离。航线的方向是用航线角表示的。航线角是以经线北端为基准顺时针到航线指向的角度，航线的地面距离叫航线距离。

地球上的两点可以有多种连线，但作为航线，除特殊情况外，一般只使用两种航线：一种是距离最短的大圆航线，另一种是航线角不变的等角航线。

地面上的任何两点都可以和地心构成一个平面，这个平面和球面的交线是联结这两个点的大圆。由于大圆是地球表面上半径最大的圆，因而它在两点形成的弧线是两点间距离最短的连线，以这条线作航线就是大圆航线。在经、纬度的坐标系中，除在经圈和赤道上的两点间的大圆航线与它的经度线或纬度线相重合外，其他点的大圆航线都与经、纬度线形成一定的角度，而且角度是不断变化的，因此飞机沿大圆航线飞行，要通过计算不断改变方向以保持航线，这会给驾驶员带来不便，但由于大圆航线距离短，节省燃油和时间，因此经常被采用作为航线。

两点间还可以按它们相对的方位，以不变的方位角连接起来，这时的航线角就是方位角，它在航线上处处相等，这种航线叫作等角航线，经圈或纬圈都是等角航线。在等角航线上飞行，航线角始终不变，飞行方便，但是等角航线多数情况下都比大圆航线距离长。纬度越高，航行方向越接近东西方向，等角航线和大圆航线的距离相差越大。例如，北京到旧金山的大圆航线距离为 9 084 千米，等角航线为 10 248 千米，两者相差 1 164 千米，但北京到拉萨的两种航线的距离差仅为 12 千米。由此可以看出，要按航线的具体情况来选择采用哪种航线。航程较短时，通常选用等角航线，远程飞行常选用大圆航线。

第三节 航 行 地 图

航行地图（简称航图）是一种用于辅助飞机导航的地图。航空用图是民航情报服务部门根据飞行规则、飞机性能、空域情况等内容统一绘制并发布，具有很强的时效性、针对性，并且具有法律效力的公文。

通过使用这些航图，飞行员能够判断自己驾驶的飞机的所在方位、安全飞行高度、飞行最佳路径、沿途导航设备，以及飞机失事时的最佳迫降机场/场地。航图还可提供其他信息，如无线电频率、空界等。

民航飞行情报服务机构负责航行资料、航行情报的汇总、发布，并负责随时进行数据信息的更新。现在民航飞行中使用的航图主要有杰普逊航图、联邦航空局航图和各国根据本国情况制作的航图。中国制作的航图分为中文版和英文版两套，由于中文版航图涵盖了一些军用信息，是国家保密的资料，因此在书中我们选用的例图全是报废机场（原香港启德机场）的航图，所有航图中涵盖的信息已经不复存在，书中介绍的航空图标采用的是杰普逊航图的制作标准，与中国民航局航图的制作标准有一定差异。

一、航图的分类

航图按性质分为两类，一类是标出重要地形和航行情况的航空地图，另一类是以无线电导航标志和局部的细致地形为专门目的使用的特种航图。

（一）航空地图

航空地图主要用于目视空中领航及制订飞行计划，按照所表示的范围可分为世界航空地图、高空航空地图、区域航空地图、航空计划地图。

1. 世界航空地图

世界航空地图采用 1∶1 000 000 的比例，主要针对高速飞机作远距离飞行使用，每年修订出版一次。

2. 高空航空地图

中国民航局出版的高空航空地图采用 1∶2 500 000 的比例。

3. 区域航空地图

一般以一个特定区域为范围的区域航空地图的比例为 1∶500 000，它要比世界航空地图详尽，其中标出了地形、目视标志点、无线电导航点、机场、空域、障碍物、航路、距离等，图上的各种标志都用颜色进行了区分，如水面用蓝色、导航台用粉色等。区域航空地图每半年要修订一次。

4. 航空计划地图

航空计划地图在采用 VFR（Visual Flight Rules，目视飞行规则）和 IFR（Instrument Flight Rules，仪表飞行规则）飞行前作为飞行计划而用，它的比例为 1∶2 000 000～1∶5 000 000。目前大部分航空计划地图采用 1∶2 333 232 的比例，图上的 1 英寸等于 32 海里。它一般印成两部分，一部分为 VFR 使用，是航空地图，上面标明了各种地面情况；另一部分为 IFR 使用，上面只标出了无线电导航台的位置和标志。

（二）特种航图

在中国，特种航图分为 13 种，在《航行资料汇编（*Aeronautance Information Publication*，AIP）》和《国内资料汇编（*National Aeronautance Information Publication*，NAIP）》中一般会公布机场障碍物 A 型图、精密进近地形图、航路图、区域图、标准仪表进场图、标准仪表离场图、仪表进近图、机场图、停机位置图、空中走廊图和放油区图等特种航图。在一个航班任务的执行过程中，飞行员使用航图的一般顺序为机场图和停机位置图、标准仪表离场图、航路图和区域图、标准仪表进场图、仪表进近图，这里主要介绍以下几种。

1. 机场图和停机位置图

机场图向飞行员及管制人员提供航空器在停机位置与跑道之间往返地面活动时所需的资料。但是当航站设施复杂、机场图无法把资料标绘得十分清楚时，航空器停机位置图可向飞行员提供便于航空器在滑行道和停机位置之间进行地面运行的详细资料，如图 4-5 所示。

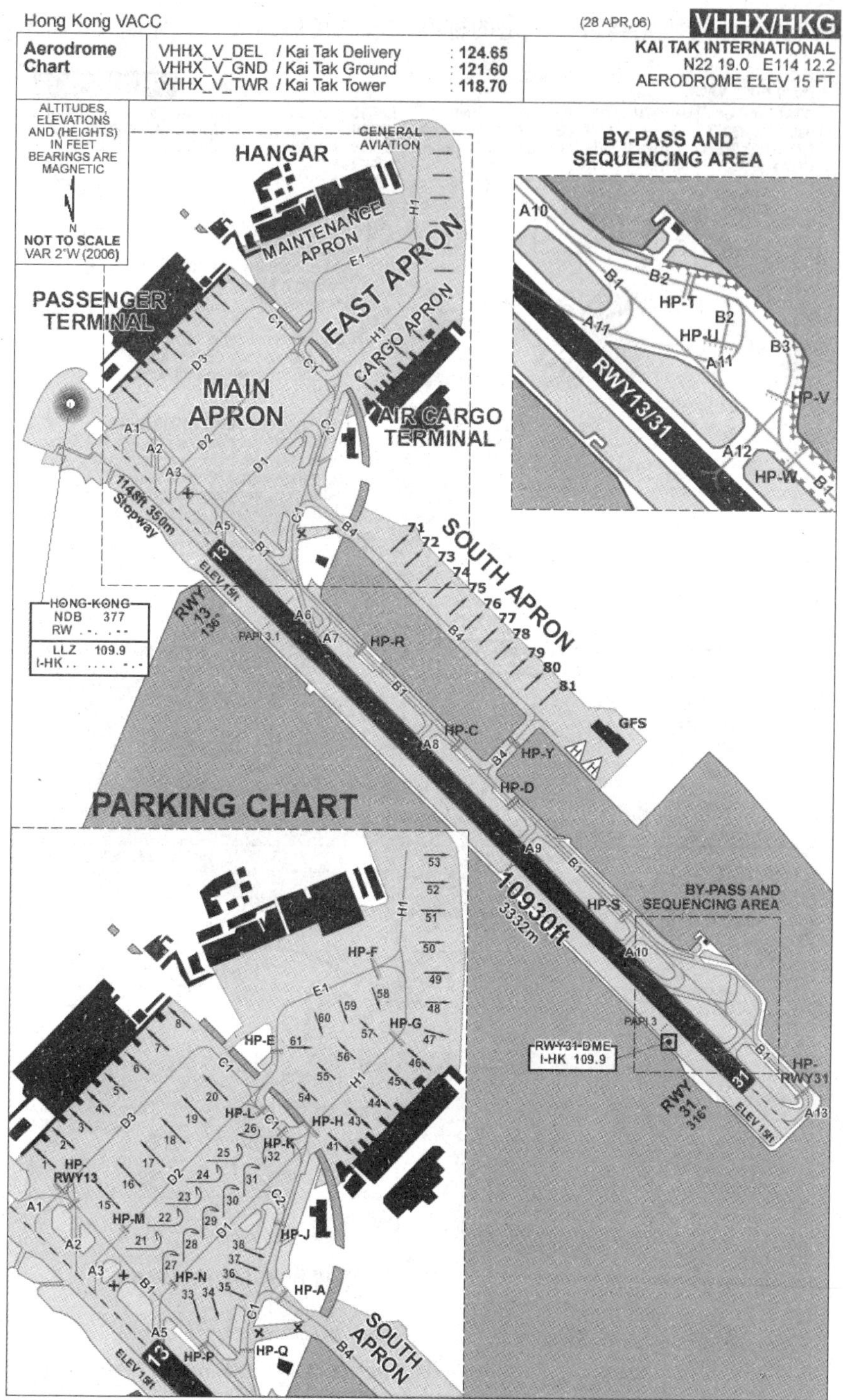

图 4-5　原中国香港启德机场平面图和停机位置图

2. 标准仪表离场图

标准仪表离场图（Standard Instrument Departures，SID）可向机组提供资料，使其能

够从起飞阶段到航路阶段始终遵守规定的标准仪表离场航路飞行，如图 4-6 所示。

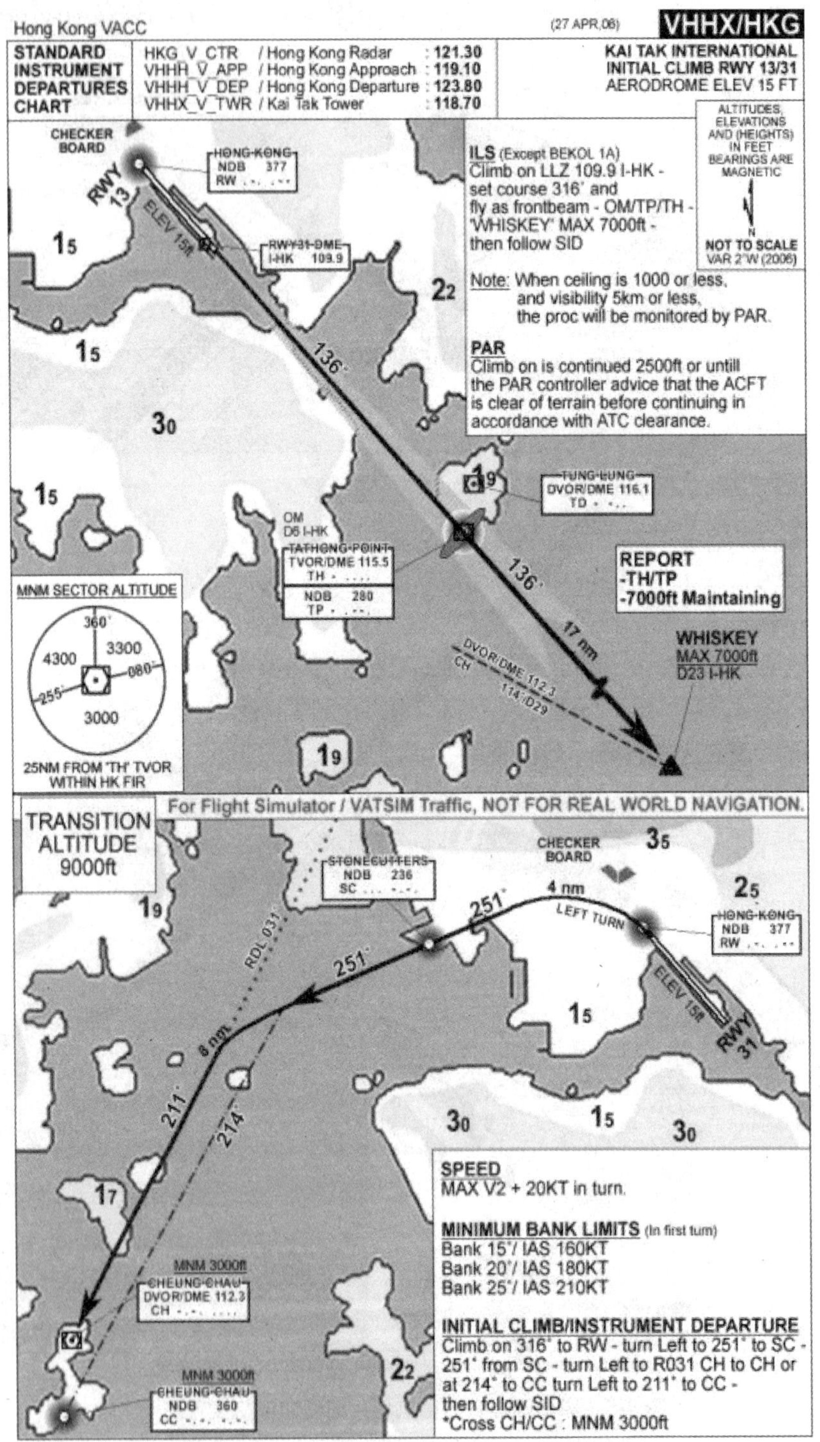

图 4-6　原中国香港启德机场标准仪表离场图

3. 航路图和区域图

航路图和区域图向机组提供了有空中交通服务的航路的航行资料，图上包括了航路上的所有无线电导航信息，但除了标有水系外，省略了其他所有地面和地形的情况，它的比例尺按不同需要有大有小，要求每4个星期就修订一次，因而能及时地给出无线电通信和导航的频率改变等信息。航路图中的方位、航迹、径向方位以磁北为基准，并标出了航路上所有报告点的位置。当一个机场或几个机场周围需要描述的航行要素过多，按照航路图的比例尺很难描绘清楚时，可使用区域图，区域图相当于航路图的局部放大，如图4-7和图4-8所示。

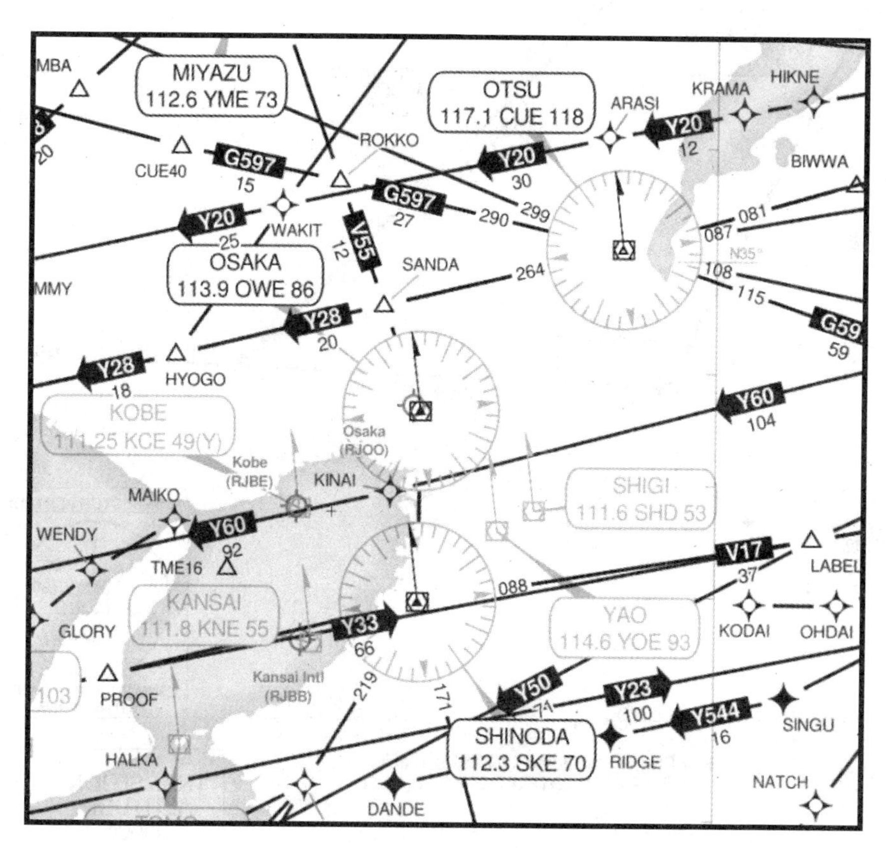

图4-7 杰普逊日本大阪地区部分区域航路图

4. 标准仪表进场图

标准仪表进场图向机组提供从航路阶段过渡到进近阶段的资料，使其能够遵守规定的标准仪表进场航路飞行，如图4-9和图4-10所示。

5. 仪表进近图（例图）

仪表进近图向飞行员、管制员及其他有关人员提供仪表进近和复飞程序以及相应的等待程序，它的比例尺较大，详细地标出了进近时的路线和导航设施的位置和频率，供飞机在机场区域按规定航线和高度，安全、有秩序地飞行，避免和其他航空器或障碍物相撞。

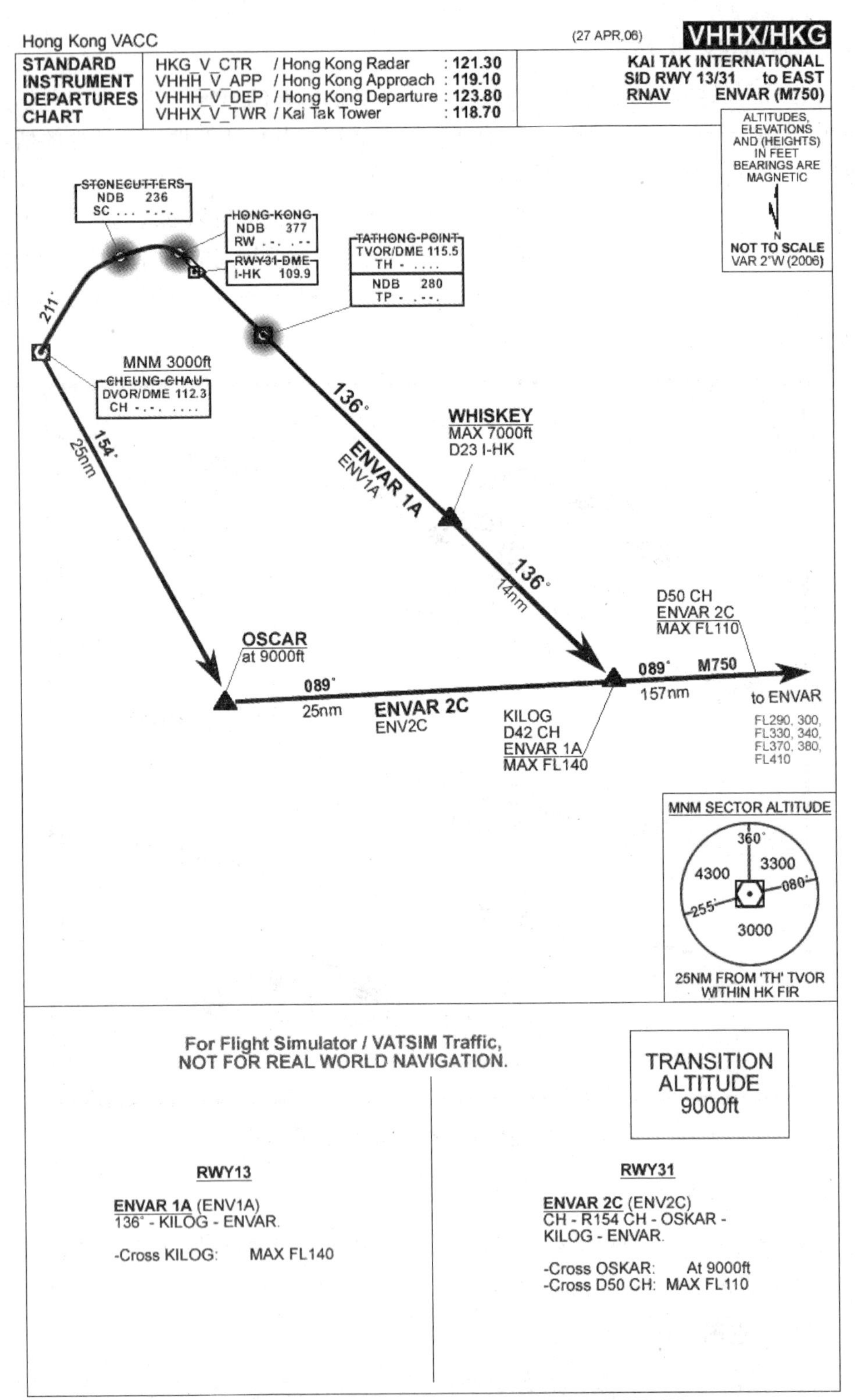

图 4-8 原中国香港启德机场标准仪表离场航路图

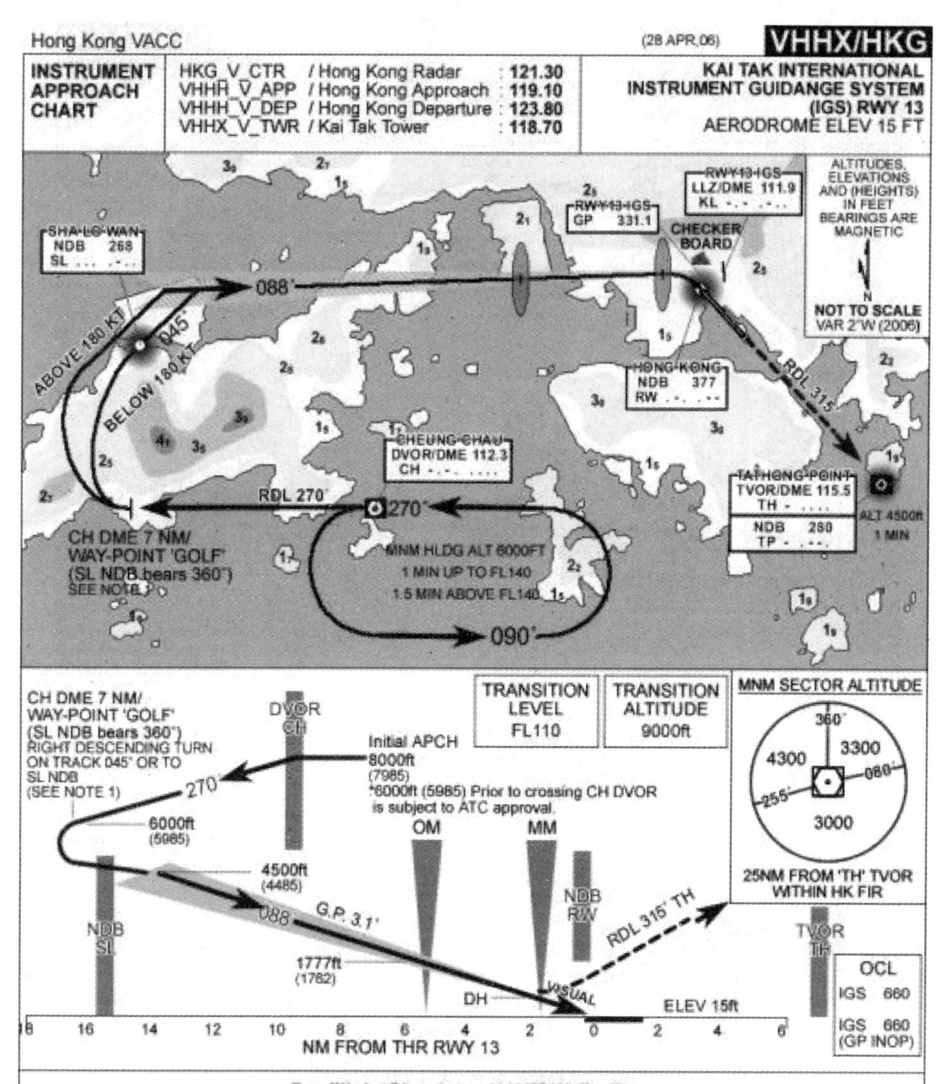

For Flight Simulator / VATSIM Traffic,
NOT FOR REAL WORLD NAVIGATION.

MISSED APPROACH: Continue on the IGS LLZ, climbing to 4500 ft, at the MM or 2.2 NM from 'KL' DME, turn right to intercept and establish on 'TH' VOR radial 315 and join the 'TH' holding pattern or proceed as directed by ATC.

Missed approach turn is based on 15° bank, 1.5° per second rate of turn and an average speed of 180kts whilst turning.

WARNING

Missed approach is mandatory by the MM if visual flight is not achieved by this point. In carrying out the missed approach procedure, the right turn must be made at the MM or 2.2 NM from 'KL' DME, as any early or late turn will result in loss of terrain clearance.
After passing the MM, flight path indications must be ignored.

NOTE 1　At 'CH' DME 7 NM ('SL' NDB bears 360°) further descend to 4500 ft and
(i) turn right to make good a track of 045° M to intercept the LLZ; or
(ii) aircraft flying at less than 180 kt IAS should turn right to 'SL' NDB and thence track 045° M to intercept the LLZ.

NOTE 2　With GP inoperative - When established on the LLZ at 4500 ft and at not greater than 'KL' DME 15 NM (22°19'02"N 113°56'12"E) descend to 3000ft. At 'KL' DME 9 NM, descend as for a 3° GP to cross the OM at not less than 1800 ft, then continus descend to decision height.

GND Speed	KT	90	120	140	160	180	195
OM to MM　3.6 NM	MIN:SEC	2:24	1:48	1:33	1:21	1:12	1:06

图 4-9　原中国香港启德机场标准仪表进近航路图

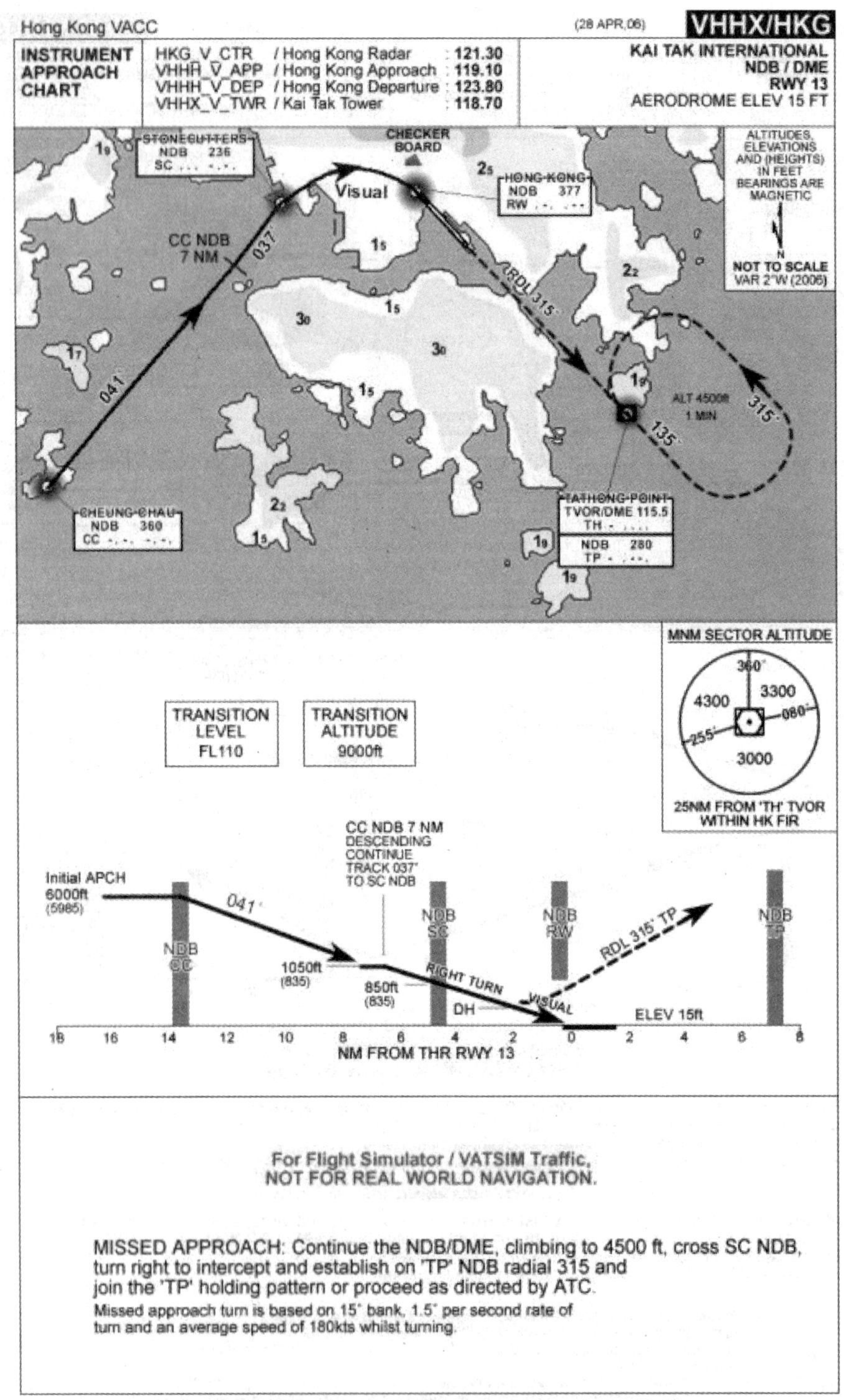

图 4-10　原中国香港启德机场标准仪表进场、复飞图

我们选用了两张例图（一张为中文注释图，另一张为原文图）供读者对照学习，如图 4-11 所示。

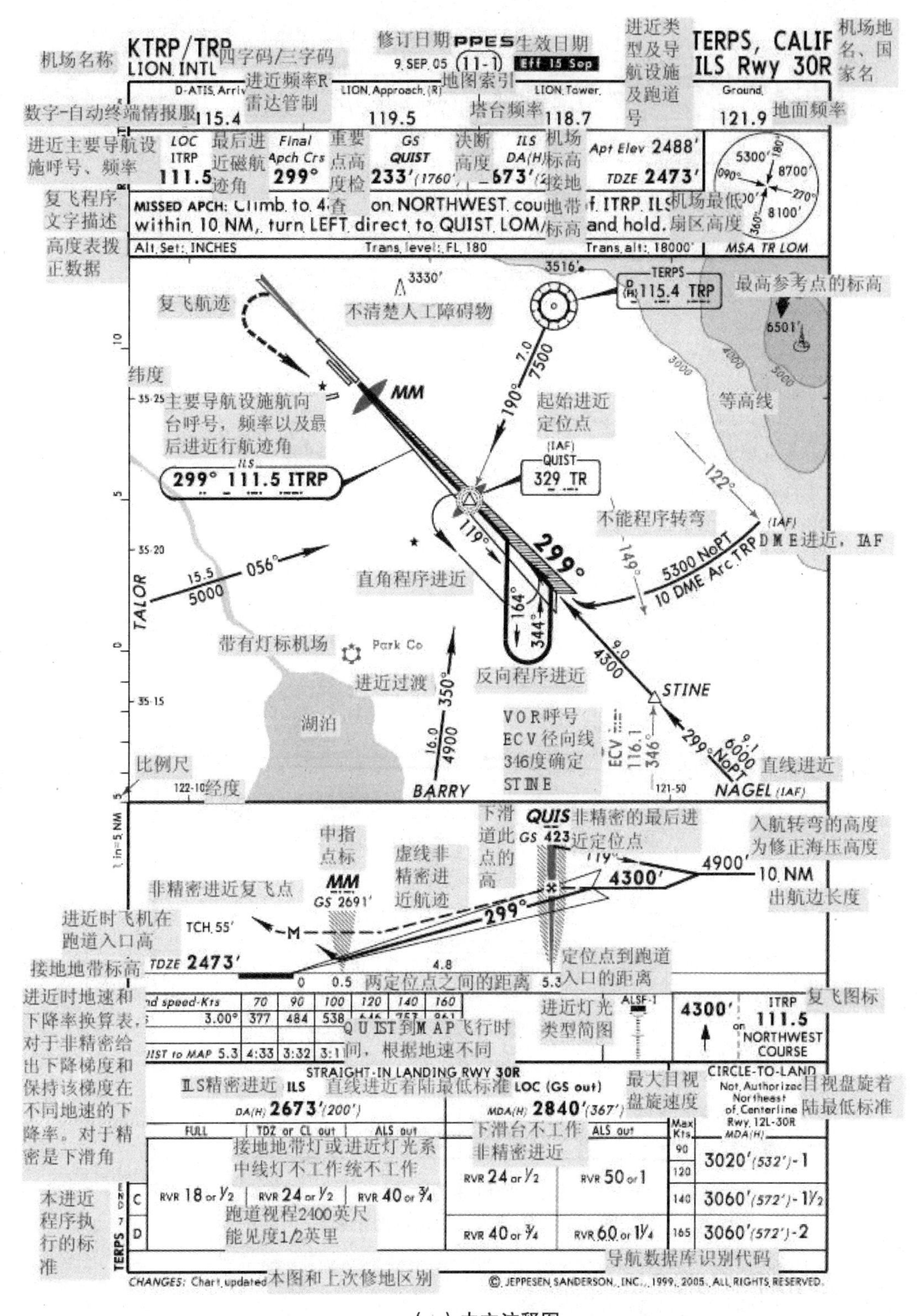

（a）中文注释图

图 4-11　杰普逊仪表进近图

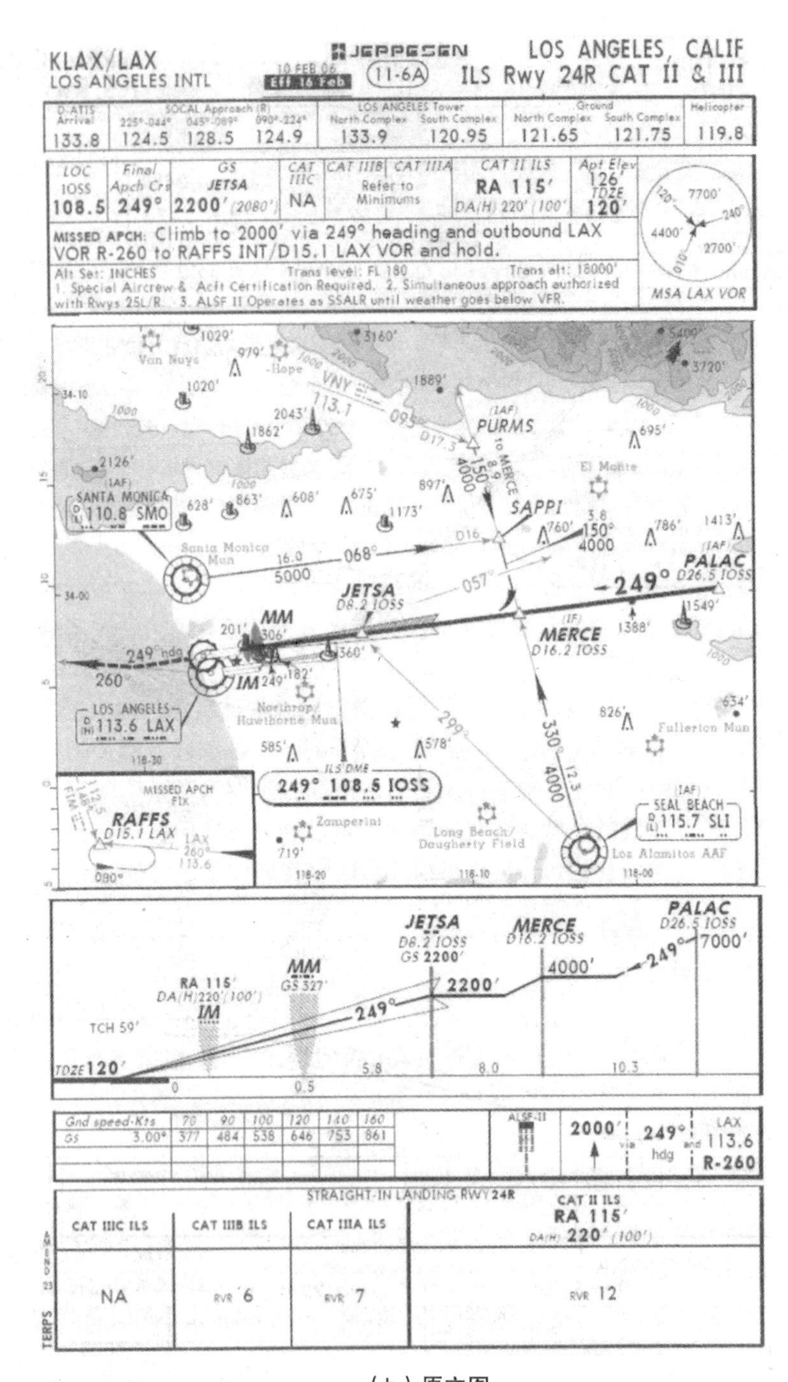

（b）原文图

图 4-11　杰普逊仪表进近图（续）

6. 机场图和机场障碍图

机场图和机场障碍图中标明了机场附近的航行情况和限制以及障碍物的情况，使驾驶员对降落的机场有详细的了解，机场障碍物图根据障碍物的不同可分成A型图、B型图、C型图。一般使用机场障碍物A型图，如图4-12所示。

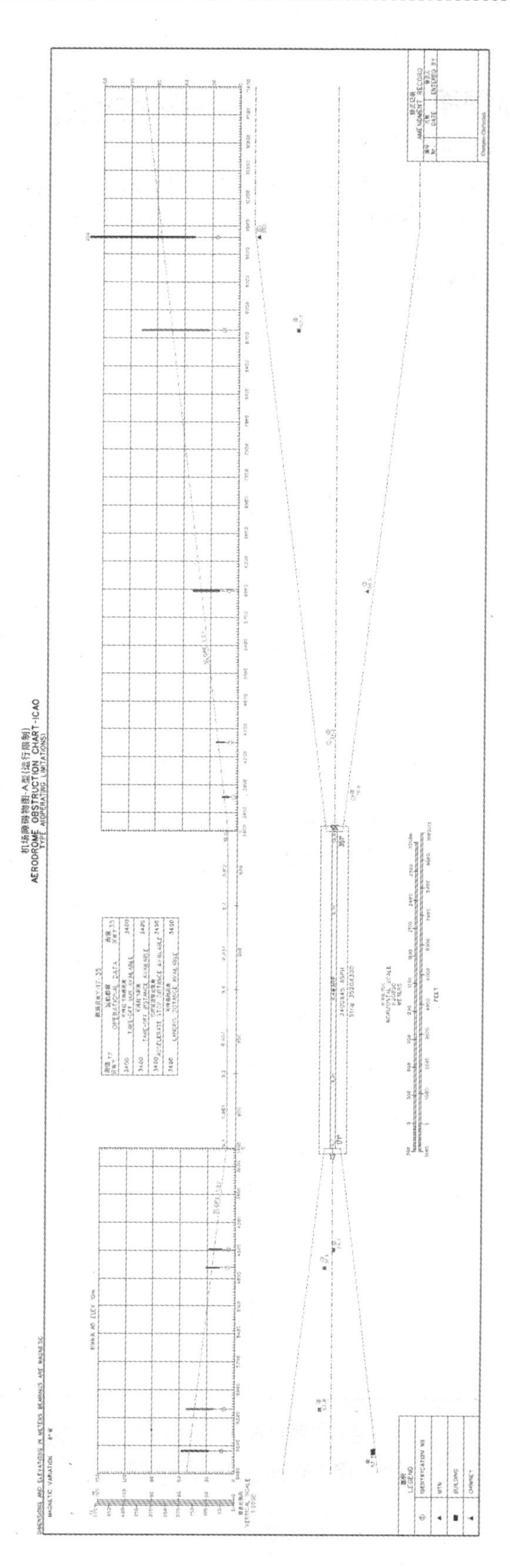

图 4-12　机场障碍物 A 型图

二、中国民航航图图例

为便于读者学习航图，下面介绍部分中国民航航图图例，这部分内容与杰普逊航图图例的绘制有些差异，杰普逊航图图例的详细资料可参考《杰普逊航图教程》一书。

（一）航路图和区域图图例

航路图和区域图图例如图 4-13 所示。

	民用机场
	军民合用机场
	民用直升机场
	军用机场
	军用备降机场
广州 / 白云 15	城市名/机场名 机场标高（米）

（a）机场/直升机场图例

	甚高频全向信标台（VOR）和测距仪（DME）合装
	甚高频全向信标台（VOR）
	无方向性无线电信标台（NDB）
	VOR/DME与NDB在同一位置

哈密 115.1 HMI CH 98X N42 50.0 E93 38.3	VOR/DME数据框 台名 频率（MHz）、识别 莫尔斯电码 测距频道 地理坐标
九洲 117.2 ZAO N22 14.8 E113 36.7	VOR数据框 台名 频率（MHz）、识别 莫尔斯电码 地理坐标
奇台 300 HJ N44 01.0 E89 38.0	NDB数据框 台名 频率（kHz）、识别 莫尔斯电码 地理坐标
宁陕 116.3 NSH CH 110X N33 19.2 E108 18.8 402 RQ N33 19.4 E108 18.7	VOR/DME/NDB数据框 VOR/DME数据（蓝色） NDB数据（绿色）

（b）无线电导航设施图例

图 4-13　航路图和区域图图例

	国界
	飞行情报区边界
	飞行情报区边界(未定界)
	进近管制区、终端管制区边界
	管制扇区边界
	区域管制区边界

(c)边界线图例

G212	航路、航线 (双向)
W64	(单向)
	脱离航线
J527	航路 (双向)
B458	(单向)
	该航路不使用此报告点

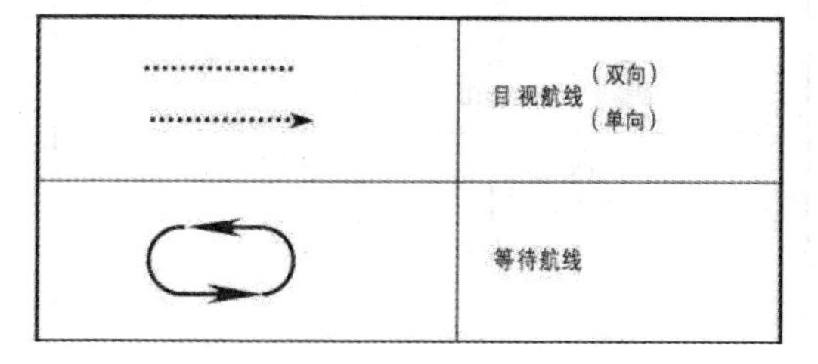

	目视航线 (双向) (单向)
	等待航线

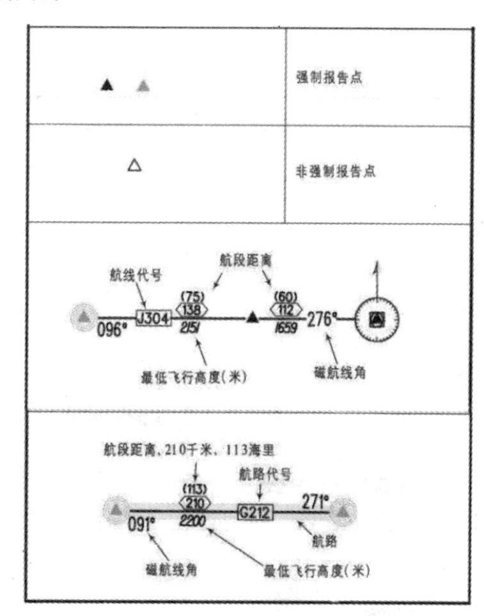

(d)航路和航线图例

188	网格最低安全高度(单位:10米)
—— 1° W ——	等磁差线(西磁差1°)
㉔	注记编号
❹	走廊及其编号和宽度
	区域图范围

南宁管制区 132.7 *120.55 6616　08-20 5481　20-08 *11306	管制通信频率数据框 管制区名称 甚高频(MHz) 高频(kHz)及开放时间 *备用频率
	限制空域
ZP(R)418 14000M GND H24	限制空域数据 编号(P禁区、D危险区、R限制区) 限制高度(上限/下限) 限制时间

(e)其他图例

图 4-13　航路图和区域图图例(续)

（二）进场图、离场图和进近图图例

进场图、离场图和进近图图例如图 4-14 所示。

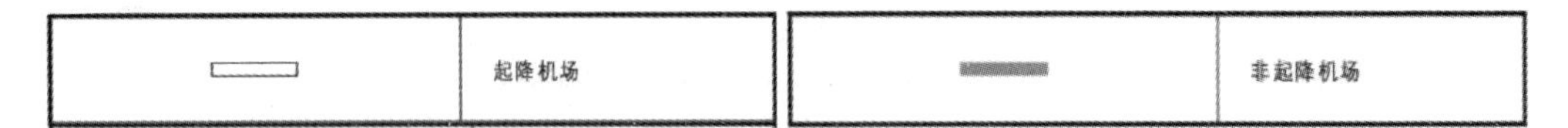

（a）机场图例

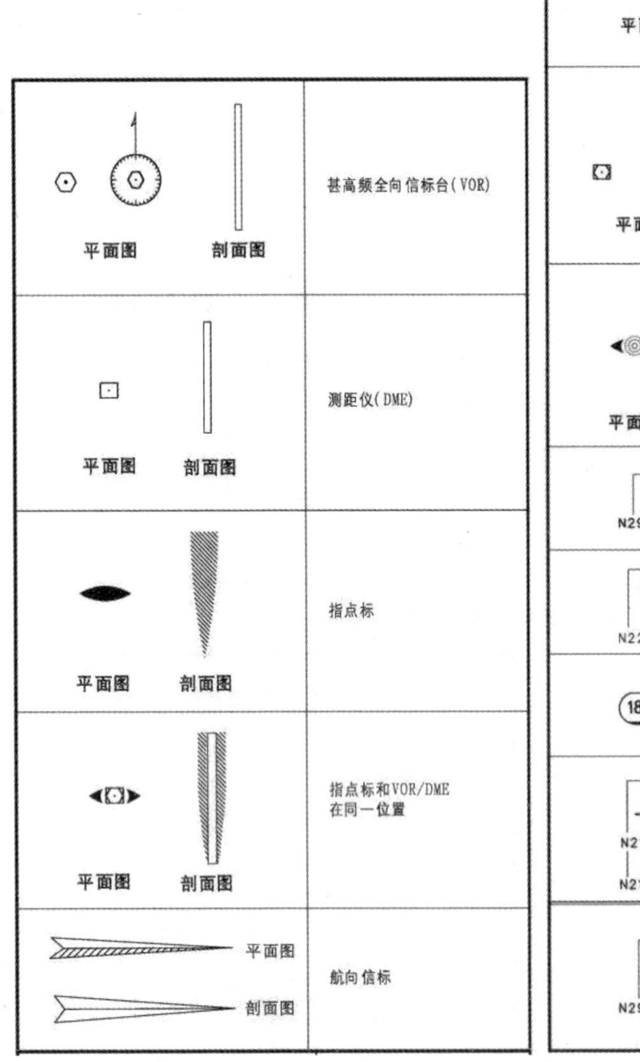

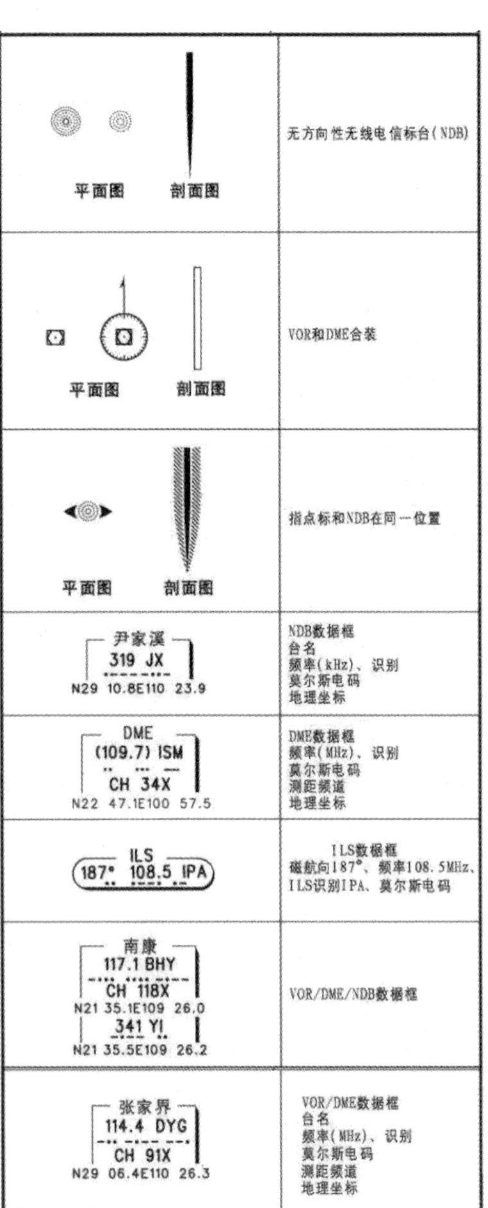

（b）无线电导航设施图例

图 4-14　进场、离场图和进近图图例

图例	说明	图例	说明
———	航线	⊕	航路点 飞越点
- - -↗	复飞航线	✧	航路点 旁切点
▲	强制报告点	△	非强制报告点
R208°	VOR径向线	WF028°	NDB方位线
× 平面图　剖面图	定位点	270° ① 1200/3937′ 090°	等待航线 磁航线角、出航时间、 最低等待高度(米/英尺)

（c）航线图例

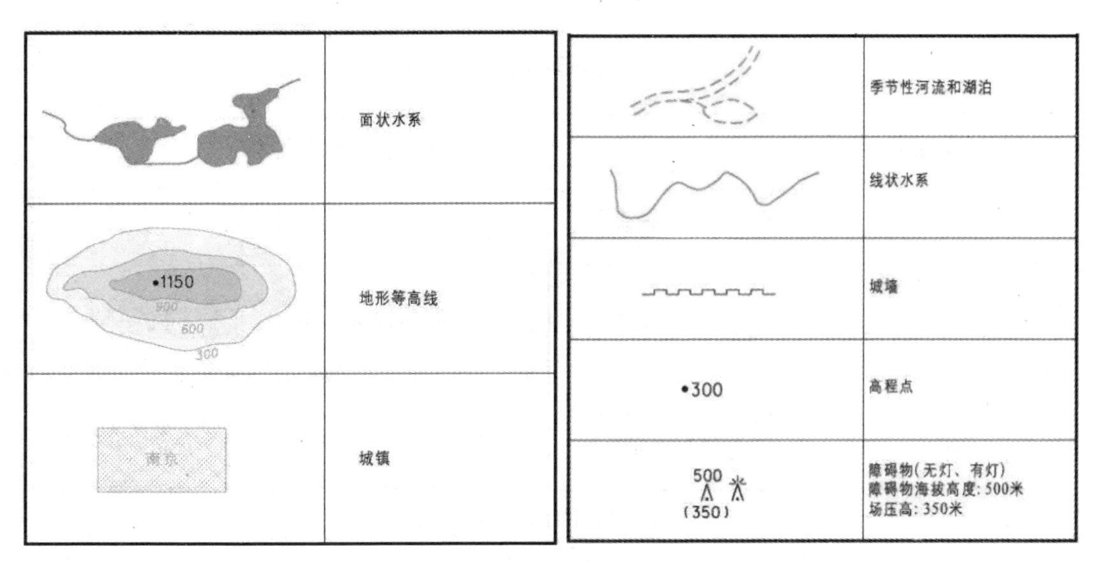

（d）地形、地物和水系图例

图 4-14　进场、离场图和进近图图例（续）

（三）机场/直升机场图和机场停机位置图图例

机场/直升机场图和机场停机位置图图例如图 4-15 所示。

（四）机场障碍物图图例

机场障碍物图图例如图 4-16 所示。

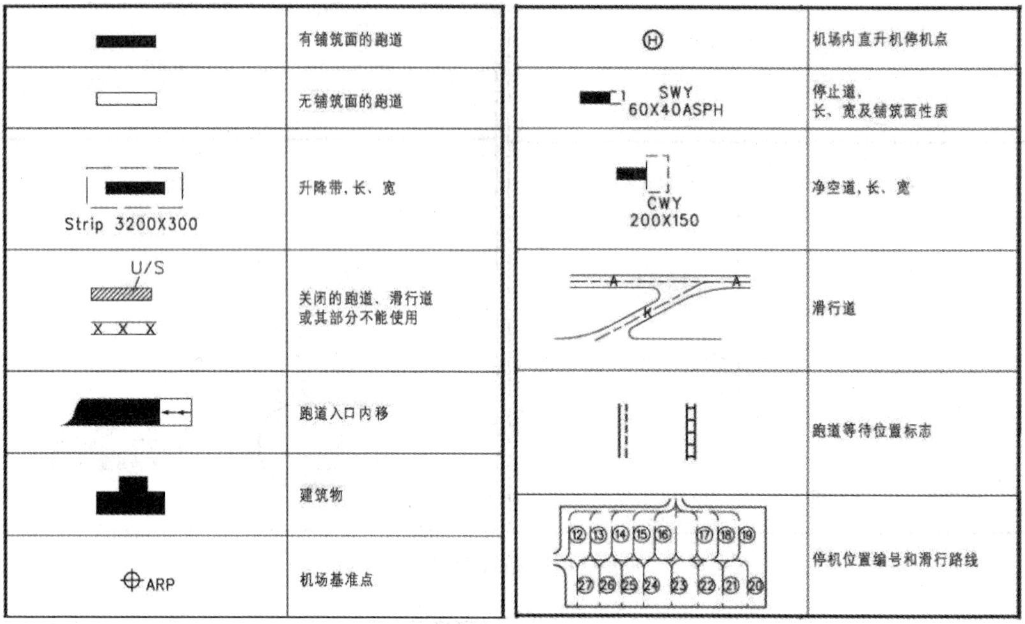

	有铺筑面的跑道
	无铺筑面的跑道
Strip 3200X300	升降带、长、宽
U/S X X X	关闭的跑道、滑行道或其部分不能使用
	跑道入口内移
	建筑物
ARP	机场基准点

	机场内直升机停机点
SWY 60X40ASPH	停止道，长、宽及铺筑面性质
CWY 200X150	净空道，长、宽
A A K	滑行道
	跑道等待位置标志
12 13 14 15 16 17 18 19 27 26 25 24 23 22 21 20	停机位置编号和滑行路线

（a）跑道、滑行道、停机坪图例

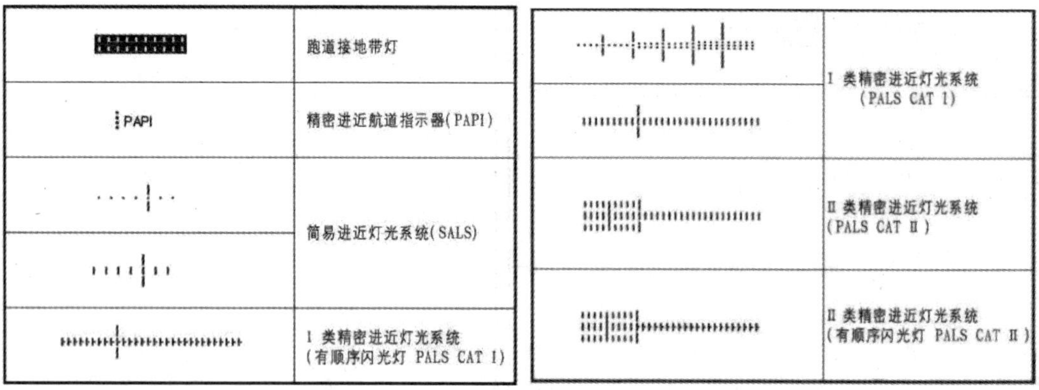

	跑道接地带灯
PAPI	精密进近航道指示器（PAPI）
	简易进近灯光系统（SALS）
	Ⅰ 类精密进近灯光系统（有顺序闪光灯 PALS CAT Ⅰ）

	Ⅰ 类精密进近灯光系统（PALS CAT Ⅰ）
	Ⅱ 类精密进近灯光系统（PALS CAT Ⅱ）
	Ⅱ 类精密进近灯光系统（有顺序闪光灯 PALS CAT Ⅱ）

（b）灯光图例

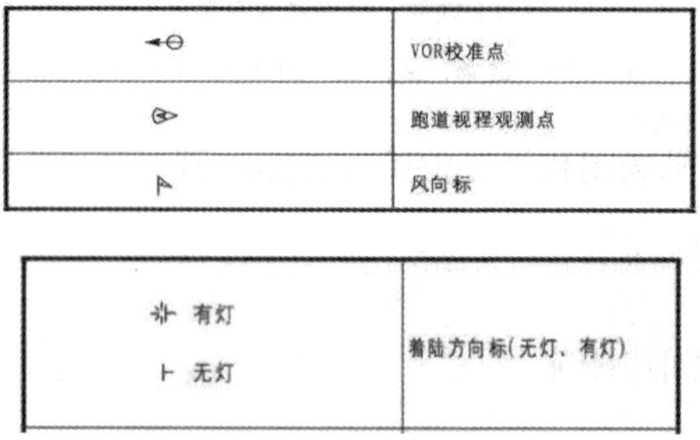

	VOR校准点
	跑道视程观测点
	风向标

有灯 无灯	着陆方向标（无灯、有灯）

（c）其他图例

图 4-15　机场/直升机场图和机场停机位置图图例

图例	说明	图例	说明
⊙	天线杆、高压线铁塔	—T—T—T—T—	电话线
—x—x—x—	铁丝网	~T~T~T~T~T~	电力线
	城墙	■	建筑物
*	树木	▲	山
	悬崖		铁路
①	剖面图上的障碍物及障碍物编号	剖面图	穿透障碍物限制面地形
⑨ 山 方位025° ▲ 标高 408.2 距离 10812	远方障碍物数据	平面图	

图 4-16　机场障碍物图图例

思　考　题

1. 飞机的空间位置用哪些参数来表示？
2. 为什么大圆线是连接球面上两点最短的路径？
3. 地球上任何一点的纬度是如何确定的？
4. 地球上任何一点的经度是如何确定的？
5. 飞行高度是如何测量的？
6. 为什么要划分飞行高度层？如何划分？
7. 试述导航的概念。
8. 简述方向、方位角、航向三者的关系和区别。
9. 简述空速、地速、风速三者的关系和区别。
10. 距离可用公制、英制、海里三种表示方法，它们之间如何进行换算？
11. 简述各种气压标准适用的范围。
12. 简述目视导航的原理。
13. 简述天文导航的原理。
14. 简述无线电导航的原理。
15. 目前航路上最常用的导航设备是哪两种？
16. 简述卫星导航的原理。
17. 简述大圆航线和等角航线的区别以及各自适用的范围。
18. 航空地图可分为几种？
19. 特种航图可分为几种？

第五章

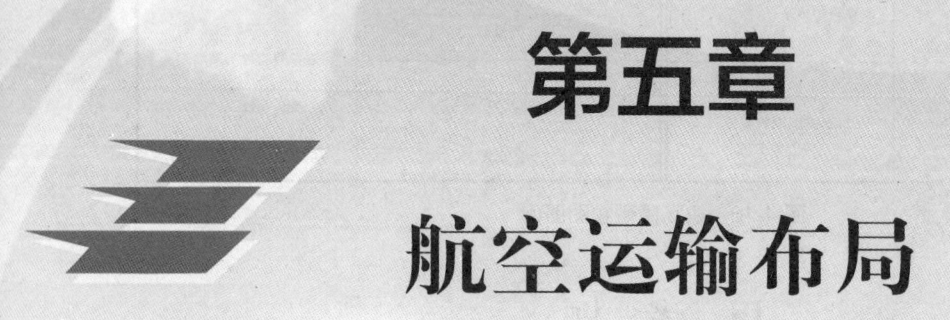

航空运输布局

学习目标

1．了解三大国际民航组织的地位和作用。

2．掌握航空运输布局的基本要素。

3．掌握影响空运布局的基本因素。

4．掌握各种航空业务代码。

第一节 国际航空组织

一、国际民用航空组织

根据 1944 年 12 月 7 日《芝加哥公约》成立临时国际民用航空组织（PICAO），1947 年 4 月 4 日正式更名为国际民用航空组织（International Civil Aviation Organization，ICAO），是协调世界各国政府在民用航空领域内的各种经济和法律事务、制定航空技术国际标准的重要组织，是联合国的一个专门机构，负责管理《国际民用航空公约》，即《芝加哥公约》（以下简称《公约》）的行政和管理工作，其标志如图 5-1 所示。

图 5-1 国际民用航空组织标志

国际民用航空组织与《公约》成员国和行业集团进行合作，就国际民用航空的标准和建议措施（SARPs）及政策达成协商一致，以支持安全、有效、安保、经济上可持续和对环境负责的民用航空业。

国际民用航空组织成员国使用这些标准和建议措施及政策来确保本国民用航空运行和规章符合全球规范，从而保证每天全球航空网络内的 10 万多架次航班在世界各个地区安全和可靠地运行。

除了在其成员国和行业之间就国际标准和建议措施及政策达成共识这一核心工作，以及制定许多其他优先事项和方案之外，国际民用航空组织还针对各国的援助和能力建设活动进行协调，以支持各项航空发展目标；编写全球计划，对安全和空中航行的多边战略性进展进行协调；监测并报告航空运输部门的各种绩效衡量标准；审计各国在安全和安保方面的民用航空监督能力。

目前，国际民用航空组织有 193 个成员国，其中常任理事国有 36 个。常任理事国分为三个类别：第一类是在航空运输方面占主要地位的国家；第二类是在国际民用航空的空中航行设施提供方面贡献最大的国家；第三类是可确保世界上各主要地理区域在理事会中均有代表的国家。

中国是国际民用航空组织的创始成员国，曾于 1947 年当选为二类理事国。1949 年，中国在该组织的合法权利被非法剥夺。1971 年，中国在国际民用航空组织的合法权利随着中华人民共和国在联合国的合法席位的恢复而恢复。自 1974 年 9 月的第 21 届至第 34 届年会，中国一直当选为该组织的二类理事国。随着中国进一步改革开放和经济持续快速增长，中国的民用航空业发展迅速。2004 年，在国际民用航空组织于蒙特利尔召开的第 35 届年会上，中国首次竞选第一类理事国，并以高票顺利当选。近 15 年来，运输量年均增速高出世界平均水平 1 倍多，中国在世界民航业的地位举足轻重。中国民航运输的实力和潜力在国际上得到普遍承认，中国已成为名副其实的空运大国。

二、国际航空运输协会

国际航空运输协会（International Air Transport Association，IATA）简称国际航协，是目前世界上最大的非营利性民间国际航空运输组织。IATA 成立于 1945 年 4 月，创始会员为来自 31 个国家的 57 家航空公司。截至 2019 年 2 月，已有 294 家航空运输企业成为 IATA 正式会员或准会员。中国目前已有 34 家会员航空公司，是国际航协会员航空公司最多的国家，IATA 的标志如图 5-2 所示。

图 5-2 国际航空运输协会标志

IATA 的愿景：成为创造价值和不断创新的驱动力，促进航空运输业安全、可靠和持续地发展，以连接和造福世界。

IATA 的宗旨：代表、引领和服务航空运输业。

IATA 的意义：

（1）代表航空业。国际航协增进决策者对航空运输业的了解，提高其对航空给国家和全球经济带来的好处的认识。为了维护全球航空公司的利益，国际航协挑战不合理的规则和收费，要求监管机构和政府承担责任，并努力实现合理的监管。

（2）引领航空业。70 多年来，国际航协制定了航空运输业的全球商业标准，目标是帮助航空公司简化流程，增加乘客的便利，同时降低成本，提高效率。

（3）服务航空业。国际航协帮助航空公司在明确的规则下安全、高效、经济地运营，为所有的行业利益相关者提供专业的支持、广泛的产品和专家服务。

（4）品牌价值。国际航协的价值以及行为方式可帮助国际航空运输协会实现使命和愿景。国际航协各会员都有不同的个性、风格和专业领域，在组织的不同层次上，扮演着不同的角色。

三、国际机场理事会

国际机场理事会（Airports Council International，ACI）是全球性机场行业组织，ACI机场会员包括 180 个国家的 1 853 个机场（截至 2019 年 2 月），其标志如图 5-3 所示。中国北京、上海、广州、成都、深圳等地的诸多机场均是该组织的成员。

图 5-3　国际机场理事会标志

国际机场理事会是全球机场的唯一代表，成立于 1991 年，代表各国政府和民航组织等国际组织维护机场的利益，为机场制定标准、政策和建议做法，并提供机场信息和培训机会，以提高世界各地机场的运营标准。

民用机场是地区的宝贵财富，可以帮助地区充分发挥经济潜力，确保经济稳定增长，促进长期业务发展和就业。作为地区资源的管理者，机场经营者需要一个组织来帮助他们增加业务价值。

1991 年，世界各地的机场运营商成立了国际机场协会（ACI 原名），这是第一个代表它们的共同利益并能促进其与整个航空运输业内其他伙伴合作的世界性协会。通过国际机场理事会，机场界可就关键问题和关注事项发出统一的声音，尽管各区域差异很大，但可以作为一个统一的行业向前发展。ACI 在与国际组织的讨论中追求机场利益，其对外关系中最重要的是与国际民用航空组织（国际民航组织）的关系，ACI 在该组织中就国际航空运输标准进行辩论和制定。ACI 维护机场的立场，在安全和环境倡议方面制定标准和推荐做法。它还在机场收费和管制的重要政策变化中促进和保护机场的利益，加强机场与航空公司打交道的能力。与此同时，ACI 为机场与航空公司协会、政府和监管机构建立建设性合作关系提供了平台。在关键的行业问题上，ACI 在自由化、所有权、容量规划、监管限制和环境行动方面捍卫机场的观点，并加强机场塑造行业未来的能力，支持机场的个别行动。ACI 也会为会员提供大量培训机会、客户服务基准计划、详细的行业统计分析和实用出版物。

第二节　航空运输布局的基本要素

本节分别介绍航路、航线、航线网络结构、机场和航空公司，进而总结归纳影响航空运输布局的基本因素。

一、航路

航路是由国家统一划定的具有一定宽度的空中通道。航路具有较完善的通信、导航设备，宽度通常为 20 千米。划定航路的目的是维护空中交通秩序，提高空间利用率，保证飞行安全。

飞机发展初期，机上没有任何导航设备，完全靠飞行员目视观测地标，基本可以实现沿着山脉或河流飞行，实行的是自由飞行，没有航路之说。

为了解决飞机导航问题，20 世纪 20 年代，美国在芝加哥到纽约之间，每间隔 3 英里就修建一个高 50 英尺的塔台，塔台上面有一个闪亮的乙炔灯，由此为飞行员指示出了一条明亮的航路，航路就此诞生。

有了电报之后，人们不单单开发出了利用无线电进行通信的技术，而且还发现了利用无线电进行导航的潜力。人们发现，无线电波从发射源向四周扩散，如果接收天线正对着信号源，或者接收天线距离信号源近一些，单位面积接收的信号就会多一些，反之就会少一些。通过这个物理现象，就可以判断出自己与信号源的距离和方位。由此，工程人员很快研发出了无线定位装置，原理就是通过一组天线接收无线信号，判断信号源的远近和方位，从而确定自己的位置。

开辟两个城市之间的新航路，首先要在两个城市之间的地面上建立若干导航基站，安装无线电导航设施，飞机沿着导航设施指引的方向，飞向目的地。两个导航设施之间的连线通道就是航路。

两个城市之间的直线距离是最短的，飞机飞直线最节约时间和油料，但是飞机在空中飞行的航路却不是直线，而是曲线。基站的建设不可能沿着直线建，有的地方是水库，有的地方是城市，有的地方是洼地，基站要避开这些地方，因此航路是曲线。

为了方便机组和空管部门工作，航路都有明确的名称代号。代号由一个拉丁字母和 1～999 中的数字组成。A、B、G、R、L、M、N、P、W、Y、V 开头的为国际航路，H、J、Z、X 开头的为国内航路。目前中国现有有代号的民航航路 500 余条，其中国际航路 200 余条，国内航路 300 余条。

建设新航路是航空运输布局的重要内容之一，是开辟新航线的前提，是一项基础建设工作。新航路的划定是一个复杂的过程，大体来说有以下几步：① 提出航路的划设目的；② 考察航路上的地形情况，拟订航路导航设备的配置和等级，标定航路的最低安全高度、磁航向、转弯点、检查点以及磁差和磁差年变率；③ 根据气象资料进行试飞，搜集航路数据，建立适航标准和进入/脱离程序；④ 校飞航路设备和飞行程序。

二、航线

飞机飞行的路线称为航线，航线确定了飞机飞行的具体方向以及起讫、经停地点。航线按照起讫地点的归属不同，分为国际航线和国内航线。航线就是画在地图上两个城市之间的一条直线。开辟新航线实际上是有一定技术要求和含义的，它按照飞机性能等一定要求选定飞行的航路，同时必须确保飞机在航路上飞行的整个过程中，能时时刻刻与地面保持联系，所以飞机实际飞行的路线是由不同的航路连接成的，它不是一条直线。同样一条航线，如哈尔滨到上海的航线可选择不同航路组合，在航管许可的前提下选择距离最短、最省油的航路组合。一般来说，同样的航班，飞行的航路走向基本不变。遇到特殊情况、天气变化时，必须听从空中管制中心的指令，选择新航路绕道而行。下面以沪哈大通道空域优化方案为例，进一步加深对航路与航线的理解。

【例 5-1】2018 年 10 月 11 日零时，沪哈大通道（一期）空域优化方案正式启用。沪哈空中大通道将向北延伸至中俄进出境点，向南延伸至东南沿海，构建起中国最长的海上通道。

多年来，往返中国东北与华东地区的航班拥挤在单一的 A588 航路上，大连和青岛是进出东北地区的唯一飞行线路，被誉为航班进出东北地区的“空中独木桥”。随着航班量的持续增长，该航路拥堵现象日益严重，现已不堪重负。

东北地区处于中国骨干航路网络末端，航路结构较为单一，A588 航路作为跨极地进出境航班和东北地区往返山东半岛、华东以及日韩方向的航班（航线）主要运行航路，日均 670 架次，繁忙程度居中国前列。

沪哈大通道（一期）空域优化方案就是合理利用海上空域资源，通过划设海上部分衔接航线，有效串联起东北地区现行航路航线和华东地区海上 A326 航路，进而开辟东北地区去往华东地区的“新出口”，对推进东北地区民航全面振兴具有十分重要的意义。

该方案新辟航路两条，里程达 650 千米，增设及调整班机航线走向 154 条，每日直接或间接影响航班约 260 班。

新辟海上航段与 A588、W108 等现行航路一并构建起东北地区往返华东地区单向循环运行航路编组，重点优化整合沿线交通流走向，打造了一条北起哈尔滨、南至长三角地区，全长 3 000 多千米的空中大通道，使得原双向对飞的单一航路彻底实现“来去分开，隔离飞行”的大通道格局。

此外，海上航段的划设离不开空管基础设施的建设。通过建设盐城移动通信监视台站设备，实现了海上航段监视和通信信号的“双重覆盖”，为海上航段实施雷达管制并缩小运行间隔奠定了坚实的基础，从而有效地缓解了沿线导航台的运行压力，显著降低了安全运行风险，有效地提升了运行效率。

三、航线网络结构

从目前航线网络的构成分析，按照起止点之间的通航方式，其单元结构大致可分为城市对式、城市串式和轮辐式三种类型，如图 5- 4 所示。

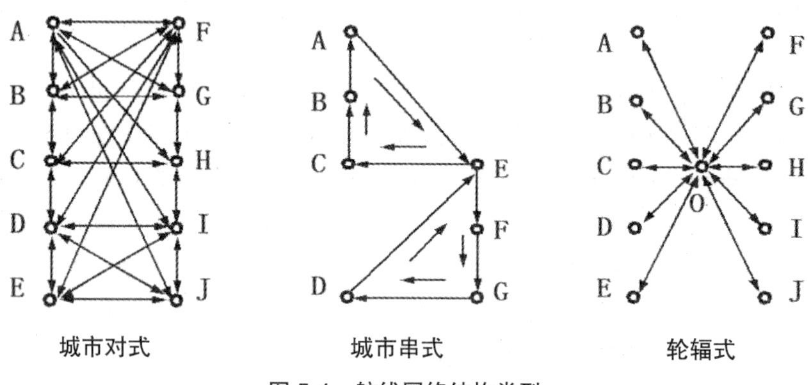

图 5-4　航线网络结构类型

（一）城市对式

城市对式的特点是：两地间为直飞航线。在城市对式航线所构成的全回路网络中，旅客不必中转，可直接到达网络中的任一点站。由于其形式简单、实用，又便于进行运力上的调配，因此成为空运网络中最基本的单元结构，它也是目前中国航线结构中所采用的主要形式。

城市对式适用于客货需求相对充足的市场。但是，并非网络中的所有点站之间都有足够的客货流量。当流量较低时，如采用城市对式航线，则会使航班密度降低，从而使地面等待时间过长。对中短程航线来说，即使是每天一个航班，也可能使地面等待时间远远超过乘机时间。对远程航线来说，如每周一至两班，也极为不便。这样，航空运输的快速优势就无法体现。由于无法快速到达目的地，部分旅客会转而乘坐火车、汽车，旅客的减少又会进一步导致航班密度的降低，如此可能形成恶性循环。因此，在流量较小的机场之间采用城市对式航线并非明智之举。

中国目前的航线以城市对式结构为主，4 000 多条航线中，90%以上是直飞航线，且大部分是低客座率、低载运率的低密度航线。随着中国航空运输的不断发展，这种不尽合理的航线结构状况将逐步得到改善。

（二）城市串式

城市串式是在城市对式的基础上发展而来的，也可将其归入城市对式航线结构。在城市间客货运量不足的情况下，采取此种形式可使航班在途中经停站获得补充的客货源，用以弥补起止航站之间的运量不足。目前，中国部分国际和国内航线采取此种形式。

城市串式航线在业内被称之为“甩鞭子”航线，即绕道飞行的航线。它是指在航线上的往返流量和运力分布不均的情况下，某些航班绕经几个城市，“兜圈子”飞行。显然，这种形式是运力与流量失去匹配时的一种调整和补充措施。它一方面可缓解部分航段上的运力紧张，另一方面又可提高飞机的利用率和客座率。但“甩鞭子”航线有非法占领他人市场之嫌，故曾一度被禁止。

此种形式容易造成航班延误和影响正常的运力调配。由于经停站较多，一旦发生延误，会影响整个航程乃至整个网络中的运力调配。

（三）轮辐式

轮辐式航线又称中转辐射式航线、中枢结构式航线、轴心辐射式航线，是目前较为成熟的网络结构，也是目前空运发达国家的航线网络中所常见的形式。轮辐式航线的单元结构为：点—中转—点，整体航线网络呈大枢纽的明显特征。轮辐式航线结构又可分为以下两种类型。

1. 沙漏型

沙漏型航线网络结构形似沙漏状，其主要特性是：同方向的多个航班在同一时段内在枢纽机场完成中转，客货重新组合后分别到达目的地，如美国航空公司分别在东部的芝加哥、中部的丹佛、西部的洛杉矶、旧金山建立枢纽机场，对客货源重新组合，完成中转。

2. 内陆型

内陆型又称内地馈运型、支干结合型，其主要特征是：在内地或边远省区选择中心机场建立枢纽，地区内的中小城市飞支线，与中心枢纽通航，由中心枢纽与地区外的干线机场通航，如此，支、干线航班之间要考虑航班衔接。

内陆型的中心机场应该是区域内的航空客货集散地，同时与区外的其他中心机场之间有便利的空运联系，它具有明显的内联外引功能。中心机场之间采用城市对式航线直飞，再以每个中心机场为中转站建立其辐射航线。这样，流量较小的城市之间就无须采用对飞形式，而是通过中心机场中转而实现通航。

采用此种结构，干线与支线的功能明了，可各施所长，干线与支线有机地连接在一起。干线与其辐射的支线连通后，网络内的所有航站之间均可通航，这无疑增加了通航点，使大小城市之间的空运联络更为顺畅，航空运输的快速优势得以体现。在这种结构中，航线功能明显，大小机群匹配有利于进行运力的调配。

轮辐式航线结构具有三方面优点。

（1）使空运网络适应市场需求。目前，多数国家的空运市场集中分布于少数大型枢纽机场，而多数中小型机场的空运需求量明显偏低，这是空运市场的显著特点。轮辐式结构中的中心机场正是以这些大型枢纽机场为基础而建立的。中心机场之间的干线飞行一般采用大中型飞机，且有较高的航班密度，基本上能够满足空运主要市场的需求。支线航线的飞行一般采用中小型飞机，这一方面满足了运量不大的空运需求，另一方面可适当增大航班密度，显示空运的快速优势。显而易见，这种网络结构与空运市场是吻合的。

（2）有利于提高飞机的客座率和载运率。如前所述，运量较小的机场之间采用对飞的形式，一方面使自身航线难以维持，另一方面又对中心机场起到不必要的分流作用。这种分流无疑降低了中心机场之间的航班客座率和载运率，这种现象在一些国家的航线网络中并不少见。轮辐式网络的建立可将原来小型机场对飞航线上的空运量转移到干线上来，从而提高了干线上的航班客座率和载运率。原来运量较小的机场改用小型飞机运行，通过支线与干线连通，这样就避免了采用大中型飞机对飞而造成的运力浪费。同时，也提高了小型飞机的客座率和载运率。

（3）有利于机场网络的规划建设。轮辐式网络结构确定了中心机场和支线机场的地位和功能，也基本决定了投入机场运行的飞机机型，这为机场的布点、建设规模和建设时序提供了依据，尤其在机场建设的高峰时期，它的作用就更为重要。在机场竞相上马、资金短缺时，按照机场的地位和功能，把有限的资金合理地投入中心机场和支线机场的建设，从而形成最佳的机场配置。

四、机场

民用机场是指专供民用航空器起飞、降落、滑行、停放及其他保障民用航空活动的特定区域，包括附属的建（构）筑物和设施。

民用机场是连接民用航空器飞行的载体，是民用航空运输网络的节点。它作为公共交通基础设施，承担着服务公众的重要职能。当前，发展民航业已上升为中国国家战略，民用机场是民航业国家战略的基础支撑，是国家发展的一个新的动力源。

民用机场布局是空运网络布局的重要组成部分。由于机场建设的投资大、周期长，且又占有较大的空间，一经建成就难以再做地域上的调整。机场的布点往往决定了航线的构成和航路的设置，机场规模的大小亦决定了进出航线上的航班密度以及所采用的机型。机场建设过早会造成投资上的浪费，建设过晚则不能满足空运需求。可见，机场的布点、规模及其建设时序对一个地区航空运输的发展将产生重大影响。

多数国家的机场建设都经历了从自发形成到全面规划、统筹安排的发展过程。早期的机场建设一般仅从个体城市的空运需求考虑，当城市发展到一定规模时，自然产生了空运需求，在条件成熟时便修建机场从事空运。但是，由于缺乏整体规划，一些机场建成后，难以形成畅通的空运网络，不能达到预期的效果。另外，由于机场建设的前期研究工作较少，容易出现机场选点和工程建设上的失误，这在中外的机场建设史中是屡见不鲜的现象。

随着航空运输的发展，机场网点不断增多，并逐渐与航线、运力形成不可分割的空运网络，现代综合交通运输的发展也要求机场的布局要与其他运输网络衔接贯通。世界经济的发展不断对空运提出更大的需求，市场经济的高度发展使部分机场的建设被纳入市场竞争的轨道。因此，多数国家都十分重视机场布局的整体规划，在全国或某一地区范围内对域内机场的布点、建设规模和建设时序全面规划、统筹安排、合理投资，以求形成最佳的机场配置。

对于中国，机场布局和建设更是引导配置航空资源的重要手段，是支撑民航强国发展的重要基础。统筹协调民用运输机场和通用机场布局建设，构建覆盖广泛、分布合理、功能完善、集约环保的国家综合机场体系，发挥整体网络效应，将为中国民航可持续发展奠定基础。

五、航空公司

航空公司是指以营利为目的，使用民用航空器运送旅客、行李、邮件或者货物的公共航空运输企业。

航空公司是整个航空运输产业链条中的重要一环，其运营模式、运力分布、航线网络结构状况决定着整个行业发展的走向，也是整个行业布局是否合理的重要影响因素。

从国内其他交通运输方式的发展趋势看，中国航空公司的发展面临机遇和挑战，这几年来，中国高速公路快速发展，铁路先后多次提速，尤其是高速铁路建设，这些都对航空运输行业产生巨大冲击。从总体发展趋势讲，各种运输方式各有优势，相互竞争会促使各自进一步清晰发展定位，找准目标市场，有利于推动航空运输供给侧改革。供给侧结构性改革旨在调整经济结构，使要素实现最优配置，提升经济增长的质量和数量。

中国航空公司布局要坚持服务于“一带一路”倡议，以国际化视野协同发展民航业，与“一带一路”沿线国家形成更加紧密的合作，统筹“两个市场、两种资源”，加快民航国际化进程，提升民航的创新能力和国际竞争力；要坚持共享发展，提升社会大众的获得感；要坚持大众化战略，努力提高航线网络的覆盖能力，大力改善服务质量，力争航班正常，融入综合交通体系，使社会大众能够普遍享受到便捷高效的航空服务，让社会大众共享民航协同发展的新成果，不断提升人民群众的获得感。

中国民航业自身发展的诸多矛盾也影响着整体实力的全面增强。整个行业发展的协调性还不强，东、中、西部民航发展不平衡，支线航空、航空货运、国际航空、通用航空等发展相对滞后；发展的保障能力还不强、安全基础还不牢，存在基础设施、关键人才队伍和管理水平“三个跟不上”的矛盾。更突出的是，在今后较长时期内，面对不断增长的市场需求，内涵做强与外延做大仍将是中国民航业面临的基本矛盾。

第三节　影响空运布局的基本因素

在航空运输发展的百年历史长河中，航空运输布局是市场经济发展的必然结果，它受到地理位置、自然条件、政治因素、社会经济、科学技术、人口条件等因素的影响和制约，经过不断调整，不断完善，才逐步形成目前世界航空运输的格局。航空运输布局主要是航空运输生产力的布局，它包括机场布局规划和建设、航空公司运力的投入、航线网络的建设三大生产要素。其中，机场布局规划和建设是航空运输生产力的主要要素，它决定了航空公司基地位置、航线的走向。机场布局规划主要受国家重大战略实施、国民经济发展总体要求指导。机场建设受到地理位置、自然条件、社会环境等的影响。机场布局规划和建设是航空运输的基本保障，而航空公司运力投入与航线网络布局主要与市场经济密切相关，受区域经济发展、人文地理历史、科学技术进步、人口结构流动影响。

一、影响机场建设的基本因素

（一）地理位置

地理位置一般用来描述地理事物的时间和空间关系。它包括政治地理位置、军事地理位置、文化地理位置、经济地理位置，这些均与航空运输密切相关。

政治地理位置是用来表达人文需要的地理位置。例如，一个国家的首都的所在位置就是一个国家的政治中心所在处。多数国家首都的机场往往成为航空枢纽，如中国北京首都国际机场、法国巴黎戴高乐机场、英国伦敦希思罗机场等。

军事地理位置在军事战略上具有特殊的意义，如海上的优良港口、陆地上的机场，对战争有天然的先发制人的优势，而且什么样的地理位置就决定只能使用什么样的装备和战术。例如，美国在日本冲绳岛上的空军基地和关岛空军基地对亚太地区构成一种武力威胁，这就是很好的证明。

文化地理位置主要揭示人类文化源地的产生。比如，海派文化发于长江流域。一座城市有一座城市的品格，上海背靠长江水、面向太平洋，长期领中国开放风气之先。上海之所以发展得这么好，同其开放品格、开放优势、开放作为紧密相连。开放、创新、包容已成为上海最鲜明的品格，这种品格是新时代中国发展进步的生动写照。上海航运中心的建设推动了上海浦东、虹桥两大枢纽机场的建设发展。

在世界航空运输布局发展中，地理位置起到了关键作用。如新加坡樟宜机场成为亚太地区的航运中心，连接着东南亚地区、南太平洋地区、欧洲地区和中东地区；在远程飞机诞生之前，阿拉斯加的安克雷奇机场成为太平洋航线的中转站。

（二）自然条件

自然条件指影响人类活动的自然环境要素，包括地貌、地质、气象气候、土地、水、动植物等，这些要素相互联系，共同构成自然环境。在社会发展的一定阶段内，自然条件对生产布局有较大影响，特别对农业、采矿业以及铁路、公路、水运等交通部门有决定性的影响。但是，由于航空运输本身的特性，某些自然环境要素仅在一定范围内的一定程度上对航空运输产生影响。

1. 地面自然要素

航空运输与其他运输方式一样，都离不开固定的地面点站，机场对地面自然条件具有一定的要求，导航台站、地面雷达也要考虑周边电磁环境的影响。

反之，机场建设也不可避免地会对环境产生影响，主要表现在资源占用、生态影响和污染排放三个方面。机场建设会相应消耗一定的物资资源，可能对局部地区地理生态环境产生影响。同时，机场和飞机运行会向周边环境排放废气、污水、噪声和固体废物等污染物，建设中应最大限度地减少对环境的影响和破坏。根据《中国民用航空发展第十三个五年规划》，到 2020 年，中国民航计划运输机场数量要达到 260 个，通用机场数量则要达到 500 个以上。其中，续建、新建运输机场项目 74 个，除北京、成都等地已有机场投入使用外，多数新增项目将坐落在中西部，一些中西部地级市或自治州甚至将和省会城市一样，一座城或自治州建设两三座机场。例如，甘孜现有康定机场、亚丁机场和格萨尔机场；阿坝现有九寨黄龙机场和红原机场；遵义市现有遵义新舟机场和茅台机场。

地形地貌是修建机场和确定航路的重要条件。通常，一个机场的建设至少需要一块约 30 千米长、10 千米宽的平坦场地，同时还要求四周地形平缓、视野开阔。中国是一个多山的国家，新建机场多数在道路崎岖的山区，很难找到理想的场址。山区地形起伏，建出跑道并不容易，往往需要挖山填谷。建设贵阳龙洞堡国际机场时，飞行区的最大削方高度达 114.67 米，最大填方厚度达 54 米，相当于要削掉四十层的高度，填十八层的山沟，这一情况在国际上尚属罕见。每一个新建机场的背后，不仅包含了国家对地区间经济均衡发展的战略预期，还包含了各地区尤其是偏远地区对经济发展和出行便利的渴望。即使面临巨额亏损的隐患和挖山填谷、移土造地的难题，仍阻挡不了人们建设新机场的决心。

2. 气象气候条件

通过第三章的学习可知，飞行活动明显受到天气条件的影响和制约，天气条件在很大程度上决定飞行的安全与正点。天气现象虽千变万化，但总有一定规律可循，各种危险天气的产生具有一定的地域性和季节性。例如，台风、飓风、热带风暴多产生于赤道地区以外的热带海域；在温带地区，雷暴总是在夏季和初秋频繁出现；在冷流经过的海岸、冰雪区的上空以及盆地、山谷则常常出现大雾天气。在不同的气候区，危险天气出现的概率不同。因此，航线应尽量避开危险天气的易发地区，选择最安全的飞行路线。

在机场，飞机的起降主要受地面风速、风向、低空风切变、地面与空中能见度、降水等因素的制约，气候条件的差异往往决定上述因素的好坏。例如，盛行风向、风速对机场的选址及跑道的走向都有较大影响。飞机起降的理想条件是逆风起降，这就要求跑道的走向必须与当地的盛行风向一致。如芝加哥中途国际机场拥有不同方向的跑道，4 条横向平行 4E 级跑道（9L/27R、9R/27L、10L/28R、10R/28L），1 条西北—东南向平行 4E 级跑道（32L/14R，原来的 32R/14L 不再使用），2 条东北—西南向 4E 级跑道（04L/22R、04R/22L），1 条东西向 4F 级跑道（10C/28C），共 8 条跑道，如图 5-5 所示。

图 5-5　芝加哥中途国际机场

二、影响航空运输战略布局的主要因素

近年来，随着全球经济一体化和互联网时代的逐渐纵深，国际航空运输市场的竞争愈发激烈。如何加快国际化进程，在风云变幻的全球民航市场上占得自己的一席之地，成为中国航空企业不可避免的问题。面对高度全球化的航空运输发展格局，中国航企紧随国家战略发展步伐，正在进一步深化全球化战略布局，夯实国际市场，加速品牌国际化进程，以更积极的态度深耕国际市场。在稳步实施品牌国际化战略的过程中，中国航企坚决执行国际航空枢纽网络的战略意图，加速以北京、上海、广州为世界级枢纽的全球航线网络布局建设。以国航为例，截至 2018 年 3 月，国航共有 38 家代码共享伙伴，真正实现了与合作伙伴在航线网络及资源上的互相补充、互相支持。除此之外，依托星空联盟庞大的航线网络，国航的航线网络现已覆盖 192 个国家的 1 330 个目的地。

航空运输在战略布局和发展过程中不可避免地受到以下因素的影响。

（一）经济发展水平

航空运输是经济发展到一定水平后的产物，一个国家或地区没有一定的经济基础，就不可能有发达的航空运输业。世界各国航空运输的发展大多与经济发展水平紧密相关，从世界航空运输布局现状分析，大多数经济发达的国家，航空运输业也比较发达。欧洲、北美洲、俄罗斯、日本等国家和地区的航空运输业发展水平要远远超过大多数发展中国家。

通常来说，从落后国家到发达国家的发展过程也就是人均 GDP 从 1 000 美元到 10 000 美元的经济加速发展的过程。20 世纪 70 年代以来，美、日、欧等发达国家和地区的人均 GDP 相继实现了从 3 000 美元到 5 000 美元，再到 10 000 美元的跨越。其中，3 000 美元是重要关卡，人均 GDP 突破 3 000 美元，整个社会将出现全新的变化，按照发达国家的发展历程，人均 GDP 在 1 000～4 000 美元时，该国家即处于航空运输需求快速增长阶段。国民经济支撑航空运输的发展，航空运输又反过来促进国民经济的发展，二者紧密相关。

（二）经济重心区的分布

在经济水平相近的条件下，经济重心区的分布与联系对航空运输的生产布局产生较大影响。目前，几乎所有国家的经济重心区都是空运发达地区。中国地域辽阔，经济分布相对分散，要加强国内的经济、政治联系，就必须发展国内航空运输。中国东、西部地形地貌差异大，现阶段东、西部经济和人口不均衡决定了民航区域市场分布不均衡的特征，主要表现为：区域市场集中在东部、一线市场，中西部、三线市场的投入力度和发展程度滞后。2018 年中国航空区域市场分布如表 5-1 所示。

表 5-1　2018 年中国民航市场区域分布

项　　目	旅客吞吐量/人次	占比/%	货邮吞吐量/吨	占比/%
合计	1 264 688 737	100.0	16 740 228.3	100.0
华北地区	188 725 502	14.9	2 542 215	15.2
华东地区	372 679 327	29.5	6 760 191.8	40.4
中南地区	305 257 929	24.1	4 520 502	27.0
东北地区	78 740 115	6.2	550 703	3.3
西南地区	205 021 100	16.2	1 702 476.5	10.2
西北地区	80 585 096	6.4	472 220	2.8
新疆地区	33 679 668	2.7	191 920	1.1

近十年，中国机场数量显著增加，机场密度逐渐加大，机场服务能力稳步提升，但机场总量不足、布局不尽合理等问题还较为突出，难以满足综合交通运输体系建设和经济社会发展的需要，无法适应国家重大战略实施和广大人民群众对便捷出行的要求。由于各地经济发展不平衡，目前中国机场数量仍然偏少，中西部地区覆盖不足，特别是边远地区航空服务短板突出，机场布局规划可有效推动中西部发展。

与国际竞争对手相比，中国航空公司在航线网络设计与优化、商业模式变革、创新能力等方面的竞争能力还比较薄弱，航空公司应利用好“一带一路”倡议和枢纽机场改扩建、新建机场等机遇，在基地规模扩大、航线开通优化和客货运量的基础上抓紧提升，为航空公司的盈利创收带来积极的促进作用。

（三）对外经济联系

2018 年，中国外贸进出口总值为 30.51 万亿元人民币，同比增长 9.7%，外贸产品中高技术、高品质和高附加值外贸产品比重提高、市场份额增加，其中高技术产品出口占总出口的 30%左右，这说明中国外贸产品正在向高质量发展。而随着外贸发展动力加强，中国也涌现出一批主张技术创新、制度创新、管理创新的企业，成为促进中国外贸发展的新动力。例如，中国跨境电商规模稳居世界第一，覆盖绝大部分国家和地区，深受消费者欢迎。对外经济联系可拉动航空货运的发展，根据 2018 年中国航空货邮周转量统计，全行业完成货邮周转量 262.50 亿吨公里，比 2017 年增长 7.8%。国内航线完成货邮周转量 75.47 亿吨公里，比 2017 年增长 3.4%。其中，港澳台航线完成 3.01 亿吨公里，比 2017 年下降 1.2%；国际航线完成货邮周转量 187.03 亿吨公里，比 2017 年增长 9.6%。航空运输快速、省时的特点，使之成为国际长途运输的理想方式。

（四）交通运输业

航空运输是交通运输的五大部门之一，各部门按自身的特点承担相应的客、货运输业务，从而适应国民经济对交通运输的需要。铁路、公路与航空运输之间既有竞争，又有合作。

2016 年 7 月，国家发展改革委、交通运输部、中国铁路总公司联合发布了《中长期铁路网规划》，勾画了新时期“八纵八横”高速铁路网的宏大蓝图——“到 2025 年，铁路网规模达到 17.5 万公里左右，其中高速铁路 3.8 万公里左右，网络覆盖进一步扩大，路网结构更加优化，骨干作用更加显著，更好发挥铁路对经济社会发展的保障作用。”

以高速公路和铁路为主的地面交通打破了原有的时空界限。地面交通的突破对民航有两方面的影响：一是明显抑制支线航空的发展；二是加大了主要机场的辐射范围。

高铁发展给航空公司航线网络结构带来质变，以往许多经停航线势必受到影响，航段距离将不断拉长。高铁逐渐成网效应将逼着航空公司走向国际化道路，结合出境游市场需求，开辟更多的国际航线以回避与高铁线路的竞争。高铁的客运量在今后几年将持续增长，对航空的影响仍将持续，对航空公司而言，仍需挖掘高铁的优势，调整优化航线网络结构。

（五）旅游业

航空运输是“大旅游业”的重要组成部分。以下数据可说明航空运输作为现代旅游交通的主要方式，与旅游业相辅相成。

2018 年，中国国内游客 55.4 亿人次，比 2017 年增长 10.8%；国内旅游收入 51 278 亿元，增长 12.3%。入境游客 14 120 万人次，增长 1.2%。其中，外国人 3 054 万人次，增长 4.7%；香港、澳门和台湾同胞 11 066 万人次，增长 0.3%。在入境游客中，过夜游客 6 290 万人次，增长 3.6%。国际旅游收入 1 271 亿美元，增长 3.0%。国内居民出境 16 199 万人次，增长 13.5%。其中，因私出境 15 502 万人次，增长 14.1%；赴港澳台出境 9 919 万人次，增长 14.0%。相应地，民航业完成旅客运输量 61 173.77 万人次，比 2017 年增长 10.9%。国内航线完成旅客运输量 54 806.50 万人次，比 2017 年增长 10.5%，其中港澳台航线完成 1 127.09 万人次，比 2017 年增长 9.8%；国际航线完成旅客运输量 6 367.27 万人次，比 2017 年增长 14.8%。

（六）政治因素

政治属于上层建筑的范畴，在某些特定的情况下，政治因素可以对整个国家或地区的经济发展和生产布局产生重要影响。国家的政策、法令对各行各业具有明显的促进和制约作用。航空运输是进行政治、外交活动的有力工具，政治因素对航空运输的影响是不容忽视的。

建设“丝绸之路经济带”和“21 世纪海上丝绸之路”的合作倡议先后于 2013 年 9 月和 10 月提出，该合作倡议将充分依靠中国与有关国家既有的双多边机制，借助既有的、行之有效的区域合作平台，旨在借用古代丝绸之路的历史符号，高举和平发展的旗帜，积极发展与沿线国家的经济合作伙伴关系，共同打造政治互信、经济融合、文化包容的利益共同体、命运共同体和责任共同体。民航是对外开放的“先行军”，为贯彻落实“一带一路”倡议，要加快中国机场与空管基础设施建设，提升机场体系运行效率，完善地面交通衔接；加快航权谈判，加密国际航线航班，构建“一带一路”空中运输大通道，培育合理的国际枢纽机场梯队，提高航空运输的国际竞争能力；加大民航相关行业对外投资，加强企业协同和政府政策支持引导，提高中国与“一带一路”国家的民航水平，有力促进与沿线国家经济社会的全面合作。

截至 2018 年年底，中国国内机场（不含香港、澳门和台湾地区，以下简称国内机场）与 56 个“一带一路”沿线国家实现通航，国内机场直飞“一带一路”沿线国家航线总数达到近 1 000 条；与中亚、东亚国家全部实现通航；与东南亚 10 国实现通航。截至 2019 年 4 月 18 日，“一带一路”政策沟通方面，中国已经与 125 个国家和 29 个国际组织签署 173 份合作文件。推动建立中国-东盟、中国-中东欧、中俄蒙等一系列文化旅游合作机制，利用中意（大利）、中法（国）、中英（国）、中南（非）等人文交流机制，拓展与“一带一路”沿线国家的合作空间，先后成立中国驻曼谷、布达佩斯、阿斯塔纳旅游办事处，指导完成巴黎、悉尼中国旅游体验中心建设，先后举办中国-中东欧、中国-东盟、中国-欧盟等 10 余个文化年、旅游年等。

（七）人口分布

人口既可以成为航空运输的对象，也可以作为航空运输所需的劳动力。作为运输对象的人口，其数量、密度、经济收入、职业构成、文化程度、亲缘分布等，都可能影响航空旅客运输量的大小。在一定的社会经济条件下，人口的总数越大、密度越高，经济收入越高，则航空旅客运输量就越大，反之则越小。对某一个国家来说，人口数量大、密度高的地区，往往经济较为发达，个人的经济收入相对较高，而且其对内对外的经济联系较为紧密。因此，这些地区的航空运输就比较发达。而在人烟稀少的偏远地区，航空运输业则相对落后。

在经济水平相近的情况下，两地间人口的多少，基本上决定了两地间客运联系的强弱。显然，两地间的客运联系要通过贸易、旅游、探亲访友等社会活动形成。为了定量表示客运联系的强弱，国内外多采用人口引力模型进行量化计算。

人口引力模型将物理学中万有引力的思想方法用于客运需求预测，这对于两地间航线的开辟、航班密度的确定、客源组织具有重要参考价值。

人口对航空货运具有一定影响。人口稠密的地区，经济相对发达，物资交换频繁，对各种产品的消费量大。人口稠密的集镇、城市往往成为各种物资的集散地。

上述航空运输布局规划、机场建设、航空公司战略布局等方面的影响因素不是孤立存在的，它们之间往往具有一定的内在联系，相互依赖、相互贯通、相互渗透，而且每一个影响因素都具有两重性，在一定条件下可以相互转换。我们要发挥优势，挖掘潜力，弥补短板，达到平衡。

第四节　航空业务代码

本书中使用了大量代码，如国家代码、城市代码、机场代码、航空公司代码，这些代码被广泛应用于客货销售、机场地面服务、航空公司运营、空运生产量的统计等诸多民航业务方面。航空代码由国际航空运输协会和国际民用航空组织分别制定，适用于不同场合，千万不要混淆。

一、国家代码

（一）国家二字码

国家代码（或国家编码）是一组用来代表国家和境外领土的地理代码。国家代码是由字母或数字组成的短字串，用于数据处理和通信。世界上有许多不同的国家代码标准，中国采用的是中华人民共和国国家标准《世界各国和地区名称代码》（GB/T2659-2000）。

（二）国家州代码

在殖民时代，英国人或者其他欧洲殖民者往往用本国地名、君王的名字、大臣的名字来命名海外的一些地方。比如，牙买加首都命名为金斯敦 Kingston（国王城），不仅如此，在美国国内也有 30 多处金斯敦 Kingston，昆斯敦 Queenston（皇后镇）的命名也是这样。为了区别，在城市名上加上州代码就不会重复了。另外，美国是一个联邦制国家，各个州都有自己的代码。在其他一些国家，如加拿大、澳大利亚、巴西、阿根廷，也有类此情况，如图 5-6 所示。

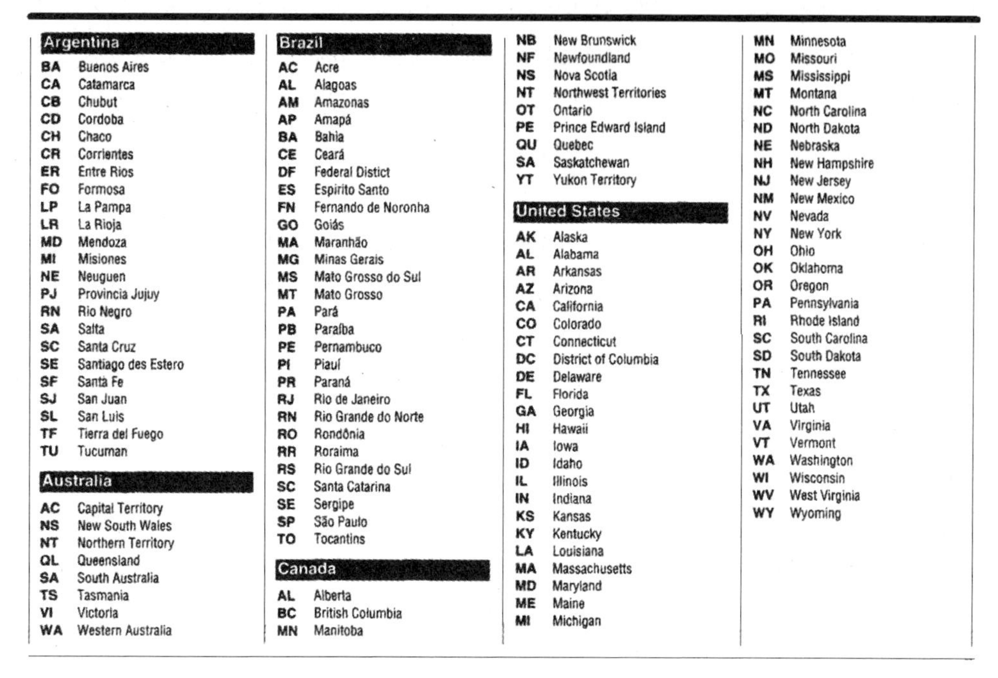

Two letter state codes

The following two letter state codes, assigned by the International Standards Organisation (ISO) are used in this Guide.

Argentina

BA	Buenos Aires
CA	Catamarca
CB	Chubut
CD	Cordoba
CH	Chaco
CR	Corrientes
ER	Entre Rios
FO	Formosa
LP	La Pampa
LR	La Rioja
MD	Mendoza
MI	Misiones
NE	Neuguen
PJ	Provincia Jujuy
RN	Rio Negro
SA	Salta
SC	Santa Cruz
SE	Santiago des Estero
SF	Santa Fe
SJ	San Juan
SL	San Luis
TF	Tierra del Fuego
TU	Tucuman

Australia

AC	Capital Territory
NS	New South Wales
NT	Northern Territory
QL	Queensland
SA	South Australia
TS	Tasmania
VI	Victoria
WA	Western Australia

Brazil

AC	Acre
AL	Alagoas
AM	Amazonas
AP	Amapá
BA	Bahia
CE	Ceará
DF	Federal Distict
ES	Espirito Santo
FN	Fernando de Noronha
GO	Goiás
MA	Maranhão
MG	Minas Gerais
MS	Mato Grosso do Sul
MT	Mato Grosso
PA	Pará
PB	Paraíba
PE	Pernambuco
PI	Piauí
PR	Paraná
RJ	Rio de Janeiro
RN	Rio Grande do Norte
RO	Rondônia
RR	Roraima
RS	Rio Grande do Sul
SC	Santa Catarina
SE	Sergipe
SP	São Paulo
TO	Tocantins

Canada

AL	Alberta
BC	British Columbia
MN	Manitoba
NB	New Brunswick
NF	Newfoundland
NS	Nova Scotia
NT	Northwest Territories
OT	Ontario
PE	Prince Edward Island
QU	Quebec
SA	Saskatchewan
YT	Yukon Territory

United States

AK	Alaska
AL	Alabama
AR	Arkansas
AZ	Arizona
CA	California
CO	Colorado
CT	Connecticut
DC	District of Columbia
DE	Delaware
FL	Florida
GA	Georgia
HI	Hawaii
IA	Iowa
ID	Idaho
IL	Illinois
IN	Indiana
KS	Kansas
KY	Kentucky
LA	Louisiana
MA	Massachusetts
MD	Maryland
ME	Maine
MI	Michigan
MN	Minnesota
MO	Missouri
MS	Mississippi
MT	Montana
NC	North Carolina
ND	North Dakota
NE	Nebraska
NH	New Hampshire
NJ	New Jersey
NM	New Mexico
NV	Nevada
NY	New York
OH	Ohio
OK	Oklahoma
OR	Oregon
PA	Pennsylvania
RI	Rhode Island
SC	South Carolina
SD	South Dakota
TN	Tennessee
TX	Texas
UT	Utah
VA	Virginia
VT	Vermont
WA	Washington
WI	Wisconsin
WV	West Virginia
WY	Wyoming

图 5-6 国家州二字码

二、空港城市及其机场的代码

（一）IATA 城市/机场三字代码

城市/机场三字代码简称“三字代码”，全称国际航空运输协会机场代码。国际航空运输协会（IATA）对世界上的国家、城市、机场，加入国际航空运输协会的航空公司都制定了统一的编码。在空运中，用三个英文字母（大写）简写城市/机场名，不允许有数字。IATA 城市/机场代码的分配由国际航空运输协会第 763 号决议决定，并且由在蒙特利尔的 IATA 总部管理，刊登在《IATA 城市/机场代码目录》中，它是最常用的城市/机场代码，用于公共的场合。一般原则是先注册先使用，没有规划性。

城市/机场三字代码最大的特点是唯一性。例如，美国的地名很多以旧大陆的城市或城镇命名，在美国地图上可以找到柏林、雅典、伦敦、曼彻斯特等欧洲大城市的名字和波特兰、朴次茅斯等英国中等城市或港口的名字，还有锡拉丘兹、邓迪（苏格兰小镇）、蒙彼利埃（法国）等不著名地方的名字。虽然英文名字相同，但不同国家、同名的城市使用的是不同的三字代码，不会混淆。例如，美国的弗洛伦斯（Florence）三字代码为 MSL，意大利的佛罗伦萨（Florence）为 FLR；又如，美国的伯明翰三字代码为 BHM，而英国的伯明翰为 BHX。

三字代码的构成有一定规律，通常以英文地名的前三个字母组成。如巴黎 PARIS、法兰克福 FRANKFURT、伦敦 LONDON 三个城市的三字代码分别为 PAR、FRA、LON；沈阳、武汉、徐州分别以其汉语拼音 SHENYANG、WUHAN、XUZHOU 的前三个字母组成为 SHE、WUH、XUZ。目前世界各国有航班的机场共 7 000 多个，很多英文地名的前三个字母相同，为了避免同名，要适当进行调整。调整的方法较多，如采用三个音节的第一个字母；采用前两个字母再加上后面的某个字母；加拿大所有空港城市及机场的三字代码均以 Y 字开头等。

大多数空港城市只有一个机场，这些城市与机场的三字代码相同。大型空港城市可能有多个机场，这些城市及其机场分别有自己的三字代码。如日本东京目前有羽田、成田两个机场，东京的城市代码为 TYO，羽田机场为 HND，成田机场为 NRT，未来东京第三机场投入使用后还会有新的代码。中国上海市最初只有虹桥机场，城市与机场的代码都是 SHA，后来又建设了浦东机场，浦东机场的代码为 PVG。北京市的代码为 BJS，首都机场的代码为 PEK。

掌握世界重要空港城市和机场的三字代码及其地理分布是对民航从业人员的基本要求。详细的城市或机场的三字代码将在第十章中介绍。

（二）ICAO 机场四字代码

ICAO 机场代码是一种机场四字代码，全称国际民用航空组织机场代码（International Civil Aviation Organization Airport Code，ICAO Code），亦称国际民航组织机场代码，是国际民航组织为世界上所有机场编制的识别代码，由四个英文字母组成。ICAO 机场代码较少在公共场合使用，主要用于空中交通管理部门之间传输航班动态，通常用于空中交通管理及飞行策划等，如航空地图上的机场名均使用 ICAO 四字代码。

ICAO 机场代码与一般公众及航空公司所使用的 IATA 机场代码并不相同。

ICAO 机场代码有区域性的结构，并不会重复。通常首字母代表所属大洲，第二个字母代表国家，剩余的两个字母则用于分辨城市。幅员广阔的国家则以首字母代表国家，其余三个字母用于分辨城市。例如，EG 开头的都是英国机场；美国大陆使用 K 开头；大多数 Z 开头的是中国机场（不含 ZK-朝鲜和 ZM-蒙古）部分。本书选择部分机场 IATA 三字代码与 ICAO 四字代码供读者参考，如表 5-2 所示，不做详细讲解。

表 5-2　部分机场 IATA、ICAO 代码表

序　号	机 场 名 称	IATA 三字代码	ICAO 四字代码
1	迪拜国际机场 Dubai International Airport	DXB	OMDB
2	伦敦希思罗机场 London Heathrow Airport	LHR	EGLL
3	香港国际机场 Hong Kong International Airport	HKG	VHHH

续表

序　　号	机 场 名 称	IATA 三字代码	ICAO 四字代码
4	戴高乐机场 Charles de Gaulle International Airport	CDG	LFPG
5	阿姆斯特丹史基浦机场 Amsterdam Schiphol Airport	AMS	EHAM
6	樟宜机场 Singapore Changi International Airport	SIN	WSSS
7	法兰克福机场 Frankfurt International Airport	FRA	EDDF
8	首尔仁川国际机场 Incheon International Airport	ICN	RKSI
9	曼谷素旺那蓬国际机场 Suvarnabhumi Airport	BKK	VTBS
10	伊斯坦布尔阿塔图尔克机场 Ataturk International Airport	IST	LTBA
11	台北桃园国际机场 Taiwan Taoyuan International Airport	TPE	RCTP
12	盖特威克机场 London Gatwick Airport	LGW	EGKK
13	吉隆坡国际机场 Kuala Lumpur International Airport	KUL	WMKK
14	马德里巴拉哈斯国际机场 Madrid Barajas International Airport	MAD	LEMD
15	幕尼黑机场 Munich International Airport	MUC	EDDM

三、航空公司代码

（一）IATA 航空公司二字代码

航空公司二字代码是由国际航空运输协会为全球各航空公司制定的，通常为两个字母，也有数字和字母结合的，如：

CA——中国国际航空（国航）；

HU——海南航空（海航）；

LH——德国汉莎航空；

5J——菲律宾宿务太平洋航空；

CF——中国邮政航空；

FR——瑞安航空。

（二）IATA 航空公司三字数字结算代码或前缀数字代码

航空机票票号的前三字码是三位数字，主要用在航空运输票证结算上。航空客票号由 14 位数字组成，其格式是：×××-×××××××××× ×，其中“-”之前的三位数表示航空公司代码。比如，999-2036092965 1：999 表示中国国际航空（CA），表明这个机票是国航出的；后面的 10 位数字是顺序号，这个顺序号也是有“讲究”的，不是随便一列 10 位数都能组成有效的航空机票号，最后一位 1 是校验码，用以验证。请注意：有的航空公司既有航空运输票证结算三字代码，又有航空公司前缀代码，两个代码相同；有的航空公司没有航空运输票证结算三字代码，但有航空公司前缀代码；还有些低成本航空公司既没有航空运输票证结算三字代码，又没有航空公司前缀代码。如：

999——中国国际航空（国航）；
880——海南航空（海航）；
220——德国汉莎航空；
203——菲律宾宿务太平洋航空；
804——中国邮政航空（航空公司前缀代码，没有票证结算代码）；
- - -——瑞安航空（既没有航空运输票证结算三字代码，又没有航空公司前缀代码）。

（三）ICAO 航空公司三字代码

ICAO 航空公司三字码由国际民用航空组织为全球各航空公司制定，通常为三个字母，如：

CCA——中国国际航空（国航）；
CHH——海南航空（海航）；
DLH——德国汉莎航空；
CEB——菲律宾宿务太平洋航空；
CYZ——中国邮政航空；
RYR——瑞安航空。

思　考　题

1. 简述国际民用航空组织的性质。
2. 简述国际航空运输协会的性质。
3. 简述国际机场理事会的性质。
4. 简述航路与航线的区别。
5. 航线网络的结构有几种类型？
6. 轮辐式航线结构明显具有哪几方面优点？
7. 试述民用机场布局对整个航空运输业的影响。
8. 试述航空运输布局如何服务国家战略和适应供给侧改革。
9. 简述地理位置对机场建设的影响。
10. 简述自然条件对机场建设的影响。
11. 简述经济发展水平对航空运输战略布局的影响。
12. 简述综合交通业发展对航空运输战略布局的影响。
13. 简述旅游业发展对航空运输战略布局的影响。
14. 简述人口分布对航空运输战略布局的影响。
15. 航空业务代码有几种？各由哪些主管部门制定？

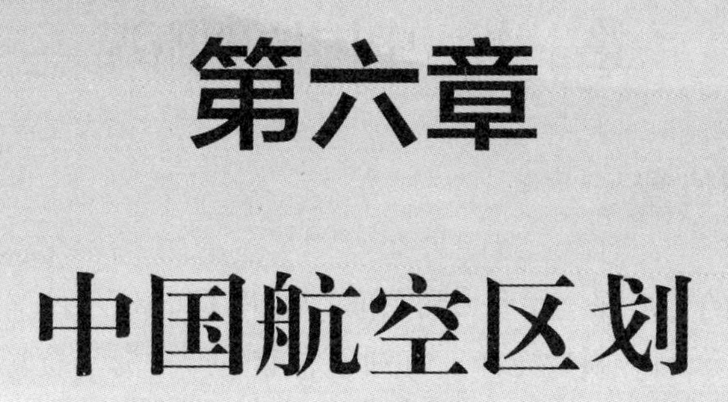

第六章

中国航空区划

学习目标

1．了解中国地理概况。
2．了解中国航空区划的历史演变。
3．掌握中国航空区域划分。
4．掌握七大地区的基本概况。
5．掌握七大地区机场、航空公司的分布情况。

第一节　中国地理概况

一、中国地理位置

中国位于东半球的北半部，欧亚大陆东部，太平洋西岸。由于东临太平洋，中国东部广大地区受湿润气流影响，雨量充沛，有利于农业生产；海洋资源丰富；沿海多优良港湾，便于发展海上交通事业，以加强同海外各国的联系。中国西部深入欧亚大陆内部，与多国接壤，能与中亚、西亚、欧洲各国直接来往。中国领土辽阔广大，陆地总面积约为960 万平方千米，约占全球陆地总面积的 6.5%，约占亚洲面积的 25%，在世界各国中，仅次于俄罗斯和加拿大，而相当于除俄罗斯之外的欧洲各国的总面积。除了广袤的陆地外，中国尚有宽阔的海域和众多的岛屿，它们和陆地面积加在一起，构成了中国广阔疆域的全貌，形成了西部深入亚洲腹地、东南面向世界海洋的地理形势，辽阔的领土为中国航空运输的发展提供了广阔的空间。

中国南北跨纬度约为49° 16′，当冬季暴风雪席卷长城内外时，南方的海南岛正是鸟语花香的时节；而南海诸岛更是终年温热，长夏无冬。南北之间，太阳入射角大小和昼夜长短差别很大。例如，海南岛琅玡湾与漠河之间，太阳入射角相差30° 以上，前者一年内最短的白昼为 11 小时 2 分，最长为 13 小时 14 分，差值仅约 2 小时；后者一年内最短白昼长仅 7 小时左右，最长达 17 小时，差值为 10 小时。经度位置对自然地理环境的影响远不如纬度位置所起的作用明显，其主要作用在于计时方面，每经度15°，时差即 1 小时，从中国最西到最东，时差达 4 小时以上。中国领域占有世界标准时区的东五区至东九区，共五个时区。当中国东北部的乌苏里江处于正午时，中国西部的帕米尔高原还不到清晨 8 点钟（按地方时比较）。

二、中国自然环境

（一）中国的地形地貌

中国地势西高东低，地形复杂多样，以山地为主，各类地形俱全。山地约占全国面积的 33%，高原约占 26%，盆地约占 19%，丘陵约占 10%，平原约占 12%。山脉多呈东西走向和东北—西南走向，主要有阿尔泰山、天山、昆仑山、喀喇昆仑山、喜马拉雅山、阴山、秦岭、南岭、大兴安岭、长白山、太行山、武夷山、台湾山脉和横断山等山脉。

几百万年前，青藏高原隆起，地球历史上此一重大地壳运动形成了中国的地貌。从空中俯瞰中国大地，地势就像阶梯一样，自西向东，逐渐下降。受印度板块与欧亚板块的撞击，青藏高原不断隆起，平均海拔 4 000 米以上，号称“世界屋脊”，构成了中国地形的第一阶梯。高原上的喜马拉雅山主峰珠穆朗玛峰高达 8 844.43 米，是世界第一高峰。

第二阶梯由内蒙古高原、黄土高原、云贵高原和塔里木盆地、准噶尔盆地、四川盆地组成，平均海拔 1 000～2 000 米。跨过第二阶梯东缘的大兴安岭、太行山、巫山和雪峰山，向东直达太平洋沿岸是第三阶梯，此阶梯地势下降到海拔 500 米至 1 000 米，自北向南分布着东北平原、华北平原、长江中下游平原，平原的边缘镶嵌着低山和丘陵。再向东为中国大陆架浅海区，也就是第四阶梯，水深大都不足 200 米。在以上的地势轮廓下，水系一般均呈自西而东注入太平洋的形式。只有青藏高原南部诸河，由于南北向的横断山脉的控制，多从北向南流入太平洋或印度洋。

阶梯状的地势对中国航空运输布局有一定的影响和制约。复杂多样的地形对航线、航站的分布，航路和机场的设置具有较高要求，特别是西部的高海拔地势对适合高原飞行的飞机具有特殊要求。

（二）气象气候特点

（1）气候复杂多样。中国幅员辽阔，跨纬度较广，距海远近差距较大，加之地势高低不同，地形类型及山脉走向多样，因而气温降水的组合多种多样，形成了多种多样的气候。从气候类型上看，东部属季风气候（又可分为亚热带季风气候、温带季风气候和热带季风气候），西北部属温带大陆性气候，青藏高原属高寒气候。从温度带划分看，有热带、亚热带、暖温带、中温带、寒温带和青藏高原区。

（2）季风气候显著。中国的气候具有夏季高温多雨、冬季寒冷少雨、高温期与多雨期一致的季风气候特征。由于中国位于世界最大的大陆——欧亚大陆东部，又在世界最大的大洋——太平洋西岸，西南距印度洋也较近，因此气候受大陆、大洋的影响非常显著。冬季盛行从大陆吹向海洋的偏北风，夏季盛行从海洋吹向陆地的偏南风。冬季风产生于亚洲内陆，性质寒冷、干燥，在其影响下，中国大部分地区冬季普遍降水少、气温低，北方更为突出。夏季风来自东南面的太平洋和西南面的印度洋，性质温暖、湿润，在其影响下，降水普遍增多，雨热同季。中国受冬、夏季风交替影响的地区是世界上季风最典型、季风气候最显著的地区。与世界同纬度的其他地区相比，中国冬季气温偏低，而夏季气温又偏高，气温年较差大，降水集中于夏季，这些又是大陆性气候的特征。因此中国的季风气候，大陆性较强，也称作大陆性季风气候。

复杂多变的气候特征使不同地区的飞行条件具有很大差异，对机场选址、机型选择提出不同的要求。

三、中国经济地理分布

航空运输受多种因素的影响和制约，其中以经济因素的影响最为显著。中国区域发展的战略格局已由传统的沿海、内地两大板块，演化为改革开放后的东、中、西三大地带，再到目前的东部、西部、东北、中部四大政策区域，因而，我们采用“四大板块”的划分，即从东部地区（京、津、冀、鲁、沪、苏、浙、闽、粤、琼）、中部地区（晋、豫、鄂、湘、皖、赣）、西部地区（桂、川、云、贵、藏、渝、陕、甘、青、宁、新、内蒙古）和东北地区（辽、吉、黑）来考察航空运输市场区域的发展状况。中国长三角、珠三角、环渤海三大经济圈主要集中在东部。

（一）各区域地理位置与经济发展水平

中国幅员辽阔，各地区的自然条件、发展历史、生产技术水平有很大差异，从而造成了经济发展的不平衡。东部地区自然条件优越、生产力水平较高，经济相对发达，而在广大的西北部地区，人口稀少、生产力水平较低、经济相对落后。经济发展的不平衡是地域差异所造成的，生产布局不可能达到绝对均衡。这一经济特征在世界上的大多数国家和地区内普遍存在。在中国，经济发展的地区差异将在相当长的时间内显著存在，它对中国的航空运输布局产生深刻的影响。目前，中国航空运输布局仍然具有明显的地域差异，这与全国生产布局的地域差异相吻合。

经济发展水平高的地区如长三角、珠三角、环渤海三大经济圈主要集中在东部，其中，环渤海经济圈区域内包括北京、天津、沈阳、大连、太原、济南、青岛、石家庄等多座城市；在珠江三角洲方圆不足 200 千米的狭长范围内，就有广州、香港、深圳、珠海和澳门五个大型机场；长江三角洲地区是中国最大的经济核心区之一，位于大陆海岸线中部、长江入海口，自然条件优越，区位优势明显，经济基础良好，科技和文化教育事业发达，区域内有上海、南京、杭州、宁波等 15 个城市，土地面积达 10 万平方千米，占全国的 1%，人口 7 534 万人，占全国的 5.9%。三大经济圈的分布客观上决定了航线分布主要以东部区内南北向分布以及东部地区与其他地区之间东西向分布为主。

改革开放以来，中国经济建设取得了巨大成就，居民消费平稳增长。2018 年，全国居民人均消费支出为 19 853.14 元，比 2017 年增长 8.7%。按常住地分，城镇居民人均消费支出 39 250.84 元，增长 7.8%；农村居民人均消费支出 14 617.03 元，增长 8.8%。

一线城市已经接近中等发达国家水平，以北京和天津为例，2018 年，北京和天津的人均 GDP 分别达到 140 761 元、120 575 元，人均可支配收入分别达到 62 361.22 元、39 506.15 元。与此形成鲜明对比的是，河北在 2018 年的人均 GDP 为 47 658 元，居民人均可支配收入为 23 445.65 元；甘肃在 2018 年的人均 GDP 仅为 28 497 元，居民人均可支配收入为 16 011 元，可见全国各区域城市发展极不平衡。

国家统计局公布了全国 31 个省份 2018 年居民人均消费支出的情况，数据显示，2018 年共有 8 个省份的人均消费支出超过了 2 万大关，其中，上海和北京超过 3 万；广东尽管人均收入不如江苏，在花钱方面却超过了江苏，仍有 4 个省份的人均消费支出低于 1.5 万元，属于中西部地区，如表 6-1 所示。

表 6-1　2018 年中国各省（区、市）GDP 相关指标统计

人均GDP排名	区域	生产总值/亿元	增长/%	年末常住人口/万人	人均生产总值/万元（按常住人口计算）	面积/万平方千米	居民收入/元	人均消费/元	消费/收入
	全国	919 281.10	106.7	139 538	6.588 0	960.00	28 228.05	19 853.14	0.70
1	北京	30 319.98	106.6	2 154	14.076 1	1.64	62 361.22	39 842.69	0.64
2	上海	32 679.87	106.6	2 424	13.481 8	0.63	64 182.65	43 351.30	0.68
3	天津	18 809.64	103.6	1 560	12.057 5	11.97	39 506.15	29 902.91	0.76
4	江苏	92 595.40	106.7	8 051	11.501 1	10.72	38 095.79	25 007.44	0.66
5	浙江	56 197.15	107.1	5 737	9.795 6	10.55	45 839.84	29 470.68	0.64
6	福建	35 804.04	108.3	3 941	9.085 0	12.40	32 643.93	22 996.04	0.70
7	广东	97 277.77	106.8	11 346	8.573 8	17.97	35 809.90	26 053.98	0.73
8	山东	76 469.67	106.4	10 047	7.611 2	15.58	29 204.61	18 779.77	0.64
9	内蒙古	17 289.22	105.3	2 534	6.822 9	118.30	28 375.65	19 665.22	0.69
10	湖北	39 366.55	107.8	5 917	6.653 1	18.59	25 814.54	19 537.79	0.76
11	重庆	20 363.19	106	3 102	6.564 5	8.24	26 385.84	19 248.47	0.73
12	陕西	24 438.32	108.3	3 864	6.324 6	20.58	22 528.26	16 159.69	0.72
13	辽宁	25 315.35	105.7	4 359	5.807 6	14.80	29 701.45	21 398.31	0.72
14	吉林	15 074.62	104.5	2 704	5.574 9	18.74	22 798.37	17 200.41	0.75
15	宁夏	3 705.18	107	688	5.385 4	6.64	22 400.42	16 715.09	0.75
16	湖南	36 425.78	107.8	6 899	5.279 9	21.18	25 240.75	18 807.94	0.75
17	海南	4 832.05	105.8	934	5.173 5	3.54	24 579.04	17 528.44	0.71
18	河南	48 055.86	107.6	9 605	5.003 2	16.70	21 963.54	15 168.50	0.69
19	新疆	12 199.08	106.1	2 487	4.905 1	166.00	21 500.24	16 189.09	0.75
20	四川	40 678.13	108	8 341	4.876 9	48.60	22 460.55	17 663.55	0.79
21	河北	36 010.27	106.6	7 556	4.765 8	18.88	23 445.65	16 722.00	0.71
22	青海	2 865.23	107.2	603	4.751 6	72.23	20 757.26	16 557.19	0.80
23	安徽	30 006.82	108	6 324	4.744 9	14.01	23 983.58	17 044.64	0.71
24	江西	21 984.78	108.7	4 648	4.729 9	16.69	24 079.68	15 792.02	0.66
25	山西	16 818.11	106.7	3 718	4.523 4	15.67	21 990.14	14 810.12	0.67
26	黑龙江	16 361.62	104.7	3 773	4.336 5	47.30	22 725.85	16 993.96	0.75
27	西藏	1 477.63	109.1	344	4.295 4	122.84	17 286.06	11 520.23	0.67
28	广西	20 352.51	106.8	4 926	4.131 7	23.76	21 485.03	14 934.75	0.70
29	贵州	14 806.45	109.1	3 600	4.112 9	17.62	18 430.18	13 798.06	0.75
30	云南	17 881.12	108.9	4 830	3.702 1	39.41	20 084.19	14 249.93	0.71
31	甘肃	8 246.07	106.3	2 637	3.127 1	42.59	17 488.39	14 623.95	0.84

数据来源：中华人民共和国国家统计局（2020.2.26），网址：http://data.stats.gov.cn/easyquery.htm

西部地区城镇化率低，农村人口占比高，西部地区的农村以第一产业为主，财产性收入、土地增值收益等方面的收入较少，收入来源有限，收入的很大一部分要用于食品、衣服等基本生活支出，财产性投资也比较少，当地的整体房价水平也比较低。

面对区域内城市发展极不平衡的局面，更好地发挥城市群体效应迫在眉睫。城市群作为推动中国新型城镇化的主要形态，不仅符合世界城市化发展趋势，也是在中国现有资源环境承载能力条件下实现区域均衡增长的有效途径。早在 2011 年，国务院印发《全国主体功能区规划》提出“培育新的城市群”。2014 年，《国家新型城镇化规划（2014—2020）》中明确提出：“以城市群为主体形态，推动大中小城市和小城镇协调发展。”“十三五”规划提出加大城市群建设步伐，将建 19 个城市群。具体而言，建设京津冀、长三角、珠三角世界级城市群，提升山东半岛、海峡西岸城市群的开放竞争水平；培育中西部地区城市群，发展壮大东北地区、中原地区、长江中游、成渝地区、关中平原城市群，规划引导北部湾、晋中、呼包鄂榆、黔中、滇中、兰州－西宁、宁夏沿黄河、天山北坡城市群发展，形成更多支撑区域发展的增长极。

相比之下，东部沿海发达地区的财产性收入、土地增值等收益较多，收入水平较高，消费占收入的比重也比较低，有更多的钱用于财产性投资等方面。

2018 年，全国货物进出口总额 305 008.13 亿元，比 2017 年增长 9.7%。其中，出口 164 127.81 亿元，增长 7.1%；进口 140 880.32 亿元，增长 12.9%。货物进出口差额（出口减进口）23 247.49 亿元，比 2017 年减少 5 272.13 亿元，如表 6-2 所示。

表 6-2　2018 年中国各省（区、市）进出口贸易统计指标

排　名	地　区	进出总额/千美元	增长率/%	出口额/千美元	增长率/%	进口/千美元	增长率/%
1	广东	1 084 464 573	7.7	646 500 791	4	437 963 782	14.1
2	江苏	663 913 736	12.4	403 974 812	11	259 938 924	14.1
3	上海	515 679 700	8.3	207 144 615	7	308 535 084	9.2
4	浙江	432 360 099	14.4	321 038 849	12	111 321 250	22.2
5	北京	412 487 938	27.3	74 079 276	26	338 408 661	27.5
6	山东	292 397 074	10.5	160 115 821	9	132 281 253	12.6
7	福建	187 407 290	9.6	115 526 413	10	71 880 877	8.7
8	天津	122 557 291	8.5	48 809 159	12	73 748 132	6.3
9	辽宁	114 601 136	15.1	48 790 463	9	65 810 674	20.2
10	四川	89 921 137	32.0	50 367 690	34	39 553 447	29.5
11	河南	82 813 633	6.7	53 775 586	14	29 038 047	−5.1
12	重庆	79 016 913	18.6	51 354 473	21	27 662 440	15.2
13	安徽	62 840 317	16.3	36 196 609	18	26 643 708	13.7
14	广西	62 302 266	7.6	32 789 905	17	29 512 361	−0.9
15	河北	53 900 873	8.1	33 976 043	8	19 924 830	7.7
16	陕西	53 304 882	32.6	31 595 233	29	21 709 649	38.6
17	湖北	52 781 547	13.9	34 071 501	12	18 710 046	18.0
18	江西	48 187 584	8.7	33 942 689	4	14 244 896	20.2
19	湖南	46 474 201	29.0	30 542 617	32	15 931 584	23.9
20	云南	29 857 965	27.3	12 810 498	12	17 047 467	42.2
21	黑龙江	26 437 359	39.5	4 449 492	−15	21 987 867	60.0

续表

排名	地区	进出总额/千美元	增长率/%	出口额/千美元	增长率/%	进口/千美元	增长率/%
22	山西	20 762 372	20.8	12 270 849	20	8 491 523	21.5
23	吉林	20 679 164	11.5	4 944 365	12	15 734 799	11.4
24	新疆	19 999 747	−2.8	16 412 297	−7	3 587 449	22.2
25	内蒙古	15 690 267	13.1	5 746 596	18	9 943 671	10.5
26	海南	12 733 530	22.7	4 488 487	3	8 245 043	37.2
27	贵州	7 602 857	−6.9	5 123 389	−12	2 479 467	4.7
28	甘肃	6 013 027	24.6	2 210 801	29	3 802 225	22.0
29	宁夏	3 776 564	−25.1	2 733 663	−25	1 042 901	−24.9
30	青海	727 175	10.9	470 106	11	257 069	11.0
31	西藏	723 178	−16.2	428 423	−1	294 755	−31.5

资料来源：中华人民共和国国家统计局（2020.2.26），网址：http://data.stats.gov.cn/easyquery.htm

（二）国内航空运输现状分析

各区域国内生产总值（GDP）分布、人均消费水平与航空运输发展水平直接相关，据《2018 年民航行业发展统计公报》显示，全国民航运输机场完成旅客吞吐量 12.65 亿人次，比 2017 年增长 10.2%。其中，东部地区完成旅客吞吐量 6.73 亿人次，比 2017 年增长 9.7%；东北地区完成旅客吞吐量 0.79 亿人次，比 2017 年增长 9.7%；中部地区完成旅客吞吐量 1.40 亿人次，比 2017 年增长 14.8%；西部地区完成旅客吞吐量 3.72 亿人次，比 2017 年增长 9.4%。如图 6-1 所示。

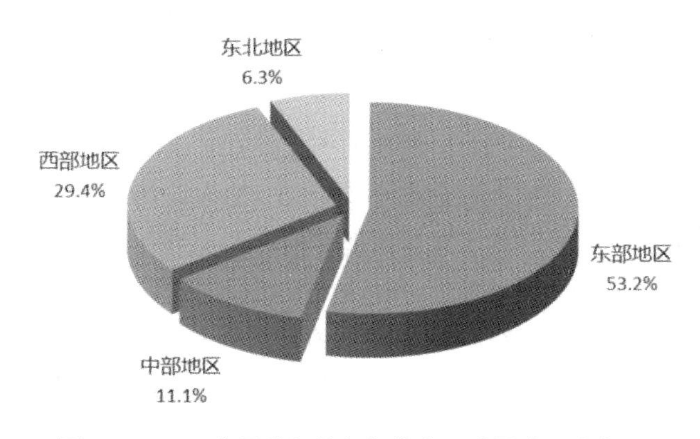

图 6-1 2018 年民航运输机场旅客吞吐量地区分布图

2018 年，东部地区完成货邮吞吐量 1 245.75 万吨，比 2017 年增长 2.5%；东北地区完成货邮吞吐量 55.07 万吨，比 2017 年增长 0.6%；中部地区完成货邮吞吐量 113.42 万吨，比 2017 年增长 10.5%；西部地区完成货邮吞吐量 259.78 万吨，比 2017 年增长 6.3%，如图 6-2 所示。

东部地区是指北京、上海、山东、江苏、天津、浙江、海南、河北、福建和广东十个省市；东北地区是指黑龙江、辽宁和吉林三省；中部地区是指江西、湖北、湖南、河南、安徽和山西六省；西部地区是指宁夏、陕西、云南、内蒙古、广西、甘肃、贵州、西藏、新疆、重庆、青海和四川十二个省（区、市）。

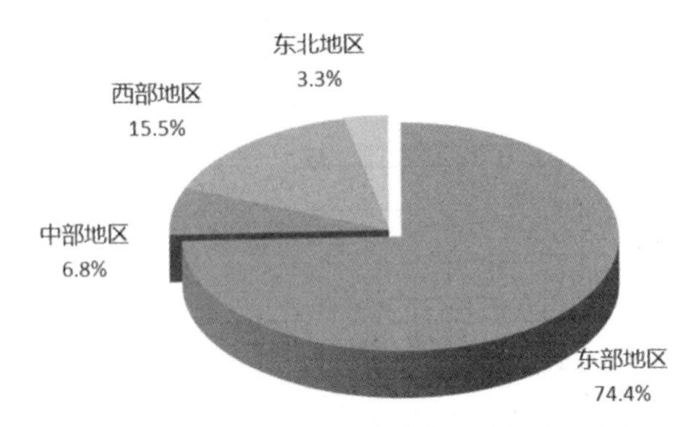

图 6-2 2018 年民航运输机场货邮吞吐量地区分布图

机场是民航业国家战略的基础支撑。民航业要实现国家战略目标，就要围绕国民经济空间布局“三大战略”，优化机场布局，加强基础设施，整合资源要素，建设“空中走廊”。依托京津冀、长三角、珠三角城市群的发展，打造大型国际航空枢纽。围绕“一带一路”建设，提升门户枢纽和区域枢纽机场功能。采取积极的财政政策，支持中西部地区支线机场建设。从节约土地和建设资金出发，积极利用军用机场改扩建为军民合用机场，促进军民融合发展。明确机场功能定位，落实公共基础设施属性，转变经营管理方式。科学规划机场规模，坚持适度超前和量力而行。加强综合交通枢纽建设，做好与其他交通运输方式的衔接，扩大机场辐射范围。

四、中国人口分布

中国有近 14 亿人，是世界上人口最多的国家。众多人口提供了充足的劳动力，同时也造成巨大的消费市场。中国的人口分布不均，95%的人口集中在黑河—腾冲一线（即胡焕庸线）以东。城市间人口的移动形成巨大的客流，对交通运输提出较大的需求，在经济发展到一定阶段时，必将为航空运输提供充足的客源。18 世纪以来，中国人口数次向海外迁移，主要从东南沿海一带移往东南亚。目前，东南亚各国的华侨和华裔人口达 2 000 多万，还有部分移民移居美洲、欧洲及大洋洲的一些国家。21 世纪初以来仍有一定数量的华人移居这些国家。华侨和华裔往往与国内有血缘上和经济上的联系，从而成为中国国际航线上的重要客源。

五、自然人文旅游资源

自然风光：中国的自然旅游资源以名山胜水、山水风光最为重要。例如，五岳名山（东岳泰山、西岳华山、北岳恒山、南岳衡山、中岳嵩山），四大佛教名山（五台山、九华山、普陀山、峨眉山）和景色奇绝的黄山、庐山、石林等；桂林山水、长江三峡等；杭州西湖美景，无锡太湖风光，海南三亚的天涯海角，云南的大理、丽江、西双版纳和台湾日月潭等，都是闻名的旅游胜地。

人文旅游景观：八大古都（西安、洛阳、安阳、南京、开封、杭州、北京、郑州）等几十个历史文化名城、万里长城、京杭大运河、北京的故宫和皇家陵园、西安的秦始皇兵马俑、南京明孝陵和中山陵、苏州的园林建筑、承德的避暑山庄、洛阳的龙门石窟、敦煌石窟的壁画等。

革命纪念地：著名的革命纪念地有延安、遵义、井冈山等。

中国不同民族、不同地区，形成了风采各异、各有特色的风情习俗和民间节日。如汉族的春节、元宵节和端午节，傣族的泼水节，蒙古族的那达慕大会，彝族的火把节等。

中国著名的现代工程建筑，丰富多彩的地方土特产、工业品，神奇的中医和养生之道，名扬世界的中国菜等对中外游客具有巨大的吸引力。

为了满足中国人的出行和旅游需求，截至 2018 年年底，中国共有定期航班航线 4 945 条，国内航线 4 096 条，其中港澳台航线 100 条，国际航线 849 条。按重复距离计算的航线里程为 1 219.06 万千米，按不重复距离计算的航线里程为 837.98 万千米。定期航班国内通航城市 230 个（不含香港、澳门、台湾）。中国航空公司国际定期航班通航 65 个国家的 165 个城市，国内航空公司定期航班从 32 个内地城市通航香港，从 14 个内地城市通航澳门，大陆航空公司从 48 个大陆城市通航台湾地区。

第二节　中国航空区划的历史演变

中国国内航空运输具有广阔的活动空间。为了因地制宜地安排运力、合理建设机场、协调国内及国际航空的发展，以获得最佳的经济和社会效益，有必要对全国航空运输区域进行划分，这种划分称为航空区划。航空运输受多种因素的影响和制约，其中以经济因素的影响最为显著。因此，航空区划与经济区划联系紧密，目前中国的航空区划是以经济区划为基础逐步形成的。

一、中国航空区划的由来及演变

中华人民共和国成立后，1949 年 11 月 2 日，中共中央政治局决定在中央人民政府人民革命军事委员会下设民用航空局（简称军委民航局）。1950 年，军委民航局设有华北（天津）民航办事处、华东（上海）民航办事处、中南（广州）民航办事处、西南（重庆）民航办事处。1954 年 10 月 10 日，中央军委颁发中央人民政府革命军事委员会民用航空局组织机构编制表〔（54）军编令字第 240 号〕，军委民航局组织机构编制下设直辖西南民航管理处、华北民航管理处、中南民航管理处、华东民航管理处。1958 年 2 月 27 日，国务院决定中国民航局归交通部领导。同年 7 月 7 日，交通部批准民航局机构设置方案，直辖民航北京管理局、民航上海管理局、民航广州管理局、民航成都管理局、民航乌鲁木齐管理局。

1978 年 3 月 5 日，中国政府决定民航脱离军队建制，把中国民航局从隶属于空军改为国务院直属机构，实行企业化管理。中国民航局成为政企合一，既是主管民航事务的政府部门，又是以“中国民航（CAAC）”名义直接经营航空运输、通用航空业务的全国性企业，下设北京、上海、广州、成都、兰州、沈阳六个地区管理局。

1982 年，兰州管理局搬迁至西安。1985 年，民航新疆维吾尔自治区管理局升格为民航乌鲁木齐管理局。1987 年，中国政府决定对民航业进行以航空公司与机场分设为特征的体制改革。在原民航北京管理局、民航上海管理局、民航广州管理局、民航成都管理局、民航西安管理局和民航沈阳管理局所在地的机场部分基础上，一分为三，成立航空公司、机场（当局）和组建民航华北、华东、中南、西南、西北和东北六个地区管理局。

2002 年 3 月，国务院印发《民航体制改革方案》，决定对中国民航业再次进行重组。根据航空运输跨省、跨地区运作的特点，将现行民航总局—地区管理局—省（区、市）局三级行政管理，改为民航总局—地区管理局两级管理；保留民航华北、华东、中南、西南、西北、东北和乌鲁木齐七个地区管理局，由民航总局授权，负责对所辖地区的民用航空事务实施行业管理和监督，从此明确了七大航空区域的划分。

2008 年 3 月，全国人大十一届一次会议通过《国务院机构改革方案》。根据《国务院关于部委管理的国家局设置的通知》（国发〔2008〕12 号），设立中国民用航空局，为交通运输部管理的国家局。民航局下辖七个地区管理局，分别是华北地区管理局、东北地区管理局、华东地区管理局、中南地区管理局、西南地区管理局、西北地区管理局、新疆管理局。

在编制航班号中各区域使用以下代号：华北地区管理局-1、东北地区管理局-6、华东地区管理局-5、中南地区管理局-3、西南地区管理局-4、西北地区管理局-2、新疆管理局-9。

二、航空区域的地理特征

各航空区域的地理特征用一张简表（见表 6-3）汇总如下。

表 6-3　中国航空区域的地理特征

地　区	地　理	经济区	经　济	运输枢纽	人　口
华北	位置优越	环渤海	经济发达	北京	人口流动性大
华东	平原、城镇密集	长三角	经济最发达	上海	密度大
中南	平原丘陵相间	珠三角	经济发达	广州	外向性
西南	地形复杂，交通困难，航空建设困难多	沿江经济带	差异显著	成都	分布不均
西北	地面交通困难		矿产丰富，经济落后	西安	地广人稀
东北	平原、地面铁路交通较发达	老工业基地	资源丰富，实力雄厚，超老工业基地	沈阳	流动性潜力很大
新疆	地域辽阔，交通困难，利于航空发展		资源丰富，农牧业发达	乌鲁木齐	密度最低

第三节 中国航空区域划分

一、华北地区

华北地区包括北京、天津、河北、山西及内蒙古自治区，面积约 166.46 万平方千米。该区东临渤海，东北部与东北地区相邻，西、南与西北地区、中南地区、华东地区相接，北与蒙古国为界。该区地理位置优越，处于全国交通运输的中枢地位。北京是全国最重要的铁路枢纽和航空港，也是高速公路网的中心。华北地区是航空运输相对发达的地区之一。截至 2018 年年底，华北地区共有机场 35 个，含 6 个国际机场。

2018 年，该地区常住人口约 1.752 2 亿，国内生产总值（GDP）为 119 247.22 亿元，华北地区航空旅客吞吐量 18 873 万人次，货邮吞吐量 254.2 万吨，如表 6-4 所示。

表 6-4 2018 年华北地区机场运输生产统计表

机场名称	机场代码	2018 年旅客吞吐量/人次	2018 年货邮吞吐量/吨	省（区、市）
华北地区合计	35 个机场	188 725 502	2 542 215.4	
北京首都国际机场	PEK	100 983 290	2 074 005.4	北京
北京南苑机场	NAY	6 512 740	25 122.2	北京
石家庄正定国际机场	SJW	11 332 518	46 145.9	河北
邯郸机场	HDG	763 938	1 005.2	河北
唐山三女河机场	TVS	574 333	1 192.2	河北
承德普宁机场	CDE	436 893	94.1	河北
秦皇岛北戴河机场	BPE	414 224	513.1	河北
张家口宁远机场	ZQZ	387 230	88.4	河北
呼和浩特白塔国际机场	HET	12 159 175	40 210.1	内蒙古
鄂尔多斯伊金霍洛国际机场	DSN	2 475 281	9 984.4	内蒙古
呼伦贝尔海拉尔机场	HLD	2 328 816	5 767.4	内蒙古
包头二里半机场	BAV	2 032 157	7 144.6	内蒙古
赤峰玉龙机场	CIF	1 572 060	2 144.0	内蒙古
通辽机场	TGO	983 058	1 837.1	内蒙古
乌兰浩特义勒利特机场	HLH	737 748	1 642.0	内蒙古
锡林浩特机场	XIL	622 849	1 693.4	内蒙古
乌海机场	WUA	481 269	659.5	内蒙古
满洲里西郊机场	NZH	428 080	1 018.5	内蒙古
乌兰察布集宁机场	UCB	395 951	150.6	内蒙古
巴彦淖尔天吉泰机场	RLK	352 570	714.2	内蒙古
二连浩特赛乌素机场	ERL	205 826	391.3	内蒙古

续表

机 场 名 称	机 场 代 码	2018 年旅客吞吐量/人次	2018 年货邮吞吐量/吨	省（区、市）
阿拉善左旗巴彦浩特机场	AXF	165 858	1.4	内蒙古
扎兰屯成吉思汗机场	NZL	128 618	21.9	内蒙古
阿尔山伊尔施机场	YIE	103 880	387.3	内蒙古
霍林河机场	HUO	91 923	4.1	内蒙古
额济纳旗桃来机场	EJN	21 249		内蒙古
阿拉善右旗巴丹吉林机场	RHT	12 540		内蒙古
太原武宿国际机场	TYN	13 588 423	53 402.1	山西
运城张孝机场	YCU	2 052 654	5 081.2	山西
大同云冈机场	DAT	1 016 273	1 615.2	山西
长治王村机场	CIH	690 257	777.1	山西
临汾乔李机场	LFQ	387 321	508.9	山西
吕梁大武机场	LLV	367 304	103.2	山西
忻州五台山机场	WUT	327 784	54.5	山西
天津滨海国际机场	TSN	23 591 412	258 734.8	天津

资料来源：中国民航局．2018 年民航机场生产统计公报[EB/OL]．（2019-03-05）．http://www.caac.gov.cn/XXGK/XXGK/TJSJ/201903/t20190305_194972.html.

2015 年 4 月 30 日，中共中央政治局审议通过了《京津冀协同发展规划纲要》，京津冀协同发展已上升为国家战略。京津冀协同发展是党中央、国务院在新的历史条件下确定的重大国家战略，推进京津冀民航协同发展是贯彻落实国家战略和民航强国战略的重要举措。

受发展现状、环境资源等制约，京津冀三地的民航发展并不平衡。京津冀三地机场面临“北京机场吃不了，天津机场吃不饱，河北机场吃不着”的问题，发展水平差距较大。京津冀机场群各机场要进行差异化运行，疏解北京首都国际机场非国际枢纽功能，天津机场和石家庄机场要更多地承接点对点航线航班，各自形成错位优势，推动京津冀地区形成统一的航空市场，支撑京津冀城市群发展。

要以建设世界级机场群为目标，打造国际一流的航空枢纽，服务建设京津冀世界级城市群；加大对京津冀三地机场一体化运行的政策扶持，尽快形成与京津冀城市群发展相适应的多机场系统，同时将首都新机场（即大兴国际机场，以下简称北京新机场）建设成京津冀协同发展的新引擎。在京津冀机场群错位发展过程中，要着力推动机场群、各交通枢纽之间的快速轨道交通建设。综合交通建设是京津冀协同发展的基础，要围绕打造“轨道上的京津冀”，推进以机场为核心的综合交通枢纽之间的互联互通，北京首都国际机场、北京大兴国际机场、天津滨海国际机场、石家庄正定国际机场四个机场间要实现高铁的互联互通，为打造世界级机场群奠定坚实基础，从而推动疏解首都机场非国际枢纽功能，为促进天津、石家庄机场的发展提供有利条件。同时，快速轨道的畅通也有利于四个机场之间互为备降机场，提高旅客的出行效率。天津、河北等地要抓住北京新机场建设的机遇，加快推动基础设施建设，推动京津冀民航协同发展。

2019 年 9 月，北京大兴国际机场建成投入使用，首都机场国际旅客占比提高 2～3 个百分点，北京“双枢纽”机场与天津机场、石家庄机场实现与轨道交通等的有效衔接，初步形成统一管理、差异化发展的格局，京津冀机场群协同发展水平显著提升，整体服务水平、智能化水平、运营管理力达到国际先进水平。预计到 2030 年，北京“双枢纽”机场通过成熟运营、协调发展、适度竞争，国际竞争力将位居世界前列，天津、石家庄机场区域航空枢纽的辐射能力将显著增强，天津将建成中国国际航空物流中心，基本实现京津冀地区主要机场与轨道交通等的有效衔接，打造形成分工合作、优势互补、空铁联运、协同发展的世界级机场群。

二、华东地区

华东地区包括江苏、浙江、安徽、福建、江西、山东六省及上海市，面积约 80.58 万平方千米，仅占全国面积的 8.3%。华东地区自然条件优越，发展历史悠久，经济技术力量雄厚，国内生产总值居各大区之首。华东地区农业发达，集约化程度高，垦殖指数大，劳动生产率高，是中国重要的稻米生产基地、水产品基地和棉花、油料、桑蚕、甘蔗等经济作物的产地。区内工业生产水平高，许多工业产品的产量居全国首位，工业部门中以机械、轻纺、化学、石油化工等最为显著。该区的航空工业较为发达，如上海飞机制造公司是中国能参加制造大中型现代化运输机的企业。华东地区内机场密布，是中国航空运输最发达的地区。截至 2018 年年底，华东地区共有机场 44 个，含 19 个国际机场。

2018 年该地区常住人口约 4.117 2 亿，约占全国人口的 29.5%，国内生产总值（GDP）为 345 737.73 亿元，旅客吞吐量 37 268 万人次，货邮吞吐量 676.02 万吨，如表 6-5 所示。

表 6-5　2018 年华东地区机场运输生产统计表

机 场 名 称	机 场 代 码	2018 年旅客吞吐量/人次	2018 年货邮吞吐量/吨	省（区、市）
华东地区合计	44 个机场	372 679 327	6 760 191.8	
合肥新桥国际机场	HFE	11 110 596	69 787.3	安徽
阜阳西关机场	FUG	799 575	383.8	安徽
黄山屯溪国际机场	TXN	761 230	2 250.6	安徽
安庆天柱山机场	AQG	477 634	1 727.9	安徽
池州九华山机场	JUH	450 910	834.7	安徽
厦门高崎国际机场	XMN	26 553 438	345 529.1	福建
福州长乐国际机场	FOC	14 393 532	133 189.4	福建
泉州晋江国际机场	JJN	7 443 161	63 845.4	福建
武夷山机场	WUS	643 017	976.1	福建
连城冠豸山机场	LCX	205 031	359.0	福建
三明沙县机场	SQJ	204 039	276.3	福建
南京禄口国际机场	NKG	28 581 546	365 054.4	江苏
无锡硕放机场	WUX	7 207 529	123 818.9	江苏

续表

机场名称	机场代码	2018年旅客吞吐量/人次	2018年货邮吞吐量/吨	省（区、市）
常州奔牛国际机场	CZX	3 327 722	28 170.1	江苏
南通兴东国际机场	NTG	2 771 326	42 989.9	江苏
徐州观音国际机场	XUZ	2 518 799	10 065.7	江苏
扬州泰州国际机场	YTY	2 384 382	11 136.8	江苏
盐城南洋机场	YNZ	1 822 173	6 587.1	江苏
淮安涟水机场	HIA	1 516 272	6 286.0	江苏
连云港白塔埠机场	LYG	1 516 195	2 906.4	江苏
南昌昌北国际机场	KHN	13 524 159	82 604.4	江西
赣州黄金机场	KOW	1 625 224	5 063.1	江西
井冈山机场	JGS	658 062	2 534.9	江西
宜春明月山机场	YIC	639 834	409.8	江西
景德镇罗家机场	JDZ	513 632	647.4	江西
上饶三清山机场	SQD	375 030	121.1	江西
青岛流亭国际机场	TAO	24 535 738	224 533.8	山东
济南遥墙国际机场	TNA	16 611 795	113 627.9	山东
烟台蓬莱国际机场	YNT	8 433 179	51 465.0	山东
威海大水泊机场	WEH	2 508 155	6 764.6	山东
临沂沭埠岭机场	LYI	2 006 104	8 036.5	山东
济宁曲阜机场	JNG	1 221 518	2 659.7	山东
日照山字河机场	RIZ	901 253	1 448.7	山东
潍坊机场	WEF	724 754	24 072.0	山东
东营胜利机场	DOY	691 122	297.3	山东
上海浦东国际机场	PVG	74 006 331	3 768 572.6	上海
上海虹桥国际机场	SHA	43 628 004	407 154.6	上海
杭州萧山国际机场	HGH	38 241 630	640 896.0	浙江
宁波栎社国际机场	NGB	11 718 416	105 673.2	浙江
温州龙湾国际机场	WNZ	11 218 701	80 189.5	浙江
义乌机场	YIW	1 635 673	8 800.1	浙江
舟山普陀山机场	HSN	1 209 675	112.4	浙江
台州路桥机场	HYN	1 112 199	7 581.4	浙江
衢州机场	JUZ	251 032	750.2	浙江

资料来源：中国民航局．2018 年民航机场生产统计公报[EB/OL]．（2019-03-05）．http://www.caac.gov.cn/XXGK/XXGK/TJSJ/201903/t20190305_194972.html．

华东地区人口密度大，城镇群分布密集，是中国经济最发达的地区，特别是长江三角洲的沪宁杭地区是全国最重要的经济重心区之一。2018 年，中国经济总量达 91.9 万亿元，其中长三角的上海、浙江、江苏、安徽三省一市就贡献了约 21.15 万亿元，占全国的 23%。长三角的人力、智力资源丰富，内陆腹地广阔，长三角城市群也是中国万亿 GDP 城市最集中的城市群。区内、区外的经济联系紧密，各类交通运输线路分布密集，上海是东部沿海最大的水、陆、空立体交通枢纽。长三角是中国经济最具活力、开放程度最高、创新能力最强的区域之一，是中国区域一体化起步最早、基础最好、程度最高的地区，也是“一带一路”和长江经济带的重要交汇点，承担着长江经济带发展“龙头”的角色。

国家已把长江三角洲区域一体化上升为国家战略，这是新形势下推进改革开放的重大举措，国家发改委首先对长江三角洲城市群发展进行了规划布局。长三角作为“一带一路”与长江经济带的重要交汇地带，具有举足轻重的战略地位。长三角城市群包括 26 个城市，土地面积和人口分别约占全国的 2.2%和 11%。长三角城市群作为中国综合实力最强的经济中心、亚太地区重要的国际门户、全球重要的现代服务业和先进制造业中心和中国率先跻身世界级城市群的地区，是中国参与经济全球化的主体区域，在中国参与环太平洋经济圈的建设以及亚太地区国际经济分工协作中都发挥着极其重要的作用。长三角城市群的发展对于民航而言，既意味着广阔的发展机遇，也意味着空域管理、机场与综合交通体系布局、机场与地方协同发展等多方面的挑战，因此要实现长三角机场群的良性竞争、错位发展、共赢成长。

三、中南地区

中南地区位于中国中部偏南，包括河南、湖北、湖南、广东、海南五省及广西壮族自治区，面积约 101.74 万平方千米。中南地区南北较长，地形复杂，平原、盆地、丘陵、山地相间分布；海岸绵长，海湾众多，岛屿星罗，海洋广阔；江河湖泊众多，陆地水面较大。该区经济发展历史悠久，南部沿海一带经济发达，珠江三角洲是全国三大核心区之一，也是世界著名的制造业生产基地。其中，广东是全国著名的侨乡，旅居海外的华侨华裔有 1 500 多万，占全国乃至世界华侨总数的 70%，主要分布在东南亚和北美地区；深圳、珠海、汕头是重要的经济特区。中南地区是中国航空运输的发达地区，广州为该区最重要的经济中心和水、陆、空立体交通枢纽。截至 2018 年年底，中南地区共有机场 37 个，含 10 个国际机场。

2018 年该地区常住人口约 3.962 7 亿，国内生产总值（GDP）为 246 310.52 亿元，旅客吞吐量 30 526 万人次，货邮吞吐量 452.1 万吨，如表 6-6 所示。

表 6-6　2018 年中南地区机场运输生产统计表

机场名称	机场代码	2018 年旅客吞吐量/人次	2018 年货邮吞吐量/吨	省（区、市）
中南地区合计	37 个机场	305 257 929	4 520 501.6	
广州白云国际机场	CAN	69 720 403	1 890 560.0	广东
深圳宝安国际机场	SZX	49 348 950	1 218 502.2	广东
珠海金湾机场	ZUH	11 220 703	46 393.0	广东
揭阳潮汕国际机场	SWA	6 493 930	25 249.7	广东
湛江机场	ZHA	2 559 507	5 945.1	广东
惠州平潭机场	HUZ	1 879 645	5 501.3	广东

续表

机 场 名 称	机 场 代 码	2018 年旅客吞吐量/人次	2018 年货邮吞吐量/吨	省（区、市）
梅县长岗岌机场	MXZ	512 504	198.8	广东
佛山沙堤机场	FUO	109 228	129.0	广东
南宁吴圩国际机场	NNG	15 091 614	118 035.6	广西
桂林两江国际机场	KWL	8 732 176	27 074.5	广西
北海福成机场	BHY	2 282 218	6 446.1	广西
柳州白莲机场	LZH	1 347 142	5 847.5	广西
百色巴马机场	AEB	180 801	29.9	广西
河池金城江机场	HCJ	22 446		广西
梧州西江机场	WUZ			广西
海口美兰国际机场	HAK	24 123 582	168 622.2	海南
三亚凤凰国际机场	SYX	20 039 035	95 132.9	海南
琼海博鳌机场	BAR	550 527	485.5	海南
三沙永兴机场	XYI	58 271	65.0	海南
郑州新郑国际机场	CGO	27 334 730	514 922.4	河南
洛阳北郊机场	LYA	1 313 764	1 326.2	河南
南阳姜营机场	NNY	907 505	1 084.6	河南
信阳明港机场	XAI	93 305		河南
武汉天河国际机场	WUH	24 500 356	221 576.3	湖北
宜昌三峡机场	YIH	2 948 668	4 441.1	湖北
襄阳刘集机场	XFN	1 406 384	2 632.3	湖北
十堰武当山机场	WDS	1 182 546	502.2	湖北
恩施许家坪机场	ENH	1 039 311	1 704.6	湖北
神农架红坪机场	HPG	20 321		湖北
长沙黄花国际机场	CSX	25 266 251	155 513.1	湖南
张家界荷花机场	DYG	2 209 911	1 176.0	湖南
衡阳南岳机场	HNY	816 232	760.0	湖南
常德桃花源机场	CGD	726 357	609.7	湖南
怀化芷江机场	HJJ	498 341	22.6	湖南
邵阳武冈机场	WGN	469 694	0.5	湖南
永州零陵机场	LLF	250 102	11.8	湖南
岳阳三荷机场	YYA	1 469		湖南

资料来源：中国民航局．2018 年民航机场生产统计公报[EB/OL]．(2019-03-05)．http://www.caac.gov.cn/XXGK/XXGK/TJSJ/201903/t20190305_194972.html．

党的十九大报告指出，要支持香港、澳门融入国家发展大局，以粤港澳大湾区建设、粤港澳合作、泛珠三角区域合作等为重点，全面推进内地同香港、澳门互利合作。作为人相亲地相连的粤港澳三地，完全能够在中央政策的统筹谋划下，实现优势互补，共同发展。广东有较完整的制造业链条，香港有发达的现代服务业，澳门具有建设世界旅游休闲中心的潜力，推进粤港澳大湾区的建设将聚三地优势、加强三地联动、激发三地潜能。大湾区、大手笔、大未来，一个焕发着勃勃生机的大湾区城市群，必将以坚实的步伐从梦想迈向现实。

民航局积极支持并协助广东省高质量、高标准地编制粤港澳大湾区世界级机场群发展规划，推动与港澳共同打造整体统一、资源共享、分工明确、功能完善、发展联动的机场群；完善广东省民用运输机场布局，推动珠三角军民航机场布局、空域结构优化调整，共同推进空管保障设施建设。

粤港澳大湾区要着力提升广州、深圳机场的国际航空枢纽竞争力，进一步完善广州白云机场基础设施，加快推进白云机场三期扩建项目前期工作和货运枢纽设施建设，进一步提升国际中转功能，并着力构建以机场为核心的城市综合交通枢纽；积极拓展广州白云国际机场的航线网络覆盖面，打造通达欧美、大洋洲、非洲及南美地区的国际运输通道，形成具有竞争力的国际中转航线网络格局；增强深圳宝安国际机场的国际航空枢纽功能，支持宝安机场新开和加密国际航线，支持宝安机场积极拓展以面向亚太、连接欧美地区为重点的国际航线网络，并进一步完善国内中长距离干线网络；加大政策支持力度，共同协调口岸联检管理部门，支持出台更多通程联运便利性政策，进一步提升枢纽机场通关效率。

要整合优化机场资源，实现协同发展。加强粤港澳大湾区资源整合，进一步明确广州白云、深圳宝安、珠海、惠州等机场的功能定位，形成定位清晰、协调互补的协同发展格局；进一步深化粤港澳民航合作，推进广东与香港、澳门在机场及配套设施、机场运营管理、航空物流、通用航空、航空维修等方面开展务实合作，实现互联互通。

四、西南地区

西南地区包括云南、贵州、四川、西藏、重庆三省一自治区一市，地处中国西南边陲。它北邻西北、新疆二区，东与中南地区相接，南与越南、老挝、缅甸、尼泊尔、不丹、印度接界，面积为 236.71 万平方千米。区内的经济发展水平有显著差异，但其地域辽阔、资源丰富，经济发展有较大潜力。截至 2018 年年底，西南地区共有机场 47 个，含 5 个国际机场。

2018 年该地区常住人口约 2.021 7 亿，国内生产总值（GDP）为 95 206.52 亿元，旅客吞吐量 20 502 万人次，货邮吞吐量 170.2 万吨，如表 6-7 所示。

表 6-7 2018 年西南地区机场运输生产统计表

机场名称	机场代码	2018 年旅客吞吐量/人次	2018 年货邮吞吐量/吨	省（区、市）
西南地区合计	47 个机场	205 021 100	1 702 476.5	
贵阳龙洞堡国际机场	KWE	20 094 681	112 396.2	贵州
遵义新舟机场	ZYI	2 033 587	2 315.9	贵州
铜仁凤凰机场	TEN	1 276 640	173.9	贵州
毕节飞雄机场	BFJ	1 216 557	835.1	贵州

续表

机 场 名 称	机 场 代 码	2018 年旅客吞吐量/人次	2018 年货邮吞吐量/吨	省（区、市）
兴义万峰林机场	ACX	1 120 857	1 139.0	贵州
遵义/茅台机场	WMT	1 005 463	309.1	贵州
安顺黄果树机场	AVA	441 391	730.0	贵州
六盘水月照机场	LPF	430 977	63.4	贵州
荔波机场	LLB	182 668	1.1	贵州
凯里黄平机场	KJH	141 478	1.7	贵州
黎平机场	HZH	50 747	1.8	贵州
成都双流国际机场	CTU	52 950 529	665 128.4	四川
绵阳南郊机场	MIG	3 938 882	7 586.7	四川
宜宾菜坝机场	YBP	974 810	3 225.1	四川
南充高坪机场	NAO	942 932	3 720.1	四川
西昌青山机场	XIC	676 804	1 584.2	四川
达州河市机场	DAX	513 515	1 277.9	四川
攀枝花保安营机场	PZI	385 358	1 330.7	四川
广元盘龙机场	GYS	255 477	350.2	四川
稻城亚丁机场	DCY	242 091	223.3	四川
泸州蓝田机场	LZO	235 360	608.8	四川
康定机场	KGT	83 584	90.5	四川
阿坝红原机场	AHJ	28 250		四川
九寨黄龙机场	JZH	21 538	20.6	四川
拉萨贡嘎机场	LXA	4 353 948	36 320.4	西藏
林芝米林机场	LZY	484 506	2 231.4	西藏
昌都邦达机场	BPX	325 065	1 097.6	西藏
日喀则和平机场	RKZ	81 349	269.3	西藏
阿里昆莎机场	NGQ	75 028	27.1	西藏
昆明长水国际机场	KMG	47 088 140	428 292.1	云南
丽江三义国际机场	LJG	7 529 935	11 329.9	云南
西双版纳嘎洒机场	JHG	4 446 247	13 207.2	云南
芒市机场	LUM	1 813 896	8 330.2	云南
大理荒草坝机场	DLU	1 776 364	6 723.9	云南
腾冲驼峰机场	TCZ	1 170 230	2 265.0	云南
保山云瑞机场	BSD	1 016 018	1 364.0	云南
普洱思茅机场	SYM	639 929	1 171.9	云南
迪庆香格里拉机场	DIG	592 253	1 047.0	云南
临沧博尚机场	LNJ	440 867	651.0	云南
昭通机场	ZAT	346 579	479.1	云南
澜沧景迈机场	JMJ	232 793	30.8	云南
沧源佤山机场	CWJ	164 598	48.0	云南
宁蒗泸沽湖机场	NLH	163 599	43.6	云南

续表

机 场 名 称	机 场 代 码	2018 年旅客吞吐量/人次	2018 年货邮吞吐量/吨	省（区、市）
文山普者黑机场	WNH	159 749	60.6	云南
重庆江北国际机场	CKG	41 595 887	382 160.8	重庆
万州五桥机场	WXN	870 042	2 048.4	重庆
黔江武陵山机场	JIQ	409 902	163.4	重庆

资料来源：中国民航局. 2018 年民航机场生产统计公报[EB/OL].（2019-03-05）. http://www.caac.gov.cn/XXGK/XXGK/TJSJ/201903/t20190305_194972.html.

西南地区地形复杂多变，除青藏高原外，平均海拔高度从 1 000 米到 4 000 米不等，地势起伏不平。那里高山峡谷相间，地质条件复杂，陆路交通极为不便，公路、铁路造价高，建设周期长，地面交通受限严重制约当地经济社会发展。该区河流虽多，但多峡谷，落差大水流急，难以发展水运。复杂多变的地形条件对西南地区航空运输提出了较大的需求，同时也对机场建设、航路设置、飞行安全产生制约，特别对支线飞机提出了更为苛刻的技术要求。该区气候复杂多样，气压、气温、降水、风等气象要素的变化也会对飞行产生不利影响。

云南、贵州、重庆、四川、西藏等西南五省（区、市）地理区位特殊，是促进“长江经济带”“丝绸之路经济带”与“海上丝绸之路”战略协同发展的重要区域之一，同时又具有边境地区、民族地区和贫困地区的显著特点。加快构建西南地区互联互通现代交通网络体系，有序建设区域交通枢纽，增强区域运输保障能力，构建快速、便捷、高效、安全、大容量的区域交通运输体系对西南地区的经济社会发展尤为重要。

2018 年全国两会期间，全国政协委员提出了“关于建设西南五省（区、市）交通协同网络的提案”，建议进一步加强西南五省（区、市）机场合作，优化西南五省（区、市）民用机场布局，协同打造“一带一路”航空支点；加快西南五省（区、市）的运输机场建设，促进运输机场扩建升级，发展货运航线业务，构建空中物流服务体系。

在西南五省（区、市）中，云南省民航发展相对较快。近年来，背靠大山、地处边疆的云南积极开拓航空市场，破除交通制约瓶颈，乘“机”先行。云南机场集团认为，在当前经济全球化背景下，航空运输不仅是一种交通运输方式，更是区域经济融入全球经济的快速通道。航空运输就像一座空中流动的桥梁，连接着云南和全国各地，乃至全世界。2018 年，云南省内机场数量达到 15 个，旅客吞吐量 100 万人次以上规模的机场达到 5 个，成为全国百万级机场最多的省份之一。

此外，目前四川共有 13 个民用机场，贵州 11 个，西藏 5 个，重庆 3 个。西南地区内 47 个已建成的民用运输机场，宛如大交通的骨架，支撑起了西南交通协同发展的网络，带来了大量物流、人流、资金流，促进了当地经济发展，带动了当地脱贫攻坚，维护了边境稳定。

民航局一直重视优化西南五省（区、市）机场体系布局，《全国民用运输机场布局规划（2025 年）》明确在西南地区增加云南红河、贵州天柱、重庆武隆、四川乐山等 30 个机场布点。这些机场项目投运后，将进一步强化西南五省（区、市）民航基础设施保障能力，扩大民航服务覆盖范围。

与此同时，在《中国民用航空发展第十三个五年规划》中也明确提出逐步提升成都、昆明、重庆等机场的国际枢纽功能，积极推动南宁、桂林、贵阳等机场形成各具特色的区域枢纽。目前，一批重点项目正被推动建设，包括成都新机场建设，昆明、重庆、贵阳等机场改扩建工程等。这些项目的实施，将进一步推动西南五省（区、市）运输机场体系的功能和服务的整体升级，为当地发展航空客运以及拓宽航空货运业务、构建空中物流服务体系奠定坚实基础。

五、东北地区

东北地区包括辽宁、吉林、黑龙江三省，西、南与华北地区为邻，东、北分别与朝鲜、俄罗斯接界，面积约 80.84 万平方千米。东北地区内山水环绕，沃野千里，自然资源丰富，经济联系紧密，是一个相对独立的经济单元区。区内工业化程度较高，农业较发达，经济实力雄厚。截至 2018 年年底，东北地区共有机场 27 个，含 5 个国际机场。

2018 年该地区常住人口约 1.0836 亿，国内生产总值（GDP）为 56 751.59 亿元，旅客吞吐量 7 874 万人次，货邮吞吐量 55.07 万吨，如表 6-8 所示。

表 6-8　2018 年东北地区机场运输生产统计表

机场名称	机场代码	2018 年旅客吞吐量/人次	2018 年货邮吞吐量/吨	省（区、市）
东北地区合计	27 个机场	78 740 115	550 703.3	
哈尔滨太平国际机场	HRB	20 431 432	125 042.0	黑龙江
牡丹江海浪机场	MDG	933 716	1 237.0	黑龙江
佳木斯东郊机场	JMU	865 076	1 152.2	黑龙江
大庆萨尔图机场	DQA	831 589	1 419.9	黑龙江
齐齐哈尔三家子机场	NDG	409 783	919.5	黑龙江
鸡西兴凯湖机场	JXA	215 872	149.0	黑龙江
黑河瑷珲机场	HEK	180 905	49.0	黑龙江
伊春林都机场	LDS	162 113	39.6	黑龙江
加格达奇机场	JGD	156 084	73.5	黑龙江
建三江/湿地机场	JSJ	82 449		黑龙江
漠河古莲机场	OHE	80 735	80.0	黑龙江
抚远东极机场	FYJ	58 444	1.4	黑龙江
五大连池德都机场	DTU	39 673		黑龙江
长春龙嘉国际机场	CGQ	12 969 503	83 093.0	吉林
延吉朝阳川机场	YNJ	1 513 262	5 459.7	吉林
白山长白山机场	NBS	549 691	147.2	吉林
松原查干湖机场	YSQ	159 477	54.8	吉林

续表

机场名称	机场代码	2018年旅客吞吐量/人次	2018年货邮吞吐量/吨	省（区、市）
通化三源浦机场	TNH	116 391		吉林
白城长安机场	DBC	86 246	0.9	吉林
沈阳桃仙国际机场	SHE	19 027 398	168 558.0	辽宁
大连周水子国际机场	DLC	18 758 171	161 887.3	辽宁
营口兰旗机场	YKH	297 963	71.6	辽宁
锦州锦州湾机场	JNZ	294 297	809.4	辽宁
鞍山腾鳌机场	AOG	260 922	4.7	辽宁
朝阳机场	CHG	172 962	21.6	辽宁
丹东浪头机场	DDG	83 241	432.0	辽宁
长海大长山岛机场	CNI	2 720		辽宁

资料来源：中国民航局．2018 年民航机场生产统计公报[EB/OL]．(2019-03-05)．http://www.caac.gov.cn/XXGK/XXGK/TJSJ/201903/t20190305_194972.html.

中华人民共和国成立以来，东北三省为全国经济发展做出了巨大贡献，目前基本形成了以重工业为主导、农轻重协调发展的经济体系，建成了沈阳、抚顺、鞍山、大连、长春、哈尔滨、大庆等工业中心以及全国的商品粮基地和林牧业基地。哈尔滨的飞机制造业在中国航空工业中占有重要地位。

东北地区内大量的工农业产品运往全国各地，也有一定数量的工业制成品运入该区内，从而造成巨大货流。东北地区与全国具有密切的经济联系，形成一定规模的客流。区内物资交流和经济往来频繁，对交通运输提出了较大的需求。目前，东北地区已形成现代化程度较高的地面运输网络，是全国地面交通较发达的地区。

民航东北地区是全国民航七大区域之一，发展国际航空运输符合国家公共航空运输体系的总体布局，符合民航协调发展的总体要求，是实施全球化战略、建设民航强国的重要组成部分，同时也符合国家实施东北振兴战略的客观要求。

近年来，得益于东北地区优越的地理位置和国家振兴东北战略的实施，该地区的国际航空运输一直呈现高速增长态势。东北地区毗邻俄罗斯、蒙古和朝鲜半岛，与日本隔海相望，且和俄罗斯有长达 4 300 千米的边境线，是中国内地赴俄远东地区的必经之地，更是国内理想的对东北亚、北美地区的客货集散地。随着近几年国家东北振兴战略的推进，该地区已经形成了以沿海、沿边和主要城市为重点的对外开放格局，国际航空运输在扩大开放方面相对于其他交通方式的优势凸显，并成为该地区提高国际通达性，发展对外经贸合作，加强国际经济与技术交流的重要通道。

东北地区国际航空运输发展的定位是：充分发挥东北地区的区位优势，以发展至日本、韩国、朝鲜、蒙古和俄罗斯远东地区航空运输为重点，力争把东北地区建设成为东北亚地区重要的航空运输市场之一，服务于东北振兴战略的作用明显增强。其中，沈阳机场为中国东北地区面向东北亚的客运门户机场以及主要客运集散地，大连机场为该地区面向东北亚的客货运门户机场及集散地，哈尔滨机场为该地区面向俄罗斯远东地区的客运门户机场。

六、西北地区

西北地区包括陕西、甘肃、青海三省和宁夏回族自治区，与华北、中南、西南、新疆等地区相邻，北与蒙古接界，面积约 142.04 万平方千米。西北地区地形多变，气候较干旱；耕地面积小，草原辽阔；矿产丰富，工业发展潜力大。与中国东南地区相比，该区内地广人稀，农业不甚发达，工业基础较弱，经济相对落后。中华人民共和国成立以来，西北地区的经济发展较快，目前已初步形成以电力、冶金、石油、化工、机械和纺织为主的工业体系，建成了西安、兰州两大工业中心。截至 2018 年年底，西北地区共有机场 24 个，含 4 个国际机场。

2018 年该地区常住人口约 7 792 万人，国内生产总值（GDP）为 39 254.8 亿元，旅客吞吐量 8 059 万人次，货邮吞吐量 47.22 万吨，如表 6-9 所示。

表 6-9　2018 年西北地区机场运输生产统计表

机场名称	机场代码	2018 年旅客吞吐量/人次	2018 年货邮吞吐量/吨	省（区、市）
西北地区合计	24 个机场	80 585 096	472 220.4	
兰州中川国际机场	LHW	13 858 151	61 450.4	甘肃
敦煌机场	DNH	757 672	422.4	甘肃
嘉峪关机场	JGN	561 393	1 398.0	甘肃
庆阳西峰机场	IQN	419 674	67.0	甘肃
天水麦积山机场	THQ	179 691	97.5	甘肃
张掖甘州机场	YZY	176 848	159.8	甘肃
金昌金川机场	JIC	174 000	112.9	甘肃
陇南成县机场	LNL	147 216	17.1	甘肃
甘南夏河机场	GXH	122 024	314.5	甘肃
银川河东国际机场	INC	8 944 837	50 733.5	宁夏
中卫沙坡头机场	ZHY	243 519	178.2	宁夏
固原六盘山机场	GYU	226 235	24.9	宁夏
西宁曹家堡国际机场	XNN	6 339 622	33 879.1	青海
玉树巴塘机场	YUS	302 796	902.8	青海
格尔木机场	GOQ	183 683	1 255.7	青海
果洛玛沁机场	GMQ	125 139	444.5	青海
海西德令哈机场	HXD	107 354	723.0	青海
海西花土沟机场	HTT	77 077	136.9	青海
祁连机场	HBQ	13 137		青海
西安咸阳国际机场	XIY	44 653 311	312 637.1	陕西
榆林榆阳机场	UYN	2 090 209	5 527.1	陕西

续表

机场名称	机场代码	2018 年旅客吞吐量/人次	2018 年货邮吞吐量/吨	省（区、市）
汉中城固机场	HZG	494 960	1 156.1	陕西
延安二十里堡机场	ENY	386 548	582.0	陕西
安康机场	AKA			陕西

资料来源：中国民航局．2018 年民航机场生产统计公报[EB/OL].（2019-03-05）. http://www.caac.gov.cn/XXGK/XXGK/TJSJ/201903/t20190305_194972.html.

陕、甘、宁、青是在丝绸之路经济带上的重要省份，是建设“国际航空陆港”的重要航点。机场建设好，各地才能通过空中之路联通。在“一带一路”沿线省份，新建机场 33 座，完成枢纽机场改扩建项目 51 个；重点推进了 51 个直接服务于“一带一路”的民航大中型建设项目，总投资达 1 636 亿元；中国企业参与沿线 20 多个国家、近 40 项民航基础设施建设项目；提升西安机场的门户枢纽工程，完成了广兰空中大通道建设，大幅提高丝绸之路经济带航空运输的通行能力，惠及沿线中国境内 32 座机场。

七、新疆地区

新疆地区处中国西北边陲，东、南与西北、西南二区为邻，北、西与蒙古、俄罗斯、哈萨克斯坦、吉尔吉斯斯坦、阿富汗、巴基斯坦、印度等国为界，面积约 166 万平方千米。新疆能源、矿产资源丰富，山地草场和可垦地分布广泛，畜牧业和灌溉农业较发达，开发前景广阔。新疆地处欧亚大陆中心，远离中国东南部经济发达区，目前的交通主要依靠长途铁路运输，兰新铁路是该区最重要的交通动脉。从中国东部地区到新疆地区旅行，由于路途遥远，火车的路程时间一般需要 2～3 天，而飞机只需要 4 小时左右。因此，发展新疆和各地之间的中远程航线，对新疆的经济建设和巩固国防有特殊的重要意义。20 世纪 80 年代以来，该区航空客货运输发展较快，增辟了 20 多条国内远程航程，与各地的主要大城市通航。截至 2018 年，新疆地区共有机场 21 个，含 1 个国际机场。

新疆地区地广人稀，每平方千米还不足 10 人，为中国人口密度最低的地区之一。2018 年该地区常住人口约 2 487 万人。国内生产总值（GDP）为 12 199.08 亿元，旅客吞吐量 3 368 万人次，货邮吞吐量 19.19 万吨，如表 6-10 所示。

表 6-10 2018 年新疆地区机场运输生产统计表

机场名称	机场代码	2018 年旅客吞吐量/人次	2018 年货邮吞吐量/吨	省（区、市）
新疆地区合计	21 个机场	33 679 668	191 920.2	
乌鲁木齐地窝堡国际机场	URC	23 027 788	157 725.8	新疆
喀什机场	KHG	2 060 100	8 225.0	新疆
库尔勒机场	KRL	1 743 761	7 646.0	新疆
伊宁机场	YIN	1 332 536	4 885.8	新疆
阿克苏温宿机场	AKU	1 292 215	6 633.3	新疆

续表

机 场 名 称	机 场 代 码	2018 年旅客吞吐量/人次	2018 年货邮吞吐量/吨	省（区、市）
和田机场	HTN	1 217 504	3 262.7	新疆
克拉玛依机场	KRY	590 497	419.9	新疆
哈密机场	HMI	398 645	804.2	新疆
阿勒泰机场	AAT	397 391	269.9	新疆
库车龟兹机场	KCA	321 086	473.0	新疆
塔城机场	TCG	270 128	131.7	新疆
莎车机场	QSZ	212 532	523.9	新疆
吐鲁番交河机场	TLQ	193 069	554.9	新疆
石河子花园机场	SHF	169 181	107.6	新疆
博乐阿拉山口机场	BPL	168 933	112.3	新疆
那拉提机场	NLT	82 057	69.0	新疆
且末机场	IQM	71 450	8.7	新疆
布尔津喀纳斯机场	KJI	66 731	2.5	新疆
若羌楼兰机场	RQA	35 539	46.7	新疆
富蕴可可托海机场	FYN	27 638	15.9	新疆
图木舒克唐王城机场	TWC	887	1.5	新疆

资料来源：中国民航局．2018 年民航机场生产统计公报[EB/OL]．(2019-03-05)．http://www.caac.gov.cn/XXGK/XXGK/TJSJ/201903/t20190305_194972.html．

新疆地域广阔，城市与城市间距离较远，新疆机场的覆盖面较低，目前机场密度仅为全国平均水平的 47.5%。民航与新疆维吾尔自治区人民政府共同制定了《乌鲁木齐国际枢纽战略规划》，新疆作为“一带一路”核心区，如果没有与“核心区”相适应的交通枢纽条件，“核心区”就会名不副实。现乌鲁木齐机场北航站区改扩建工程正在开工建设，以及塔城、阿勒泰机场改扩建工程全面开工，支持伊宁、阿克苏、喀什机场改扩建工程和 ADS-B 台站集中建设。同时，加快筹划塔什库尔干、于田、巴里坤等新建机场前期工作。根据《中国民用航空发展第十三个五年规划》，新疆地区旅客吞吐量预计将达到 3 900 万人次、货邮吞吐量 27 万吨、飞行起降 39 万架次，乌鲁木齐机场旅客吞吐量将达到 3 200 万人次，未来新疆航空运输市场潜力巨大。同时，乌鲁木齐枢纽巨大的国际中转市场潜力也将逐步释放。国家战略、新疆发展、民航强国建设等多重利好因素叠加，给新疆民航发展带来前所未有的发展机遇，新疆机场覆盖面较低的局面将被打破。

思 考 题

1．简述中国在地球上的地理位置。

2．描述中国的地形地貌。

3．简述中国气象气候的特点。

4．简述中国经济地理分布。
5．试分析国内航空运输现状。
6．试述中国人口分布对交通运输的影响。
7．试述人文旅游资源对交通运输的影响。
8．简述中国航空区划的由来及演变。
9．简述国内航空区划的地理特征。
10．简述华北地区空运市场的地理分布。
11．简述华东地区空运市场的地理分布。
12．简述中南地区空运市场的地理分布。
13．简述西南地区空运市场的地理分布。
14．简述东北地区空运市场的地理分布。
15．简述西北地区空运市场的地理分布。
16．简述新疆地区空运市场的地理分布。

第七章

中国国内主要机场分布

学习目标

1．了解中国机场战略布局。

2．掌握中国国际大都市和枢纽机场。

3．掌握中国区域中心城市和区域机场。

第一节　中国机场战略布局

一、构建国家综合机场体系

目前，中国机场数量仍然偏少，中西部地区覆盖不足，特别是边远地区、民族地区航空服务短板突出。现有机场层次不够清晰，功能结构有待完善，难以适应中国经济社会发展，以及进一步扩大对外开放、新型城镇化建设的需要。部分机场容量趋于饱和，现有设施能力已不能适应发展需要。繁忙机场和繁忙航路的空域资源紧张，航班运行受限、延误增加，影响了机场设施及其系统效能的充分发挥。

随着中国经济发展进入新常态，经济转入中高速增长区间，对外开放进一步扩大，产业结构调整加快，消费结构逐步升级，航空运输需求规模和结构都将发生重大变化，运输需求总量大、强度高、多样化、覆盖广，而既有机场数量、保障能力、服务水平等方面都难以满足。为适应新型工业化、信息化、城镇化和农业现代化同步发展的需要，要求运输机场在布局上加密，总量上增加，结构上优化。

民用机场是公共基础设施，具有较强的整体性、系统性和关联性。机场布局和建设是引导配置航空资源的重要手段，是支撑民航强国的重要基础。要统筹协调民用运输机场和通用机场布局建设，构建覆盖广泛、分布合理、功能完善、集约环保的国家综合机场体系，发挥整体网络效应，为民航可持续发展奠定基础。制定全国民用机场布局规划，指导全国民用机场建设布点，有利于提高机场建设的针对性，减少盲目性；有利于提高航空运输通达能力，促进地区经济发展，便利旅客出行；有利于促进国防建设，增强国防实力。全国民用机场布局规划应当统筹安排、通盘考虑、统一规划，全国民用机场的布局规划由国家发展和改革委员会会同国务院民用航空主管部门及其他有关部门共同制定，2017 年 2 月 13 日印发的《全国民用运输机场布局规划》是中国近年来贯彻和执行民航中长期规划的依据。

二、战略布局原则

（一）优化布局结构

从综合交通运输体系出发，发挥民航安全、快捷、舒适、灵活的优势，有效衔接高速铁路等交通运输方式，兼顾公平与效率，构建世界级机场群、国际枢纽和区域枢纽层次清晰、布局合理、功能完善的机场体系，提升机场服务水平。

（二）加密扩能并重

统筹东中西部机场协同发展，重点增加中西部地区机场数量，提高密度，扩大航空运输服务的覆盖面；实施繁忙机场扩能改造，提升服务保障能力，适应快速增长的航空需求，满足广大人民群众便捷出行需要。

（三）服务国家战略

按照“一带一路”倡议、京津冀协同发展、长江经济带和有关区域发展战略，以及国家主体功能区、新型城镇化的要求，统筹考虑经济社会发展和各种交通方式的衔接，建立与人口分布、资源禀赋相协调，与国土开发、城镇化格局等相适应的机场整体布局。

（四）绿色集约环保

牢固树立绿色低碳循环发展理念，集约节约利用资源，加强生态环境保护；合理利用现有各类机场资源，减少迁建；鼓励相邻地区打破行政区划分割，合建共用机场。

三、发展目标

2020 年，运输机场数量达 260 个左右，北京新机场、成都新机场等一批重大项目将建成投产，枢纽机场设施能力进一步提升，一批支线机场投入使用。

2025 年，建成覆盖广泛、分布合理、功能完善、集约环保的现代化机场体系，形成 3 大世界级机场群、10 个国际枢纽、29 个区域枢纽。京津冀、长三角、珠三角世界级机场群形成并快速发展，北京、上海、广州机场国际枢纽竞争力明显加强，成都、昆明、深圳、重庆、西安、乌鲁木齐、哈尔滨等国际枢纽作用显著增强，航空运输服务覆盖面进一步扩大。

展望 2030 年，机场布局进一步完善，覆盖面进一步扩大，服务水平持续提升。

四、完善机场布局体系

（一）完善六大机场群

完善华北、东北、华东、中南、西南、西北六大机场群，到 2025 年，在现有（含在建）机场基础上，新增布局机场 136 个，全国民用运输机场规划布局 370 个（规划建成约 320 个）。

1. 华北机场群

华北机场群由北京、天津、河北、山西、内蒙古五个省（自治区、直辖市）内的机场构成。

布局规划新增沧州、介休、正蓝旗等 16 个机场，总数达 48 个。增强北京机场国际枢纽竞争力，与天津、石家庄共同打造京津冀世界级机场群；培育太原、呼和浩特等机场的区域枢纽功能，增强对周边的辐射能力；提升唐山、运城、包头等其他既有机场发展水平。

2. 东北机场群

东北机场群由辽宁、吉林、黑龙江三个省内的机场构成。

布局规划新增铁岭、四平、绥化等 23 个机场，总数达 50 个。逐步提升哈尔滨机场国际枢纽的功能；培育大连、沈阳、长春等机场的区域枢纽功能，拓展机场服务范围；提升锦州、长白山、大庆等其他既有机场发展水平。

3. 华东机场群

华东机场群由上海、江苏、浙江、安徽、福建、江西、山东 7 个省（直辖市）内的机场构成。

布局规划新增嘉兴、蚌埠、瑞金、宁德、菏泽等 16 个机场，总数达 61 个。增强上海机场国际枢纽的竞争力，与杭州、南京、合肥、宁波等机场共同打造长三角地区世界级机场群，并与其他交通运输方式优势互补、深度融合、互联互通；培育厦门、青岛、福州、济南、南昌、温州等机场的区域枢纽功能；提升无锡、舟山、黄山、赣州、烟台等其他既有机场发展水平。

4. 中南机场群

中南机场群由河南、湖北、湖南、广东、广西、海南 6 个省（自治区）内的机场构成。

布局规划新增周口、荆州、湘西、韶关、贺州、儋州等 24 个机场，总数达 60 个。推进广州、深圳等地机场资源共享、合作共赢、协同发展，提升国际枢纽竞争力，共同打造珠三角地区世界级机场群；增强武汉、长沙、郑州机场枢纽作用，培育海口、三亚、南宁、桂林等机场的区域枢纽功能；提升揭阳、柳州、洛阳、宜昌、张家界等其他既有机场发展水平。

5. 西南机场群

西南机场群由重庆、四川、贵州、云南、西藏 5 个省（自治区、直辖市）内的机场构成。

布局规划新增武隆、甘孜、威宁、楚雄等 29 个机场，总数达 78 个。逐步提升昆明、成都和重庆机场国际枢纽的竞争力；培育贵阳、拉萨等机场的区域枢纽功能；大幅增加区域机场密度，优化布局结构，提升万州、九寨、黄平、丽江、林芝等其他既有机场发展水平。

6. 西北机场群

西北机场群由陕西、甘肃、青海、宁夏、新疆 5 个省（自治区）内的机场构成。

布局规划新增宝鸡、平凉、共和、石嘴山、塔什库尔干、且末（兵团）等 28 个机场，总数达 73 个。逐步提升西安、乌鲁木齐机场国际枢纽的竞争力；培育兰州、银川、西宁等机场的区域枢纽功能；增加机场密度，提升延安、敦煌、格尔木、中卫、喀什等其他既有机场发展水平，全国民用运输机场布局规划表如表 7-1 所示。

表 7-1　全国民用运输机场布局规划表（2025 年）

地区	已建成及在建机场（2015）		布局规划新增机场（2025 年）		总量
	名称	数量	名称	规划新增	
全国		235		136	370
华北地区		33		16	48
北京	北京首都、南苑（北京新机场启用后关闭）、北京大兴	3			2
天津	天津	1			1
河北	石家庄、秦皇岛、邯郸、唐山、张家口、承德	6	邢台、沧州、衡水、保定	4	10
山西	太原、长治、运城、大同、吕梁、五台山、临汾	7	朔州、介休	2	9
内蒙古	包头、赤峰、鄂尔多斯、海拉尔、呼和浩特、满洲里、通辽、乌海、巴彦淖尔、二连浩特、乌兰浩特、锡林浩特、阿尔山、乌兰察布、扎兰屯、霍林郭勒	16	正蓝旗、阿拉善左旗、阿拉善右旗、额济纳旗、西林/克什克腾、扎赉特旗、巴林右旗、奈曼旗、莫力达瓦旗、东乌旗	10	26
东北地区		27		23	50
辽宁	大连、沈阳、丹东、锦州、朝阳、长海、鞍山、营口	8	阜新、桓仁、铁岭	3	11
吉林	长春、延吉、长白山、通化、白城、松原	6	四平、吉林、辽原、敦化、榆树、通榆、白山、珲春、集安、长白	10	16
黑龙江	哈尔滨、牡丹江、齐齐哈尔、佳木斯、黑河、漠河、鸡西、大庆、伊春、加格达奇、抚远、建三江、五大连池	13	绥芬河、绥化、拜泉、木兰、虎林、饶河、鹤岗、嫩江、宝清、尚志亚布力	10	13
华东地区		45		16	61
上海	上海浦东、上海虹桥	2			2
江苏	南京、无锡、常州、徐州、连云港、南通、盐城、淮安、扬州泰州	9			9
浙江	杭州、宁波、温州、舟山、台州、义乌、衢州	7	嘉兴、丽水	2	9
安徽	合肥、黄山、安庆、阜阳、池州	5	芜湖/宣城、蚌埠、亳州、滁州、宿州	5	10
福建	福州、厦门、晋江、武夷山、连城、三明	6	莆田、漳州、宁德、平潭	4	10

续表

地区	已建成及在建机场（2015）		布局规划新增机场（2025年）		总量
	名称	数量	名称	规划新增	
江西	南昌、赣州、井冈山、九江、景德镇、宜春、上饶	7	抚州、瑞金	2	9
山东	济南、青岛、烟台、威海、临沂、潍坊、东营、济宁、日照	9	聊城、菏泽、枣庄	3	12
中南地区		36		24	60
河南	郑州、洛阳、南阳、信阳	4	商丘、嵩山、安阳、周口、三门峡	5	9
湖北	武汉、宜昌、恩施、襄樊、神农架、十堰	6	鄂州、荆州、咸宁	3	9
湖南	长沙、张家界、常德、永州、怀化、衡阳、武冈、益阳	8	娄底、郴州、湘西	3	11
广东	广州、深圳、揭阳、珠海、湛江、梅县、佛山、惠州	8	韶关、阳江、云浮、怀集、连州	5	13
广西	南宁、桂林、北海、柳州、梧州、百色、河池	7	贺州、玉林、防城港/钦州、崇左	4	11
海南	海口、三亚、琼海	3	儋州、西沙、南沙、东方/五指山	4	7
西南地区		49		29	78
重庆	重庆、万州、黔江、巫山	4	武隆	1	5
四川	成都双流、九寨沟、攀枝花、西昌、宜宾、绵阳、南充、泸州、广元、达州、康定、稻城、红原、巴中	14	乐山、甘孜、成都新、阆中、雅安、甘洛、遂宁、会东	8	22
贵州	贵阳、铜仁、兴义、安顺、黎平、荔波、毕节、遵义、黄平、六盘水、仁怀	11	威中、黔北、罗甸、盘县、天柱	5	16
云南	昆明、西双版纳、丽江、大理、德宏、迪庆、保山、临沧、普洱、昭通、文山、腾冲、泸沽湖、沧源、澜沧	15	红河、元阳、丘北、宣威、楚雄、玉溪、勐腊、永善、景东、怒江	10	25
西藏	拉萨、昌都、林芝、阿里、日喀则	5	那曲、亚东、定日、普兰、隆子	5	10
西北地区		45		28	73
陕西	西安、延安、榆林、汉中、安康	5	府谷、宝鸡、定边、华山	4	9
甘肃	兰州、敦煌、嘉峪关、庆阳、天水、夏河、金昌、张掖、陇南	9	祁连、武威、定西、临夏、平凉	5	14
青海	西宁、格尔木、玉树、德令哈、花土沟、果洛、祁连	7	共和、贵德、久治、玛多、囊谦、治多	6	13
宁夏	银川、中卫、固原	3	石嘴山	1	4
新疆	乌鲁木齐、喀什、伊宁、库尔勒、阿勒泰、和田、阿克苏、库车、塔城、且末、那拉提、克拉玛依、喀纳斯、哈密、吐鲁番、博乐、富蕴、石河子、莎车、若羌、图木舒克	21	轮台、塔什库尔干、于田、皮山、准东、昭苏、和静、阿拉尔、和布克赛尔、乌苏/奎屯、巴里坤、且末	12	33

（二）打造国际枢纽

着力提升北京、上海、广州机场的国际枢纽竞争力，推动它们与周边机场优势互补、协同发展，建成覆盖广泛、分布合理、功能完善、集约环保的现代化机场体系，形成3大世界级机场群、10个国际枢纽、29个区域枢纽。京津冀、长三角、珠三角世界级机场群形成并快速发展，北京、上海、广州机场国际枢纽竞争力明显加强，成都、昆明、深圳、重庆、西安、乌鲁木齐、哈尔滨等国际枢纽作用显著增强，航空运输服务覆盖面进一步扩大。接近终端容量且有条件的城市研究论证第二机场建设方案。

巩固和培育区域枢纽：积极推动天津、石家庄、太原、呼和浩特、大连、沈阳、长春、杭州、厦门、南京、青岛、福州、济南、南昌、温州、宁波、合肥、南宁、桂林、海口、三亚、郑州、武汉、长沙、贵阳、拉萨、兰州、西宁、银川等机场形成各具特色的区域枢纽。稳步推进新增运输机场布局：增加中西部地区机场数量，提高机场密度，扩大航空运输服务覆盖面。

（三）构建通用机场网络

通用机场是民航基础设施的重要组成，也是运输机场的重要补充。要鼓励非枢纽机场增加通用航空设施，提供通用航空服务，初步形成覆盖全国的通用航空机场网络。支持在年旅客吞吐量1 000万人次以上的枢纽机场周边建设通用机场，疏解枢纽机场非核心业务。鼓励在偏远地区、地面交通不便地区建设通用机场，开展短途运输，改善交通运输条件；支持建设各类通用机场，满足工农林作业、空中游览、飞行培训、抢险救灾、医疗救护、反恐处突等需求。积极有序布局建设一批通用机场，达到500个以上。

五、加快机场设施建设

第一，着力加快枢纽机场建设。完善国际、区域枢纽机场功能，着力提升大型机场的容量，增强中型、小型机场的保障能力。依靠北京新机场建设，积极探索区域多机场协同发展，提升机场群整体效率。坚持超前谋划，加快上海、广州等机场的改扩建工程，完善中转设施和服务流程，提升国际枢纽功能；加快成都新机场建设和青岛、厦门、大连等机场的整体迁建，开展珠三角枢纽（广州新）机场和三亚新机场前期研究工作。按照适度超前原则，加快实施深圳、昆明、重庆、西安、乌鲁木齐、哈尔滨等机场改扩建工程，推进长沙、武汉、郑州、海口、沈阳、贵阳、南宁、福州等机场的新跑道工程建设，优化机场多跑道运行方案，推进天津、杭州、南京等机场改扩建；加快呼和浩特机场迁建工程，开展拉萨新机场前期研究工作。实施太原、长春、南昌、桂林、温州、兰州、宁波、合肥、石家庄等机场改扩建工程，按照业务发展需要，改扩建飞行区跑滑系统、航站楼和停机坪设施。

第二，加强非枢纽机场建设。新增布局一批运输机场，鼓励利用现有军用机场和通用机场升级改造为运输机场，提高航空服务均等化水平。加强新建机场的前期论证工作，做好项目储备。需求较少的地区宜建设通用机场，预留未来升级空间。实施一批机场改扩建工程，提升机场安全运行保障能力。在民用机场建设中兼顾国防建设需求，推进军民融合发展。机场航站楼建设要坚持简朴实用原则，不搞豪华装修等形象工程。

第三，强化机场集疏和转运能力。注重机场与其他交通方式的高效衔接，构建以机场为核心节点的综合交通枢纽。民用运输机场应同步建设高等级公路，同场建设城市公共交通设施和道路客站场等换乘设施，大中型枢纽机场尽可能引入高速铁路、城际铁路或市郊铁路。以服务需求为导向，建立公共信息平台，实现与其他交通方式信息互联互通。

第四，加快通用航空基础设施建设。贯彻落实国务院办公厅《关于促进通用航空业发展的指导意见》，完善通用机场建设标准，由省级政府组织编制本地区《通用航空机场布局规划》，民航地区管理局加强与各省级发展改革部门、军队部门的工作协调，简化通用机场建设审批程序。鼓励社会资本参与通用机场、飞行服务站、油料供应、固定运营基地等建设，完善通用航空维修服务体系，提升通用航空运营保障能力。

第五，加强航油保障基础设施建设。完善成品油储运配送基地和战略储备库建设，优化供油网络。结合机场建设项目，加强机场内航空油料的存储、加注和输油管线等专用基础设施建设，完善机场航油保障设施。鼓励航油供应设施建设投资主体多元化。

第二节　中国城市与国际枢纽机场

《全国民用运输机场布局规划》（以下简称《规划》）中明确指出：“2025 年，建成覆盖广泛、分布合理、功能完善、集约环保的现代化机场体系，形成 3 大世界级机场群、10 个国际枢纽、29 个区域枢纽”。北京、上海、广州毫无悬念地保持了国际枢纽定位，《规划》对此提出了“国际枢纽竞争力明显增强”的目标。另外，成都、昆明、深圳、重庆、西安、乌鲁木齐、哈尔滨等机场在《规划》中也被定位为“国际枢纽”，并要求其“国际枢纽作用显著增强”。本节重点对十大国际枢纽逐一进行介绍。

本节中各机场基本数据和航线图均选自于飞常准[①] 2017 年年度报告，指标说明如表 7-2 所示。

表 7-2　各机场基础数据

指　　标	说　　明
数据周期	2016 年 5 月—2017 年 4 月
航班	仅包含民航定期客运航班，不含货运、公务机、通用航空等其他航班
进出港航班量	实际出港航班量+实际进港航班量（飞常准有实际起飞和到达时间的进出港航班，不包括取消航班）

[①] “飞常准”创立于 2005 年，总部位于中国合肥，网址 http://www.variflight.com/，2017 年，该公司作为唯一的非政府组织代表参与国际民航组织 ICAO 正式活动。该公司已参与中国国内机场建设：如昆明长水机场与合肥飞友网络科技有限公司共同合作，初步完成昆明长水机场航班进程管控及机位预警系统的开发使用工作。

续表

指　　标	说　　明
连通性指数	通过计算在机场满足最短中转时间和最长中转时间的所有可行航班衔接，得到连通性指数，该指标可反映机场作为中转枢纽的能力
直飞航线	出港直飞航线数+进港直飞航线数（A→B 和 B→A 计为两条航线）
平均航程	所有进出港航班的飞行总距离÷进出港航班量
新开直飞航线	与 2015 年 5 月—2016 年 4 月同期对比，新开的出港直飞航线和进港直飞航线
关闭直飞航线	与 2015 年 5 月—2016 年 4 月同期对比，关闭的出港直飞航线和进港直飞航线
航司进出港航班量占比	航空公司在某机场的实际进出港航班量÷该机场实际进出港航班总量
航线航班量占比	往返航线在某机场的实际进出港航班量÷该机场实际进出港航班总量数
旅客吞吐量&起降架次	据来自民航局公布的 2017 年旅客吞吐量和起降架次
跑道数量&航站楼	指目前机场投入使用的跑道和航站楼数量

数据来源：2017 年飞常准（VariFlight）“国内千万级机场数据指标一览”。

一、北京与首都国际机场

（一）北京

北京地处华北平原西北边缘，远在 70 万年前，“北京人”曾在西南郊的周口店地区生息。帝尧时代，这里即有都邑，元明清三个王朝建都于此。先秦时称北京为蓟，金时为中都，元改号大都，明初称北平，后改称北京，民国又改称北平，1949 年中华人民共和国成立后改称北京并为首都。北京是中华人民共和国的直辖市、国家中心城市、超级大城市、国际大都市，是中国城市基础设施现代化水平最高的城市。它是全国政治中心、文化中心、国际交往中心、科技创新中心，是中国与世界各国进行高层次政治、经济、科技、文化交往和交流的中心，也是中国交通、邮政、通信的主要枢纽，首都国际机场是中国航空交通运输枢纽和周转中心，北京西站是亚洲最大的现代化铁路客运中心。

2018 年，北京全市经济运行平稳、稳中提质。初步核算，2018 年全市实现地区生产总值 30 320 亿元，按可比价格计算，比 2017 年增长 6.6%。分产业看，第一产业实现增加值 118.7 亿元，下降 2.3%；第二产业实现增加值 5647.7 亿元，增长 4.2%；第三产业实现增加值 24 553.6 亿元，增长 7.3%。

（二）北京首都国际机场

1. 概况

北京首都国际机场简称首都国际机场，位于北京市区东北方向的顺义区，距离天安门广场 25.35 千米，地理位置为北纬 40° 04′、东经 116° 34′。北京首都国际机场是中国地理位置最重要、规模最大、设备最齐全、运输生产最繁忙的大型国际航空港，不但是中国首都北京的空中门户和对外交往的窗口，而且是中国民航最重要的航空枢纽，是中国民用航空网络的辐射中心，并且是当前中国最繁忙的民用机场，也是中国国际航空公司的基地机场。机场概况如图 7-1 所示。

北京首都

机场简介		机场规模	
名称	北京首都国际机场	旅客吞吐量（2017年）	95 786 296人次
IATA	PEK	起降架次（2017年）	597 259
ICAO	ZBAA	飞行区等级	4F级
建成时间	1958年	最大起降机型	A380
网址：http://www.bcia.com.cn/		跑道数量	3条
		航站楼	3座

机场服务			
连接机场数量	285	直飞航线	501条
连接国家/地区数量	70	平均航程	2070km
连通性指数	694	新开直飞航线	27条
服务航空公司数量	99	关闭直飞航线	24条

TOP3航空公司	进出港航班量	进出港航班量占比	直飞航线
CA	225 934	39.00%	297条
CZ	84 952	14.70%	91条
MU	77 800	13.40%	98条

图 7-1　北京首都国际机场基本情况

1958 年 3 月 2 日，北京首都国际机场投入使用，当时仅有一座机场南楼。1974 年 8 月，机场的第二次大规模扩建正式动工，并被列为国家重点工程建设项目。1980 年 1 月 1 日，机场内面积为 6 万平方米的 T1 航站楼及停机坪、楼前停车场等配套工程建成并正式投入使用。1995 年 10 月，机场开始建设 T2 航站楼，并列入国家重点工程。1999 年 11 月 1 日，二期工程 T2 航站楼投入使用。2004 年 3 月，机场开始三期扩建工程，2007 年 12 月，T3 航站楼扩建工程完工。现首都机场拥有三条跑道、三座航站楼，建筑总面积达 140 万平方米，拥有 314 个停机位，机场旅客年吞吐量名列世界第二。

截至 2016 年年底，北京首都国际机场拥有基地航空六家，分别为中国国际航空、中国东方航空、中国南方航空、海南航空、首都航空、顺丰航空，厦门航空在北京朝阳区设立分公司。

2. 发展目标

首都国际机场为了积极疏解非国际枢纽功能，开拓新的国际航线，全面提升国际竞争力，打造一流国际枢纽，于 2014 年 12 月正式破土开工，2019 年 9 月正式启用北京大兴国际机场，该机场将作为区域综合交通枢纽，紧密衔接京津冀城市群核心城市、雄安新区等，双枢纽格局的形成将为北京“四个中心”的城市定位提供服务与保障。

北京大兴国际机场是北京的重大标志性工程、国家发展的一个新动力源。在建设过程中，首都机场集团公司按照精品工程、样板工程、平安工程、廉洁工程的要求，践行创新、协调、绿色、开放、共享“五大”发展理念，为中国基础设施建设树立了样板。北京大兴国际机场的建成投用将推进新机场建设世界一流国际枢纽，实现大型国际航空枢纽的发展目标；推动与京津冀城市群核心城市、雄安新区等紧密的衔接，实现区域综合交通枢纽发展目标；促进周边区域经济、社会发展，实现作为国家发展的一个新的动力源的目标。

二、上海与上海机场集团

（一）上海

上海市地处长江三角洲冲积平原的前缘，是长江出海的门户，因吴淞江的一条支流“上海浦”而得名，春秋战国时期先后为吴国、越国和楚国属地。当地渔民创造了捕鱼工具“扈”，后人称这一带为沪渎。东晋时筑沪渎垒以防海盗，故上海简称“沪”，元成立上海县。鸦片战争后，上海被辟为五口通商口岸之一，1921 年 7 月中国共产党在此成立，1949 年中华人民共和国成立后成为中央直辖市，是中国最大的工业基地、交通枢纽、外贸口岸、工商业城市，是国内日用工业消费品的主要生产基地，当地产品在国内外享有较好的声誉，为国际著名港口，是世界上为数不多的吞吐量超亿吨大港之一。浦东开发区为世界最大开发工程，是使上海、长江三角洲乃至长江流域与世界经济接轨的宏伟工程。未来，上海将形成具有全球影响力的科技创新中心基本框架，走出创新驱动发展新路，为推进科技创新，实施创新驱动发展战略，走在全国前头、走到世界前列奠定基础。同时，也将适应社会主义市场经济发展，建立健全更加成熟、更加定型的国际化、市场化、法治化制度规范，基本建成国际经济、金融、贸易、航运中心和社会主义现代化国际大都市。

（二）上海浦东国际机场

上海浦东国际机场（简称浦东机场）位于上海长江入海口南岸的滨海地带，占地 50 多平方千米，距上海市中心约 30 千米，距离虹桥机场约 40 千米，东经121°27′29.8″、北纬 31°08′38.4″，为 4F 级国际航空港。上海浦东国际机场是中国（包括港、澳、台）三大国际机场之一，与北京首都国际机场、香港国际机场并称中国三大国际航空港。机场概况如图 7-2 所示。

上海浦东

机场简介		机场规模	
名称	上海浦东国际机场	旅客吞吐量（2017年）	70 001 237人次
IATA	PVG	起降架次（2017年）	496 774
ICAO	ZSPD	飞行区等级	4F级
建成时间	1999年	最大起降机型	A380
网址：http://www.shanghaiairport.com		跑道数量	4条
		航站楼	2座

机场服务			
连接机场数量	232	直飞航线	432条
连接国家/地区数量	45	平均航程	2 232km
连通性指数	507	新开直飞航线	27条
服务航空公司数量	94	关闭直飞航线	24条

TOP3航空公司	进出港航班量	进出港航班量占比	直飞航线
MU	126 676	28.70%	225条
FM	47 102	10.70%	106条
CZ	47 786	9.70%	58条

图 7-2　上海浦东国际机场基本情况

浦东国际机场的航班量占到整个上海机场的六成左右，自 2008 年起，其国际旅客吞吐量位居国内机场首位，货邮吞吐量位居世界机场第三位。现往来于上海的国际航班大部分都在浦东机场起降，亦有国内航班，而上海市的另一家机场——虹桥国际机场则以中国国内航线为主。

浦东机场一期工程于 1999 年 9 月建成通航，二期工程于 2008 年 3 月建成通航。浦东机场拥有 4 条跑道、2 个航站楼、218 个停机位、70 座登机桥，2018 年旅客吞吐量 7 400 万人次。同时，装备有导航、助航灯光、通信、雷达、气象和后勤保障等系统，能提供 24 小时全天候服务。

上海浦东国际机场是中国第一个拥有四条跑道的机场，而且目前依然是中国唯一的一个已建成四条跑道的机场，上海浦东国际机场的第五条跑道也已经开始建设了，成为中国唯一的一个拥有五条跑道的机场。浦东卫星厅项目已于 2015 年年底开工，新增近 100 余个近机位；捷运系统将连接主航站楼和卫星厅。2019 年 9 月，卫星厅建成投入使用后，浦东机场的年旅客吞吐量达到 8 000 万人次。

（三）上海虹桥国际机场

上海虹桥国际机场始建于 1907 年，也称上海机场，它的前身是建于 1921 年 3 月的民国虹桥机场，抗日战争时期被日本军队占领。中华人民共和国成立后，重建虹桥机场，此后一直作为军用机场，直到 1963 年被国务院批准才再次成为民用机场，并于 1963 年年底进行了大规模的改建和扩建，工程于 1964 年正式交付使用。1984 年 3 月，上海虹桥国际机场候机楼工程再度扩建，同年 9 月 30 日扩建工程完工。扩建后的候机楼，使用面积比过去扩大了一倍。1988 年，上海民航进行重大体制改革，实行政企分开，机场和航空公司分营，上海虹桥国际机场从同年 6 月 25 日起成为独立的经济实体。1988 年 12 月，上海虹桥国际机场候机楼第三次扩建，于 1991 年 12 月 26 日完工。2010 年，上海虹桥综合交通枢纽建成，虹桥机场 2 号航站楼及第二跑道正式启用。2014 年 12 月，虹桥机场 1 号航站楼改造工程全面开工，经过 3 年多的改造，上海虹桥国际机场 1 号航站楼改造工程顺利完工，并于 2018 年 10 月 15 日全面投入使用，其概况如图 7-3 所示。

上海虹桥

上海机场(集团)有限公司
SHANGHAI AIRPORT AUTHORITY

机场简介		机场规模	
名称	上海虹桥国际机场	旅客吞吐量（2017年）	41 884 059人次
IATA	SHA	起降架次（2017年）	261 981
ICAO	ZSSS	飞行区等级	4E级
建成时间	1907年	最大起降机型	B747
网址：http://www.shanghaiairport.com		跑道数量	2条
		航站楼	2座

机场服务			
连接机场数量	94	直飞航线	163条
连接国家/地区数量	8	平均航程	1163km
连通性指数	437	新开直飞航线	13条
服务航空公司数量	30	关闭直飞航线	10条

TOP3航空公司	进出港航班量	进出港航班量占比	直飞航线
MU	81 855	31.50%	102条
FM	48 688	18.80%	78条
9C	24 373	9.40%	62条

图 7-3　上海虹桥国际机场基本情况

作为上海第一个民用机场的上海虹桥国际机场，经过多年的扩建后，现已成为中国最繁忙的航空港之一。上海机场集团有限公司致力将虹桥机场建成领航国际交流、聚焦航空总部的最佳商务区，建成上海乃至全国的现代航空服务示范区，从“机场的门厅”走向“城市的客厅”，打造一个现代化的城市机场。

（四）发展目标

由上海机场的发展可以看到，一个世界级的航空枢纽展露眼前。上海拥有两大机场、4 座候机楼、两座卫星厅、6 条跑道，航空旅客吞吐量排名世界城市前列，93 家航空公司、37 家纯货运航空公司铺就了遍布全球 239 座城市的航线网络。目前，高峰时段，浦东机场起降次数可达每小时 92 架次，虹桥机场亦可达每小时 59 架次，两个机场的客运年吞吐量超过 1.1 亿人次。实施属地化管理以来，上海机场交出了一份骄人的成绩。

上海浦东国际机场已经跨入世界十大机场行列，其世界级航空枢纽地位已经基本确立。建设成为品质领先的世界级航空枢纽，并作为超大型机场卓越运营的典范，成为上海机场集团属地化管理的未来新目标。

亚太地区是全球成长最迅速的航空市场。在上海浦东国际机场国际中转业务最重要的欧洲—大洋洲和东南亚—北美方向上，分别有着来自迪拜、阿布扎比、多哈等中东机场和仁川等东亚周边机场的激烈竞争。上海是中国的金融中心，也是国产大型客机的研制生产基地，航空运输与航空金融、航空制造、航空科研等产业要素在这里高度聚集，在全世界范围内堪称独一无二，为上海机场成为行业引领者、标准制造者提供了良好机遇。

未来，上海机场集团仍将强调与上海地方经济的联动发展，并致力于提升城市功能，更好地服务于长三角和全国经济社会发展。新一轮机场集团战略规划中，上海航空枢纽对上海国际航运中心全球地位的支柱功能，在自贸试验区建设中的价值载体和服务保障功能，以及在全球航空货运供应链中的资源配置功能，被提到了极为重要的位置，从而引领实现“民航强国”。

三、广州与白云国际机场

（一）广州

广州位于广东省中部，是华南地区最大的城市、全国著名侨乡、历史文化名城。据黄婆洞和飞鹅岭发掘的新石器文化遗址证实，广州早在五千多年前就有人类生息，是古越族文化发祥地之一。3 000 年前，周夷王在此建楚庭，为广州最早城池。三国时，东吴设广州，简称“穗”，别称“羊城”，被誉“花城”。广州现为广东省省会，也是中国南方最大的对外贸易口岸，每年春、秋两季，全国进出口商品交易会在这里举行。广州也是中国海上丝绸之路的一个要站，已成为华南地区陆海空交通运输的枢纽，当地铁路直达快车可到国内主要大城市，海运可通世界 300 多个大港，空运有全国三大国际机场之一的白云机场。广州有“水果之乡”的美誉，当地的荔枝、香蕉、木瓜和菠萝早已闻名中外，杨桃、龙眼、柑、橙等水果在国内外久负盛名；鲜花、蔬菜、水产品远销北方城市和港澳地区；工业门类齐全，设备先进，是华南地区工业中心；商场林立，市场繁荣，被誉为购物天堂。广州以美食而闻名于世，广州菜是中国八大菜系之一粤菜的代表，广式点心品种有一千多款，为全国之最。

（二）广州白云国际机场

1. 概况

广州白云国际机场位于广州市白云区人和镇和花都区新华街道、花东镇交界处，地理位置为北纬23° 10′35.72″、东经113° 15′17.13″，离广州市区约 28 千米，飞行区等级为 4F 级，是中国三大门户复合枢纽机场之一，2018 年排名为世界第 13 名。机场前身为 1932 年始建的旧白云机场，1963 年，名称变为“广州白云国际机场”。

广州白云国际机场自 2004 年 8 月 5 日转场以来，各项业务得到迅猛发展，转场当年的旅客吞吐量就超过了 2 000 万人次，2010 年成功跻身 ACI（国际机场协会）全球机场旅客满意度测评的“世界十佳服务机场”。2018 年，该机场实现旅客吞吐量 6 972 万人次，相比 2017 年度增加旅客近 400 多万人次，增幅达 5.9%。截至 2018 年 8 月，该机场航线网络已覆盖全球 210 多个通航点，通达全球 40 多个国家和地区，其中，国际及地区航点近 90 个，已有近 80 家中外航空公司在此运营，其中外航和地区公司 50 家。机场概况如图 7-4 所示。

广州白云

BAIYUNPORT
白云国际机场股份

机场简介		机场规模	
名称	广州白云国际机场	旅客吞吐量（2017年）	65 806 977人次
IATA	CAN	起降架次（2017年）	465 295
ICAO	ZGGG	飞行区等级	4F级
建成时间	2004年	最大起降机型	A380
网址：http://www.gbiac.net/		跑道数量	3条
		航站楼	1座

机场服务			
连接机场数量	206	直飞航线	381条
连接国家/地区数量	46	平均航程	1672km
连通性指数	597	新开直飞航线	40条
服务航空公司数量	75	关闭直飞航线	22条

TOP3航空公司	进出港航班量	进出港航班量占比	直飞航线
CZ	210 904	49.40%	265条
ZH	35 649	8.30%	69条
MU	34 562	8.10%	54条

图 7-4　广州白云国际机场基本情况

2. 发展目标

广州白云国际机场致力建设为功能完善、辐射全球的大型国际航空枢纽、国际航空城、世界枢纽港的“中流砥柱”，并且大力发展临空经济，努力建设广州国家临空经济示范区。广东机场集团按照近、中、远期规划全面系统地推进国际航空枢纽建设，确保按目标任务如期建成使用。白云机场扩建工程于2012年8月正式动工，2015年2月5日，第三跑道已经投入运营，T2航站楼于2018年4月26日投入使用，可满足年起降62万架次、8 000万人次旅客量和250万吨货邮量的运营需求，至此白云国际机场开启了“三条跑道、两座航站楼”的新运营时代，对外开放的大门进一步打开。未来，白云还将加快第四、第五跑道、东四西四指廊、三号航站楼和地下旅客输送系统（APM）建设的三期扩建工程，加快推进货运设施建设。扩建工程的建设将进一步满足珠三角及华南地区日益增长的航空运输需求，加快推进白云国际机场成为世界级航空枢纽的建设步伐。

四、成都与双流国际机场

（一）成都

成都位于四川省中部，地处“水旱从人，不知饥馑”的成都平原中心，又称“蓉城”，是国家历史文化名城之一。公元前4世纪，蜀王迁都于此，提出“一年成聚，二年成邑，三年成都”，成都因而得名，尔后2 300余载未改其名，此在中国各大城市中绝无仅有。东汉的公孙述、三国的刘备、十六国的李雄以及五代的王建、孟知祥都先后在此建立都城。历史上，成都因织锦业发达，得名“锦城”；因遍植芙蓉，又有“芙蓉城”之称；1930年设为成都市，现为四川省省会，是一个综合性多功能和对外开放、著名的旅游城市。成都水能资源丰富，土壤肥沃，生物资源丰富，素有“天府之国”的美称，生猪、蜂蜜在全国著称；有大熊猫、小熊猫、金丝猴、扭角羚、岩驴、野牛等珍稀动物；有中草药860多种，并以产量大、品质优而驰名中外；矿产和经济森林资源也很丰富。

（二）成都双流国际机场

1. 概况

成都双流国际机场位于川西平原中部的“熊猫故乡”四川成都，距成都市天府广场西南约16千米，地理位置为东经103°57′02″、北纬30°34′47″，是中国西南地区重要的航空枢纽港和客货集散地。成都双流国际机场位列世界前50最繁忙机场，是中国大陆第四大航空枢纽、中国中西部最繁忙枢纽机场和内陆地区最重要的航空客货集散地，也是正在积极打造中的中国西部连通世界的国家级国际航空枢纽。

2018年，成都双流国际机场旅客吞吐量达到了5 295万人次，现有埃塞俄比亚航空、美国联合航空、荷兰皇家航空、阿提哈德航空、全日空、卡塔尔航空、中国国际航空、四川航空等中外航空公司在此运营，截至2018年8月底，成都双流国际机场有通航航线328条，航线通达全球五大洲。机场概况如图7-5所示。

成都双流国际机场直飞国际航线可达美国旧金山、洛杉矶、纽约；欧洲阿姆斯特丹、法兰克福、莫斯科、巴黎、布拉格、马德里、伦敦、圣彼得堡；大洋洲墨尔本、悉尼、奥克兰；非洲亚的斯亚贝巴、毛里求斯和亚洲各国主要城市。成都双流国际机场致力于为全球航空公司提供高水准的运营平台。两座航站楼，面积50万平方米。两条跑道，可供

A380 飞机起降。为国际航班提供保税航空燃油，对外籍旅客实行 72 小时过境免签，2017 年，国际（地区）旅客吞吐量突破 500 万人次。

成都双流

机场简介		机场规模	
名称	成都双流国际机场	旅客吞吐量（2017年）	49 801 693人次
IATA	CTU	起降架次（2017年）	337 055
ICAO	ZUUU	飞行区等级	4F级
建成时间	1938年	最大起降机型	A380
网址：http://www.cdairport.com		跑道数量	2条
		航站楼	2座

机场服务			
连接机场数量	176	直飞航线	324条
连接国家/地区数量	33	平均航程	1 383km
连通性指数	379	新开直飞航线	41条
服务航空公司数量	68	关闭直飞航线	15条

TOP3航空公司	进出港航班量	进出港航班量占比	直飞航线
CA	82 952	26.20%	147条
3U	60 692	19.20%	144条
MU	41 002	13.00%	86条

图 7-5　成都双流国际机场基本情况

2. 发展目标

2015 年，党中央、国务院着眼全国发展大局，促进区域协调发展、健全完善综合交通运输体系的重大战略，决定建设成都天府国际机场。成都天府国际机场（位于成都高新东区简阳芦葭镇）临近国家级新区四川天府新区，距离成都市中心的天府广场 51.5 千米，是国家“十三五”规划中计划将要建设的中国最大的民用运输枢纽机场项目，定位为国家级国际航空枢纽、丝绸之路经济带中等级最高的航空港，将运营成都进出港的全部国际航线，成为“国际一流、国内领先”的人文、智慧、绿色机场。

机场一期工程按满足到 2025 年，年旅客吞吐量 4 000 万人次、货邮吞吐量 70 万吨、飞机起降量 32 万架次的目标设计，新建 3 条跑道，航站楼面积达 60.8 万平方米；飞行区等级为 4F，总机位资源为 245 个。远期工程将再建设 3 条跑道，机场航站楼总面积达 98 万平方米，满足年旅客吞吐量 9 000 万人次的需求。

成都天府国际机场从立项到批复仅 15 个月。2016 年 5 月 27 日，机场全面开工建设，一期工程计划于 2020 年 12 月 28 日竣工。届时，成都将迈入双机场时代，成为中国大陆地区第三个拥有双国际机场的城市。将以成都为航空枢纽，不断打造通达欧、美、非、亚、大洋洲的航线网络。

五、昆明与长水国际机场

（一）昆明

昆明位于云南省中部偏东北，地处云贵高原中部，滇池之滨，自古为“屏蔽黔蜀”、西南要会、历史文化名城。昆明是世界上四个称得上四季如春的城市之一，故以“春城”而著称于世。战国于此地建滇王国，汉为谷昌、建伶县地，唐置昆州治，元置昆明县，1928 年置昆明市。昆明现为云南省省会，是东南亚、南亚的国际性商贸旅游城市，堪称“四时无日不开花”的花之都，茶花被列为市花，与玉兰花、杜鹃花、报春花并称昆明“四大名花”；矿产资源较多，磷矿储量居全国七大磷矿之首；经济作物——烤烟闻名于世。

（二）昆明长水国际机场

1. 概况

昆明长水国际机场是全球百强机场之一，是中国面向东南亚、南亚和连接欧亚的国家门户枢纽机场，这也让昆明长水国际机场成为中国西南部地区唯一的国家门户枢纽机场。它与乌鲁木齐地窝堡国际机场和哈尔滨太平国际机场并列为中国三大国家门户枢纽机场，是全国继北京首都国际机场、上海浦东国际机场、广州白云国际机场之后第四家实现双跑道独立运营模式的机场。其前身是昆明巫家坝国际机场，巫家坝机场到昆明市中心的直线距离仅 6.6 千米，是全国省会城市机场中距离市中心最近的机场，周围已被城市包围，不具备原地扩建的条件。因此，昆明市政府决定迁建一座全新的机场——昆明长水国际机场，2012 年 6 月 28 日，昆明长水国际机场正式投入运营。

2018 年全年，昆明长水国际机场实现旅客吞吐量 4 709 万人次，位居全国机场第六位。2017 年，长水国际机场共开通航线 359 条。

截至 2018 年 6 月，长水机场通航城市 177 个，其中国际地区通航城市 51 个，航线覆盖东南亚 10 国、南亚 5 国、东北亚 2 国、中东 1 国、欧洲 2 国、北美 2 国、大洋洲 1 国，新增昆明至莫斯科直飞航线，洲际航线数量增至 5 条，其中东南亚、南亚通航点达到 36 个，数量排名国内第一，南亚、东南亚辐射中心加速成形。机场概况如图 7-6 所示。

昆明长水

YAG 云南机场集团有限责任公司 YUNNAN AIRPORT GROUP CO.,LTD.

机场简介		机场规模	
名称	昆明长水国际机场	旅客吞吐量（2017年）	44 727 691人次
IATA	KMG	起降架次（2017年）	350 273
ICAO	ZPPP	飞行区等级	4F级
建成时间	2012年	最大起降机型	A380
网址：http://www.ynairport.com/		跑道数量	2条
		航站楼	1座

机场服务			
连接机场数量	164	直飞航线	310条
连接国家/地区数量	23	平均航程	1156km
连通性指数	495	新开直飞航线	53条
服务航空公司数量	46	关闭直飞航线	17条

TOP3航空公司	进出港航班量	进出港航班量占比	直飞航线
MU	133 429	38.90%	185条
8L	40 381	11.80%	122条
CZ	29 143	8.50%	44条

图 7-6　昆明长水国际机场基本情况

2. 发展目标

云南是中国面向南亚、东南亚的重要门户，打造昆明机场国际航空枢纽，既是落实习近平总书记考察云南重要讲话精神的重要体现，也是建设民航强国的重要支撑。要充分发挥面向南亚、东南亚的区位优势，不断加强云南民航基础设施建设，改进机场运营管理，优化航线航班结构，合力推动昆明机场国际航空枢纽建设，为把云南建成面向南亚、东南亚的辐射中心而努力。随着“一带一路”建设的不断推进，云南作为中国面向南亚、东南亚的辐射中心，将日益发挥重要作用。开放的云南正致力于建立一个开放型经济体系，与周边国家互利共赢、共同发展，尤其是与越南、老挝、缅甸三个接壤国家，在经济社会领域的交流与合作正全方位地开展。

六、深圳与宝安国际机场

（一）深圳

深圳位于广东省南部沿海，九龙半岛中部，东临大亚湾，西濒珠江口，南与中国香港的九龙、新界一河之隔，由深圳河而得名，东晋置宝安县，清康熙七年（1668 年）建深圳县于此，1979 年设深圳市。深圳是中国改革开放的窗口和新兴移民城市，目前是中国四大一线城市之一，广东省省辖市、计划单列市、副省级市、国家区域中心城市、超大城市，国务院定位的全国经济中心城市和国际化城市、国家创新型城市、国际科技产业创新中心、全球海洋中心城市、国际性综合交通枢纽，中国三大全国性金融中心之一。

深圳地处珠江三角洲前沿，是连接中国香港和内地的纽带和桥梁，在中国高新技术产业、金融服务、外贸出口、海洋运输、创意文化等多方面占有重要地位，在中国的制度创新、扩大开放等方面肩负着试验和示范的重要使命。深圳水陆空铁口岸俱全，是中国拥有口岸数量最多、出入境人员最多、车流量最大的口岸城市。

深圳已发展成为有一定影响力的现代化、国际化大都市，创造了举世瞩目的“深圳速度”，享有“设计之都”“时尚之城”“创客之城”“志愿者之城”等美誉。

（二）深圳宝安国际机场

1. 概况

深圳宝安国际机场位于珠江口东岸的一片滨海平原上，地理坐标为东经113°49′、北纬22°36′，距离深圳市区 32 千米；场地辽阔，净空条件优良，可供大型客货机起降，符合大型国际机场运行标准，实行 24 小时运行服务。

根据 2017 年 8 月机场信息显示，深圳宝安国际机场共有飞行区面积 770 万平方米，航站楼面积 45.1 万平方米，机场货仓面积 166 万平方米；新航站楼占地 19.5 万平方米，共有停机坪 199 个（廊桥机位 62 个）；共有 2 条跑道，其中第二跑道长 3 800 米、宽 60 米；航线总数 188 条；通航城市 139 个，其中国内城市 112 个、国际城市 27 个。2018 年全年，深圳机场实现旅客吞吐量 4 935 万人次，机场概况如图 7-7 所示。

深圳宝安

机场简介		机场规模	
名称	深圳宝安国际机场	旅客吞吐量（2017年）	45 610 651人次
IATA	SZX	起降架次（2017年）	340 385
ICAO	ZGSZ	飞行区等级	4F级
建成时间	1991年	最大起降机型	A380
网址：http://www.szairport.com/		跑道数量	2条
		航站楼	3座

机场服务			
连接机场数量	142	直飞航线	266条
连接国家/地区数量	15	平均航程	1 354km
连通性指数	381	新开直飞航线	46条
服务航空公司数量	35	关闭直飞航线	17条

TOP3航空公司	进出港航班量	进出港航班量占比	直飞航线
ZH	89 679	30.00%	127条
CZ	70 978	23.70%	120条
HU	30 155	10.10%	62条

图 7-7　深圳宝安国际机场基本情况

2. 发展目标

国家“十三五”规划明确了深圳机场“国际航空枢纽”的全新定位，既从宏观层面为深圳机场转型发展提供了政策支撑，也从发展路径上为深圳机场指明了未来的发展方向，更为深圳发展外向型经济提供了重要保障。

未来，借助深圳机场“国际航空枢纽”和“综合交通枢纽”的双重优势，不仅可以提高粤港澳大湾区内的基础设施互联互通水平，更好地推动区域内机场群和城市群联动发展，也将增强机场作为区域经济重要战略基础性设施的服务供给能力和综合竞争力，提高粤港澳大湾区的对外开放程度和全球竞争力。

七、重庆与江北国际机场

（一）重庆

重庆位于四川盆地东南，长江与嘉陵江汇合处，简称渝，为国家历史文化名城。1997年，重庆被设立为中国第四个中央直辖市，辖 43 个区市县，东西长 470 千米，南北宽 450 千米，四周与湖北、湖南、贵州、四川、陕西五省接壤，总面积约 8.2 万平方千米，总人口约 3 002 万。重庆历史悠久，有“巴蜀由来古，殷周已见传”的说法。战国时，周武王封巴国在此，因嘉陵江水道曲折，状如篆字的“巴”而得名。南宋赵惇早年被封为恭王驻此，后继帝位，自诩为“双重喜庆”，重庆因而取名。历史中，重庆曾三为国都，四次筑城，史称“巴渝”；抗战时期为国民政府陪都。

重庆是西南地区最大的工商业城市，也是国家重要的现代制造业基地，有国家级重点实验室 8 个、国家级工程技术研究中心 10 个、高校 67 所，还有中国（重庆）自由贸易试验区、中新（重庆）战略性互联互通示范项目、两江新区、渝新欧国际铁路等战略项目。

重庆是中国西南地区融贯东西、汇通南北的综合交通枢纽，其江北国际机场居中国内陆“十大”空港之一，果园港为渝新欧大通道的起点。

（二）重庆江北国际机场

1. 概况

重庆江北国际机场位于中国重庆市渝北区两路街道，距离市中心 19 千米，为 4F 级民用国际机场，是中国十大国际枢纽机场之一；于 2019 年 12 月开始实行 144 小时过境免签政策。

重庆江北国际机场于 1990 年 1 月 22 日正式建成通航，定名为重庆江北机场；1998 年更名为重庆江北国际机场；2005 年 10 月完成二期扩建工程；2010 年 12 月完成三期扩建工程；2017 年 8 月完成四期扩建工程。

截至 2017 年 8 月，重庆江北国际机场拥有三座航站楼，分别为 T1、T2（国内）和 T3A（国内及国际），共 73 万平方米；共有三条跑道，跑道长度分别为 3 200 米、3 600 米、3 800 米；停机坪 166 万平方米、机位 209 个、货运区 23 万平方米；可保障年旅客吞吐量 4 500 万人次、货邮吞吐量 110 万吨、飞机起降 37.3 万架次。截至 2018 年 10 月，重庆江北国际机场共开通国内外航线 295 条，通航城市 184 个。

2018 年，重庆江北国际机场旅客吞吐量约为 4 160 万人次，同比增长 7.4%；货邮吞吐量 38.21 万吨，同比增长 4.3%；起降架次 30.07 万架次，同比增长 4.2%；分别位居中国第 9、第 10、第 8 位。机场概况如图 7-8 所示。

重庆江北

机场简介		机场规模	
名称	重庆江北国际机场	旅客吞吐量（2017年）	38 715 210人次
IATA	CKG	起降架次（2017年）	288 598
ICAO	ZUCK	飞行区等级	4E级
建成时间	1990年	最大起降机型	B747
网址：http://www.cqa.cn/u/jichang		跑道数量	2条
		航站楼	2座

机场服务			
连接机场数量	163	直飞航线	296条
连接国家/地区数量	24	平均航程	1210km
连通性指数	377	新开直飞航线	53条
服务航空公司数量	64	关闭直飞航线	17条

TOP3航空公司	进出港航班量	进出港航班量占比	直飞航线
3U	35 690	12.70%	99条
CA	35 376	12.50%	72条
CZ	27 431	9.70%	52条

图 7-8　重庆江北国际机场基本情况

2. 发展目标

重庆是西部大开发的重要战略支点，处在“一带一路”和长江经济带的联结点上，当前正在着力建设内陆开放高地。民航是重庆建设内陆开放高地的重要支撑，未来，重庆市将基本形成安全、便捷、高效、绿色的现代化民用航空体系，基本建成国际航空枢纽。

根据规划，未来，在运输航空方面，重庆机场国际（地区）航线将达到 100 条左右，年旅客吞吐量超过 5 000 万人次，年国际旅客吞吐量达 500 万人次，力争年货邮吞吐量达 100 万吨。

八、西安与咸阳国际机场

（一）西安

西安位于陕西省东南部，渭河之南、秦岭之北，古称长安，是中国六大古都之一。先后有西周、秦、西汉、新莽、西晋、前赵、前秦、后秦、西魏、北周、隋、唐共十二个王朝在此建都，为中华民族的发祥地之一。五六十万年前，旧石器时代的“蓝田猿人”和新石器时代的“半坡、姜寨”先人就在这一带生息。公元前 11 世纪，周文王、周武王在西安西部沣河河畔修筑的全国性大都市沣镐为西安古都的起始。汉、唐时，西安成为中国唯一人口过百万的城市，与当时的雅典、开罗、罗马齐名为世界四大古都。汉末的赤眉、唐末的黄巢、明末的李自成领导的农民起义都曾在此建立过政权。现代史上，震惊中外的“西安事变”即发生在此。西安是个“名山耸峙、大川环流、凭高扼深、雄于天下”的“帝王之乡”。明、清为西安府治，1928 年设西安市，现为陕西省省会，是历史文化古城，古为通往中亚和欧洲的丝绸之路的起点。西安为西北第一大城市和交通枢纽，也是中国智力密集的城市之一。长安画派是国内美术界内很有影响力的画派，户县被誉为“中国农民画之乡”。西安的传统小吃历史悠久，品类繁多，有“长安美肴，华夏古馐”之誉。西安是丝绸之路经济带的经济、文化、商贸中心，也是新亚欧大陆桥及黄河流域最大城市。

（二）西安咸阳国际机场

1. 概况

西安咸阳国际机场是中国主要的干线机场、国际定期航班机场和全国十大机场之一。该机场的飞行区等级为 4F 级，拥有两条跑道（3 000 米×45 米，3 800 米×60 米），可满足世界上载客量最大的 A380 客机起降，有停机位 127 个，登机桥 44 个；航站楼三座，总面积 35 万平方米，值机柜台 140 个，安检通道 36 条；有 8 万平方米的综合交通枢纽，2.5 万平方米的货运区，1.2 万平方米的集中商业区。多年来，西安咸阳国际机场一直在中国民航机场业中保持着行业领先地位，运输业务量连续多年快速增长。2018 年，西安咸阳国际机场全年完成航班起降 33.0 万架次、旅客吞吐量 4 465 万人次、货邮吞吐量 31.3 万吨，同比分别增长 3.6%、6.7%、20.3%，持续保持发展优势，构建起陕西对外开放和走向世界的航空大通道。

西安咸阳国际机场以其“承接东西，联结南北”的区位优势，成为中国国内干线重要的航空港和国际定期航班机场，是中国民用航空局规划建设的十大国际枢纽机场之一，也是中国东方航空集团西北公司、海南航空集团长安公司、南方航空集团西安分公司、天津航空西安分公司、幸福航空有限责任公司、深圳航空西安分公司的基地机场。目前，咸阳国际机场与国内外 65 家航空公司建立了航空业务往来，开辟的通航点达 198 个，航线 337 条。机场概况如图 7-9 所示。

西安咸阳

机场简介		机场规模	
名称	西安咸阳国际机场	旅客吞吐量（2017年）	41.857 229人次
IATA	XIY	起降架次（2017年）	318 959
ICAO	ZLXY	飞行区等级	4F级
建成时间	1991年	最大起降机型	A380
网址：http://www.xxia.com/		跑道数量	2条
		航站楼	3座

机场服务			
连接机场数量	170	直飞航线	307条
连接国家/地区数量	19	平均航程	1109km
连通性指数	425	新开直飞航线	53条
服务航空公司数量	58	关闭直飞航线	15条

TOP3航空公司	进出港航班量	进出港航班量占比	直飞航线
MU	95 599	31.60%	130条
CZ	30 853	10.20%	61条
HU	29 400	9.70%	68条

图 7-9　西安咸阳国际机场基本情况

2. 发展目标

西安咸阳国际机场所在的陕西在推进民航高质量发展中有着坚实基础，其人文优势、区位优势明显，航空工业基础雄厚。当前，陕西正在大力发展枢纽经济、门户经济、流动经济，构建全面对外开放新格局，民航在其中发挥着重要作用。未来，要抓住战略契机，共同推动共建“一带一路”向高质量发展转变；深化战略合作，共同推动陕西经济社会转型升级；保持战略定力，共同书写陕西民航发展新篇章，全力推进陕西民航业高质量发展，开创民航强国建设新局面。

“十三五”期间，西安咸阳国际机场三期扩建工程开始启动。按照高质量发展要求，高标准建设机场三期工程，加快打造国际航空枢纽，为共建“一带一路”和推动枢纽经济、门户经济、流动经济发展提供有力支撑。

西安咸阳国际机场三期扩建工程总投资 466 亿元，将新建 2 条跑道、70 万平方米航站楼、8 万平方米货站和 35 万平方米综合交通中心，建成后可达到旅客吞吐量 7 900 万人次、货邮吞吐量 100 万吨、年起降飞机 59.5 万架次的目标。

九、乌鲁木齐与地窝堡国际机场

（一）乌鲁木齐

乌鲁木齐位于新疆维吾尔自治区中部偏北，天山中段北麓，乌鲁木齐河上游河畔。

"乌鲁木齐"系蒙古语，意为"优美的牧场"，有 38 个民族居住，是世界上离海洋最远的城市。公元 1 世纪，乌鲁木齐开辟了"丝绸之路"新北道，西汉时属卑陆国地，唐属庭州，宋属高昌回鹘；清初筑城堡，后乾隆皇帝赐名迪化；1954 年更为现名，为新疆首府。乌鲁木齐市郊 30 千米处为亚洲大陆地理中心地带，"亚心"地区，其冰峰与"火洲"并存、沙漠与绿洲为邻的独特景象，为世人访幽探奇的神往之地。当地矿藏丰富，煤储量在 100 亿吨以上，盛产粮、油、蔬菜、瓜果、木材、药用植物，野生动物众多。1990 年，北疆铁路在阿拉山口与俄罗斯接轨，使东起中国江苏连云港、西至荷兰鹿特丹的全程 1 万多千米的"第二亚欧大陆桥"全线贯通，航空港已连接国内国际一些大城市。

乌鲁木齐市作为自治区首府，充分发挥了自身的集聚效益和带动作用，承载了丝绸之路经济带中的核心引领作用。以建设丝绸之路经济带为契机，全面推进对外开放，努力将新疆建设成丝绸之路经济带上重要的交通枢纽、商贸物流中心、金融中心、文化科教中心和医疗服务中心；把乌鲁木齐建设成为国家大型油气生产加工和储备基地、大型煤炭煤电煤化工基地、大型风电基地和国家能源资源陆上大通道，建设成丝绸之路经济带上的核心区。

（二）乌鲁木齐地窝堡国际机场

1. 概况

2016 年 5 月，由民航局与新疆维吾尔自治区人民政府共同编制的《乌鲁木齐国际航空枢纽战略规划》确定，乌鲁木齐将被打造成连接中国内地、东亚与欧洲，面向中亚、西亚地区的国际航空枢纽，加快新疆丝绸之路经济带核心区建设的步伐。这也是民航局与地方政府制定的第一个国际航空枢纽战略规划。如今，新疆已有 20 个民用机场，将天山南北紧紧相连，成为中国民用机场数量最多的省区。地处欧亚大陆腹地的新疆，"区内成网，区外东西成扇"的航线网络不断完善，航空通达性也进一步增强。从乌鲁木齐地窝堡国际机场出发，能到达全球 18 个国家、25 个国外城市。

乌鲁木齐地窝堡国际机场位于新疆维吾尔自治区首府乌鲁木齐市郊西北地窝堡，距乌鲁木齐市区 16.8 千米，与昆明长水国际机场、哈尔滨太平国际机场并列为中国三大国家门户枢纽机场，为国家民用一级机场，是中国民用航空局规划建设的十大国际枢纽机场之一。

乌鲁木齐地窝堡国际机场原为中苏民用航空机场，1970 年 7 月，经国务院批准进行大规模扩建并于 1973 年建成和对外开放。1998 年 8 月，以飞行区、机务区为主的改扩建一期工程通过验收并投入使用。2009 年 9 月 29 日，机场三期改扩建工程通过验收，同年 12 月 26 日，T3 航站楼部分启用。2010 年 3 月 27 日，机场 T3 航站楼整体启用。

乌鲁木齐地窝堡国际机场的飞行区等级为 4E，机场标高 647.67 米，有一条长 3 600 米的跑道和 T1、T2、T3 三个航站楼，总面积 18.5 万平方米，货运库 6 万平方米，停机位 93 个，廊桥 34 座；可满足年旅客吞吐量 1 730 万人次，年货邮吞吐量 27.5 万吨，年起降 15.5 万架次，机场概况如图 7-10 所示。

乌鲁木齐地窝堡

机场简介		机场规模	
名称	乌鲁木齐地窝堡国际机场	旅客吞吐量（2017年）	21 500 901人次
IATA	URC	起降架次（2017年）	167 822
ICAO	ZWWW	飞行区等级	4E级
建成时间	1973年	最大起降机型	B747
网址:		跑道数量	1条
		航站楼	3座

机场服务			
连接机场数量	87	直飞航线	147条
连接国家/地区数量	19	平均航程	1782km
连通性指数	206	新开直飞航线	15条
服务航空公司数量	35	关闭直飞航线	8条

TOP3航空公司	进出港航班量	进出港航班量占比	直飞航线
CZ	69 696	42.90%	120条
GS	20 991	12.90%	41条
HU	15 665	9.60%	40条

图 7-10　乌鲁木齐地窝堡国际机场基本情况

2. 发展目标

新疆位于中国西北边陲，地处欧亚大陆腹地，与蒙古、俄罗斯、哈萨克斯坦、吉尔吉斯斯坦、塔吉克斯坦、巴基斯坦、阿富汗、印度八个国家接壤，陆地边境线长达 5 600 多千米。根据《推动共建丝绸之路经济带和 21 世纪海上丝绸之路的愿景与行动》，新疆将发挥独特的区位优势和向西开放的重要窗口作用，着力打造丝绸之路经济带核心区。2016 年，《乌鲁木齐国际机场总体规划》（以下简称《规划》）正式获中国民航局与新疆维吾尔自治区人民政府的联合批复。《规划》将乌鲁木齐国际机场定位为国际航空枢纽机场，按照满足近期 2025 年旅客吞吐量 4 800 万人次、货邮吞吐量 55 万吨、飞机起降 36.7 万架次的需求进行规划；按照终端年旅客吞吐量 6 300 万人次、货邮吞吐量 100 万吨、年飞机起降 45.1 万架次进行控制。

根据总体规划，近期在现跑道北侧规划第二、三跑道，飞行区指标为 4F，规划建设北区航站楼 40 万平方米，规划机位 282 个；终端结合航空业务量发展在北区航站楼西侧规划建设南、北卫星厅，总建筑面积 15 万平方米，增加机位 48 个。

2017 年 8 月 8 日，国家发改委批复了《乌鲁木齐机场改扩建工程项目建议书》，正式同意实施乌鲁木齐机场改扩建工程。

十、哈尔滨与太平国际机场

（一）哈尔滨

哈尔滨位于中国黑龙江省西南部松江平原，松花江畔，公元 1097 年前，满族的祖先女真族在此建立了阿勒锦，元代转音为哈儿滨，清代称哈拉宾，女真语意为“荣誉”“声望”。清光绪二十二年（1896 年），哈尔滨随中俄两国在此经建铁路而发展起来，为当时远东地区最大的国际都市，现为中国北方边陲重镇、全国十大城市之一，有“东方莫斯科”的美誉。哈尔滨为黑龙江省省会、计划单列市，也是中国重要的工业城市，工业实力雄厚。哈尔滨地处东北亚中心地带，被誉为欧亚大陆桥的明珠，是第一条欧亚大陆桥和空中走廊的重要枢纽，是“哈大齐工业走廊”的起点，也是中国历史文化名城、热点旅游城市和国际冰雪文化名城，还是国家战略定位的“沿边开发开放中心城市”“东北亚区域中心城市”“对俄合作中心城市”。

2017 年，哈尔滨在中国百强城市排行榜中排第 23 位，它是全国八大内河港之一、松花江水运中心，也是中国最大的木材水运港口，更是中国重要的机械制造工业中心及最早的电机设备制造基地，有“动力之城”的美誉，哈尔滨亚麻纺织厂是亚洲最大的亚麻纺织物联合企业。

（二）哈尔滨太平国际机场

1. 概况

哈尔滨太平国际机场位于中国黑龙江省哈尔滨市，距离哈尔滨市区 33 千米，机场地处东北亚中心位置，是东南亚至北美航线的经停点、黑龙江省的枢纽机场，现为中国东北地区最繁忙的三大国际航空港之一、全国通航俄罗斯航线最多的机场、中国民用航空局规划建设的十大国际枢纽机场之一。

哈尔滨太平国际机场于 1979 年建成投入使用，海拔高度为 139 米（457 英尺）；飞行区等级为 4E，主跑道长 3 200 米，宽 45 米，可供民航各类大型客机昼、夜起降。2014 年，哈尔滨太平国际机场开始扩建，2018 年 4 月底，哈尔滨机场一期扩建工程第一阶段 13.5 万平方米的 T2 建成投入运行。2018 年，哈尔滨太平国际机场共完成旅客吞吐量 2 043 万人次，货邮吞吐量 12.5 万吨，实现运输飞行起降 14.6 万架次，同比 2017 年分别增长 8.6%、3.2%、7.0%，旅客吞吐量继续保持东北地区首位。

目前，共有四家航空公司在哈尔滨太平国际机场设立基地公司，其中中国南方航空黑龙江分公司主基地设在哈尔滨太平国际机场；深圳航空、四川航空、奥凯航空在哈尔滨太平国际机场设立了过夜基地。该机场已经初步形成了以哈尔滨为中心，辐射国内重要城市，连接俄罗斯、日本、韩国等周边国家和欧洲、美洲主要国家的空中交通网络。目前，共有 30 余家国内外航空公司在哈尔滨太平国际机场投入运营，开通国内、国际航线 147 条，通航城市 80 多个，仅通往俄罗斯的航线就有 8 条，分别飞往俄罗斯哈巴罗夫斯克、南萨哈林斯克、雅库茨克、克拉斯诺亚尔斯克、伊尔库茨克、新西伯利亚、叶卡捷琳堡、莫斯科 8 个城市，在全国范围内仅少于北京首都国际机场，对俄业务量占到东北地区的 85%。机场概况如图 7-11 所示。

2. 发展目标

黑龙江省地处东北亚区域核心腹地，是中国向北开放的重要窗口，也是国家建设“一带一路”及面向东北亚国家战略的重要支点。在国家“十三五”规划中，哈尔滨机场被确定为全国十大国际航空枢纽之一，也是东北地区唯一的国际航空枢纽。根据规划，哈尔滨机场将被打造成辐射东北亚、连通美欧的国际航空枢纽，东北对外开放的现代综合交通枢纽，黑龙江区域经济发展新动力源。

哈尔滨太平

机场简介		机场规模	
名称	哈尔滨太平国际机场	旅客吞吐量（2017年）	18 810 317人次
IATA	HRB	起降架次（2017年）	136 803
ICAO	ZYHB	飞行区等级	4E级
建成时间	1979年	最大起降机型	B747
网址：http://www.haerbinairport.com.cn		跑道数量	1条
		航站楼	2座

机场服务			
连接机场数量	119	直飞航线	222条
连接国家/地区数量	9	平均航程	1 486km
连通性指数	115	新开直飞航线	42条
服务航空公司数量	48	关闭直飞航线	12条

TOP3航空公司	进出港航班量	进出港航班量占比	直飞航线
CZ	25 348	10.60%	68条
MU	13 516	9.10%	33条
3U	11 875	6.90%	47条

图 7-11　哈尔滨太平国际机场基本情况

按照哈尔滨国际航空枢纽战略规划要求，哈尔滨机场进入第二阶段改扩建，目前正在加紧实施包括其余 3 万平方米 T2 建设，及 6.7 万平方米的 T1 改造，扩建完成后，航站楼面积将达到 23.2 万平方米。规划的近期目标为 2030 年满足年旅客吞吐量 6 500 万人次、年货运吞吐量 80 万吨，远期目标为 2050 年将建成三条跑道，满足年旅客吞吐量 1 亿人次、年货运吞吐量 200 万吨。

第三节　中国区域中心城市和区域枢纽机场

《全国民用运输机场布局规划》中明确指出，要巩固和培育区域枢纽，积极推动天津、石家庄、太原、呼和浩特、大连、沈阳、长春、杭州、厦门、南京、青岛、福州、济南、南昌、温州、宁波、合肥、南宁、桂林、海口、三亚、郑州、武汉、长沙、贵阳、拉萨、兰州、西宁、银川 29 个机场形成各具特色的区域枢纽。下面介绍其中 17 个旅客吞吐量超千万的区域中心城市和区域枢纽机场。

一、杭州和萧山国际机场

杭州位于浙江省西北部，是中国六大古都之一、历史文化名城和重点风景旅游城市，早在 10 万年前已有原始人类“建德人”在此生息繁衍。4 700 多年前，人类祖先在此创造了以黑陶为特征的“良渚文化”；大禹治水时曾于此登陆，故称禹杭；秦置钱唐县；五代为吴越国都，称西府；南宋定都于此为杭州路；明清设杭州府；现为浙江省省会，素有“鱼米之乡”“丝绸之府”的美称。

杭州因风景秀丽，素有“人间天堂”的美誉。杭州得益于京杭运河和通商口岸的便利，以及自身发达的丝绸和粮食产业，历史上曾是重要的商业集散中心。后来依托沪杭铁路等铁路线路的通车以及上海在进出口贸易方面的带动，当地轻工业发展迅速。21 世纪以来，随着阿里巴巴等高科技企业的带动，互联网经济成为杭州新的经济增长点。

杭州萧山国际机场位于浙江省杭州市东部，距市中心 27 千米，是中国重要的干线机场、国际定期航班机场、对外开放的一类航空口岸和国际航班备降机场，是浙江省第一空中门户。

依托浙江省及周边地区充足的客货资源和旺盛的航空市场需求，杭州萧山国际机场建成通航以来，运输生产迅猛增长，航线网络日趋规模化。2007 年，萧山国际机场旅客吞吐量首次突破千万人次大关，开始跻身世界繁忙机场行列。2013 年，该机场年旅客吞吐量突破 2 000 万人次，2018 年突破 3 800 万人次。

面对旺盛的市场需求，杭州萧山国际机场积极开拓市场，持续引入新的航空公司和开辟新的航线。截至 2017 年年底，杭州萧山国际机场共有运营的航空公司 62 家，其中国内 37 家、国际 25 家；通航点 162 个，机场概况如图 7-12 所示。

杭州萧山

HIA 杭州萧山国际机场
HANGZHOU INTERNATIONAL AIRPORT

机场简介		机场规模	
名称	杭州萧山国际机场	旅客吞吐量（2017年）	35 570 411人次
IATA	HGH	起降架次（2017年）	271 066
ICAO	ZSHC	飞行区等级	4F级
建成时间	2000年	最大起降机型	A380
网址：http://www.hzairport.com		跑道数量	2条
		航站楼	3座

机场服务			
连接机场数量	149	直飞航线	259
连接国家/地区数量	21	平均航程	1287km
连通性指数	288	新开直飞航线	26条
服务航空公司数量	59	关闭直飞航线	34条

TOP3航空公司	进出港航班量	进出港航班量占比	直飞航线
CA	36 463	15.40%	75条
CZ	34 122	13.60%	51条
MF	28 558	12.10%	65条

图 7-12 杭州萧山国际机场基本情况

二、厦门和高崎国际机场（元翔〈厦门〉国际航空港）

厦门位于福建省东南部的九龙江入海口，东南濒临东海，与金门岛隔海相望，是中国十大重点旅游城市之一，拥有世界文化遗产、第一批国家 5A 级旅游景区——鼓浪屿，当地迷人的海滨风光驰名中外，为众多游客所向往。相传古时此地地处海道下方且似门，俗称“下门”，谐音称为厦门；宋朝时因此岛上有“一茎数穗”的水稻而被称为“嘉禾屿”；明朝开始兴建厦门城，明末清初，郑成功在此屯兵操练，设立南明政府，称“思明州”，1912 年为思明县；1933 年设厦门市，现为中国东南沿海对外贸易的重要港口之一，享有“厦庇五洲客，门纳万顷涛”的声誉。厦门是全国著名的侨乡、福建籍华侨出入境的主要门户，国外 73 个国家中有 38 万厦门人居住，这里也是台湾同胞的祖居地之一。

1980 年，国家批复设立经济特区，厦门先后获批国家综合配套改革试验区（即“新特区”）、自由贸易试验区、国家海洋经济发展示范区，如今已成为两岸新兴产业和现代服务业合作示范区、东南国际航运中心、两岸区域性金融服务中心和两岸贸易中心，逐渐成为现代化国际性港口风景旅游城市。

厦门高崎国际机场自 1983 年通航以来，逐步发展成为中国东南沿海重要的区域性航空枢纽。2016 年 1 月 6 日，厦门高崎国际机场改名为元翔（厦门）国际航空港。目前，该机场的飞行区等级为 4E 级，可起降 B747-8 等大型飞机，拥有 1 条 3 400 米长的跑道和 2 条平行滑行道及 10 条联络道，停机坪总面积 77 万平方米，拥有 89 个停机位。2014 年 12 月 28 日，该机场 T4 候机楼正式启用，开启双楼运行新时代，T3 候机楼的建筑面积为 12.98 万平方米，T4 候机楼的建筑面积为 10.8 万平方米。

2014 年，元翔厦门国际航空港年旅客吞吐量首次突破 2 000 万人次大关，2018 年累计保障安全飞行 19.34 万架次，完成旅客吞吐量 2 655 万人次，完成货邮吞吐量 34.55 万吨。

元翔（厦门）国际航空港已形成覆盖中国大陆各主要城市及地区，连接东南亚、东北亚，通达欧、美、澳三大洲的航线网络，目前已通航 109 个城市；境内外航线 182 条，其中境内航线 145 条，国际及地区航线 37 条；运营的航空公司有 40 家，其中，境内航空公司 25 家，境外航空公司 15 家，机场概况如图 7-13 所示。

厦门高崎

元翔厦门空港
XIAMEN AIRPORT

机场简介		机场规模	
名称	厦门高崎国际机场	旅客吞吐量（2017年）	24 485 239人次
IATA	XMN	起降架次（2017年）	186 454
ICAO	ZSAM	飞行区等级	4E级
建成时间	1983年	最大起降机型	B747
网址：http://www.xiamenairport.com.cn/		跑道数量	1条
		航站楼	2座

机场服务			
连接机场数量	104	直飞航线	199条
连接国家/地区数量	17	平均航程	1173km
连通性指数	203	新开直飞航线	20条
服务航空公司数量	43	关闭直飞航线	7条

TOP3航空公司	进出港航班量	进出港航班量占比	直飞航线
MF	69 823	39.00%	122条
SC	24 443	13.60%	68条
MU	12 523	7.00%	27条

图 7-13　厦门高崎国际机场基本情况

三、南京和禄口国际机场

南京市位于中国东部、长江下游，濒江近海，是长江国际航运物流中心、长三角辐射带动中西部地区发展的国家重要门户城市，也是东部沿海经济带与长江经济带战略交汇的重要节点城市。南京古称金陵，是中国六大古都之一，已有 2 400 多年历史，古今十朝在此建都，历经 450 年。战国时，楚置金陵邑；三国时，诸葛亮曾言："秣陵地形，钟山龙蟠，石城虎踞，真帝王之都也。"即有"龙盘虎踞帝王州"之说。1949 年南京成为中央直辖市，1952 年改为江苏省省会，工业门类齐全，商业贸易繁荣，交通和通信便利，是全国八大通信枢纽之一。南京港是中国内河第一大港。当地科研教育事业发达，紫金山天文台是中国第一个天文台，也是世界著名天文台之一。

南京禄口国际机场的定位为"长三角世界级机场群重要枢纽"。目前，该机场航线通达国内 78 个主要城市及国际和地区 35 个城市航点，覆盖国内、辐射亚洲、连接欧美、通达大洋洲的航线网络布局已初步建成。2018 年，南京禄口国际机场已连续实现第 22 个安全年，全年完成旅客吞吐量 2 858 万人次，位居全国机场第 11 名；货运吞吐量 36.5 万吨，位居全国机场第 11 名；荣膺全国"安康杯"竞赛优胜企业八连冠，蝉联全国文明单位称号，机场概况如图 7-14 所示。

南京禄口

机场简介		机场规模	
名称	南京禄口国际机场	旅客吞吐量（2017年）	25 822 936人次
IATA	NKG	起降架次（2017年）	209 394
ICAO	ZSNJ	飞行区等级	4F级
建成时间	1997年	最大起降机型	A380
网址：http://www.njiairport.com/		跑道数量	2条
		航站楼	2座

机场服务			
连接机场数量	101	直飞航线	186条
连接国家/地区数量	17	平均航程	1251km
连通性指数	283	新开直飞航线	37条
服务航空公司数量	48	关闭直飞航线	22条

TOP3航空公司	进出港航班量	进出港航班量占比	直飞航线
MU	45 809	25.70%	118条
ZH	24 876	14.00%	42条
CZ	23 529	13.20%	42条

图 7-14　南京禄口国际机场基本情况

四、长沙和黄花国际机场

长沙位于湖南省东部偏北、湘江下游东岸，自古是舟楫便利、驿道纵横的南北交通要道，有"荆豫唇齿，黔粤咽喉"之称，为中南重镇和历史文化古城，在近代史上更是有着光荣革命传统的英雄城市。长沙的得名源于湘江中的一块长形沙州，长沙正式的行政建制始于战国楚威王时，历史上曾封过 41 个长沙王。1933 年设长沙市，现为湖南省省会，是湖南省政治、经济、文化、交通、科技、金融、信息中心，为省内重要工业城市、中国重要的粮食生产基地、长江中游城市群和长江经济带重要的节点城市。长沙是全国性综合交通枢纽，京广高铁、沪昆高铁、渝厦高铁在此交会。

湘绣是中国四大名绣之一，铜官镇是全国著名的陶都之一，炻瓷器皿为全国首创，畅销国内外，这些都在国际上享有盛名。长沙又是历史上四大米市之一，风味小吃尤负盛名。

长沙黄花国际机场位于湖南省长沙市城东，距离长沙城区约 10 千米，为 4F 级民用机场，能够满足空客 A380 等 F 类飞机的使用要求。

近年来，随着湖南省经济社会的发展，依托商贸、旅游、会展、文化交流的日益频繁，黄花国际机场运输生产持续保持强劲增长势头，2016 年的旅客吞吐量突破 2 000 万人次大关，2018 年完成旅客吞吐量 2 527 万人次。目前，黄花国际机场拥有通往国内、国际（地区）124 个城市的 200 余条定期航线，实现了省会城市全覆盖，可直通德国法兰克福、美国洛杉矶、澳大利亚悉尼、墨尔本和日韩、东南亚等 39 个国际地区航点，机场概况如图 7-15 所示。

长沙黄花

机场简介		机场规模	
名称	长沙黄花国际机场	旅客吞吐量（2017年）	23 764 820人次
IATA	CSX	起降架次（2017年）	179 575
ICAO	ZGHA	飞行区等级	4F级
建成时间	1989年	最大起降机型	A380
网址：http://www.hnjcjt.com/		跑道数量	2条
		航站楼	2座

机场服务			
连接机场数量	124	直飞航线	216条
连接国家/地区数量	17	平均航程	1109km
连通性指数	208	新开直飞航线	45条
服务航空公司数量	59	关闭直飞航线	22条

TOP3航空公司	进出港航班量	进出港航班量占比	直飞航线
CZ	34 713	21.00%	109条
HU	17 911	10.80%	52条
MF	17 765	10.70%	46条

图 7-15　长沙黄花国际机场基本情况表

五、武汉和天河国际机场

武汉，简称“汉”，别称“江城”，是湖北省省会、副省级市和特大城市，也是中国中部地区的中心城市，长江经济带核心城市，全国重要的工业基地、科教基地和综合交通枢纽。武汉位于湖北省中部偏东，扼长江、汉水之交点，为中长航运中心，久有“九省通衢”之说，长江大桥、江汉桥和长江二桥把武昌、汉口、汉阳三镇连成一体。武汉是中国历史文化名城之一、重要的经济中心之一。自商、周、春秋、战国时期，这里即为重要古城，辛亥革命、武昌起义、二七大罢工、“八七”会议都发生在此。

武汉天河国际机场为 4E 级机场，是在国际民航组织（ICAO）备案的定期航班国际机场，是华中地区的航空运输枢纽。目前，国家已初步确定在天河国际机场建设航空货运、邮政、快运中心和中南地区第二大飞机维修基地。良好的发展机遇、特有的区位优势、齐全的机场功能将会使天河机场成为航空客货集散中心。2030 年，武汉天河国际机场将形成覆盖国内、链接全球重要航空枢纽的航线网络，机场运输规模、保障能力、服务品质将位居国内同层级机场前列，中部国际航空门户枢纽也将全面建成，机场概况如图 7-16 所示。

武汉天河

机场简介		机场规模	
名称	武汉天河国际机场	旅客吞吐量（2017年）	23 129 400人次
IATA	WUH	起降架次（2017年）	183 883
ICAO	ZHHH	飞行区等级	4F级
建成时间	1995年	最大起降机型	A380
网址：http://www.whairport.com		跑道数量	2条
		航站楼	3座

机场服务			
连接机场数量	128	直飞航线	223条
连接国家/地区数量	22	平均航程	1 172km
连通性指数	225	新开直飞航线	46条
服务航空公司数量	59	关闭直飞航线	13条

TOP3航空公司	进出港航班量	进出港航班量占比	直飞航线
CZ	50 124	28.70%	100条
MU	35 748	20.50%	79条
CA	14 121	8.10%	38条

图 7-16　武汉天河国际机场基本情况

六、郑州和新郑国际机场

郑州位于河南省中部偏北，黄河南沿，京广、陇海铁路交点，地处中原旅游区中心，自古为兵家逐鹿必争之地，荥阳、汜水等地曾为多次大规模战争的战场。郑州在春秋为郑邑，隋设郑州治，以地属古郑国而得名。郑州现为河南省省会，是全国重要的铁路、航空、电力、邮政电信主枢纽城市，是全国最大的铁路枢纽之一，发送旅客人数居全国第三位，中转旅客量居全国之首，属亚洲最大的编组站，也是亚欧大陆桥最大的铁路集装箱基地。郑州商品交易所是中国首家期货交易所，郑州也是中国（河南）自由贸易试验区核心组成部分。

郑州新郑国际机场位于郑州市东南，距市区 25 千米，是中国重要的干线机场、国家一类航空口岸、国家级航空港经济综合实验区。近年来，新郑国际机场紧紧围绕构建“国际航空货运枢纽和国内大型航空枢纽”的目标，积极实施“货运为先、国际为先、以干为先”的“三为先”发展战略，客货运输取得了快速发展。截至 2018 年年底，在郑州新郑国际机场运营的货运航空公司达 21 家，开通货运航线 34 条，通航城市 40 个，周航班量 110 班，年货邮吞吐量 51 万吨，基本形成了横跨欧美亚三大经济区、覆盖全球主要经济体的枢纽航线网络，成为中部地区融入“一带一路”的重要开放门户和引领中部、服务全国、辐射全球的空中经济廊道。新郑国际机场的国内外客运航空公司达 55 家，开通航线 208 条，通航城市 116 个，年旅客吞吐量达到 2 733 万人次，基本形成了覆盖全国及东亚、东南亚主要城市，联通大洋洲、美洲的客运航线网络，机场概况如图 7-17 所示。

郑州新郑

河南机场集团
Henan Airport Group

机场简介		机场规模	
名称	郑州新郑国际机场	旅客吞吐量（2017年）	24 299 073人次
IATA	CGO	起降架次（2017年）	195 717
ICAO	ZHCC	飞行区等级	4F级
建成时间	1997年	最大起降机型	A380
网址：http://www.zzairport.com/		跑道数量	2条
		航站楼	1座

机场服务			
连接机场数量	113	直飞航线	204条
连接国家/地区数量	18	平均航程	1260km
连通性指数	272	新开直飞航线	55条
服务航空公司数量	57	关闭直飞航线	19条

TOP3航空公司	进出港航班量	进出港航班量占比	直飞航线
CZ	48 872	27.80%	100条
MU	12 571	7.10%	35条
ZH	11 500	6.50%	26条

图 7-17 郑州新郑国际机场基本情况

七、青岛和流亭国际机场

青岛位于胶东半岛南部，是一座以轻纺工业、外贸港口、海洋科研和风景旅游为主要特色的著名海滨城市，原系一渔村，宋元时期为商船寄泊之所，明代成为口岸。1891 年，清政府派兵在此驻守建制，后曾被德、日等国侵占，留下大量西式建筑。青岛有渔湾 49 处、岛屿 52 个，是世界著名的良港之一，为中国五大外贸口岸之一，1981 年被列为全国 15 个经济中心城市之一，1984 年被列为全国 14 个对外开放沿海城市之一，1986 年被国务院批准为计划单列市，是国务院批复确定的国家沿海重要中心城市、国际性港口城市，也是山东省经济中心、滨海度假旅游城市、国家重要的现代海洋产业发展先行区、东北亚国际航运枢纽、海上体育运动基地。21 世纪，青岛已成为“一带一路”新亚欧大陆桥经济走廊的主要节点城市和海上合作战略支点。

青岛流亭国际机场位于青岛市城阳区，距离市中心 23 千米。按照民航局“十三五”规划对青岛新机场的定位，预计青岛新机场在 2025 年将达到年旅客吞吐量 3 500 万人次，货邮吞吐量 50 万吨，飞机起降 30 万架次，高峰小时航班起降 104 架次；远期（2045 年）可满足年旅客吞吐量 5 500 万人次、终端 6 000 万人次，货邮吞吐量 100 万吨，飞机起降 45 万架次，高峰小时航班起降 136 架次。

目前已有国航、东航、南航、汉莎、大韩、韩亚、全日空、UPS 公司等 44 家国内外航空公司在青岛机场投入运营，已开通 167 条定期航线，通航国内 84 个城市和国际（地区）22 个城市，每周航班密度 3 700 余架次，基本形成“沟通南北、辐射西部、连接日韩、面向世界”的开放型航线布局。青岛新机场将建设成为与区域一体化发展相结合的国际化区域性枢纽机场，成为地区经济增长的强力新引擎，机场概况如图 7-18 所示。

青岛流亭

机场简介		机场规模	
名称	青岛流亭国际机场	旅客吞吐量（2017年）	23 210 530人次
IATA	TAO	起降架次（2017年）	179 592
ICAO	ZSQD	飞行区等级	4E级
建成时间	1982年	最大起降机型	B747
网址：http://www.qdairport.com/		跑道数量	1条
		航站楼	2座

机场服务			
连接机场数量	97	直飞航线	173条
连接国家/地区数量	14	平均航程	989km
连通性指数	180	新开直飞航线	29条
服务航空公司数量	45	关闭直飞航线	17条

TOP3航空公司	进出港航班量	进出港航班量占比	直飞航线
SC	47 436	28.60%	96条
MU	33 287	20.00%	73条
CZ	17 605	10.60%	46条

图 7-18　青岛流亭国际机场基本情况

八、海口和美兰国际机场

海口位于琼州海峡南岸，海南岛北端，因南渡江在此入海得名。海口是海南省省会、中国南疆边陲对外开放旅游城市和重要的对外贸易口岸，西汉时隶属珠崖郡，唐代为琼州城外港，宋代设海口浦，是中外商船的停泊港口，1926 年正式设市。

海南地理位置独特，拥有全国最好的生态环境，同时又是相对独立的地理单元，具有成为全国改革开放试验田的独特优势。海南在中国改革开放和社会主义现代化建设大局中具有特殊地位和重要作用。

海口美兰国际机场为全国十大航空港口之一，已跻身于“全国投资硬环境 40 优”。

2019 年，扩建项目建成后，美兰国际机场整合了航空、铁路、公路等多种交通方式，构建了高效便捷的交通换乘体系，成为海南省重要的陆海空立体交通节点，也成为中国与东南亚黄金航道连接的区域航空枢纽，进一步促进了海南发挥海上丝绸之路的战略支点作用。根据规划，未来，美兰国际机场将被打造成为面向东南亚的区域性枢纽机场，安全与服务品质将达到国际一流水平。同时，将以机场为资源平台，发展包括航空物流仓储、维修制造等航空指向性产业，以及旅游休闲、商务贸易等航空服务性产业为一体的新型综合性产业片区，机场概况如图 7-19 所示。

海口美兰

机场简介		机场规模	
名称	海口美兰国际机场	旅客吞吐量（2017年）	22 584 815人次
IATA	HAK	起降架次（2017年）	157 535
ICAO	ZJHK	飞行区等级	4E级
建成时间	1999年	最大起降机型	B747
网址：http://www.mlairport.com/		跑道数量	1条
		航站楼	1座

机场服务			
连接机场数量	115	直飞航线	215条
连接国家/地区数量	13	平均航程	1 145km
连通性指数	199	新开直飞航线	60条
服务航空公司数量	44	关闭直飞航线	20条

TOP3航空公司	进出港航班量	进出港航班量占比	直飞航线
HU	35 576	26.00%	93条
CZ	26 161	19.10%	46条
JD	13 301	9.70%	62条

图 7-19　海口美兰国际机场基本情况

九、三亚和凤凰国际机场

三亚市位于海南岛最南端，是海南省第二大城市，历史悠久，拥有旧石器时代的文化遗址。三亚，古称崖州，秦设象郡，为南方三郡之一，汉为珠崖郡地，唐置振州，宋改崖州，1984 年设三亚市，历史上是历代王朝贬谪“罪人”的“天之涯、海之角”。三亚是中国海海岸现代化旅游城市，海南是中国著名的冬季瓜菜生产和南方繁育种的最大基地，被誉为“绿色聚宝盆”“天然大温室”；近海捕鱼海域达 1.36 万平方千米，是发展海洋捕捞和海水养殖加工的黄金海域；处于太平洋经济圈的中心，是中国陆地距东南亚的最近点和进出东南亚地区的重要门户。

三亚凤凰国际机场建成于 1994 年 6 月，同年 7 月 1 日正式通航。凤凰国际机场的占地面积为 4.63 平方千米，跑道长 3 400 米、宽 60 米，飞行区面积为 2.63 平方千米，飞行区等级为 4E 级标准，停机坪可同时安全停放 21 架大中型客机；配备世界先进水平的 I 类助航灯光系统、II 类精密进近仪表着陆系统等关键设备，可满足波音 747-400 等大型飞机全载起降的要求，机场概况如图 7-20 所示。

三亚凤凰

机场简介		机场规模	
名称	三亚凤凰国际机场	旅客吞吐量（2017年）	19 389 936人次
IATA	SYX	起降架次（2017年）	121 558
ICAO	ZJSY	飞行区等级	4E级
建成时间	1994年	最大起降机型	B747
网址：http://www.sanyaairport.com/		跑道数量	1条
		航站楼	3座

机场服务			
连接机场数量	89	直飞航线	159条
连接国家/地区数量	13	平均航程	1578km
连通性指数	131	新开直飞航线	34条
服务航空公司数量	43	关闭直飞航线	11条

TOP3航空公司	进出港航班量	进出港航班量占比	直飞航线
CZ	25 752	22.70%	49条
HU	17 259	15.20%	56条
JD	12 562	11.10%	54条

图 7-20　三亚凤凰国际机场基本情况

十、天津和滨海国际机场

天津位于华北平原的东北部，是对外开放的沿海城市，也是中国北方的重要港口贸易城市、交通枢纽，从金、元起，借漕运兴盛而繁荣起来。公元 608 年，隋炀帝开挖大运河北段就起于此。其名是明初燕王朱棣为争帝位，起兵从这里渡河南下打败了他的侄子建文帝，当了皇帝，迁都北京，而称这里为“天津”，意即“天子经由的渡口”，清朝后期已进入世界大城市之列，成为北方的洋务中心和创办近代工业的基地。中华人民共和国成立后，天津是中华人民共和国直辖市、国家中心城市、特大城市、环渤海地区经济中心、首批沿海开放城市，全国先进制造研发基地、北方国际航运核心区、金融创新运营示范区、改革开放先行区。如今，天津已逐步成为拥有先进技术的综合性工业基地，开放型、多功能的经济中心和现代化的国际港口城市，并已成为名副其实的国际集装箱枢纽港，当地的外贸货运量仅次于上海港。天津对内是“三北”地区的进出口通道，对外与 160 多个国家通航。

天津滨海国际机场位于天津东丽区，距天津市市中心 13 千米，距天津港 30 千米，距北京 134 千米，是国内干线机场、国际定期航班机场、国家一类航空口岸，也是中国主要的航空货运中心之一。天津地理位置优越，具有较强的铁路、高速公路、轨道等综合交通优势，基础设施完善，市政能源配套齐全。

天津滨海国际机场现有跑道两条，第一跑道长 3 600 米，第二跑道长 3 200 米，飞行区等级为 4F 级，可满足各类大型飞机全载起降。

天津滨海国际机场以“倡行中国服务、展示津门形象”和“让客户满意、让员工自豪、让社会认可”为使命，以“中国国际航空物流中心、区域枢纽机场”为愿景，致力于把天津滨海国际机场建设成为文化先进、制度健全、流程合理、操作规范的品牌机场，其概况如图 7-21 所示。

天津滨海

机场简介		机场规模	
名称	天津滨海国际机场	旅客吞吐量（2017年）	21 005 001人次
IATA	TSN	起降架次（2017年）	169 585
ICAO	ZBTJ	飞行区等级	4F级
建成时间	1950年	最大起降机型	A380
网址：http://www.tbia.cn/cn/index.do		跑道数量	2条
		航站楼	2座

机场服务			
连接机场数量	140	直飞航线	252条
连接国家/地区数量	14	平均航程	1282km
连通性指数	103	新开直飞航线	55条
服务航空公司数量	60	关闭直飞航线	18条

TOP3航空公司	进出港航班量	进出港航班量占比	直飞航线
GS	27 058	19.60%	114条
CA	26 884	19.40%	78条
MF	12 242	8.80%	34条

图 7-21　天津滨海国际机场基本情况

十一、大连和周水子国际机场

大连地处辽东半岛南端，东滨黄海，西濒渤海，南与山东半岛隔海相望，北靠东北三省和内蒙古腹地，周边与朝鲜半岛、日本列岛和俄罗斯远东地区相毗邻，是中国东北地区与东南亚各国贸易往来的重要窗口和货物运输的主要通道。汉称大连为三山浦，唐代叫青泥浦，明为清泥凹，清称青泥洼，20 世纪初改称大连。大连为中国直接对外贸易的五大口岸之一、计划单列市，既是中国首批沿海开放城市，也是老工业基地城市，肩负着东北对外开放龙头和率先实现老工业基地全面振兴的双重任务。大连拥有国务院批准设立的第一个国家级经济技术开发区、东北地区唯一的保税区和高新技术园区。大连是中国重要的水果和水产品生产基地，还是国家重要的工业基地，第一艘航空母舰、第一艘万吨轮船、第一辆大功率内燃机车、第一台海上钻井平台都在这里诞生。

大连周水子国际机场作为东北地区四大机场之一、辽宁省南北两翼的重要空港之一，一直以自身空港优势不断驱动区域经济的发展，吸引了 36 家中外航空公司，开通航线 146 条，其中国内航线 108 条，国际和特别行政区航线 38 条，与 13 个国家、88 个国内外城市通航，其中国际、地区通航城市 29 个，最高峰时每周可达 1 168 个航班，基本形成了覆盖全国、辐射日韩俄，连接欧美澳亚的航线网络，机场概况如图 7-22 所示。

大连周水子

机场简介		机场规模	
名称	大连周水子国际机场	旅客吞吐量（2017年）	17 503 810人次
IATA	DLC	起降架次（2017年）	141 428
ICAO	ZYTL	飞行区等级	4E级
建成时间	1972年	最大起降机型	B747
网址：http://www.dlairport.com/		跑道数量	1条
		航站楼	1座

机场服务			
连接机场数量	101	直飞航线	181条
连接国家/地区数量	10	平均航程	841km
连通性指数	104	新开直飞航线	37条
服务航空公司数量	46	关闭直飞航线	18条

TOP3航空公司	进出港航班量	进出港航班量占比	直飞航线
CZ	34 862	27.10%	78条
MU	15 157	11.80%	44条
CA	13 885	10.80%	36条

图 7-22　大连周水子国际机场基本情况

十二、贵阳和龙洞堡国际机场

贵阳是贵州省省会，位于贵州省中部偏南，云贵高原东侧，川黔、贵昆、黔桂三铁路交点，它是大西南川、滇、黔、藏四省距出海口最近的一个省会，因于贵河之南而取名。贵阳是贵州省的政治、经济、文化、科教、交通中心和西南地区重要的交通、通信枢纽、工业基地及商贸旅游服务中心，也是西南地区中心城市之一、全国生态休闲度假旅游城市、全国综合性铁路枢纽。贵阳是中国矿产资源最为富集的地区之一，铝矿藏量占全国的1/5，是全国三大磷矿基地之一，煤矿藏量占全省的50%以上。当地水能资源丰富，临近的乌江是全国十大水电基地之一。贵阳素有“天然植物园”的美称，植物品种 2 400 个以上，药用植物 170 多种，属国家重点保护的植物有香果树、青檀、半枫荷、南方铁杉、杜仲、天麻、厚朴 7 种，是全国十大药材产地之一，属国家重点保护的珍稀动物有娃娃鱼、猕猴、穿山甲、大灵猫等 13 种。

贵阳龙洞堡国际机场是位于中国贵州省贵阳市东郊 11 千米处的一座民用机场，它是中国西南地区一个重要的航空枢纽。

贵阳龙洞堡国际机场正式启用于 1997 年 5 月 28 日，机场海拔高度为 1 139 米（3 736 英尺），机场跑道长 3 200 米、宽 45 米，可接受波音 747、空中客车 A330 等同类及其以下机型的全重起降，是具有先进导航系统和设施的 4E 级现代化机场。目前，贵州省正在加快启动贵阳龙洞堡国际机场三期扩建工程，全力将龙洞堡国际机场打造成西部地区重要的枢纽机场。

贵阳龙洞堡国际机场航线网络持续拓展，已开通国际国内航线 110 条，每周有 1 800 个航班连接 60 个国内城市和 7 个国家或地区，直飞航线和包机航线遍及国内 50 多个大中城市以及韩国、新加坡、泰国等地。

航空运输在贵州省的对外开放、旅游、贸易、物资流通中发挥着越来越重要的作用，贵州省已形成“一干十三支”航空体系，构建了中国西部地区空中高速网，助力贵州跨越发展，机场概况如图 7-23 所示。

贵阳龙洞堡

机场简介		机场规模	
名称	贵阳龙洞堡国际机场	旅客吞吐量（2017年）	18,109,610人次
IATA	KWE	起降架次（2017年）	149,050
ICAO	ZUGY	飞行区等级	4E级
建成时间	1997年	最大起降机型	B747
网址：http://www.gyairport.com/		跑道数量	1条
机场地理位置	N26°32.2′ E106°48.0′	航站楼	2座

机场服务			
连接机场数量	103	直飞航线	178条
连接国家/地区数量	12	平均航程	1,057公里
连通性指数	153	新开直飞航线	43条
服务航空公司数量	46	关闭直飞航线	10条

TOP3航空公司	进出港航班量	进出港航班量占比	直飞航线
CZ	30,833	21.30%	62条
G5	24,085	16.70%	61条
CA	9,891	6.80%	22条

图 7-23　贵阳龙洞堡国际机场基本情况

十三、沈阳和桃仙国际机场

沈阳位于辽宁省中部偏东、浑河北岸、辽河平原中部，因浑河原名沈水，故名沈阳。沈阳是国家历史名城，汉代建侯城，辽、金为沈州，元建沈阳中已城，1625 年，清太祖努尔哈赤迁都于此，1934 年设市。沈阳是全国重工业基地之一，是东北地区最大的交通枢纽和物资集散地，1984 年实行计划单列，有省一级经济管理权限。

沈阳位于东北亚的地理中心，地处东北亚经济圈和环渤海经济圈的中心，是东北振兴以及辐射东北亚国际航运物流中心，长三角、珠三角、京津冀地区通往关东地区的综合交通枢纽，“一带一路”向东北亚、东南亚延伸的重要节点。

沈阳桃仙国际机场位于中国辽宁省沈阳市南郊的桃仙街道，距沈阳市市中心 20 千米，为 4E 级民用国际机场，是中国一级干线机场、中国八大区域性枢纽机场之一、东北地区航空运输枢纽。

截至 2016 年年底，沈阳桃仙国际机场在用航站楼共有 1 座，为 T3 航站楼，建筑面积为 24.8 万平方米，跑道长 3 200 米，有停机位 47 个，T3 航站楼按照满足 2020 年旅客吞吐量 1 750 万人次、高峰小时旅客吞吐量 6 430 人次设计建造。截至 2018 年年底，经桃仙机场的航线共有 226 条，其中，内地航线 195 条，国际及港澳台地区航线 31 条，通航城市达 118 座。

2018 年，沈阳桃仙国际机场旅客吞吐量 1 902 万人次，同比增长 9.7%；货邮吞吐量 16.86 万吨，同比增长 5.9%；起降架次 13.77 万架次，同比增长 8.1%；分别位居中国第 23、第 17、第 25 位，机场概况如图 7-24 所示。

沈阳桃仙

辽宁省机场管理集团有限公司 LIAONING AIRPORT MANAGEMENT GROUP CO.,LTD

机场简介		机场规模	
名称	沈阳桃仙国际机场	旅客吞吐量（2017年）	17 342 626人次
IATA	SHE	起降架次（2017年）	127 387
ICAO	ZYTX	飞行区等级	4E级
建成时间	1988年	最大起降机型	B747
网址：http://www.lnairport.com/		跑道数量	1条
		航站楼	3座

机场服务			
连接机场数量	107	直飞航线	193
连接国家/地区数量	14	平均航程	1 289km
连通性指数	121	新开直飞航线	36条
服务航空公司数量	50	关闭直飞航线	12条

TOP3航空公司	进出港航班量	进出港航班量占比	直飞航线
CZ	33 860	28.70%	76条
ZH	20 075	17.00%	50条
MU	9 022	7.60%	22条

图 7-24　沈阳桃仙国际机场基本情况

十四、济南和遥墙国际机场

济南位于山东省中部偏西，因地处济水（今黄河）之南得名，战国时为齐历下邑，西汉设置济南郡，现为山东省省会，是中国重要工业城市之一，为黄河下游水陆交通枢纽。济南北连首都经济圈，南接长三角经济圈，东西连通山东半岛与华中地区，是环渤海经济区和京沪经济轴上的重要交汇点，也是环渤海地区和黄河中下游地区中心城市之一。

济南遥墙国际机场位于中国山东省济南市东北方向的历城区，距市中心 30 千米，为 4E 级民用国际机场，是中国重要的入境门户和干线机场之一。

截至 2017 年，济南遥墙国际机场占地为 480 万平方米，航站楼建筑总面积 11.4 万平方米，其中南指廊面积 3 万平方米，可保障年旅客吞吐量 1 200 万人次，高峰小时 4 500 人次，飞机起降 10 万架次的需求；机坪共 44 万平方米，设有 24 个登机桥。截至 2017 年年底，机场共有航线 162 条。

2018 年，济南遥墙国际机场完成旅客吞吐量 1 661 万人次，同比增长 16.0%；货邮吞吐量 11.36 万吨，同比增长 19.4%；起降架次 12.68 万架次，同比增长 9.8%；分别位居中国第 25、第 26、第 26 位，机场概况如图 7-25 所示。

济南遥墙

JNIA 济南国际机场

机场简介		机场规模	
名称	济南遥墙国际机场	旅客吞吐量（2017年）	14 319 264人次
IATA	TNA	起降架次（2017年）	115 529
ICAO	ZSJN	飞行区等级	4E级
建成时间	1992年	最大起降机型	B747
网址：http://www.jnairport.com/		跑道数量	1条
		航站楼	1座

机场服务			
连接机场数量	94	直飞航线	162条
连接国家/地区数量	14	平均航程	1294km
连通性指数	133	新开直飞航线	59条
服务航空公司数量	44	关闭直飞航线	10条

TOP3航空公司	进出港航班量	进出港航班量占比	直飞航线
SC	37 493	38.30%	88条
3U	8 075	8.30%	20条
CZ	7 430	7.60%	22条

图 7-25　济南遥墙国际机场基本情况

十五、福州和长乐国际机场

福州位于福建省东部闽江下游福州盆地中央，临近东海，是中国东南沿海历史悠久、海运发达的古城。福州因市内多植榕树而简称“榕城”，汉初为闽越王都“冶城”所在地，隋为闽县，唐改为福州，因西部有福山得名，1946 年设福州市。福州自古为中国重要港口，东汉时与国外就有贸易往来，宋时已成为繁荣港口城市，郑和七次下西洋都曾在此的马尾、长乐停留休整，马尾港在清代已成为中国最大的造船基地和海军基地，也是中国近代海军的摇篮、中国船政文化的发祥地。福州是首批 14 个对外开放的沿海港口城市之一，海上丝绸之路门户以及中国（福建）自由贸易试验区三片区之一。福州经济作物繁多，素有“花果鱼米之乡”的美称。当地脱胎漆器与北京景泰蓝、江西景德镇瓷器并列为中国工艺品“三宝”。

福州长乐国际机场位于美丽的福州长乐滨海，机场距离福州市市区约 39 千米。目前，在福州长乐国际机场运营的航空公司共有 34 家，国内外航线 103 条，通航城市 75 个。

自 1997 年建成以来，福州长乐国际机场取得了良好成绩，常年保持稳定、健康、科学的发展势头。2015 年 11 月 30 日，福州机场迎来了第 1 000 万名旅客，这意味着福州机场正式跻身大型航空港行列，成为中国第 25 个千万级机场。据统计，2009—2016 年，福州长乐国际机场的年旅客吞吐量逐年以百万级的速度递增，到了 2018 年，更是达到 1 439 万人次。机场概况如图 7-26 所示。

如今，福州长乐国际机场正在利用福州市区位优势、政策优势、人文优势和产业优势，用足用好独特政策，不断深化民航与福州市经济社会发展的相互融合，以发挥好民航事业对建设“更具实力、更富活力、更有魅力的现代化新福州”的保障和促进作用，加快海上丝绸之路门户枢纽机场建设，更好地服务福州海上丝绸之路战略枢纽城市和国际化航空大都市建设。

福州长乐　　福州长乐国际机场 FUZHOU INTERNATIONAL AIRPORT

机场简介		机场规模	
名称	福州长乐国际机场	旅客吞吐量（2017年）	12 469 235人次
IATA	FOC	起降架次（2017年）	98 908
ICAO	ZSFZ	飞行区等级	4E级
建成时间	1997年	最大起降机型	B747
网址：http://www.fuzhouairport.com.cn/		跑道数量	1条
		航站楼	1座

机场服务			
连接机场数量	84	直飞航线	155条
连接国家/地区数量	14	平均航程	1 169km
连通性指数	73	新开直飞航线	32条
服务航空公司数量	41	关闭直飞航线	14条

TOP3航空公司	进出港航班量	进出港航班量占比	直飞航线
MF	41 031	45.80%	89条
FU	10 293	11.50%	48条
MU	5 799	6.50%	14条

图 7-26　福州长乐国际机场基本情况

十六、南宁和吴圩国际机场

南宁位于广西壮族自治区南部、西江支流邕江沿岸，取“南方安宁”之意而得名。南宁汉属交州，晋属晋兴郡，唐属南晋州、邕州，元为南宁路治，明、清为南宁府，1950年设南宁市，现为广西壮族自治区首府。南宁地处亚热带、北回归线以南，是中国华南、西南和东南亚经济圈的接合部，是泛北部湾经济合作、大湄公河次区域合作、泛珠三角合作等多区域合作的交汇点。南宁为岭南政治、军事重镇，广西的交通枢纽和物资集散地，也是一座开放的城市，市容规划绿化优美，一年四季树木葱茏，有“绿色城市”之称。

南宁吴圩国际机场位于南宁市南面的邕宁区吴圩乡境内，距离市区 32 千米，1962 年投入使用，1993 年为国家指定国际备降机场，现属国家一类口岸。南宁吴圩国际机场目前开辟有国内航线 28 条（含香港特别行政区航线 1 条），国际航线 2 条，国内航线可直达北京、沈阳、郑州、上海、广州、海口等地，国际航线分别为河内、曼谷的往返航班。南宁吴圩国际机场设施较为完善，机场第二条跑道长 3 200 米，于 2018 年 12 月投入使用，可供 A380 等任何大型飞机起降，并拥有先进的盲降设备、夜航灯光系统及气象预报设施。最近，广西壮族自治区人民政府拟对南宁吴圩国际机场进行第四次大型投资扩建改造。整个扩建改造项目预计总投资约 50 亿元人民币，包括新建一座占地 15 万平方米的候机楼，新建停机坪、滑行道、联络道、航管楼、航空加油站、办公区、酒店、商场等相关配套设施，工程还将与南宁市路网建设规划、城市轻轨、高速公路出口等总体规划相衔接，机场概况如图 7-27 所示。

南宁吴圩

机场简介		机场规模	
名称	南宁吴圩国际机场	旅客吞吐量（2017年）	13 915 542人次
IATA	NNG	起降架次（2017年）	108 049
ICAO	ZGNN	飞行区等级	4F级（军民合用）
建成时间	1962年	最大起降机型	A380
网址：http://nn.airport.gx.cn		跑道数量	2条
		航站楼	1座

机场服务			
连接机场数量	93	直飞航线	170条
连接国家/地区数量	15	平均航程	1 169km
连通性指数	91	新开直飞航线	33条
服务航空公司数量	45	关闭直飞航线	5条

TOP3航空公司	进出港航班量	进出港航班量占比	直飞航线
CZ	19 717	20.70%	46条
ZH	11 878	12.40%	32条
GX	10 910	11.40%	70条

图 7-27　南宁吴圩国际机场基本情况

十七、兰州和中川国际机场

兰州位于甘肃省中部、黄河上游的河谷中，地理位置重要，具有“拱卫中原、护翼宁青、保疆援藏”的战略地位，丝绸之路横贯境内，是承东启西、连接欧亚的重要战略通道。春秋战国时这里是西部羌人驻牧地，汉设金城都，取“固若金汤，不可攻也”之意，隋改兰州治，1941 年设兰州市，别名“金城”，是古代丝绸之路上的重要交通枢纽，是中原通往西北地区的要冲。现在，兰州是中国西北地区重要的工业基地和综合交通枢纽、西部地区重要的中心城市之一、西陇海兰新经济带重要支点、西北地区重要的交通枢纽和物流中心，也是新亚欧大陆桥中国段五大中心城市之一、中国华东、华中地区联系西部地区的桥梁和纽带、西北的交通通信枢纽和科研教育中心。

兰州中川国际机场始建于 20 世纪 60 年代末，1970 年 7 月通航，是甘肃省省会兰州市的空中门户、西北地区的重要航空港、国际备降机场。目前，兰州中川国际机场飞行区的等级为 4E，跑道长 4 000 米、宽 60 米，可满足 B747、A330 等大型飞机安全起降要求，机场概况如图 7-28 所示。

未来，兰州中川国际机场将继续紧抓国家“一带一路”倡议和深化国资国企改革等机遇，构建覆盖全省、通达全国、连通国际的空中航线网络，实现“航路广通”的发展目标，全力以赴将兰州中川国际机场打造为“一带一路”倡议实行基地、丝绸之路经济带立体交通的关键节点、中转便捷的西部支线枢纽、产业集聚的临空经济中心，为加快建设幸福美好新甘肃提供有力支撑和坚实保障。

兰州中川

机场简介		机场规模	
名称	兰州中川国际机场	旅客吞吐量（2017年）	12,816,443人次
IATA	LHW	起降架次（2017年）	103,690
ICAO	ZLLL	飞行区等级	4E级
建成时间	1997年	最大起降机型	B747
网址：http://www.lzzcairport.com/		跑道数量	1条
		航站楼	2座

机场服务			
连接机场数量	78	直飞航线	128条
连接国家/地区数量	9	平均航程	1169km
连通性指数	121	新开直飞航线	27条
服务航空公司数量	32	关闭直飞航线	16条

TOP3航空公司	进出港航班量	进出港航班量占比	直飞航线
MU	20538	22.20%	46条
HU	9539	10.30%	42条
CZ	8653	9.40%	26条

图 7-28　兰州中川国际机场基本情况

思　考　题

1. 简述构建国家综合机场体系的重要性。
2. 战略布局必须坚持哪几项原则？
3. 简述机场发展的目标。
4. 如何划分六大机场群？
5. 简述三大世界级机场群的地理分布。
6. 建成 10 个国际枢纽包括哪些机场？
7. 建成 29 个区域枢纽包括哪些机场？
8. 简述北京概况与首都国际机场的发展目标。
9. 简述上海概况与上海两大机场的发展目标。
10. 简述广州概况与广州白云国际机场的发展目标。
11. 简述成都概况与成都双流国际机场的发展目标。
12. 简述重庆概况与重庆江北国际机场的发展目标。
13. 简述昆明概况与昆明长水国际机场的发展目标。
14. 简述西安概况与西安咸阳国际机场的发展目标。
15. 简述乌鲁木齐概况与乌鲁木齐地窝堡国际机场的发展目标。
16. 简述哈尔滨概况与哈尔滨太平国际机场的发展目标。

第八章

中国国内航空公司及航线分布

学习目标

1. 了解中国航空公司的发展历程。
2. 了解中国航空公司的地域分布。
3. 掌握中国主要航空公司的基本情况。
4. 了解中国航空公司运力的投入。
5. 了解中国航空公司航线分布。

第一节 中国航空公司分布

一、航空公司发展历程

（一）改革开放以前30年

1949年11月2日，中共中央政治局会议决定，在人民革命军事委员会下设民用航空局，受空军指导。中国民用航空局成立揭开了中国民航事业发展的新篇章。从这一天开始，新中国民航迎着共和国的朝阳起飞，从无到有，由小到大，由弱到强，经历了不平凡的发展历程。中国民航事业的发展与国家的经济发展，与党中央、国务院的直接领导和支持密不可分，是几代民航干部职工励精图治、团结奋斗的结果，他们为中国蓝天事业书写了壮丽的篇章。

1949年11月9日，中国航空公司、中央航空公司总经理刘敬宜、陈卓林率两公司在香港员工光荣起义，并率领12架飞机回到北京、天津，为新中国民航建设提供了一定的物质和技术力量。

1953年7月10日，民航局局办公会议决定成立一个飞行大队，11月28日正式成立。

1955年1月1日，以空军飞行员、“两航”起义人员以及中苏股份有限公司飞行员为基础的中国民航北京管理处飞行大队正式成立，当时只有119人，拥有的是行宫、C-47等几架老旧的螺旋桨飞机。

1957年，民航上海管理处开辟了上海经杭州、南昌至广州及上海经合肥、徐州至北京两大国内航线。同时，当时只有7架“革新型”飞机的民航上海管理处飞行中队成立了。它是中华人民共和国成立后，上海成立的第一支飞行中队，也就是后来的东方航空的前身。

1963年7月22日，中国民用航空总局对民航系统的飞行单位实行番号排序，驻北京基地执行运输任务的飞行大队被命名为中国民用航空第一飞行大队（中国国航前身），驻广州白云机场的民航运输飞行大队被命名为中国民航第四飞行大队（简称第四飞行大队），驻上海的民航运输大队被命名为中国民航第三飞行大队。

1965年9月1日，中国民用航空总局对全国民航飞行大队的编号再进行统一调整：驻上海的中国民航第三飞行大队改名为中国民航第五飞行大队（东方航空公司前身），驻广东的中国民航第四飞行大队改名为中国民航第六飞行大队（南方航空公司前身），驻成都管理处飞行大队改名为中国民航第七飞行大队（西南航空公司前身），驻兰州管理处飞行大队改名为中国民航第八飞行大队（西北航空公司前身），驻新疆管理处的第七飞行大队改名为中国民航第九飞行大队（新疆航空公司前身），驻沈阳的中国民航第二十三飞行大队改名为中国民航第十飞行大队（北方航空公司前身），驻太原的民航第十八飞行大队改名为中国民航第二飞行大队（中国通用航空公司前身）。

（二）政企分开、简政放权，组建航空公司（1987 年）

1978 年 10 月 9 日，邓小平同志指示民航要用经济观点管理。1980 年 2 月 14 日，邓小平同志指出："民航一定要企业化。"同年 3 月 5 日，中国政府决定民航脱离军队建制，把中国民航局从隶属于空军改为国务院直属机构，实行企业化管理。期间中国民航局实行政企合一，既是主管民航事务的政府部门，又是以"中国民航（CAAC）"名义直接经营航空运输、通用航空业务的全国性企业，下设北京、上海、广州、成都、兰州（后迁至西安）、沈阳六个地区管理局。

1985 年 1 月 7 日，国务院批转民航局《关于民航系统管理体制改革的报告》，要求现行民航管理体制要按"政企分开、简政放权"的原则进行改革，将民航局、地区管理局、省（区、市）局、航空站四级管理改为民航局和地区管理局两级管理，组建国家骨干航空公司，并将机场和航务管理分开。这是中华人民共和国成立以来，在计划体制的大背景下，中国政府首次决定对民航业进行管理体制改革，打破了"大一统"的行政管理体制，进行以航空公司与机场分设为特征的体制改革。

从 1987 年开始实施改革，在原有北京、上海、广州、沈阳、成都、西安六大地区管理局的基础上"一分为三"，将原地区管理局中的航空运输和通用航空相关业务、资产和人员分离出来，组建了六个国家骨干航空公司：中国国际航空公司、中国东方航空公司、中国南方航空公司、中国西南航空公司、中国西北航空公司和中国北方航空公司，实行自主经营、自负盈亏、平等竞争。

1988 年 7 月 1 日，民航北京管理局航空公司与机场分设，成立中国国际航空公司。中国国际航空公司的前身是 1955 年 1 月 1 日正式成立的民航北京管理局飞行总队。

1987 年 12 月 14 日，民航上海管理局召开大会，按中国民航"政企分开"的管理体制改革方案"一分为三"，如图 8-1 所示。1988 年 6 月 25 日，经过半年的内部试运营，中国东方航空公司在民航第五飞行大队的基础上组建成立，其队伍的其他分支先后划归新成立的中国东方航空公司。

1991 年 2 月 1 日，中国南方航空公司成立。1992 年 12 月 20 日，根据中国民航体制改革要求，中国南方航空公司与民航广州管理局正式分开，成为自主经营、自负盈亏的经济实体，直属中国民用航空局。

另外，1987 年 10 月 15 日，中国西南航空公司成立；1989 年 12 月 6 日，中国西北航空公司成立；1990 年 6 月 16 日，中国北方航空公司成立。

以经营通用航空业务为主并兼营航空运输业务的中国通用航空公司于 1989 年 7 月成立；中国云南航空公司成立于 1992 年 7 月 28 日；中国民航飞行学院筹建的长城航空公司成立于 1992 年 9 月 2 日。2001 年 12 月，根据中国民航体制改革要求，新疆航空公司与民航乌鲁木齐管理局分立，成为独立运作的市场主体。

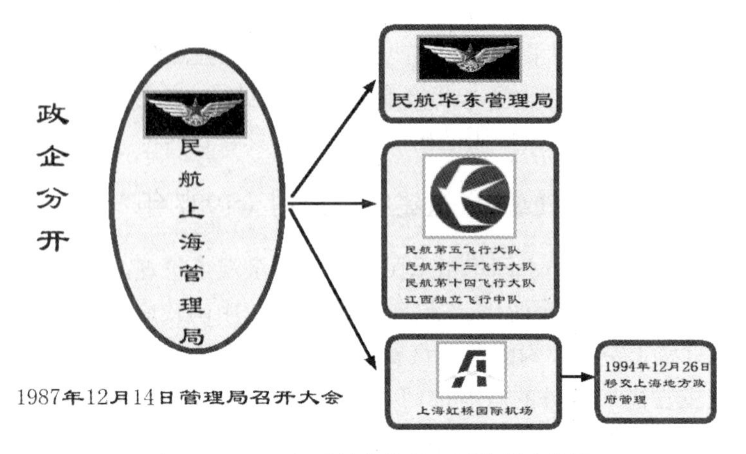

图 8-1 1987 年民航上海管理局体制改革图

自此，航空公司开始市场化运营，形成了国航、东航、南航、西北航、西南航、北方航、云南航、新疆航以及长城航、通用航 10 家民航局直属的骨干航空运输企业。此后，上海、厦门、深圳、海南等地方政府相继出资组建了地方性航空公司，基本形成“群雄割据、逐鹿中原”的市场格局。航空公司航徽如图 8-2 所示。

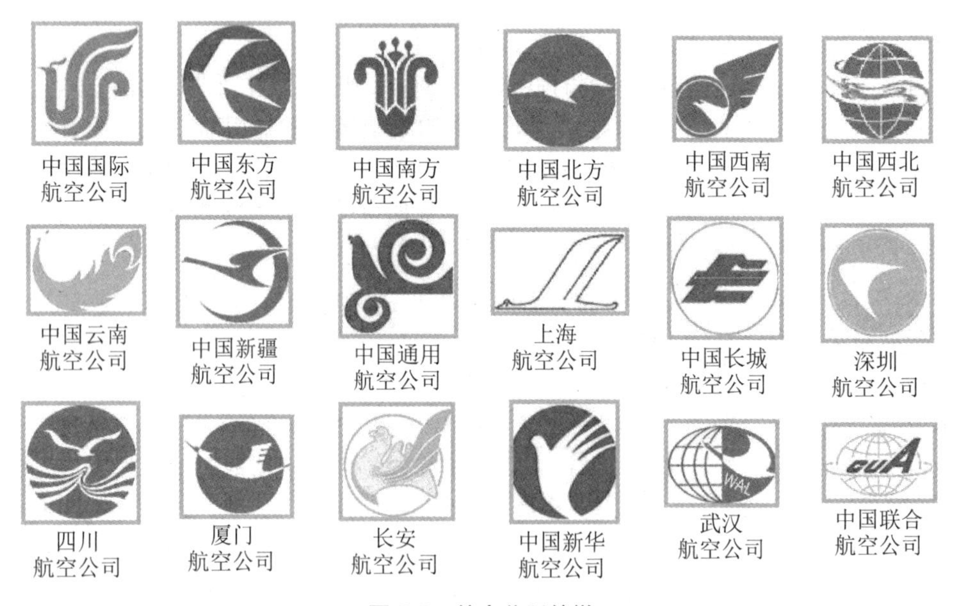

图 8-2 航空公司航徽

（三）新一轮民航体制改革（2002—2004）

在 1987 年民航体制改革后 10 多年的市场竞争中，国航、南航、东航的实力不断加强，2002—2004 年，民航管理体制再次改革，根据国务院批准通过的《民航体制改革方案》，以原中国国际航空公司为主体，联合中国航空总公司和中国西南航空公司，并以各方的航空运输资源为基础，组建新的中国航空集团公司；以原东方航空公司为主体，兼并原中国西北航空公司，联合原中国云南航空公司，并以各方的航空运输资源为基础，组建新的中国东方航空集团公司；以原南方航空公司为主体，与原中国北方航空公司、新疆航空公司联合，并以各方的航空运输资源为基础，组建新的中国南方航空集团公司。2002年10月11日，三大航空集团在北京人民大会堂宣告成立，成立后的集团公司与民航总局脱钩，交由国务院国资委监管。航空公司重组如图8-3所示。

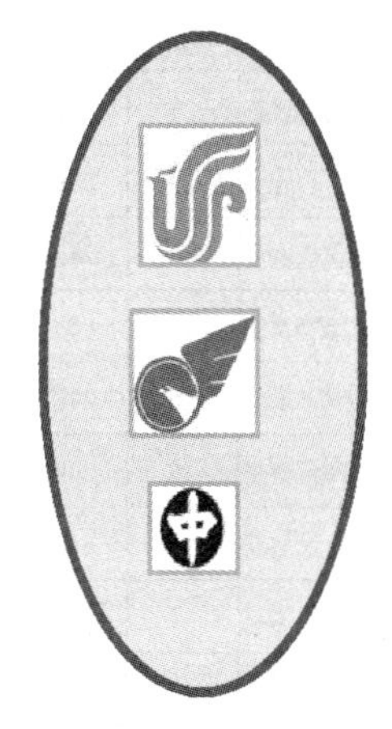

中国航空集团公司　　中国东方航空集团公司　　中国南方航空集团公司

图8-3　三大航空集团公司重组图

与此同时，其他地方性航空公司也相应进行了股份制改造。海南航空公司相继兼并了新华、长安、山西、扬子江货运等航空公司，形成了海航集团。至此，基本形成了以四大集团为基础的市场格局。

二、航空公司的分布

（一）航空公司机队规模

中国航空公司机队按照机队数量、机型结构与主要市场来看，总体可以分为三个梯队。

（1）三大国有航空公司（国航、东航、南航）与近年机队规模快速增长的海航形成第一梯队，机队规模都超过400架，机型结构包括宽体机和窄体机，经营国际和国内航线。

（2）第二梯队即除海航以外的地方国有航空公司，包括深航、厦航、上航、川航、山航、天津航，机队规模在80架以上，窄体机占机型结构的80%以上，甚至全部为窄体机，主要经营国内干线市场，经营少量的国际航线。

（3）第三梯队为小型航空公司，数量接近50家，机队规模在40架以下，机型以支线机、货机和少量窄体机为主，经营范围包括货运、支线和国内干线市场。

根据民航局飞行人员信息咨询平台的信息，截至2018年12月底，中国拥有CCAR-121部航空公司（运输航空公司）达53家，航空器3 634架，飞行员38 391名，平均每家航空公司拥有69架航空器和724名飞行员，人机比达到1∶10。航空器拥有量TOP5的航空公司依次为南航、东航、国航、海航和深航，拥有航空器数量分别为601架、448架、411架、235架、190架，合计为1 885架，占航空器总量的52%，超过一半。飞行员拥有量TOP5的航空公司依次分别为南航、国航、东航、海航和深航，拥有飞行员数量分别为6 042名、4 904名、4 526名、2 653名、1 887名，合计为20 012名，占飞行员总数的52.1%，超过一半。各航空公司地区机队规模和飞行员数量如图8-4所示。

排名	航空公司	航空器数量（架）	飞行员数量	总部所在地
1	CZ南方航空	601	6042	广州
2	MU东方航空	448	4526	上海
3	CA中国国航	411	4904	北京
4	HU海南航空	235	2653	海口
5	ZH深圳航空	190	1887	深圳
6	MF厦门航空	172	1619	厦门
7	3U四川航空	147	1684	成都
8	SC山东航空	121	1455	济南
9	FM上海航空	106	858	上海
10	GS天津航空	104	886	天津
11	JD首都航空	86	1011	北京
12	9C春秋航空	81	953	上海
13	MU东方云南航空	78	660	昆明
14	HO吉祥航空	72	780	上海
15	8L祥鹏航空	49	584	昆明
16	O3顺丰航空	48	402	深圳
17	KN中国联航	48	390	北京
18	G5华夏航空	44	495	贵阳
19	EU成都航空	42	476	成都
20	GJ浙江长龙航空	39	360	杭州
21	PN西部航空	32	518	重庆
22	BK奥凯航空	31	371	北京
23	TV西藏航空	30	353	拉萨
24	NS河北航空	27	279	石家庄
25	CF中国邮政航空	26	191	北京
26	HU金鹏航空	26	258	上海
27	KY昆明航空	26	273	昆明
28	JR幸福航空	25	215	西安
29	GX北部湾航空	24	238	南宁
30	OQ重庆航空	23	266	重庆
31	DZ东海航空	21	263	深圳
32	QW青岛航空	19	288	青岛
33	DR瑞丽航空	18	248	昆明
34	AQ九元航空	17	216	广州
35	FU福州航空	17	205	福州
36	UQ乌鲁木齐航空	16	180	乌鲁木齐
37	CA中国国际货运航空	15	256	北京
38	CA中国国航内蒙航空	14	70	呼和浩特
39	GT桂林航空	11	110	桂林
40	9H长安航空	11	139	西安
41	大连航空	11	122	大连
42	YG圆通货运航空	11	94	杭州
43	RY江西航空	10	89	南昌
44	CK中国货运航空	9	206	上海
45	GY多彩贵州航空	9	100	贵阳
46	A6红土航空	7	104	昆明
47	UW友和道通航空	7	40	武汉
48	GI龙浩航空	5	46	广州
49	CN大新华航空	4	33	北京
50	天津货运	3		天津
51	北京航空	3		北京
52	LT龙江航空	2	32	哈尔滨
53	中航货运航空	2	3	广州

图8-4　中国各航空公司机队规模（截至2018年12月）

资料来源：中国民航飞行人员信息咨询网（网址：https://pilot.caac.gov.cn/）

（二）航空公司控股关系和阵营分化

对比三个梯队的竞争优势，第一梯队的大型航空公司的竞争优势较为明显，原因包括以下几个方面：一是航线的网络效应、通达性较强，围绕枢纽的航线网络比点对点航线经营更有优势；二是机队的规模效应，这体现在在人才引进和培养、机队维护和运行管控方面；三是市场范围涵盖国际和国内，经营灵活性更强；四是品牌影响力大，资源获取能力更强。基于这些竞争优势，第一梯队的大型航空公司逐渐控股第二梯队的地方国有航空公司和部分第三梯队的小型地方航空公司，通过资本纽带建立战略联盟，形成几个比较明显的阵营。四大航空集团控股关系如图 8-5 所示。

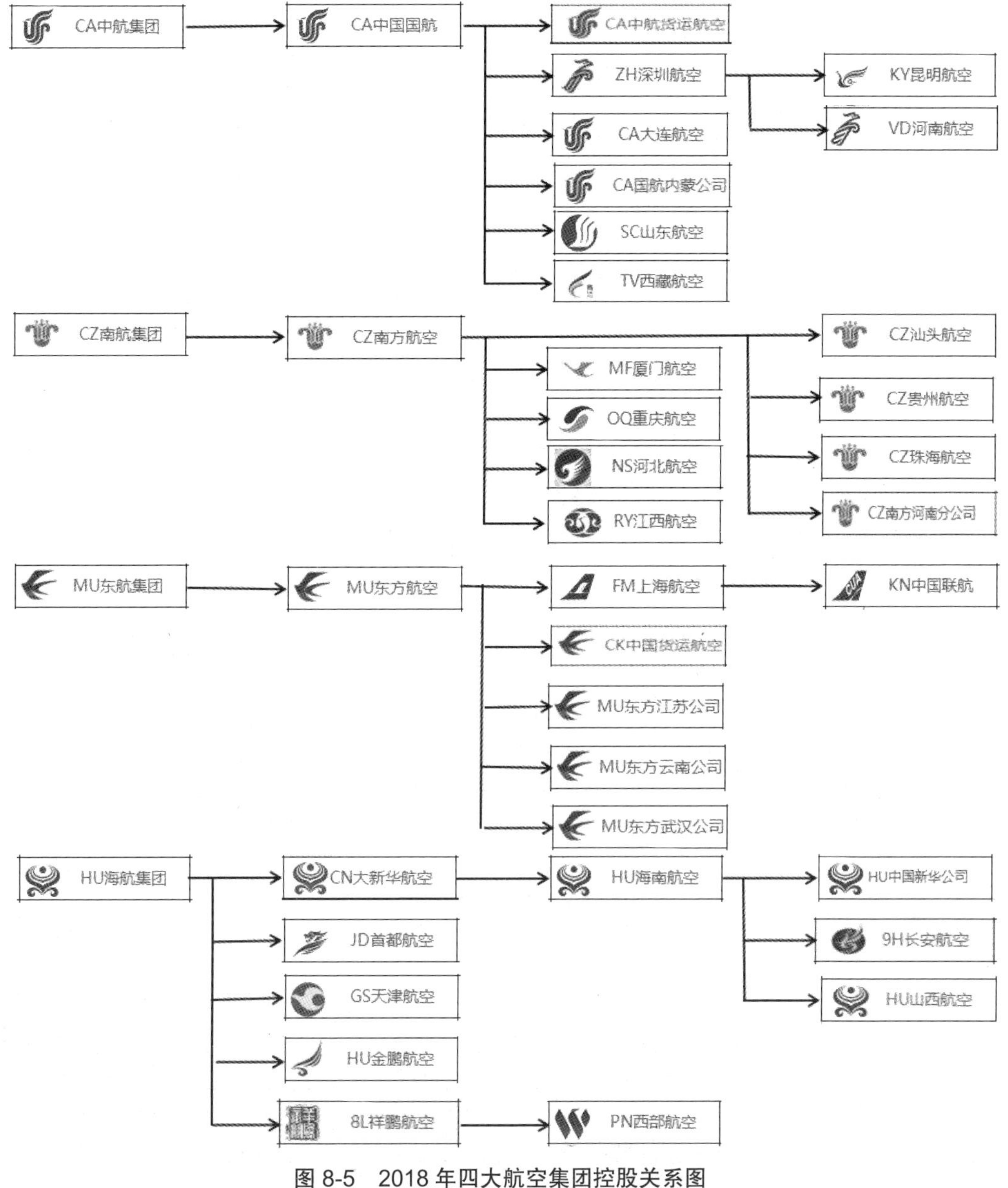

图 8-5　2018 年四大航空集团控股关系图

（三）2018 年航空公司地区分布

中国区域经济发展很不平衡，东部沿海地区经济较为发达，城市化水平较高；中西部地区经济较为落后，城市化水平相对较低。一般来说，交通运输作为先导性基础产业，对经济发展具有很强的拉动作用。航空运输与地区经济发展水平的相关度很高，东部与中西部经济发展的差距造成民航运输发展的比例失调，制约了中西部航空运输的发展；相应地，中西部航空发展的受限也会反过来制约经济社会发展。航空公司布局东密西疏、沿海密内陆疏，难以有效地满足中西部地区经济社会发展需要。由于绝大部分航空公司的高客流量航线分布在东部沿海的经济发达地区，使这部分地区的航线资源集中、航班频率高、航空服务质量好，而中西部地区则相对较少甚至无法享受航空运输资源及服务。根据民航局官方网站数据，航空公司总部或集散地基本上分布在华北、华东、中南、西南地区，与区域分布密度、航空运输需求不相称，反映出航空运输布局的不平衡：东北地区拥有 2 家、华北地区拥有 13 家、华东地区拥有 15 家、中南地区拥有 16 家、西北地区拥有 2 家、西南地区拥有 14 家、新疆地区拥有 1 家。

1. 东北地区（2 家）（见表 8-1）

表 8-1　东北地区航空公司

二字代码	公司名称	域名	区域	省（区、市）	总部
CA	大连航空有限责任公司	http://www.dalianair-china.com/	东北	辽宁	大连
LT	龙江航空有限公司	http://www.longjianghk.com/	东北	黑龙江	哈尔滨

2. 华北地区（13 家）（见表 8-2）

表 8-2　华北地区航空公司

二字代码	公司名称	域名	区域	省（区、市）	总部
CA	中国国际航空股份有限公司	http://www.airchina.com.cn/cn/index.shtml	华北	北京	北京
CA	中国国际货运航空有限公司	http://www.airchinacargo.com/	华北	北京	北京
HU	中国新华航空集团有限公司	http://www.chinaxinhuaair.com/	华北	北京	北京
JD	北京首都航空有限公司	http://www.jdair.net/index.jsp	华北	北京	北京
CF	中国邮政航空有限责任公司	http://www.cnpostair.com/	华北	北京	北京
KN	中国联合航空有限公司	http://www.flycua.com/	华北	北京	北京
BK	奥凯航空有限公司	http://bk.travelsky.com/bkair/index.jsp	华北	北京	北京
CA	北京航空有限责任公司		华北	北京	北京
NS	河北航空有限公司	http://www.hbhk.com.cn/index.action	华北	河北	石家庄
CA	中国国际航空内蒙古有限公司	http://www.airchinaim.com/	华北	内蒙古	呼和浩特
GS	天津航空有限责任公司	http://www.tianjin-air.com/	华北	天津	天津
JR	幸福航空有限责任公司	http://www.joy-air.com/	华北	天津	天津
GS	天津货运航空有限公司	http://www.tianjin-air.com/	华北	天津	天津

3. 华东地区（15 家）（见表 8-3）

表 8-3　华东地区航空公司

二字代码	公司名称	域名	区域	省（区、市）	总部
MF	厦门航空有限公司	http://www.xiamenair.com.cn	华东	福建	厦门
FU	福州航空有限责任公司	http://www.fuzhou-air.cn/	华东	福建	福州
MU	中国东方航空江苏有限公司		华东	江苏	南京
Y8	扬子江快运航空有限公司（金鹏）	http://www.yzr.com.cn/	华东	江苏	南京
RY	江西航空有限公司	http://www.airjiangxi.com	华东	江西	南昌
SC	山东航空股份有限公司	http://www.shandongair.com.cn/	华东	山东	青岛
QW	青岛航空股份有限公司	http://www.qdairlines.com/	华东	山东	青岛
MU	中国东方航空股份有限公司	http://www.ceairgroup.com/	华东	上海	上海
CK	中国货运航空有限公司	http://www.ckair.com/index.html	华东	上海	上海
FM	上海航空有限公司	http://www.ceair.com/fm.html	华东	上海	上海
9C	春秋航空股份有限公司	http://www.ch.com/	华东	上海	上海
HO	上海吉祥航空股份有限公司	http://www.juneyaoair.com/	华东	上海	上海
C9	中国商用飞机有限责任公司	http://www.comac.cc/	华东	上海	上海
GJ	浙江长龙航空有限公司	http://www.loongair.cn/b2c	华东	浙江	杭州
YG	杭州圆通货运航空有限公司	http://www.airyc.cn/	华东	浙江	杭州

4. 中南地区（16 家）（见表 8-4）

表 8-4　中南地区航空公司

二字代码	公司名称	域名	区域	省（区、市）	总部
CZ	中国南方航空股份有限公司	http://www.csair.com/cn/	中南	广东	广州
CZ	珠海航空有限公司	南航集团股东	中南	广东	珠海
CZ	汕头航空有限公司	南航集团	中南	广东	汕头
ZH	深圳航空有限责任公司	http://www.shenzhenair.com/	中南	广东	深圳
DZ	东海航空有限公司	http://www.donghaiair.cn/	中南	广东	深圳
O3	顺丰航空有限公司	http://www.sf-airlines.com/	中南	广东	深圳
AQ	九元航空有限公司	http://www.9air.com/	中南	广东	广州
GI	广东龙浩航空有限公司	http://www.long-hao.cn/	中南	广东	广州
MU	中航货运航空有限公司	http://www.caccair.com/	中南	广东	广州
GT	桂林航空有限公司	http://www.airguilin.com/	中南	广西	桂林
GX	广西北部湾航空有限责任公司	http://www.gxairlines.com/bbwui/	中南	广西	南宁
HU	海南航空股份有限公司	http://www.hnair.com	中南	海南	海口
VD	河南航空有限公司	深圳航空法人股东（原鲲鹏航空有限公司）	中南	河南	郑州
CZ	中国南方航空河南航空有限公司	http://www.qdairlines.com/	中南	河南	郑州
MU	中国东方航空武汉有限责任公司		中南	湖北	武汉
UW	友和道通航空有限公司	http://www.uni-top.com.cn/	中南	湖北	武汉

5. 西北地区（2 家）（见表 8-5）

表 8-5　西北地区航空公司

二字代码	公司名称	域名	区域	省（区、市）	总部
HT	宁夏货运航空有限公司	http://www.accnx.com/	西北	宁夏	银川
9H	长安航空有限责任公司	http://www.airchangan.com	西北	陕西	西安

6. 西南地区（14 家）（见表 8-6）

表 8-6　西南地区航空公司

二字代码	公司名称	域名	区域	省（区、市）	总部
CZ	贵州航空有限公司	南航法人股东	西南	贵州	贵阳
G5	华夏航空有限公司	http://www.chinaexpressair.com/	西南	贵州	贵阳
GY	多彩贵州航空有限公司	http://www.cgzair.com/	西南	贵州	贵阳
3U	四川航空股份有限公司	http://www.scal.com.cn/B2C/	西南	四川	成都
EU	成都航空有限公司	https://www.cdal.com.cn/	西南	四川	成都
TV	西藏航空有限公司	http://www.tibetairlines.com.cn/	西南	西藏	拉萨
8L	云南祥鹏航空有限责任公司	http://www.luckyair.net/	西南	云南	昆明
KY	昆明航空有限公司	http://www.airkunming.com/	西南	云南	昆明
MU	东方航空云南有限公司	http://www.c3q.com.cn/	西南	云南	昆明
YI	云南英安航空有限公司	http://yingair.aircraftnurse.com/	西南	云南	昆明
DR	瑞丽航空有限公司	http://www.rlair.net	西南	云南	昆明
A6	云南红土航空股份有限公司	http://www.redair.cn	西南	云南	昆明
OQ	重庆航空有限责任公司	http://www.chongqingairlines.cn/	西南	重庆	重庆
PN	西部航空有限责任公司	http://www.westair.cn/WestAirPortal/	西南	重庆	重庆

7. 新疆地区（1 家）（见表 8-7）

表 8-7　新疆地区航空公司

二字代码	公司名称	域名	区域	省（区、市）	总部
UQ	乌鲁木齐航空有限责任公司	http://www.urumqi-air.com/	新疆	新疆	乌鲁木齐

第二节　中国主要航空公司

根据中国民航局统计数据，中国民航自 2017 年全年运输总周转量首次突破千亿吨公里后，2018 年达到 1 206.4 亿吨公里，旅客运输量达 6.12 亿人次，货邮运输量达 738.51 万吨，同比分别增长 11.4%、10.9%和 4.6%。根据 2019 年全国民航工作会议，民航发展的主要预期指标为：运输总周转量、旅客运输量、货邮运输量分别增长 11.8%、11%和 5.7%，达 1 360 亿吨公里、6.8 亿人次、793 万吨；全年国内客运航空公司航班正常率力争保持 80%，全国主要机场放行正常率和始发航班正常率力争达到 85%。

中国航空运输业的航线数量和航线里程亦有显著发展。根据中国民航局统计数据，截至 2018 年年底，中国共有定期航班航线 4 945 条，其中国内航线 4 096 条（港澳台航线 100 条），国际航线 849 条。按重复距离计算的航线里程为 1 219.06 万千米，按不重复距离计算的航线里程为 837.98 万千米。

经过多年的发展和全行业的重组改革，目前，中国航空运输业已经形成了以中国国航、东方航空、南方航空三大航空公司为主导，多家航空公司并存的竞争格局。三大国有控股航空集团占据了中国航空客货运输市场较大的份额，其他区域性航空公司和特色航空公司在各自专注的细分市场领域具有较强的市场竞争力。据中国民航局统计，截至 2018 年年底，中国共有运输航空公司 60 家，比 2017 年年底净增 2 家，按不同所有制类别划分为：国有控股公司 45 家，民营和民营控股公司 15 家。在全部运输航空公司中，全货运航空公司 9 家，中外合资航空公司 10 家，上市公司 8 家。

航空运输业属于周期性行业，与宏观经济周期密切相关。虽然中国经济增长放缓，但是受人均收入保持增长、消费逐步升级、中等收入群体兴起、经济增长转型、产业结构升级、城镇化推行等因素影响，中国航空运输业目前仍处于成长期，中国航空市场需求的驱动力依然坚挺，市场潜力巨大。据中国民航局信息，2020 年，中国需满足人均乘机 0.5 次、旅客运输量 7.2 亿人次的市场需求，这就意味着“十三五”期间，中国航空市场仍有年均 10%左右的增长空间。IATA 预计，2024 年，中国的旅客运输需求将超过美国，中国将成为全球最大的航空客运市场；2035 年，中国旅客数量将达到 13 亿人次。

考虑到中国国际航空公司、中国东方航空公司和中国南方航空公司已经进入世界排名前 20 名，本节不做介绍，放在第十一章中详细介绍，这样可方便读者对比。

一、海南航空股份有限公司

海南航空股份有限公司（以下简称“海航”）于 1993 年成立，是中国发展得最快、最有活力的航空公司之一，致力于为旅客提供全方位、无缝隙的航空服务。

海航是中国四大航空公司之一，拥有以波音 787、波音 767、波音 737 系列和空中客车 A330 系列为主的年轻豪华机队，适用于客运和货运飞行，为旅客打造了具有独立空间的优质头等舱与宽敞舒适的全新商务舱。截至 2018 年 12 月，海航共运营飞机 235 架，其中主力机型为波音 737-800 型客机，宽体客机 30 余架。海航概况如图 8-6 所示。

海南航空追求“热情、诚信、业绩、创新”的企业管理理念，凭借“内修中华传统文化精粹，外融西方先进科学技术”的中西合璧企业文化创造了一个新锐的航空公司。海南航空秉承“东方待客之道”，倡导“以客为尊”的服务理念；从满足客户深层次需求出发，创造全新飞行体验，改变旅客期望，立志成为中华民族的世界级航空企业和世界级航空品牌；以民航强国战略为主导，加速国际化布局，倾力打造规模和运营能力均居世界前列的航空公司。

海南航空

公司简介		2017.11.01-2018.10.31	
公司名称	海南航空股份有限公司	总部地点	海口
IATA	HU	航空联盟	
ICAO	CHH	营业收入	599亿
成立时间	1993年1月	客座率	86.10%
公司类型:		主运营基地	HAK、PEK
股份有限公司（中外合资、上市）		http://www.hnair.com	

关键指标			
实际执飞航班量	277 481	直飞航线	924条
到港准点率	84.0%	平均航程	1 629km
平均到达延误时长	18分钟	平均实际飞行时长	144分钟
可用座位数	5 080万	新开航线	225条
可用座位数年增长率	14.4%	关闭航线	128条
可用座公里数	9 167千万	航班取消率	4.2%
可用座公里 数增长率	17.1	飞机日利用率	9.6小时
通航机场	134	通航国家	28

图 8-6　海南航空股份有限公司基本情况

二、深圳航空有限责任公司

深圳航空有限责任公司（以下简称“深航”）成立于 1992 年 11 月，1993 年 9 月 17 日正式开航，是主要经营航空客、货、邮运输业务的股份制航空运输企业。深航自开航以来，连续多年保持了安全飞行和盈利，公司以安全飞行、优质服务、良好的经济效益和高效的管理模式赢得了社会的广泛赞誉。截至 2018 年 12 月，深航主体共拥有波音 737，空客 330、320、319 等各类型客机 190 架，经营国内、国际航线近 300 条；有驻国内外营业部近 60 个，南宁、无锡、广州、常州、沈阳、郑州、济南、西安、重庆、四川、江苏、福州、江西、黑龙江、青海、武汉、长沙等分公司和基地辐射全国，货运、工贸、旅游、配餐、酒店、广告、机场、飞行学校、房地产等二级企业多元发展，投资成立并控股河南航空、昆明航空、亚联公务机，积极实施客货并举，国内国际并举，干线、支线、货运、公务机共同发展的战略，成为中国第五大航空集团。深航概况如图 8-7 所示。

深航秉承“安全第一，预防为主，综合治理”的安全工作方针，注重营造科学务实的安全管理文化，不断强化系统防控能力，严格履行责任体系，努力提升风险管理水平，确保安全链的整体可靠，为旅客提供安全可靠的飞行服务。

安全筑基石，服务塑品牌。深航注重持续提升服务质量以铸就优秀企业品牌，通过全力打造“尊鹏俱乐部”和“深航女孩”两个子品牌，为旅客出行提供全程优质服务；陆续推出的“经深飞”“城市快线”等多项特色产品，也使旅客获得了更加便捷舒适的出行体验。

作为与特区共同成长起来的航空企业，深航扎根深圳，服务大众，搭建起一条条深圳对外经贸往来和文化交流的“空中走廊”。深航不仅注重企业自身发展，还自觉履行社会责任、感恩回报社会，被誉为深圳的一张亮丽名片。

深圳航空　深圳航空 Shenzhen Airlines

公司简介		2017.11.01-2018.10.31	
公司名称	深圳航空有限责任公司	总部地点	深圳
IATA	ZH	航空联盟	星空联盟
ICAO	CSZ	营业收入	276.5亿
成立时间	1992年11月	客座率	82.50%
公司类型：		主运营基地	SZX
有限责任公司		http://www.shenzhenair.com/	

关键指标			
实际执飞航班量	246 537	直飞航线	629条
到港准点率	80.8%	平均航程	1 280km
平均到达延误时长	21分钟	平均实际飞行时长	125分钟
可用座位数	3 977万	新开航线	153条
可用座位数年增长率	7.1%	关闭航线	123条
可用座公里数	5 118千万	航班取消率	3.9%
可用座公里 数增长率	8.3%%	飞机日利用率	8.2小时
通航机场	89	通航国家	12

图 8-7　深圳航空有限责任公司基本情况

根据公司发展规划，至“十三五”期末，深航将达到或超过 230 架客机，并适时引进宽体客机。在未来发展中，深航将努力打造成具有独立品牌的亚太地区著名的全国性航空公司，并成为以深圳为基地、航线网络覆盖亚洲及洲际的大型网络航空公司。

“雄关漫道真如铁，而今迈步从头越”，深圳航空将致力于实践贯彻落实新时代中国特色社会主义思想，当好科学发展的排头兵，为建设民航强国做出更大贡献。

三、厦门航空有限公司

1984 年 7 月 25 日，由民航局和福建省人民政府合作创办、各占 50%股份的厦门航空有限公司（以下简称“厦航”）在改革开放的号角声中诞生。从“地无一垄，房无一间”起步，厦航乘着中国民航体制改革和厦门经济特区改革开放的东风，率先建立起一套完整而科学的现代企业制度，实行全员劳动合同制；通过编写《厦航营运总册》和中国民航首部《服务标准汇编》，实现了企业的规范化运行；率先在中国民航改革重组中实施有偿兼并；在推动两岸直航中发挥重要作用；通过加入天合联盟，拓展全球航线网络；收购河北航空，参与组建江西航空，扩大厦航产业集团版图……在 30 多年的发展历程中，通过一系列改革创新，厦航实现了跨越式发展。2018 年，厦航年运送旅客超过 3 600 万人次，营业收入超过 300 亿元，总资产近 500 亿元，是中国民航唯一连续 32 年实现盈利的航空公司。

近年来，厦航积极助推福建省建设“海上丝绸之路”核心区国际航空枢纽，累计新开超过 100 条通达国内外的新航线，其中包括 10 多条洲际航线，搭建起福建飞往国内各主要省市、港澳台地区，辐射东南亚、东北亚，连接欧洲、北美洲、大洋洲的航线网络，推动福建省成为“一带一路”建设中重要的空中门户。厦航概况如图 8-8 所示。

未来，厦航将肩负民航强国使命，以“爱拼会赢铸就创新精进”的厦航精神为动力，以科技创新和资源协同为主要手段，全力打造安全一流的平安厦航、品牌一流的百年厦航、管理一流的创新厦航、绩效一流的卓越厦航、生态一流的幸福厦航，向着绩效卓越的世界一流航空集团迈进。

厦门航空　厦门航空XIAMENAIR

公司简介		2017.11.01-2018.10.31	
公司名称	厦门航空有限公司	总部地点	厦门
IATA	MF	航空联盟	天合 联盟
ICAO	CXA	营业收入	261.2亿
成立时间	1984年7月	客座率	79.90%
公司类型：		主运营基地	XMN
有限责任公司（国有控股）		http://www.xiamenair.com.cn	

关键指标			
实际执飞航班量	226 543	直飞航线	625条
到港准点率	80.6%	平均航程	1 340km
平均到达延误时长	20分钟	平均实际飞行时长	125分钟
可用座位数	3 962万	新开航线	126条
可用座位数年增长率	8.9%%	关闭航线	89条
可用座公里数	5 544千万	航班取消率	7.5%
可用座公里 数增长率	14.6%	飞机日利用率	8.3小时
通航机场	99	通航国家	18

图 8-8　厦门航空有限公司基本情况

四、四川航空股份有限公司

四川航空股份有限公司（以下简称“川航”）成立于 2002 年 8 月 29 日，四川航空集团有限责任公司为川航第一大股东，其他股东分别为中国南方航空股份有限公司、中国东方航空股份有限公司、山东航空股份有限公司、成都银杏金阁投资有限公司。川航改制前为四川航空公司，成立于 1986 年 9 月 19 日，1988 年 7 月 14 日正式开航营运。作为中国最具特色的航空公司之一，川航以安全为品牌核心价值，持续安全飞行三十余年，于 2018 年 12 月运营中国国内最大的全空客机队（147 架飞机），执飞国内、地区、国际航线超过 270 条，航线网络覆盖亚洲、欧洲、北美洲及大洋洲地区。川航概况如图 8-9 所示。

川航的航徽是一只海燕，它奋力翱翔、志存高远的气质与川航人“咬定青山”的企业精神紧密契合。圆圈代表地球，四条波浪纹寓意百川赴海、奔流涌进、上善若水、厚德载物，同时对应川航“真、善、美、爱”的核心价值观，象征着川航从内陆起飞，萃取陆地文明的稳定持重与海洋文明的外向开拓，以“东成西就，南北纵横，上山出海，网络搭台”的战略布局，架起一座座贯通南北、联通中外的空中金桥。

近年来，随着机队规模的壮大和自身实力的增强，川航加快了网络化转型和国际化步伐。成都总部以外，川航已设有重庆分公司、云南分公司以及哈尔滨、北京、杭州、西安、三亚、天津、乌鲁木齐、西昌、南宁等基地，并已开通温哥华、墨尔本、悉尼、莫斯科、迪拜、东京、大阪、新加坡、布拉格、洛杉矶、奥克兰、圣彼得堡、苏黎世等国际航线，每年为近 3 000 万旅客提供具有“中国元素，四川味道”的航空服务，服务质量及航班正常率位居中国民航前列，获评 2016 年“服务最佳航空公司”，蝉联第二届“中国质量奖”提名奖。

四川航空 

公司简介		2017.11.01-2018.10.31	
公司名称	四川航空股份有限公司	总部地点	成都
IATA	3U	航空联盟	
ICAO	CSC	营业收入	203.16亿
成立时间	2002年8月	客座率	83.85%
公司类型：		主运营基地	CTU、公里G、CKG
股份有限公司（非上市）		http://www.scal.com.cn	

关键指标			
实际执飞航班量	201,465	直飞航线	727条
到港准点率	84.3%	平均航程	1 383km
平均到达延误时长	17分钟	平均实际飞行时长	125分钟
可用座位数	3 482万	新开航线	155条
可用座位数年增长率	11.4%	关闭航线	62条
可用座公里数	5 104千万	航班取消率	4.7%
可用座公里 数增长率	14.6%	飞机日利用率	9.2小时
通航机场	132	通航国家	24

图 8-9　四川航空股份有限公司基本情况

按照“十三五”发展规划，川航将落实“创新、协调、开放、绿色、共享”的发展理念，向着“全服务、网络型、国际化”进一步转型升级，力争到 2020 年年底，机队规模超过 180 架，实现“三个五”的目标——“飞行安全五星奖、500 亿资产规模、5 个分公司以上规模的基地”，以优异的营运水平、成熟的发展平台和卓越的品牌价值，成为一家独具特色优势的成熟中型航企。

五、山东航空集团有限公司

被誉为“齐鲁之翼”的山东航空集团有限公司（以下简称“山航”）是由中国国际航空股份有限公司、山东省财金投资集团有限公司等 9 家股东合资组成的从事航空运输相关产业经营的企业集团公司，于 1994 年 3 月 12 日经国家民航总局和山东省委、省政府批准成立，总部在济南。

在山航的发展理念中，发展的根基始终深植于安全，起落安妥是一家决心做厚道企业的航空公司必须坚持的底线。因此，与快速成长相呼应的是山航自成立以来，始终坚持“安全第一、预防为主、综合治理”的方针，持续推进安全管理，积极构建“两级主体、三级监管”的安全责任体系，不断加大安全生产投入力度，狠抓安全资质能力建设，全力构建“全员、全过程、可持续”的安全文化，打造扎实的安全运行基础，保持了良好的安全飞行记录，先后四次获得民航总局安全最高荣誉奖“金雁杯”和“金鹰杯”，2017 年 8 月荣获中国民航“飞行安全三星奖”，多次被评为国家级“用户满意服务单位”“全国质量效益型企业”，公司彩虹乘务队、市场部济南营业部被团中央、民航总局命名为“全国青年文明号”。2015—2017 年，山航（本部）连续 3 年被评为“全国文明单位”。2017 年，山航荣获“全国质量奖”，成为中国民航首次也是唯一获奖的航企。

按照“十三五”规划，2020 年，山航机队规模可达到 160 架左右，并逐步实现网络布局更加合理，安全管理更加可靠，效益、服务水平名列前茅的发展态势，加快向大型航空公司迈进的步伐。山航概况如图 8-10 所示。

山东航空　山東航空公司

公司简介		2017.11.01-2018.10.31	
公司名称	山东航空集团有限公司	总部地点	济南
IATA	SC	航空联盟	
ICAO	CDG	营业收入	164.8亿
成立时间	1994年	客座率	83.20%
公司类型:		主运营基地	TNA、TAO
股份有限公司（台港澳与境内合资、上市）		http://www.shandongair.com.cn/	

关键指标			
实际执飞航班量	204 994	直飞航线	608条
到港准点率	85.0%	平均航程	1 112km
平均到达延误时长	16分钟	平均实际飞行时长	112分钟
可用座位数	3 452万	新开航线	144条
可用座位数年增长率	11.1%	关闭航线	105条
可用座公里数	3 846千万	航班取消率	6.4%
可用座公里 数增长率	13.5%	飞机日利用率	9.4小时
通航机场	92	通航国家	8

图 8-10　山东航空集团有限公司基本情况

当前，山航正在以中国特色社会主义思想为指导，坚持发扬开拓创新的企业精神，不断强化核心单元业务竞争优势、提高传动辐射能力，为创建“平安山航、和谐山航”，实现跨越式发展努力奋斗。

六、上海航空有限公司

上海航空有限公司（以下简称“上航”）成立于 1985 年 12 月，是中国国内第一家多元投资商业化运营的航空公司。2009 年 6 月 8 日，东航和上航联合重组工作正式全面启动。2010 年 1 月 28 日，以东航换股吸收合并上航的联合重组顺利完成，上航成为新东航的成员企业。

2010 年 5 月 28 日，作为东航全资子公司的上海航空有限公司正式挂牌运营。

上航坚持“安全第一，顾客至上，优质服务，追求卓越”的企业精神，现拥有以波音为主的先进机队，2018 年 12 月，各类飞机达 106 架，拥有较为完善的国内航线网络，并开通了上海至日本、韩国、泰国、印度、菲律宾、越南、柬埔寨和香港、澳门等多条国际和地区航线。上航概况如图 8-11 所示。

上航以良好的安全记录、高质量的服务水准、先进的企业文化和卓有成效的经营管理取得了良好的经济效益和社会效益，先后荣获“中国企业 500 强”“全国用户满意企业”“全国民航用户满意度优质奖”“上海市质量金奖”等，还连续 7 年获得“上海市文明单位”称号。上航将在东航领导下，为推动上海航空枢纽港和国家经济社会建设做出新的贡献。

上海航空　上海航空公司 SHANGHAI AIRLINES

公司简介		2017.11.01-2018.10.31	
公司名称	上海航空有限公司	总部地点	上海
IATA	FM	航空联盟	天合联盟
ICAO	CSH	营业收入	124.6亿
成立时间	1985年12月	客座率	
公司类型:		主运营基地	PVG、SHA
有限责任公司（非自然人投资或控股的法人独资）		http://www.ceair.com/fm.html	

关键指标			
实际执飞航班量	126 509	直飞航线	329条
到港准点率	86.2%	平均航程	1 252km
平均到达延误时长	15分钟	平均实际飞行时长	121分钟
可用座位数	2 156万	新开航线	63条
可用座位数年增长率	6.9%	关闭航线	17条
可用座公里数	2 718千万	航班取消率	5.5%
可用座公里 数增长率	8.1%	飞机日利用率	8小时
通航机场	90	通航国家	9

图 8-11　上海航空有限公司基本情况

七、天津航空有限责任公司

天津航空有限责任公司（以下简称“天津航空”）是海航集团的成员企业，于 2009 年 6 月 8 日挂牌成立，由海南航空和天津市人民政府共同出资组建，扎根环渤海地区经济中心天津市。

目前，天津航空拥有以 A330、A320、E190 等机型为主的年轻豪华机队，2018 年 12 月的总机队规模已达 104 架，逐步建立起包含天津、西安、呼和浩特、乌鲁木齐、贵阳等十大枢纽的区域航线网络，累计开通国际国内航线 290 余条，拥有近 50 条国际航线，航线网络遍布全国，连接日本、韩国、俄罗斯等周边国家和地区，直飞英国、新西兰、澳大利亚，通航城市 125 座，持续安全飞行超 170 万小时，2018 年的旅客运输量达 1 400 余万人次。天津航空的概况如图 8-12 所示。

天津航空　天津航空 Tianjin Airlines

公司简介		2017.11.01-2018.10.31	
公司名称	天津航空有限责任公司	总部地点	天津
IATA	GS	航空联盟	
ICAO	GCR	营业收入	97.56亿
成立时间	2009年6月	客座率	
公司类型:		主运营基地	TSN
有限责任公司		http://www.tianjin-air.com/	

关键指标			
实际执飞航班量	124 657	直飞航线	540条
到港准点率	86.1%	平均航程	1 004km
平均到达延误时长	15分钟	平均实际飞行时长	100分钟
可用座位数	1 750万	新开航线	173条
可用座位数年增长率	2.5%	关闭航线	135条
可用座公里数	2 003千万	航班取消率	14.6%
可用座公里 数增长率	11.8%	飞机日利用率	7.5小时
通航机场	107	通航国家	8

图 8-12　天津航空公司基本情况

天津航空秉承“从你出发、亲近世界”的品牌定位，致力于提供便捷实用的产品和服务，以善解人意、热爱生活的态度与旅客共同创造美好的旅行体验，让世界更亲近。

凭借良好的运行品质和优质的服务品质，2011 年，天津航空先后荣膺 Skytrax“中国最佳区域航空公司”“全球四星航空公司”称号，2017 年荣获 Airline Ratings 国际大奖——进步最快航空公司并于 2016—2018 年蝉联国内十大主要航司航班正常率第一。

未来，天津航空将不断开通、健全覆盖更多大中型城市的中远程航线网络，构建国内国际航线网络布局，不断提高飞机利用率、过站效率、正点率，全面提升运行效率，聚焦优化旅客出行体验，推出多样的消费需求组合，打造个性化、差异化定制精品服务。

第三节　中国航空运输运力投入和航线分布

一、运力投入

2019 年，中国有实际执飞航班量的客运航司共 41 家（不含中国香港、澳门和台湾地区，以下简称国内航司），分别是 CZ、MU、CA、HU、ZH、MF、3U、SC、GS、FM、RY、9H、JR、G5、QW、OQ、9C、DR、GY、UQ、KN、GT、KY、8L、FU、JD、GX、PN、EU、A6、AQ、BK、Y8、HO、GJ、TV、DZ、NS、CN、LT、9D，其中天骄航空（9D）于 2019 年 7 月正式通航。

2019 年，国内航司实际执飞航班 487.54 万班次，同比增加 5.87%；投放运力 872.3 百万座，同比增加 7.53%；提供可用座公里数 1 312 340 百万座公里，同比增加 8.29%。

2019 年，境内航司实际执飞国内航班 432.63 万班次，占执飞航班总量的 88.74%；国内航班运力 757.42 百万座，可用座公里数 904 932 百万座公里；执飞国际/地区航班 54.91 万班次，占境内航司实际执飞航班总量的 11.26%；国际/地区航班运力 114.88 百万座，可用座公里数 407 408 百万座公里，如表 8-8 所示。

表 8-8　2019 年中国航空公司运力投入规模

年份	航班量（万班次）			运力（百万座）			可用座公里数（百万座公里）		
	总航班量	国内航班量	国际/地区航班量	总运力	国内运力	国际/地区运力	ASK	国内 ASK	国际/地区 ASK
2019 年	487.54	432.63	54.91	872.3	757.42	114.88	1 312 340	904 932	407 408
同比变化	5.87%	5.21%	11.42%	7.53%	6.72%	13.16%	8.29%	7.55%	9.96%

数据来源：飞常准 source.data.VariFlight.com.2020

二、航线分布

2019 年，境内航司共运营航线 8 387 条，国内航线 7 003 条，国际/地区航线 1 384 条；无经停航线 5 330 条，有经停航线 3 057 条。境内航司中，东方航空运营航线数量最多，共有 1 167 条（无经停 757 条，有经停 410 条）；国内航线 896 条，国际/地区航线 271 条。

相比 2018 年，境内航司新开航线 2 871 条，新开国内航线 2 399 条（无经停 1 366 条，有经停 1 033 条），新开国际/地区航线 472 条（无经停 396 条，有经停 76 条）。

境内航司新开国际/地区无经停直飞航线中，日本、泰国、缅甸的航线最多，分别新开 75 条、49 条、43 条。

各有六家航司开通了南昌昌北—兰州中川、宁波栎社—西安咸阳、温州龙湾—长沙黄花航线，是新开航线中最为热门的国内无经停直飞航线；国航、厦航、山航、吉祥四家航司均开通了青岛流亭—大阪关西航线，是新开航线中最为热门的国际/地区无经停直飞航线，如图 8-13 和图 8-14 所示。

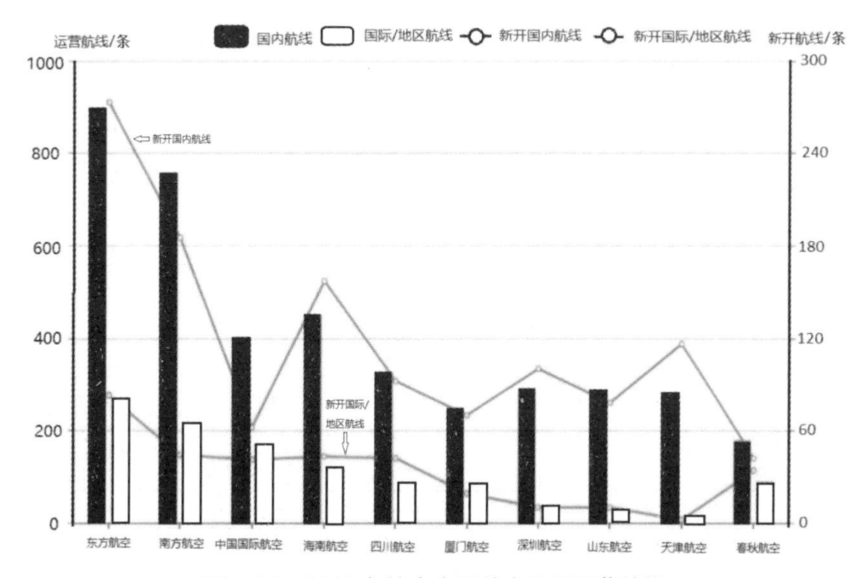

图 8-13　2019 年境内主要航空公司运营航线

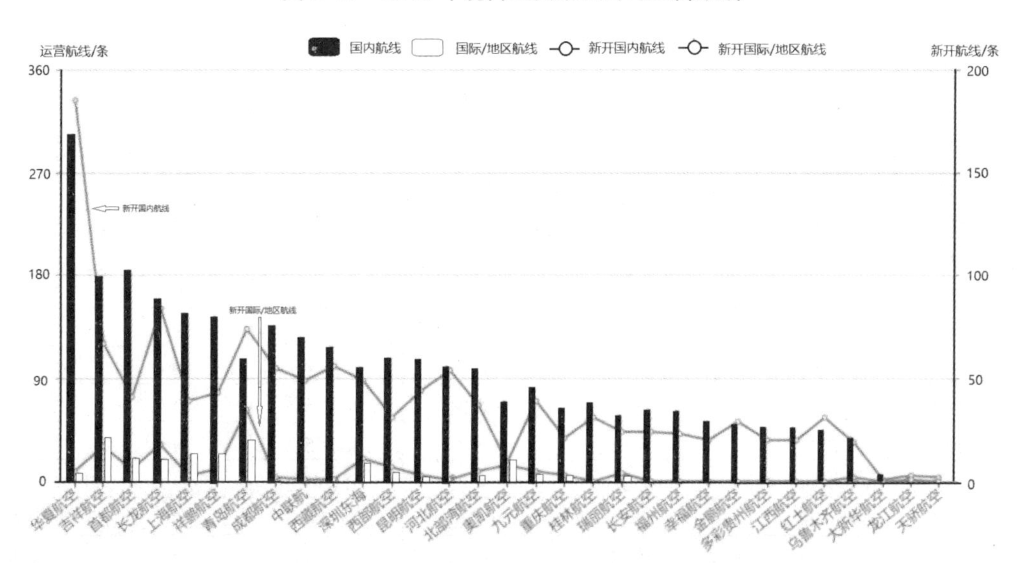

图 8-14　2019 年境内其他航空公司运营航线

2019 年，中国各航空公司加大了运力投入力度，整体同比增速达到 7.53%以上。其中，国内航线增长 12%，国际航线增长 6.5%。除了三大航司（国航、南航、东航）增速保持在 5%左右，其他多数小公司均在 10%以上。主要航司中，东航运营航线数量最多，有 356 条（国内航线 273 条，国际/地区航线 83 条），南航和海航分别以 229 和 200 条排名新开国内航线数量的第二、三位，如表 8-9 所示。

表 8-9　2019 年中国航空公司运营指标统计表

二字代码	航空公司	实际执飞航班量（万班次）	投入总运力（百万座）	运力同比增速（%）	新开航线数量（条）	到港准点率（%）
MU	东方航空	79.33	136.9	0.093 8	356	76.62
CZ	南方航空	78.19	155.82	0.058 8	229	78.56
CA	中国国际航空	49.09	93.5	0.031 7	103	75.22
HU	海南航空	27.72	52.98	0.021	200	74.14
ZH	深圳航空	26.07	42.67	0.057 3	110	70.97
MF	厦门航空	23.61	41.58	0.047 9	89	66.35
3U	四川航空	22.08	41.69	0.117	134	76.47
SC	山东航空	20.58	36.91	0.002 7	88	79.57
9C	春秋航空	14.12	25.76	0.129 3	76	80.53
GS	天津航空	13.08	19.15	0.093 5	118	71.70
FM	上海航空	12.96	22.42	0.024 4	42	77.69
HO	吉祥航空	12.16	21.88	0.150 7	84	78.80
G5	华夏航空	11.45	11.9	0.402	190	77.73
JD	首都航空	9.07	17.26	−0.067 3	47	74.63
8L	祥鹏航空	8.26	14.74	0.076 8	49	74.50
KN	中联航	6.6	13.08	0.099 2	50	67.28
EU	成都航空	6.56	10.98	0.123 8	57	73.89
GJ	长龙航空	6.56	12.5	0.292 7	102	72.25
PN	西部航空	5.63	10.28	0.089 8	38	74.13
TV	西藏航空	4.37	7.17	0.110 7	57	76.38
KY	昆明航空	4.19	6.96	0.134 7	47	75.65
NS	河北航空	3.9	6.49	0.132 8	55	70.39
GX	北部湾航空	3.79	5.31	0.131 7	42	79.67
OQ	重庆航空	3.72	6.44	0.231 8	24	77.09
DZ	深圳东海	3.69	6.34	0.161 5	60	70.17
DR	瑞丽航空	3.34	5.55	0.119 5	28	74.48
QW	青岛航空	3.32	6.21	0.373	109	74.36
BK	奥凯航空	3.11	6.01	−0.166 7	17	74.51
AQ	九元航空	3.02	5.7	0.185 2	44	77.60
FU	福州航空	2.59	4.77	0.073 2	23	75.90
JR	幸福航空	2.5	1.43	−0.189 4	20	78.52
9H	长安航空	2.03	3.89	0.170 6	24	76.73
GY	多彩贵州航空	1.98	2.2	0.285 8	20	68.37

续表

二字代码	航空公司	实际执飞航班量（万班次）	投入总运力（百万座）	运力同比增速（%）	新开航线数量（条）	到港准点率（%）
Y8	金鹏航空	1.85	3.27	0.213 1	29	76.97
UQ	乌鲁木齐航空	1.78	3.34	0.046	21	79.45
GT	桂林航空	1.7	3.02	0.198 9	31	77.48
RY	江西航空	1.47	2.64	0.156 4	20	85.16
A6	红土航空	1.37	2.39	0.699 7	31	72.91
CN	大新华航空	0.38	0.64	−0.084 1	1	77.04
LT	龙江航空	0.26	0.5	0.489	4	69.86
9D	天骄航空	0.06	0.05		2	0.77

数据来源：飞常准 source.data.VariFlight.com.2020

三、流量、流向区域分布

根据飞常准大数据资料，2018 年，中国机场旅客吞吐量为 12.647 亿人次，11 家主要国际枢纽机场旅客吞吐量为 5.674 亿人次，占全部的 44.9%。这 11 家机场分别是北京首都国际机场、上海浦东国际机场、广州白云国际机场、成都双流国际机场、昆明长水国际机场、深圳宝安国际机场、上海虹桥国际机场、重庆江北国际机场、西安咸阳国际机场、乌鲁木齐地窝堡国际机场和哈尔滨太平国际机场。

2018 年度全部航空公司实际投放运力约 811 百万座，10 家主要航空公司实际投放运力为 577 百万座，为全部的 71.2%。这 10 家航空公司分别是中国国航、南方航空、东方航空、上海航空、海南航空、深圳航空、厦门航空、四川航空、山东航空和天津航空。

通过对这些主要国际枢纽机场和主要航空公司通航城市、开辟航线的分析，可以了解中国航空运输流量和流向在国内（不含港澳台）、国际区域的分布。

（一）中国国际枢纽机场国内通航机场地区分布

根据 2018 年 12 月 1 日飞常准提供的机场通航数据统计，中国国际枢纽机场（11 个）与国内 31 个省（区、市）的 226 家机场通航，航线目的地为 1 551 个。例如，北京首都国际机场与国内 166 个机场通航、上海浦东国际机场与国内 148 个机场通航，如表 8-10 和表 8-11 所示。

表 8-10　中国国际枢纽机场与国内通航机场统计表（2018-12-1）

区　划	省（区、市）	通航机场（个）	航线目的地（个）
东北	3 个（黑龙江、吉林、辽宁）	26	138
华北	5 个（北京、天津、内蒙古、河北、山西）	33	235
华东	7 个（上海、山东、安徽、江苏、浙江、江西、福建）	44	384
中南	6 个（河南、湖北、湖南、广东、广西、海南）	34	279
西北	4 个（陕西、甘肃、宁夏、青海）	23	136
西南	5 个（重庆、成都、云南、贵州、西藏）	47	304
新疆	1 个（新疆）	19	75
合计	31	226	1 551

表 8-11　中国国际枢纽机场与国内通航机场区域分布表（2018-12-1）

中国十一大国际枢纽机场	通航机场数量（个）							
	东北	华北	华东	中南	西北	西南	新疆	合计
北京首都国际机场	22	22	40	27	15	31	9	166
上海浦东国际机场	20	24	27	29	16	26	6	148
广州白云国际机场	16	26	40	24	8	28	7	149
成都双流国际机场	11	23	39	25	16	38	10	162
昆明长水国际机场	5	17	36	29	9	36	1	133
深圳宝安国际机场	13	21	41	25	9	31	5	145
上海虹桥国际机场	11	17	31	24	10	29	6	128
重庆江北国际机场	9	22	37	30	16	36	4	154
西安咸阳国际机场	9	28	39	28	21	33	9	167
乌鲁木齐地窝堡国际机场	4	11	23	16	9	8	17	88
哈尔滨太平国际机场	18	24	31	22	7	8	1	111
航线目的地机场合计	138	235	384	279	136	304	75	1 551

（二）中国国际枢纽机场国际通航机场地区分布

根据 2018 年 12 月 1 日飞常准提供的机场通航数据统计，中国国际枢纽机场（11 个）与世界 87 个国家和地区的 254 家机场通航，航线目的地为 766 个。例如，北京首都国际机场与世界各地 152 个机场通航、上海浦东国际机场与世界各地 127 个机场通航，如表 8-12 和表 8-13 所示。

表 8-12　中国国际枢纽机场国际通航机场统计表（2018-12-1）

区　划	国家/地区（个）	通航机场（个）	航线目的地（个）
北美	3	36	86
中美	3	3	3
南美	1	1	1
欧洲	26	57	153
中东	11	20	56
非洲	10	10	17
南亚	7	30	60
东北亚	3	29	85
东南亚	19	57	266
大洋洲	4	11	39
合计	87	254	766

表 8-13 中国国际枢纽机场国际通航机场区域分布表（2018-12-1）

中国十一大国际枢纽机场	通航机场数量（个）										
	北美	中美	南美	欧洲	中东	非洲	南亚	东北亚	东南亚	大洋洲	合计
北京首都国际机场	24	3	1	47	11	4	11	16	31	4	152
上海浦东国际机场	29			24	6	2	4	27	30	5	127
广州白云国际机场	8			11	9	5	7	9	37	9	95
成都双流国际机场	5			11	5	2	3	6	30	3	65
昆明长水国际机场	2			4	6		7	2	34	1	56
深圳宝安国际机场	4			8	1		1	4	34	7	59
上海虹桥国际机场								2	3		5
重庆江北国际机场	5			7	3		2	3	26	3	49
西安咸阳国际机场				9	2		2	7	22	3	45
乌鲁木齐地窝堡国际机场	9			22	13	4	23	3	14	4	92
哈尔滨太平国际机场				10				6	5		21
航线目的地机场合计	86	3	1	153	56	17	60	85	266	39	766

（三）中国主要航空公司国内通航机场地区分布

根据 2018 年 12 月 1 日飞常准提供的机场通航数据统计，中国主要航空公司（TOP10）与国内 31 个省（区、市）的 222 家机场通航，航线目的地为 1 045 个。例如，中国国航与国内 125 个机场通航、南方航空与国内 153 个机场通航，如表 8-14 和表 8-15 所示。

表 8-14 中国主要航空公司国内通航机场统计表

区 划	省（区、市）	通航机场（个）	航线目的地（个）
东北	3 个（黑龙江、吉林、辽宁）	24	105
华北	5 个（北京、天津、内蒙古、河北、山西）	32	158
华东	7 个（上海、山东、安徽、江苏、浙江、江西、福建）	44	261
中南	6 个（河南、湖北、湖南、广东、广西、海南）	33	192
西南	5 个（重庆、成都、云南、贵州、西藏）	46	170
西北	4 个（陕西、甘肃、宁夏、青海）	23	81
新疆	1 个（新疆）	20	78
合计	31	222	1 045

表 8-15 中国主要航空公司国内通航机场区域分布表

中国主要航空公司	通航机场数量（个）							
	东北	华北	华东	中南	西南	西北	新疆	合计
中国国航	15	19	32	21	22	6	10	125
南方航空	19	18	31	25	31	9	20	153
东方航空	18	20	35	27	39	18	9	166
上海航空	11	14	20	16	7	3	4	75

续表

中国主要航空公司	通航机场数量（个）							
	东北	华北	华东	中南	西南	西北	新疆	合计
海南航空	7	16	20	17	7	7	6	80
深圳航空	5	10	25	18	11	5	3	77
厦门航空	5	11	20	17	12	8	1	74
四川航空	7	14	30	18	24	11	4	108
山东航空	11	15	25	15	8	6	7	87
天津航空	7	21	23	18	9	8	14	100
合计	105	158	261	192	170	81	78	1 045

（四）中国主要航空公司国际通航机场地区分布

根据 2018 年 12 月 1 日飞常准提供的机场通航数据统计，中国主要航空公司（TOP10）与世界 72 个国家和地区的 207 家机场通航，航线目的地为 513 个。例如，中国国际航空公司与世界上 92 个机场通航、中国南方航空公司与世界 104 个机场通航，如表 8-16 和表 8-17 所示。

表 8-16　中国主要航空公司国际通航机场统计表

区　域	通航国家/地区（个）	通航机场（个）	航线目的地（个）
北美	3	37	72
中美	3	3	3
南美	1	1	1
欧洲	23	49	101
中东	6	10	18
非洲	7	7	7
南亚	6	10	21
东北亚	3	28	77
东南亚	16	46	173
大洋洲	4	16	40
合计	72	207	513

表 8-17　中国主要航空公司与国际通航城市机场地区分布表

中国主要航空公司	通航机场数量（个）										
	北美	中美	南美	欧洲	中东	非洲	南亚	东北亚	东南亚	大洋洲	合计
中国国航	13	2	1	28	3	1	6	14	19	5	92
南方航空	12			18	7	4	7	14	31	11	104
东方航空	10			18	4		6	21	35	10	104
上海航空				1				6	10		17
海南航空	27	1		21	1	2		4	18	6	80
深圳航空				1				3	11		15
厦门航空	6			4				3	19	2	34

续表

中国主要航空公司	通航机场数量（个）										
	北美	中美	南美	欧洲	中东	非洲	南亚	东北亚	东南亚	大洋洲	合计
四川航空	3			6	3		1	3	21	3	40
山东航空	1						1	3	7		12
天津航空				4				6	2	3	15
合计	72	3	1	101	18	7	21	77	173	40	513

（五）在中国国际枢纽机场运营的外国航空公司所属国家世界分布

根据 2018 年 12 月 1 日飞常准提供的机场通航数据统计，在中国国际航空枢纽机场（11 家）运营的外国航空公司共有 132 家，来自于 66 个国家和地区，与中国通航的城市航线目的地达 356 个。例如，来自北美地区 3 个国家（加拿大、美国、墨西哥）的 8 家航空公司（AC-加拿大航空公司、3E-Air Choice One、5X-美国联合包裹公司（UPS）、AA-美国航空公司、DL-达美航空公司、HA-夏威夷航空公司、UA-美国联合航空公司、AM-墨西哥国际航空公司），航线目的地达 22 个。在北京首都国际机场运营的外国航空公司，来自北美的有 5 家、南美 1 家、欧洲 19 家、中东 8 家、非洲 2 家、南亚 4 家、东北亚 6 家、东南亚 22 家，大洋洲 1 家，共有 68 家航空公司；在上海浦东国际机场运营的外国航空公司有 68 家，如表 8-18 和表 8-19 所示。

表 8-18 在中国运营外国航空公司地区分布表

区　域	国家/地区（个）	航空公司（家）	航线目的地（个）
北美	3	8	22
南美	1	1	1
欧洲	18	31	60
中东	8	11	29
非洲	5	5	10
南亚	7	9	17
东北亚	3	13	40
东南亚	19	51	172
大洋洲	2	3	5
合计	66	132	356

表 8-19 在中国国际枢纽机场运营的外国航空公司世界分布表

中国十一大国际枢纽机场	外国航空公司数（家）	其中来自：								
		北美	南美	欧洲	中东	非洲	南亚	东北亚	东南亚	大洋洲
北京首都国际机场	68	5	1	19	8	2	4	6	22	1
上海浦东国际机场	68	5		18	5	2	2	9	25	2
广州白云国际机场	55	1		6	8	4	3	5	28	
成都双流国际机场	35	2		4	2	2	1	3	21	

续表

中国十一大国际枢纽机场	外国航空公司数（家）	其中来自：								
		北美	南美	欧洲	中东	非洲	南亚	东北亚	东南亚	大洋洲
昆明长水国际机场	20	1		1	1		1	1	15	
深圳宝安国际机场	20	3		1				2	13	1
上海虹桥国际机场	12	2		1				4	5	
重庆江北国际机场	27	1		2	2		2	2	17	1
西安咸阳国际机场	26	1		1	2		1	4	17	
乌鲁木齐地窝堡国际机场	11			1	1		3	1	5	
哈尔滨太平国际机场	14	1		6				3	4	
航线目的地合计	356	22	1	60	29	10	17	40	172	5

思 考 题

1. 简述改革开放前30年的航空运输管理体制。
2. 简述改革开放后航空公司的发展历程。
3. 简述中国现有航空公司的规模分类。
4. 简述中国现有航空公司的控股关系。
5. 简述中国航空公司的地区分布。
6. 简述海南航空公司的规模、基地、航线分布。
7. 简述厦门航空公司的规模、基地、航线分布。
8. 简述四川航空公司的规模、基地、航线分布。
9. 简述山东航空公司的规模、基地、航线分布。
10. 简述上海航空公司的规模、基地、航线分布。
11. 简述天津航空公司的规模、基地、航线分布。
12. 简述中国航空公司的运力投入规模。
13. 简述中国航空公司的航线分布。
14. 简述中国国际枢纽机场与国内机场的通航概况。
15. 简述中国国际枢纽机场与国际城市的通航概况。
16. 简述中国主要航空公司与国内机场的通航概况。
17. 简述中国主要航空公司与国际城市的通航概况。
18. 简述和中国通航的国外航空公司的地区分布。
19. 简述国外航空公司在中国国际枢纽机场通的航概况。

第九章 世界航空区域划分

学习目标

1. 了解国际航协区域划分的目的。
2. 掌握三大分区及各次分区的地理划分。
3. 掌握 IATA 一区概况及主要航空公司、机场的基本情况。
4. 掌握 IATA 二区概况及主要航空公司、机场的基本情况。
5. 掌握 IATA 三区概况及主要航空公司、机场的基本情况。
6. 了解世界主要航线的分布。

第一节　国际航协运输会议区域划分

一、IATA 运输会议区域划分

IATA 的区域划分与习惯上的世界行政区划是两个不同的范畴，前者对国际航线的选择、运价的制定具有十分重要的意义。

（一）东西半球的划分

就世界范围而言，可分为东半球（Eastern Hemisphere）和西半球（Western Hemisphere）两部分。为了不将某些国家分在两个半球，划分东西半球的经线设定在西经 20° 和东经 160°。西经 20° 以东、东经 160° 以西为东半球，西半球则为西经 20° 以西、东经 160° 以东。这样划分后，东半球包括亚洲、欧洲、非洲和大洋洲及其临近岛屿，西半球包括南、北美洲和中美洲及其临近岛屿。

（二）IATA 三大运输会议区（Transport Conference，TC）划分

为便于协调和制定国际运价及其规则，IATA 将全球划分为三个运输会议区域（IATA Traffic Conference Areas），简称为 TC。一区（TC1 或 Area 1）主要是指南、北美洲大陆和中美洲及其临近岛屿；二区（TC2 或 Area 2）主要是指欧洲、非洲和中东地区以及亚洲西部地区；三区（TC3 或 Area 3）主要是指亚洲大陆（不包括已经划分在二区的亚洲部分）、大洋洲和西南太平洋地区。

各分区之间的分界线有以下几种。

（1）一区和二区的分界线。因为一区和二区的分界线位于南、北美洲和欧洲、非洲之间，所以它们之间有天然的分界线，即大西洋。

（2）一区和三区的分界线。因为一区和三区的分界线位于南、北美洲和亚洲及大洋洲之间，它们之间也有一个天然屏障，即太平洋，所以一区和三区的分界线为太平洋。但是需要注意的是，在太平洋中的美国夏威夷属于一区，除此以外的其他岛屿、地区和国家均属于三区。

（3）三区和二区的分界线。由于三区和二区是连接在一起的欧亚大陆，它们之间的分界线，从北至南为乌拉尔山（Ural Mountains）、乌拉尔河（Ural River）、里海（Caspian Sea）、土库曼斯坦（Turkmenistan）、伊朗（Iran）、阿富汗（Afghanistan）、巴基斯坦（Pakistan）的国境线。其中，伊朗位于二区，土库曼斯坦、阿富汗、巴基斯坦位于三区。

特别提醒：

① 一区：在 IATA 世界分区中，美国和加拿大被分为一个独立的实体，即在国际航空运输规则中，这两个国家没有国内和国外的区别，这在进行销售方式判断和航程类别的判断时需要特别注意。

Continental USA 被认为是美国大陆的各州，不包括夏威夷和阿拉斯加州，而 The USA 则包括全美国的所有各州和海外领土，例如，关岛（Guam）、波多黎各（Puerto rico）。

② 二区：在二区中的北欧地区中有三个国家为一个独立的实体，它们如一区的美国和加拿大一样被认为是同一个区域，它们是丹麦、挪威和瑞典，由这三个国家联合组成了一个北欧航空公司，即 SAS 航空公司。

③ 三区：三区中需要特别注意的是中国，因为根据 IATA 的规定，中国、中国香港特别行政区、中国澳门特别行政区和中国台湾分别有各自的代号，即中国 CN、中国香港 HK、中国澳门 MO 和中国台湾 TW。请注意它们之间的航线定性为国内航线，其中港澳台航线的运价计算要按照国际的标准方法计算。

根据各分区之间的分界线划分，IATA 一区（TC1）指南、北美洲大陆和中美洲及其邻近岛屿，这些岛屿包括格陵兰、百慕大、西印度群岛、加勒比岛屿以及夏威夷群岛（包括中途岛和巴尔米拉岛），该区习惯称美洲区。

IATA 二区（TC2）由欧洲次区、中东次区和非洲次区组成，地理范围包括欧洲、非洲及其邻近岛屿（包括阿森松岛）、伊朗以及乌拉尔山、乌拉尔河以西的亚洲部分国家。

IATA 三区（TC3）是指亚洲、大洋洲及其邻近岛屿，包括东印度群岛、澳大利亚、新西兰以及太平洋中的岛屿，该区习惯称亚太区。

结合东西半球划分，东半球（Eastern Hemisphere，EH）包括 IATA 的二区（TC2）和三区（TC3），西半球（Western Hemisphere，WH）仅包括 IATA 一区（TC1），如图 9-1 所示。

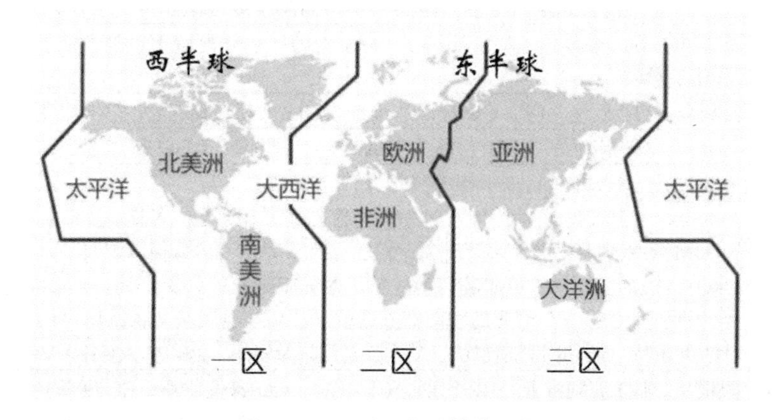

图 9-1 IATA 三大区的分区图

二、IATA 运输协议区域次级分区

IATA 运输协议区域划分如表 9-1 所示。

表 9-1 IATA 运输协议区域划分表

地 球 区 域	运输协议区划	次 级 分 区
西半球（WH）	IATA 一区	北美洲、中美洲、加勒比、南美洲或北大西洋、中大西洋、南大西洋
东半球（EH）	IATA 二区	欧洲、中东、非洲
	IATA 三区	东南亚、日朝韩、南亚次大陆、西南太平洋

（一）IATA 一区（TC1）

IATA 一区由南、北美洲大陆和中美洲及其邻近岛屿组成，这些岛屿包括格陵兰、百慕大、西印度群岛及加勒比海群岛、夏威夷群岛（包括中途岛和巴尔米拉岛），简称为美洲区。美洲这个词是亚美利加洲的简称。关于美洲的命名，普遍的说法是为纪念意大利的一位名叫亚美利哥•韦斯普奇的著名航海家。由于美洲大陆东临大西洋、西濒太平洋、大洋阻隔了美洲和其他大洲之间的陆路交通，只有通过海洋运输和航空运输来实现与其他各州之间的交通联系。

第一大区的次区可以按照两个不同的分类方法划分，即按照大洲或大洋的不同区域进行划分。

1. 按大洲划分

按大洲划分，一区可分为北美洲次区 North America Subarea、中美洲次区 Central America Subarea、加勒比次区 Caribbean Subarea、南美洲次区 South America Subarea 四个分区，如表 9-2 所示。

表 9-2 IATA 一区次区域（按大洲分区）包含的国家（地区）范围

次 区 域	包含国家（地区）范围（字母为国家或地区航空二字代码）
北美洲次区	CA 加拿大、GL 格陵兰、MX 墨西哥、US 美国（包括夏威夷、阿拉斯加）、PM 法属圣皮埃尔和密克隆岛
中美洲次区	BZ 伯利兹、GT 危地马拉、CR 哥斯达黎加、HN 洪都拉斯、SV 萨尔瓦多、NI 尼加拉瓜
加勒比次区	BS 巴哈马、GY 圭亚那、BM 百慕大群岛、SR 苏里南、GF 法属圭亚那、加勒比海群岛
	其中，加勒比海群岛包括以下国家和地区： AI 安圭拉、AG 安提瓜和巴布达、AW 阿鲁巴岛、BB 巴巴多斯、KY 英属开曼群岛、CU 古巴、DM 多米尼克、DO 多米尼加、GD 格林纳达、GP 瓜德罗普岛、HT 海地、JM 牙买加、MQ 马提尼克、MS 英属蒙特塞拉特、AN 荷属安的列斯群岛、KN 圣基茨和尼维斯、LC 圣卢西亚、GS 南乔治亚岛和南桑威奇群岛、VC 英属圣文森特岛、TT 特立尼达和多巴哥、TC 英属特克斯和凯科斯群岛、VG 英属维尔京群岛、PR 波多黎各、VI 美属维尔京群岛
南美洲次区	AR 阿根廷、BO 玻利维亚、BR 巴西、CL 智利、CO 哥伦比亚、EC 厄瓜多尔、GF 法属圭亚那、GY 圭亚那、PA 巴拿马、PE 秘鲁、PY 巴拉圭、SR 苏里南、UY 乌拉圭、VE 委内瑞拉

注：按照上述划分，南美洲次区和加勒比次区有部分国家或地区重合

国际民航组织在世界航空运输业各区域统计指标中，把中美洲、加勒比、南美洲合并为拉丁美洲和加勒比地区。

2. 按大西洋划分

当使用一区和二/三区间经大西洋航线运价时，一区可划分为北大西洋次区 North Atlantic Subarea（TC1-1）、中大西洋次区 mid-Atlantic Subarea（TC1-2）、南大西洋次区 South Atlantic Subarea（TC1-3）三个次区，如表 9-3 所示。

表 9-3 IATA 一区次区域（按大西洋分区）包含的国家（地区）范围

次　区　域	包含国家（地区）范围（字母为国家或地区航空二字代码）
北大西洋次区（TC1-1）	CA 加拿大、GL 格陵兰、MX 墨西哥、US 美国（包括夏威夷、阿拉斯加、PR 波多黎各、VI 美属维尔京群岛）、PM 法属圣皮埃尔和密克隆岛
中大西洋次区（TC1-2）	AI 安圭拉、AG 安提瓜和巴布达、AW 阿鲁巴岛、BS 巴哈马、BB 巴巴多斯、BZ 伯利兹、BM 百慕大群岛、BO 玻利维亚、KY 英属开曼群岛、CO 哥伦比亚、CR 哥斯达黎加、CU 古巴、DM 多米尼克、DO 多米尼加、EC 厄瓜多尔、SV 萨尔瓦多、GF 法属圭亚那、GD 格林纳达、GP 瓜德罗普岛、GT 危地马拉、GY 圭亚那、HT 海地、HN 洪都拉斯、JM 牙买加、MQ 马提尼克、MS 英属蒙特塞拉特、AN 荷属安的列斯群岛、NI 尼加拉瓜、PA 巴拿马、PE 秘鲁、KN 圣基茨和尼维斯、LC 圣卢西亚、VC 英属圣文森特岛、GS 南乔治亚岛和南桑威奇群岛、SR 苏里南、TT 特立尼达和多巴哥、TC 英属特克斯和凯科斯群岛、VE 委内瑞拉、VG 英属维尔京群岛
南大西洋次区（TC1-3）	AR 阿根廷、BR 巴西、CL 智利、PY 巴拉圭、UY 乌拉圭

（二）IATA 二区（TC2）

IATA 二区可分为欧洲次区 Europe Subarea（TC2-1）、中东次区 Middle East Subarea（TC2-2）和非洲次区 Africa Subarea（TC2-3），如表 9-4 所示。

表 9-4 IATA 二区次区域包含的国家（地区）范围

次　区　域	地　　区	包含国家（地区）范围（字母为国家或地区航空二字代码）
欧洲次区（TC2-1）	欧洲区域	AD 安道尔、AL 阿尔巴尼亚、AT 奥地利、BA 波斯尼亚和黑塞哥维那、BE 比利时、BG 保加利亚、BY 白俄罗斯、CH 瑞士、CZ 捷克、DE 德国、DK 丹麦、EE 爱沙尼亚、ES 西班牙（包括巴利阿里群岛和加那利群岛）、FI 芬兰、FR 法国、GB 英国、GI 直布罗陀、GR 希腊、HR 克罗地亚、HU 匈牙利、IE 爱尔兰、IS 冰岛、IT 意大利、LI 列支敦士登、LT 立陶宛、LU 卢森堡、LV 拉脱维亚、MC 摩纳哥、MD 摩尔多瓦、ME 黑山、MK 马其顿、MT 马耳他、NL 荷兰、NO 挪威、PL 波兰、PT 葡萄牙、RO 罗马尼亚、RS 塞尔维亚、RU 俄罗斯（欧洲部分）、SE 瑞典、SK 斯洛伐克、SI 斯洛文尼亚、SM 圣马力诺、UA 乌克兰
	北非区域	MA 摩洛哥、DZ 阿尔及利亚、TN 突尼斯
	亚洲区域	TR 土耳其、CY 塞浦路斯、AM 亚美尼亚、AZ 阿塞拜疆、GE 格鲁吉亚

续表

次　区　域	地　　区	包含国家（地区）范围（字母为国家或地区航空二字代码）
中东次区（TC2-2）	亚洲区域	IR 伊朗
	半岛区域	BH 巴林、IO 伊拉克、IL 以色列、JO 约旦、KW 科威特、LB 黎巴嫩、OM 阿曼、PS 巴勒斯坦、QA 卡塔尔、SA 沙特阿拉伯、SY 叙利亚、AE 阿拉伯联合酋长国、YE 也门
	非洲区域	EG 埃及、SD 苏丹、SS 南苏丹
非洲次区（TC2-3）	中非区域	MW 马拉维、ZM 赞比亚、ZW 津巴布韦
	东非区域	BI 布隆迪、DJ 吉布提、ER 厄立特里亚、ET 埃塞俄比亚、KE 肯尼亚、RW 卢旺达、SO 索马里、TZ 坦桑尼亚、UG 乌干达
	南非区域	BW 博茨瓦纳、LS 莱索托、MZ 莫桑比克、NA 纳米比亚、ZA 南非、SZ 斯威士兰
	西非区域	AO 安哥拉、BJ 贝宁、BF 布基纳法索、CM 喀麦隆、CV 佛得角群岛、CF 中非、TD 乍得、CG 刚果（布）、CD 刚果（金）、CI 科特迪瓦、GQ 赤道几内亚、GA 加蓬、GM 冈比亚、GH 加纳、GN 几内亚、GW 几内亚比绍、LR 利比里亚、ML 马里、MR 毛里塔尼亚、NE 尼日尔、NG 尼日利亚、ST 圣多美和普林西比、SN 塞内加尔、SL 塞拉利昂、TG 多哥
	印度洋岛屿	KM 科摩罗、MG 马达加斯加、MU 毛里求斯、XM 马约特岛、RE 留尼汪岛、SC 塞舌尔
未分区	国家	LY 利比亚成为非洲唯一一个没有所属分区的国家

（三）IATA 三区（TC3）

IATA（TC3）区可分为东南亚次区（TC3-1）South East Asian Subarea、日朝韩次区（TC3-2）Japan，Korea Subarea、南亚次大陆次区（TC3-3）South Asian Subcontinent、西南太平洋次区（TC3-4）South West Pacific Subarea，如表 9-5 所示。

表 9-5　IATA 三区次区域包含的国家（地区）范围

次　区　域	包含国家（地区）范围（字母为国家或地区航空二字代码）
东南亚次区（TC3-1）	BN 文莱、CN 中国（不含中国香港、中国澳门、中国台湾）、KH 柬埔寨、HK 中国香港特别行政区、ID 印度尼西亚、KZ 哈萨克斯坦、KG 吉尔吉斯斯坦、LA 老挝、BU 缅甸、TM 土库曼斯坦、UZ 乌兹别克斯坦、MO 中国澳门特别行政区、MY 马来西亚、MN 蒙古、PH 菲律宾、SG 新加坡、TW 中国台湾省、XU 俄罗斯（乌拉尔山以东）、TJ 塔吉克斯坦、TH 泰国、VN 越南、TL 东帝汶、FM 密克罗尼西亚、GU 关岛、MH 马绍尔群岛、MP 北马里亚纳群岛、PW 帕劳
日朝韩次区（TC3-2）	JP 日本、KP 朝鲜、KR 韩国
南亚次大陆次区（TC3-3）	AF 阿富汗、BD 孟加拉、BT 不丹、IN 印度、MV 马尔代夫、PK 巴基斯坦、NP 尼泊尔、LK 斯里兰卡
西南太平洋次区（TC3-4）	AS 美属萨摩亚、AU 澳大利亚、CK 库克群岛、FJ 斐济、KI 基里巴斯、NC 新喀里多尼亚、NR 瑙鲁、NZ 新西兰、NU 纽埃、PF 法属波利尼西亚、PG 巴布亚新几内亚、PN 皮特凯恩、SB 所罗门群岛、TK 托克劳、TO 汤加、TV 图瓦卢、VU 瓦努阿图、WF 瓦利斯和富图纳、WS 萨摩亚

国际民航组织在世界航空运输业各区域统计指标中，把东南亚、日朝韩、南亚次大

陆、西南太平洋四大次区合并为亚洲和太平洋地区，简称亚太地区。

三、各区域主要指标

2018 年世界航空运输业各区域主要指标如表 9-6 所示。

表 9-6　2018 年世界航空运输业各区域主要指标统计表

按国际民航组织统计地区划分	航空器公里/百万	航空器离数/千	载客人数/千	旅客公里/百万	旅客载运比/%	货运吨公里/百万	收入吨公里/百万	可用吨公里/百万	重量载运比/%
（国际和国内）运输总量									
欧洲	13 147	8 930	1 123 001	2 175 225	84	53 575	263 614	355 855	74
占世界业务量百分比	24.2	23.6	26.0	26.3		23.2	26.2	24.5	
非洲	1 419	1 099	95 188	175 918	73	4 163	21 273	36 185	59
占世界业务量百分比	2.6	2.9	2.2	2.1		1.8	2.1	2.5	
中东	3 647	1 456	228 438	758 419	74	32 576	104 499	164 282	64
占世界业务量百分比	6.7	3.9	5.3	9.2		14.1	10.4	11.3	
亚洲和太平洋	18 022	12 165	1 604 493	2 871 467	82	87 845	352 307	488 633	72
占世界业务量百分比	33.2	32.2	37.1	34.8		38.0	35.1	33.6	
北美	14 840	11 355	978 402	1 852 183	84	46 419	216 162	337 335	64
占世界业务量百分比	27.3	30.0	22.6	22.4		20.1	21.5	23.2	
拉丁美洲和加勒比	3 205	2 819	292 832	424 422	81	6 389	46 908	7 073	67
占世界业务量百分比	5.9	7.5	6.8	5.1		2.8	4.7	4.8	
合　计	54 279	37 823	4 322 354	8 257 635	82	230 967	1 004 763	1 452 363	69
国际航班									
欧洲	11 047	6 058	842 745	1 901 718	84	52 316	236 392	318 224	74
占世界业务量百分比	37.3	48.9	47.8	36.6		26.1	33.9	31.6	
非洲	1 091	534	51 855	144 249	72	4 082	18 127	31 855	57
占世界业务量百分比	3.7	4.3	2.9	2.8		2.0	2.6	3.2	
中东	3 359	1 081	183 901	724 394	74	32 430	101 102	159 241	63
占世界业务量百分比	11.3	8.7	10.4	13.9		16.2	14.5	15.8	
亚洲和太平洋	8 643	2 770	458 953	1 574 630	81	77 642	226 938	314 447	72
占世界业务量百分比	29.2	22.3	26.0	30.3		38.7	32.6	31.3	
北美	3 907	1 340	154 451	634 177	82	28 635	86 890	140 072	62
占世界业务量百分比	13.2	10.8	8.8	12.2	14.3	12.5	13.9		
拉丁美洲和加勒比	1 554	615	72 075	222 689	81	5 546	27 623	41 986	66
占世界业务量百分比	5.3	5.0	4.1	4.3		2.8	4.0	4.2	
合　计	29 600	12 399	1 763 979	5 201 856	81	200 652	697 072	1 005 825	69

数据来源：2018 年国际民航组织理事会年度报告

第二节　IATA 一区

按 IATA 航空运输协议区域划分，IATA 一区（TC1）按大洲分为北美洲次区、拉丁美洲和加勒比地区。

一、北美洲次区

（一）区域概述

北美洲次区（Northern America）通常指的是美国、加拿大、墨西哥和格陵兰岛等地区。北美洲是世界上经济最发达的大洲，其GDP总量明显超越了欧盟，其人均GDP更是远远超越了欧盟。北美洲次区最主要的两个国家——美国和加拿大均为发达国家，其人类发展指数较高，经济一体化水平也很高。

美利坚合众国（United States of America、United States，简称America，缩写为USA、US），简称美国，位于北美洲中部，领土还包括北美洲西北部的阿拉斯加和太平洋中部的夏威夷群岛；北与加拿大接壤，南靠墨西哥湾，西临太平洋，东濒大西洋，面积约为937.26万平方千米（其中陆地面积为915.90万平方千米），本土东西长4 500千米，南北宽2 700千米，海岸线长22 680千米；共有50个州和首都所在地华盛顿哥伦比亚特区，有3 144个县；2018年人口为3.23亿，占世界人口的4.3%，白人占64%，其余分别为拉美裔、非洲裔、亚裔等；通用语为英语；51.3%的居民信奉基督教，其他居民信奉天主教、犹太教等，不属于任何教派的占4%。美国具有高度发达的现代市场经济，其国内生产总值和对外贸易额居世界首位。美国的主要出口商品是化工产品、机械、汽车、飞机、电子信息设备、武器、食品、药品、饮料等，主要进口商品是食品、服装、电子器材、机械、钢材、纺织品、石油、天然橡胶以及锡、铬等金属，2018年，美国贸易进出口总额约为4.278万亿美元，同比增长8.2%，占全球贸易总额的10.87%

加拿大（Canada）是北美洲最北边的一个国家，面积约为998.46万平方千米，居世界第二位，其中陆地面积约为909.35万平方千米，淡水覆盖面积约89.11万平方千米；位于北美洲北部，东临大西洋，西濒太平洋，南接美国本土，北靠北冰洋，西北与美国的阿拉斯加州接壤，东北隔巴芬湾与格陵兰岛相望；海岸线约长24万千米。加拿大2018年人口为3 695万，城市人口占总人口的69.1%。其中，多伦多、蒙特利尔和温哥华这三个城市居住的人口占总人口的35%。加拿大人口主要为英、法等欧洲国家居民后裔，土著居民（印第安人、米提人和因纽特人）约占3%，其余为亚裔、拉美裔、非洲裔等。来自印度、巴基斯坦和斯里兰卡的南亚移民人口达到130万，超过华裔成为加拿大最大的少数族裔。华裔人口中25%的人是在加拿大本土出生的，其余大部分来自中国。英语和法语同为加拿大官方语言。居民中信奉天主教的占45%，信基督教的占36%。

加拿大是西方七大工业化国家之一，制造业、高科技产业、服务业发达，资源工业、初级制造业和农业是国民经济的主要支柱。加拿大以贸易立国，对外贸依赖较大，经济上受美国影响较深。

（二）北美洲次区的航空运输经济

属于IATA一区的北美洲次区是世界航空运输最发达的地区之一，2018年，北美各国航空运输周转量达227 259亿吨公里，超过全球航空周转量的五分之一，北美许多航空公司在世界航空公司中占有重要的地位。而中美、南美的一些国家，经济上不是十分发达，由于地理位置的特殊性，航空运输是其主要的交通方式。

与北美发达的空运水平相适应，北美机场的绝对数量、分布密度和运行规模均居各大区前列。根据 2017 年相关资料统计，全世界可供飞机起降的机场约有 41 782 个，主要分布在北美洲和欧洲，约占世界机场总数的 53.6%。美国可供飞机起降的专用场所有 13 513 个，平均每一万平方千米约有 14 个机场。其中，公共开放的机场有 5 000 多个，有定期航班的有 600 多个，较大型的国际机场有 60 多个。从空运业务量的集中程度分析，美国全国 95%的运量集中于 100 多个大、中、小型枢纽机场。根据国际民航组织（ICAO）公布报告，2018 年，北美地区运输总量（国际和国内）占世界航空业务量的 22.6%，与 2017 年相比，增长率为 9.6%。

2018 年，ICAO 统计数据表明，在世界上最繁忙的 50 个机场中，美国机场约占 30%；前 20 位机场中，美国约占 25%。排名情况如下：亚特兰大机场 ATL（1）；洛杉矶机场 LAX（4）；芝加哥奥黑尔机场 ORD（6）；达拉斯沃思堡机场 DFW（15）；丹佛机场 DEN（20）；纽约肯尼迪机场 JFK（22）；旧金山机场 SFO（25）；西雅图机场 SEA（29）；拉斯维加斯机场 LAS（30）；奥兰多机场 MCO（34）；夏洛特机场 CLT（37）；纽约纽瓦克机场 EWR（40）；迈阿密机场 MIA（43）；凤凰城机场 PHL（44）；休斯敦机场 IAH（47）。

加拿大也是世界空运大国之一，其机场集中分布于南部的美加边境一带，尤以五大湖沿岸和圣劳伦斯河谷一带最为显著，这一带经济发达、人口密集、工厂林立，空港城市和机场众多。加拿大的机场共有 2 000 多个，仅次于美国，居世界第二位。

（三）北美洲次区的主要航空公司

根据 2018 年全球前 128 家航空公司客运量统计，北美洲次区航空公司占到 22 家，美国三大航空集团/公司（AA、UA、DL）无论是运输量还是机队规模均名列全世界航空公司前三甲，北美洲次区 22 家航空公司旅客周转量达 1 884 921 百万客公里，占到全球前 128 家航空公司的 23.30%，占全球航空旅客周转量的 22.83%，如表 9-7 所示。

表 9-7　2018 年北美洲次区主要航空公司客运量排名

2018 年客运量全球排名	航空公司名称 1	航空公司名称 2	总部所在地	二字代码	联盟	旅客周转量/百万客公里	可用旅客周转量/百万客公里	旅客载运率/%	旅客运输量/百万人次	截至日期 2018
1	美国航空集团	American AirlinesGroup	美国			372 015	453 921	82.0	203.7	Dec
	美国航空	American Airlines	美国	AA	ONEW	330 575	399 956	82.7	148.2	Dec
	特使航空	Envoy Air	美国	MQ		10 461	13 399	78.1	13.6	Dec
2	美国联合大陆	United Continental	美国			370 319	442 892	83.6	158.3	Dec
	美国联合航空	United Airlines	美国	UA	STAR	329 692	393 836	83.7	113.3	Dec
3	达美航空集团	Delta Air LinesGroup	美国			362 489	423 845	85.5	192.5	Dec
	达美航空	Delta Air Lines	美国	DL	SKYTEAM	330 364	383 888	86.1	152.3	Dec

续表

2018年客运量全球排名	航空公司名称1	航空公司名称2	总部所在地	二字代码	联盟	旅客周转量/百万客公里	可用旅客周转量/百万客公里	旅客载运率/%	旅客运输量/百万人次	截至日期2018
	奋进航空	Endeavor Air	美国	9E		11 024	13 892	79.4	13.8	Dec
10	美国西南航空	Southwest Airlines	美国	WN	低成本	214 508	257 004	83.5	163.6	Dec
15	加拿大航空	Air Canada Group	加拿大	AC	STAR	148 607	178 383	83.3	50.9	Dec
24	阿拉斯加航空集团	Alaska Air Group	美国	AS		87 970	105 124	83.7	45.8	Dec
	地平线航空	Horizon Air	美国	QX		4 172	5 264	79.2	7.2	Dec
27	捷蓝航空	JetBlue Airways	美国	B6	低成本	81 720	96 347	84.8	42.1	Dec
36	精神航空公司	Spirit Airlines	美国	NK	低成本	49 222	58 359	84.3	28.7	Dec
44	西捷航空	WestJet	加拿大	WS	低成本	44 389	53 002	83.7	25.5	Dec
46	墨西哥航空集团	Group Aeromexico	墨西哥			43 439	52 936	82.1	21.5	Dec
	墨西哥航空	Aeromexico	墨西哥	AM	SKYTEAM	35 382	46 381	76.3	12.2	Dec
49	西天航空公司	SkyWest Inc	美国			40 728	50 740	80.3	48.2	Dec
	西天航空公司	SkyWest Airlines	美国	OO		33 419	41 502	80.5	39.0	Dec
	美国快捷航空公司	Express Jet Airlines	美国	EV		7 309	9 238	79.1	9.3	Dec
64	边疆航空公司	Frontier Airlines	美国	F9	低成本	33 588	39 330	85.4	19.4	Dec
70	墨西哥廉价航空	Volaris	墨西哥	Y4	低成本	28 558	33 805	84.5	18.4	Dec
73	夏威夷航空	Hawaiian Airlines	美国	HA		27 636	32 455	85.3	11.8	Dec
83	越洋航空公司	Air Transat	加拿大	TS		20 500	24 000	85.4	5.0	Dec
85	忠实航空公司	Allegiant Air	美国	G4	低成本	19 744	23 646	83.5	13.7	Dec
90	英特捷特航空	Interjet	墨西哥	4O	低成本	18 127	22 308	81.3	13.9	Dec
91	共和航空公司	Republic Airline	美国	YX		17 954	22 780	78.8	18.6	Dec

资料来源：Flight Global PLANNING IN ASSOCIATION WITH 2019

（四）北美洲次区的主要机场

1. 枢纽机场

2018 年，全球前 100 名机场均属于大型枢纽机场。在前 100 名枢纽机场中，加拿大有 2 个，即多伦多皮尔逊国际机场/YYZ（CA）和温哥华机场/YVR（CA）。美国枢纽机场有 24 个，重要枢纽机场和航空公司基地分布如下：亚特兰大哈茨菲尔德-杰克逊国际机场/ATL（DL），洛杉矶国际机场/LAX（UA），奥黑尔国际机场/ORD（AA、UA），达拉斯沃思堡国际机场/DFW（AA），丹佛国际机场/DEN（UA），约翰·肯尼迪国际机场/JFK（AA、DL、UA），旧金山国际机场/SFO（UA），西雅图塔科马机场/ SEA，拉斯维加斯麦卡伦机场/LAS（AA），奥兰多机场/MCO，夏洛特道格拉斯机场/CLT（AA），纽瓦克机场/EWR，迈阿密机场/MIA（AA），凤凰城天港机场/PHX（AA），休斯敦乔治-布什机场/IAH（UA），波士顿机场/BOS（AA），明尼阿波利斯机场/MSP（DL），劳德代尔机场/FLL，底特律大都会机场/DTW（AA、UA），费城机场/PHL（AA），纽约拉瓜迪亚机场/LGA，巴尔的摩华盛顿机场/BWI（UA），盐湖城机场/SLC（DL），圣迭戈机场/SAN。

墨西哥主要枢纽机场有 2 个，即墨西哥城机场/MEX、坎昆机场/CUN。

2. 北美洲次区主要国家、城市、机场代码（略）

请阅读本书第十章第二节“国家、城市或机场代码”。

二、拉丁美洲与加勒比地区

（一）拉丁美洲与加勒比地区概述

按照 IATA 对统计区域的划分，拉丁美洲与加勒比地区（简称拉美地区）包括墨西哥以南的中美洲、南美洲陆地和加勒比海的岛屿。南美洲地处安第斯山脉与亚马孙河流域，主要交通方式是水路与航空；还有一些内陆国家，如玻利维亚等国，四面不临海，国际运输路上交通必须通过智利、巴拉圭或阿根廷等国，非常受限，因此航空运输有着不可替代的作用。该地区地域辽阔、人口较多，面积和人口仅次于亚太地区和非洲，居世界第三位。区内均为发展中国家，20 世纪 50 年代以来经济发展较快。

从南美洲地图来看，可把南美洲一分为二，上半部分属于中大西洋地区，下半部分属于南大西洋地区，包括阿根廷 AR、巴西 BR、智利 CL、巴拉圭 PY、乌拉圭 UY 五个国家。

（二）拉丁美洲与加勒比地区的航空运输经济

巴西、阿根廷等国的经济和航空运输相对发达。目前巴西拥有机场 4 093 个，居世界第 2 位；阿根廷拥有机场 1 138 个，居世界第 6 位。

进入 21 世纪后，该区经济发展呈稳步增长之势，2017 年，拉丁美洲与加勒比地区的运输总量（国际和国内）占世界航空业务量的 5.9%，与 2016 年相比，增长率为 10.4%，空运发展具有较大潜力。

拉美地区各国近年来经济发展各不相同。巴西、委内瑞拉、阿根廷经济萎靡，墨西哥、巴拿马、秘鲁、哥伦比亚等则经济表现良好。总体来说，2017 年，拉美地区航空运输业的表现还是不错的。

根据航空运输协会统计，拉丁美洲与加勒比地区无论是旅客运输量、客座率还是运力，在 2017 年都有所增长。与此同时，该地区的航空公司还在积极调整运力，并合理优化机队规模。

巴西正在尝试将巴西航空公司的外资所有权最高额度提高到 49%，并有望在税收、政策和法规方面进一步对航空运输业进行倾斜。墨西哥和美国之间的开放民用航空运输协议已呼之欲出，美国和巴西之间的《开放天空协议》也将获得批准，这些都为该地区航空公司的发展提供了良好的环境。

业界预测，未来 20 年，拉丁美洲和加勒比地区的客运量将年均增长 5.8%。到 2035 年，拉丁美洲内部的客运量预计平均每年增长 6%。届时，该地区的机队规模将有望翻番。

（三）拉丁美洲与加勒比地区的主要航空公司

根据 2018 年全球前 128 名航空公司客运量统计，拉美地区航空公司占到 8 家，这 8 家航空公司的旅客周转量达 961 448 百万客公里，占到全球前 128 名航空公司旅客周转总量的 11.8%，占全球航空公司旅客周转量的 11.64%。如表 9-8 所示。

表 9-8　2018 年拉丁美洲和加勒比地区内主要航空公司客运量排名

2018 年客运量全球排名	航空公司名称 1	航空公司名称 2	总部所在地	二字代码	联盟	旅客周转量/百万客公里	可用旅客周转量/百万客公里	旅客载运率/%	旅客运输量/百万人次	截至日期 2018
45	哥伦比亚国家航空	Avianca	哥伦比亚	AV	STAR	43 729	52 624	83.1	30.5	Dec
63	巴拿马航空	Copa Airlines	巴拿马	CM	STAR	34 639	41 538	83.4	10.1	Dec
21	拉塔姆航空集团	LATAM ArilinesGroup	智利			119 07	143 265	83.1	68.8	Dec
	拉塔姆航空巴西	LATAM Arilines Brazil	巴西	JJ	ONEW	759 903	72.988	82.1	34.2	Dec
	拉塔姆航空智利	LATAM Arilines Chile	智利	LA	ONEW	24 667	29 595	83.3	8.4	Dec
54	巴西戈尔航空公司	Gol Airlines	巴西	G3		38 361	48 010	79.9	33.5	Dec
77	巴西阿苏尔航空公司	Azul	巴西	AD		24 157	29 352	82.3	22.6	Dec
84	阿根廷航空公司	Aerolineas Argentinsa	阿根廷	AR	SKYTEAM	20 032	25 365	79.0	9.5	Dec
98	巴西阿维安卡航空公司	Avianca in Brazil	巴西	O6	STAR	15 960	19 266	82.8	12.3	Dec

资料来源：Flight Global PLANNING IN ASSOCIATION WITH 2019

（四）拉丁美洲与加勒比地区的主要机场

1. 枢纽机场

拉丁美洲与加勒比地区的主要枢纽机场有巴西的圣保罗瓜鲁柳斯机场/GRU 和圣保罗孔戈尼亚斯机场/CGH、哥伦比亚的波哥大机场/BOG、秘鲁的利马机场/LIM、智利的圣地亚哥阿图罗梅里诺博尼特兹机场/SCL 5 家。

2. 拉丁美洲与加勒比地区主要国家、城市、机场代码（略）

请阅读本书第十章第二节“国家、城市或机场代码”。

第三节　IATA 二区

按 IATA 航空运输协议区域划分，IATA 二区（TC2）分为三个分区，分别为欧洲次区、中东次区和非洲次区。

一、欧洲次区

（一）欧洲概述

欧洲也称作“欧罗巴洲”（Europe），位于东半球的西北部，北临北冰洋，西濒大西洋，南滨大西洋的属海地中海和黑海。欧洲大陆东至极地乌拉尔山脉，南至西班牙的马罗基角，西至葡萄牙的罗卡角，北至挪威的诺尔辰角，是世界上第二小的洲、大陆，仅比大洋洲大一些，其与亚洲合称为欧亚大陆，而与亚洲、非洲合称为欧亚非大陆。欧洲的面积居世界第六，人口密度为 70 人/平方千米，人口仅少于亚洲和非洲，欧洲是人种比较单一的大洲，多数国家人口属欧罗巴人种，但随着近年移民潮掀起，人口的结构将发生较大变化。欧洲是人类生活水平较高、环境以及人类发展指数较高及适宜居住的大洲之一。

自 17 世纪以来，欧洲逐渐成为世界经济中心。18 世纪，欧洲爆发人类第一次工业革命，成为当时世界经济的中心，但经历 20 世纪的两次世界大战后逐渐衰落。欧洲对推动人类历史进程的贡献巨大，其经济发展水平居各大洲之首，工业、交通运输、商业贸易、金融保险等在世界经济中占重要地位，在科学技术的若干领域内也处于世界较领先地位。这与欧洲是近代工业发源地，以及 15—17 世纪的地理大发现和对外殖民扩张分不开。

欧洲联盟（英文：European Union；法文：Union européenne），简称欧盟（EU），总部设在比利时首都布鲁塞尔，是由欧洲共同体（European Community，又称欧洲共同市场）发展而来的，成立于 1993 年 11 月 1 日。欧盟是一个集政治实体和经济实体于一身、在世界上具有重要影响的区域一体化组织。

欧盟经济中心指的是欧盟 28 国（英国于 2019 年正式退出），其中大部分是发达国家，少部分后来加入的才是发展中国家，这就直接奠定了欧盟经济实力强盛的基础。2017 年，整个欧盟创下的 GDP 总值为 17.28 万亿美元，全球占比约为 21.4%，低于北美经济中心；人均 GDP 约为 3.37 万美元。

欧盟的宗旨是“通过建立无内部边界的空间，加强经济、社会的协调发展和建立最终实行统一货币的经济货币联盟，促进成员国经济和社会的均衡发展”“通过实行共同外交和安全政策，在国际舞台上弘扬联盟的个性”。欧盟已经制定了一个单一市场，通过了一系列标准化的法律制度，其适用于所有会员国，保证人、货物、服务和资本的迁徙自由，保持了一个共同的贸易政策，包括农业和渔业政策，以及区域发展政策。目前，已有 15 个会员国统一使用共同的货币：欧元。

（二）欧洲次区的航空运输经济

欧洲次区一直是航空运输的发达地区。自 20 世纪 50 年代以来，欧洲地区定期航班完成的运输总周转量仅次于北美，居各大区第二位，不定期的航班业务也很发达。

欧洲的国家较多，多数国家的面积不大，且经济发达，相互联系紧密，因此，其国际航空运输尤为发达，国际空运的总周转量居各大区之首。但是，从发展的观点看，欧洲经济和空运的增长幅度低于世界的平均水平，20 世纪 80 年代以来，欧洲空运总量在世界市场中的份额呈下降趋势。

欧洲共同体是世界经济中重要的政治经济联合体，是继美国之后的第二航空集团运输群体，在世界航空运输中占有重要的地位。目前，欧洲共有机场 5 665 个。在欧洲，民用机场拥有量前三位为德国、法国和英国，分别拥有机场 539 个、464 个和 460 个，这三国机场总量占欧洲机场总量的 25%。从机场分布密度来分析，欧洲机场平均分布密度约为 8 个/万平方千米，英国为 18.7 个/万平方千米、德国为 15.1 个/万平方千米、法国为 8.48 个/万平方千米，可见英国和德国的机场密度远高于欧洲平均水平。

据 ICAO 公布报告，2018 年，欧洲地区国际和国内旅客周转量为 2 175 225 百万客公里，占世界航空业务量的 26.3%，与 2017 年相比，增长率为 6.5%。

从机场旅客吞吐量分析，2018 年全球吞吐量约 88 亿人次，欧洲机场旅客吞吐量约 22.5 亿人次，约占世界总量的 25.6%。报告还表明，在世界上最繁忙的 50 个机场中，欧洲机场约占 22%；前 20 位机场中，欧洲约占 20%。全球排名情况如下：希斯罗机场 LHR（7）；戴高乐机场 CDG（10）；史基浦机场 AMS（11）；法兰克福国际机场 FRA（14）；伊斯坦布尔阿塔图尔克国际机场/IST（17）；巴拉哈斯机场/MAD（24）；巴塞罗那埃尔-普拉特国际机场/BCN（27）；慕尼黑机场/MUC（38）；盖特威克机场/LGW（39）；莫斯科谢列梅捷沃国际机场 SVO（41）；罗马菲乌米奇诺机场/FCO（49）。

（三）欧洲次区主要航空公司

根据 2018 年全球前 128 名航空公司客运量统计，欧洲次区航空公司共 39 家，客运量占到总量（前 128 名）的 30.5%，欧洲四大航空集团（LH、IAG、AF-KLM、FR）运输量名列全世界航空公司第 5、6、8、12 名，欧洲次区 39 家航空公司的旅客周转量达 2 064 197 百万客公里，占到全球前 128 名航空公司旅客周转量的 25.51%，占全球航空旅客周转量的 25.00%，如表 9-9 所示。

表 9-9　2018 年欧洲次区主要航空公司客运量排名

2018 年客运量全球排名	航空公司名称 1	航空公司名称 2	总部所在地	二字代码	联盟	旅客周转量/百万客公里	可用旅客周转量/百万客公里	旅客载运率/%	旅客运输量/百万人次	截至日期 2018
5	汉莎航空集团	Lufthansa Group	德国			284 410	349 450	81.4	142.3	Dec
	汉莎航空	Lufthansa	德国	LH	STAR	160 074	196 768	81.4	70.1	Dec
	欧洲之翼航空	Eurowings	德国	EW	低成本	52 609	64 748	81.3	38.5	Dec
	瑞士国际航空	Swiss Int'l Air Lines	瑞士	LX	STAR	50 048	60 595	82.6	20.4	Dec
	奥地利航空	Austrian	奥地利	OS	STAR	21 973	27 703	79.3	13.9	Dec
6	IAG 集团	IAG	英国			270 657	324 808	83.3	112.9	Dec
	英国航空	British Airways	英国	BA	ONEW	152 177	184 547	82.5	44.9	Dec
	伊比利亚航空	Iberia	西班牙	IB	ONEW	60 526	70 685	85.6	21.0	Dec
	伏林航空公司	Vueling Airlines	西班牙	VY	低成本	31 973	37 431	85.4	32.5	Dec
	爱尔兰航空	Aer Lingus	爱尔兰	EI		23 516	29 030	81.0	11.6	Dec
8	法国荷兰航空集团	Air France-KLM	法国			255 406	292 188	87.4	85.6	Dec
	法国航空	Air France	法国	AF	SKYTEAM	147 734	171 363	86.2	51.4	Dec
	荷兰皇家航空	KLM	荷兰	KL	SKYTEAM	107 678	120 815	89.1	34.2	Dec
	泛航航空公司	Transavia Group	荷兰	HV		28 392	30 850	92.0	15.8	Dec

续表

2018年客运量全球排名	航空公司名称1	航空公司名称2	总部所在地	二字代码	联盟	旅客周转量/百万客公里	可用旅客周转量/百万客公里	旅客载运率/%	旅客运输量/百万人次	截至日期2018
12	瑞安航空	Ryanair	爱尔兰	FR	低成本	178 000	186 000	95.7	142.1	Mar
14	土耳其航空	Turkish Airlines	土耳其	TK	STAR	149 169	182 031	81.9	75.2	Dec
16	俄罗斯航空集团	Aeroflot Group	俄罗斯			143 151	173 075	82.7	55.7	Dec
	俄罗斯航空	Aeroflot	俄罗斯	SU	SKYTEAM	97 956	121 616	80.5	38.8	Dec
	俄罗斯国家航空	Rossiya Airlines	俄罗斯	FV		29 601	34 181	86.6	11.1	Dec
	俄罗斯胜利航空	Pobeda	俄罗斯	DP	低成本	13 105	13 925	94.1	7.2	Dec
22	易捷航空	EasyJet	英国	U2	低成本	98 522	104 800	94.0	88.5	Sep
25	挪威航空	Norwegian	挪威	DY	低成本	85 124	99 219	85.8	37.3	Dec
32	汤姆森库克航空集团	Thomas Cook Group	英国			66 707	73 954	90.2	20.2	Dec
	神鹰航空	Condor	德国	DE		31 555	35 395	89.2	9.1	Dec
	汤姆森库克航空	Thomas Cook Airlines	英国	MT		28 417	31 416	90.5	8.1	Dec
35	匈牙利威兹航空公司	Wizz Air	匈牙利	W6	低成本	54 433	58 836	92.5	33.8	Dec
51	北欧航空	SAS Scandinavian	瑞典	SK	STAR	39 821	52 626	75.7	30.0	Dec
52	途易航空	TUI Airways	英国	BY	低成本	39 163	42 199	92.8	11.2	Dec
55	葡萄牙航空	TAP Air Portugal	葡萄牙	TP	STAR	38 000	47 000	80.9	15.8	Dec
59	维珍航空公司	Virgin Atlantic Airways	英国	VS		36 215	46 712	77.5	5.2	Dec
60	意大利航空	Alitalia	意大利	AZ	SKYTEAM	35 850	45 500	78.8	21.5	Dec
62	芬兰航空	Finnair	芬兰	AY	ONEW	34 660	42 386	81.8	13.3	Dec
65	S7 航空集团	S7 AirlinesGroup	俄罗斯			33 169	38 542	86.1	16.0	Dec
	S7 航空	S7 Airlines	俄罗斯	S7	ONEW	22 027	25 465	86.5	11.6	Dec
	全球巴士航空	Globus	俄罗斯	GH		11 141	13 077	85.2	4.4	Dec
67	飞马航空	Pegasus	土耳其	PC		30 390	35 543	85.5	30.0	Dec
71	西班牙欧洲航空公司	Air Europa	西班牙	UX	SKYTEAM	28 146	33 833	83.2	11.8	Dec
75	捷特二航空公司	Jet2	英国	LS	低成本	26 511	28 995	91.4	12.2	Dec
81	乌拉尔航空	Ural Airlines	俄罗斯	U6		21 698	26 364	82.3	9.0	Dec
88	Azur 航空公司	Azur Air	俄罗斯	ZF		19 096	19 912	95.9	4.2	Dec
94	摩洛哥皇家航空	Royal Air Maroc	摩洛哥	AT		16 750	23 500	71.3	7.3	Dec
96	乌克兰国际航空	Ukraine International	乌克兰	QU		16 302	20 231	80.6	8.0	Dec
97	波兰航空	LOT Polish	波兰	LO	STAR	16 000	21 000	76.2	8.8	Dec
99	阳光快运航空	Sun Express	土耳其	XG	低成本	15 500	19 000	81.6	9.7	Dec
100	爱琴海航空	Aegean Airlines	希腊	A3	STAR	14 435	17 245	83.7	14.0	Dec

资料来源：Flight Global PLANNING IN ASSOCIATION WITH 2019

（四）欧洲次区的主要机场

1. 枢纽机场

欧洲次区（TC2-1）的主要枢纽机场如下：英国有 4 家，即伦敦的希思罗机场/LHR、盖特威克机场/LGW、曼彻斯特机场/MAN、伦敦斯坦斯特德机场/STN；德国有 4 家，即法兰克福国际机场/FRA、慕尼黑机场/MUC、杜塞尔多夫机场/DUS、柏林泰格尔机场/

TXL；西班牙有 3 家，即马德里巴拉哈斯机场/MAD、巴塞罗那埃尔-普拉特国际机场/BCN、帕尔马马略卡机场/PMI；法国有 2 家，即巴黎查尔斯 • 戴高乐机场/CDG、巴黎奥利机场/ ORY；意大利有 2 家，即罗马菲乌米奇诺机场/FCO、米兰马尔彭萨机场/MXP；俄罗斯有 2 家，即莫斯科谢列梅捷沃机场/SYO、莫斯科多莫杰多沃机场/DME；其他有土耳其的伊斯坦布尔阿塔图尔克国际机场/IST，爱尔兰的都柏林机场/DUB，奥地利的维也纳国际机场/VIE，比利时的布鲁塞尔机场/BRU，丹麦的哥本哈根机场/CPH，荷兰的阿姆斯特丹机场/AMS，葡萄牙的里斯本机场/LIS，希腊的雅典/ATH，瑞典的斯德哥尔摩机场/ARN 和瑞士的苏黎世机场/ZRH。

2. 欧洲次区主要国家、城市、机场代码（略）

请阅读本书第十章第二节“国家、城市或机场代码”。

二、中东次区

（一）中东次区概述

IATA 运输会议区域划分的中东次区，是指地中海东部与南部区域，从地中海东部到波斯湾的大片地区，包括西亚伊朗和非洲埃及、苏丹、南苏丹，约 17 个国家/地区，面积达 1 500 万平方千米，共约 3.6 亿人口。

中东次区的气候类型主要为热带沙漠气候、地中海气候、温带大陆性气候。其中，热带沙漠气候分布最广。中东联系亚、欧、非三大洲，沟通大西洋和印度洋、欧洲和亚洲，自古以来是东西方交通枢纽，位于“两洋三洲五海”之地，战略位置极其重要，淡水资源和石油资源的稀缺以及宗教文化差异，导致中东地区常年战争不断。

（二）中东次区的航空运输经济

中东次区得天独厚的地理位置为其发展航空运输业提供了极为有利的条件。目前，全世界约 80%的人口可在 8 小时的飞行时间内抵达波斯湾地区，这使得中东次区的航空公司能够在自己的枢纽集中客运量，并为许多无法采用直飞航线的城市提供一站式服务。

2018 年 10 月，国际航空运输协会（IATA）发布报告称，中东次区航空市场将保持 4.4%的年均复合增长率，预计到 2037 年，市场规模将达 5.01 亿人次。IATA 数据显示，中东次区是全球唯一一个航空货运市场发展前景看好的地区。

IATA 报告称，中东各国贸易量的增长、航空货运网络和基础设施的不断完善、中东各大航空公司努力开拓新航线的发展战略是支撑该地区航空货运量保持增长的主要原因。航空货运的发展也吸引了更多的物流和制造企业在中东拓展业务，以更好地利用该次区的交通网络。

（三）中东次区的主要航空公司

2018 年，阿联酋航空客运量名列全球第 4 名，卡塔尔航空名列全球第 13 名，阿提哈德航空和沙特阿拉伯航空跻身全球50强。中东次区主要航空公司客运量排名如表9-10所示。

表9-10　2018年中东次区主要航空公司客运量排名

2018年客运量全球排名	航空公司名称1	航空公司名称2	总部所在地	二字代码	联盟	旅客周转量/百万客公里	可用旅客周转量/百万客公里	旅客载运率/%	旅客运输量/百万人次	截至日期2018
4	阿联酋航空	Emirates Airlines	阿联酋	EK		299 967	390 582	76.8	58.6	Mar
13	卡塔尔航空	Qatar Airways	卡塔尔	QR	ONEW	154 080	231 094	67.0	29.5	Mar
26	阿提哈德航空	Etihad Airways	阿联酋	EY		84 269	110 300	76.4	17.8	Dec
30	沙特阿拉伯航空	Saudi Arabian Airlines	沙特	SV	SKYTEAM	68 500	102 000	67.2	34.0	Dec
76	阿曼航空	Oman Air	阿曼	WY		25 033	31 656	79.1	9.5	Dec
78	以色列航空公司	EI AI	以色列	LY		22 895	27 324	83.8	5.6	Dec
79	迪拜航空	Flydubai	阿联酋	FZ		22 500	30 167	74.6	11.0	Dec
87	埃及航空公司	Egyptair	埃及	MS	STAR	19 650	27 504	71.4	3.7	Dec
93	阿拉伯航空公司	Air Arabia	阿联酋	G9	低成本	17 000	21 000	81.0	8.7	Dec

资料来源：Flight Global PLANNING IN ASSOCIATION WITH 2019

（四）中东次区的主要机场

1. 枢纽机场

2017年，迪拜马克图姆机场的旅客吞吐量位居全球第三，货邮吞吐量排名第六，成为全球最繁忙的客货运中心之一。中东地区的主要枢纽机场如下：阿联酋有2家，即迪拜国际机场/DXB、阿布扎比机场/AUH；沙特阿拉伯有2家，即吉达阿卜杜勒-阿齐兹国王机场/JED、利雅得机场/RUH；其他有卡塔尔的多哈机场/DOH，以色列的特拉维夫本古里安机场/TLV。

2. 中东次区主要国家、城市、机场代码（略）

请阅读本书第十章第二节“国家、城市或机场代码”。

三、非洲次区

（一）非洲次区概述

非洲全称阿非利加洲，位于东半球西部，欧洲以南，亚洲之西，东濒印度洋，西临大西洋，纵跨赤道南北，面积大约为3 020万平方千米（土地面积），占全球总陆地面积的20.4%，是世界第二大洲，同时也是人口第二大洲（约12.7亿）。

非洲大陆东至哈丰角，南至厄加勒斯角，西至佛得角，北至本塞卡角。非洲高原面积广阔，海拔在500米～1 000米的高原占非洲面积的60%以上，有“高原大陆”之称；海拔2 000米以上的山地高原约占非洲面积的5%，低于海拔200米的平原多分布在沿海地带，不足非洲面积的10%。非洲大陆的平均海拔为650米。

非洲是世界古人类和古文明的发源地之一，公元前4 000年便有最早的文字记载。非洲北部的埃及是世界文明发源地之一。

自 1415 年葡萄牙占领北非休达，欧洲列强便开始进行对非洲的殖民统治，约于 19 世纪末至 20 世纪初达到巅峰，约有 95%的非洲领土遭到列强瓜分，资源长期遭到掠夺。1847 年后，殖民地陆续独立，至 1960 年非洲独立年，非洲脱离列强统治，宣告非洲殖民时代结束。

长期种族冲突、热带疾病丛生、工业化引发的环境破坏、西方殖民主义、独立后腐败政权使非洲成为发展中国家最集中的大陆，它也是世界经济发展水平最低的一个洲，全非洲一年的贸易总额仅占全世界的百分之一。

（二）非洲次区的航空运输经济

非洲航空业的发展仍然是有潜力的。在地理条件方面，非洲大陆的特点是幅员辽阔、国家众多，既没有良好的道路，也没有良好的铁路系统，这在理论上给航空业的发展带来了机遇。在人口方面，自 20 世纪后半叶以来，非洲的人口一直在高速增长，2017 年达到了 12.6 亿，预计到 2025 年将达到 14 亿。在经济发展方面，非洲过去 15 年的经济增速是很快的，高于世界平均水平；非洲的人均 GDP 也在不断增长，从 2007 年的人均 300 美元增长到了 2017 年的人均 1 809 美元。非洲正受到越来越多的关注。就航空业而言，尽管存在大量尚未开发的市场，但非洲大陆上许多政府支持的航空公司近年来纷纷倒闭。然而，非洲各国政府对投资航空公司的热情不减，而且一些新成立的航空公司正在忙着实施自身的扩张计划。

2018 年，非洲定期航班完成的旅客周转量为 175 918 百万客公里，仅占世界航空业务量的 2.1%，相比 2017 年，增长率为 8.8%。

经过多年努力，2018 年，非洲联盟 55 个成员国中已有 23 个国家签署了单一航空运输市场相关文件，非洲单一航空运输市场正式启动，这将为繁荣非洲国家贸易、促进跨国投资、推动旅游业发展带来更多机遇，并创造约 30 万个直接就业岗位及约 300 万个间接就业岗位。

非洲民航委员会和国际航协委托进行的一项研究显示，若非洲大陆上 12 个最大的国家完全实现航空自由化，能增加 13 亿美元的经济产出，创造 15.5 万个新的就业机会，并且票价将降低 35%。

（三）非洲次区的主要航空公司

非洲次区主要航空公司的客运量排名如表 9-11 所示。

表 9-11　2018 年非洲次区主要航空公司客运量排名

2018 年客运量全球排名	航空公司名称 1	航空公司名称 2	总部所在地	二字代码	联盟	旅客周转量/百万客公里	可用旅客周转量/百万客公里	旅客载运率/%	旅客运输量/百万人次	截至日期 2018
47	埃塞俄比亚航空	Ethiopian Airlines	埃塞俄比亚	ET	STAR	42 624	57 842	73.7	11.5	Dec
89	南非航空	South African Airways	南非	SA	STAR	19 000	26 000	73.1	6.0	Dec

资料来源：Flight Global PLANNING IN ASSOCIATION WITH 2019

（四）非洲次区的主要机场

1. 枢纽机场

非洲次区旅客吞吐量超过 2 000 万人次的枢纽机场仅有一家，即南非约翰内斯堡坦博机场/JNB。

2. 非洲次区主要国家、城市、机场代码（略）

请阅读本书第十章第二节“国家、城市或机场代码”。

第四节　IATA 三区

按 IATA 航空运输协议区域划分，IATA 三区（TC3）分为四个次区，分别为南亚次大陆次区、日朝韩次区、东南亚次区和西南太平洋次区（不包括中东地区），总称为亚太地区。

亚太地区是全球经济份额中占比最大的板块，也是全球民航发展的活跃地区，未来 20 年，亚太民航仍将保持稳健增长。亚太地区各国在自然和经济方面具有丰富的多样性，彼此互联互通，航空运输最具优势。在互利共赢思想指导下，亚太各国加大开放步伐，减少市场准入限制，加大航权开放力度，共享发展成果，共同努力营造公开透明、包容平等的市场环境，推动亚太民航长远发展和可持续发展。

值得一提的是，中国和印度已成为亚太地区中增长态势特别强劲的两个重要航空运输市场。

国际航空运输协会预测，2024—2025 年，中国将超过美国成为世界上最大的民用航空市场；到 2037 年，中国民航市场客流量将达到 16 亿人次。截至目前，中国已同亚太地区的 27 个国家签订了双边航空运输协定，亚太地区 21 个国家的 65 家航空公司已开通至中国航线，每周有近 7 200 个航班往返于中国 59 个城市与亚太地区 92 个城市之间。2017 年，中国民航的运输总周转量达 1 083.1 亿吨公里，旅客运输量达 5.52 亿人次，货邮运输量达 705.8 万吨，对世界民航增长贡献率超过 25%，对亚太民航增长贡献率超过 55%。

国际机场理事会（Airports Council International，ACI）在 2018 年 8 月的研究报告中表示，2018 年 5 月，印度的航空客运量增速在亚太地区领先，达到 13.3%。与之相比，中国和韩国的增速分别为 8.3%和 8.1%。亚太市场整体航空客运量增长了 6.3%，略高于欧洲地区的 6.2%，北美地区则增长了 5.6%。

根据国际航空运输协会（IATA）预测，到 2025 年，印度航空市场将成为全球第三大航空市场。未来 10 年，印度航企预计总共将新增 1 100 架飞机。目前，印度航企运营的机队规模约为 600 架。

一、东南亚次区

（一）东南亚次区概述

东南亚次区是 IATA 三区（TC3）中最大的分区，包括中国、蒙古、俄罗斯亚洲部分、中亚五国以及东盟十国等国家和地区。

该次区中的最大部分是中国。中国是以华夏文明为源泉、中华文化为基础，统一的多民族国家，通用汉语、汉字。中国是世界四大文明古国之一，有着悠久的历史，距今约5 000 年前，以中原地区为中心开始出现聚落组织进而形成国家，后历经多次民族交融和朝代更迭，直至形成多民族国家的大一统局面。20 世纪初辛亥革命后，君主政体退出历史舞台，共和政体建立。1949 年中华人民共和国成立后，建立了人民代表大会制度的政体。中国文化源远流长、博大精深、绚烂多彩，在世界文化体系内占有重要地位。

东南亚国家联盟，简称东盟（Association of Southeast Asian Nations，ASEAN），于1967 年 8 月正式宣告成立，成员国有马来西亚、印度尼西亚、泰国、菲律宾、新加坡、文莱、越南、老挝、缅甸和柬埔寨，巴布亚新几内亚为其观察员国。东盟成立形成了一个人口超过 5 亿、面积达 450 万平方千米的 10 国集团。

东盟是以经济合作为基础的政治、经济、安全一体化合作组织，并建立起一系列合作机制。东盟的宗旨和目标是本着平等与合作精神，共同促进本地区经济增长、社会进步和文化发展，为建立一个繁荣、和平的东南亚国家共同体奠定基础，以促进本地区的和平与稳定。

东盟成立之初只是个保卫自身安全利益及与西方保持战略关系的联盟，其活动仅限于探讨经济、文化等方面的合作。随后东盟各国加强了政治、经济和军事领域的合作，并采取了切实可行的经济发展战略，推动经济迅速增长，逐步成为一个有一定影响的区域性组织。

（二）东南亚次区的航空运输经济

中国在未来 20 年中将成为美国之外最大的商业航空市场，航空运输的年增长率在7.6%以上。随着世界经济全球化趋势的发展，人们越来越多的走出家门去走亲访友、从事商务活动和获取本地无法提供的休闲与教育。

中国国内 GDP 的迅速增长带来了国内乘客人数的迅猛增加，中国市场将继续保持年均9%的增长速度。未来，在整个亚太地区，中国都将表现出健康增长的势头，中国的地区市场航空旅客周转量预计将达到以下的增长速度：中国—东亚市场增长 7.1%，中国—东南亚市场增长 4.4%，中国—南亚市场增长 4.3%。中国—东亚（日本和韩国）市场将是全部国际市场中增速最快的一个。

未来 20 年间，在亚太市场上，预计中国国内始发航空公司航班架次的增长将超过国外航空公司。随着与东亚的联系日益密切，中国与东盟组织成员国的贸易合作扩大，重新确立了与印度的经济联系，中国的航空公司在亚太市场上的航班架次将达到现在的 3 倍。

在中欧市场上，中国—欧洲市场的航班架次在未来 20 年间将增长 3 倍，抵达和始发自法国、英国和德国的航班将继续位居中国—欧洲市场榜首。但是，往返中国和其他欧洲国家的航班市场随着新航线的开辟将出现将近 4 倍的增加。

中国—北美航线在 20 年的时间内预计将达到中国—欧洲市场的规模。中国—北美市场的航班架次预计将有 3 倍左右的增长，到 2021 年，这个市场（双向）的周航班将达到

872 架次，将有新的航空公司进入这个市场，也将出现往返于新的城市之间的直飞业务。预计在未来 20 年时间中，中国将占到北美（不包括阿拉斯加和夏威夷）—亚洲市场全部航班架次的 18%。

（三）东南亚次区的主要航空公司

东南亚次区的主要航空公司如表 9-12 所示。

表 9-12　2018 年东南亚次区主要航空公司客运量排名

2018 年客运量全球排名	航空公司名称 1	航空公司名称 2	总部所在地	二字代码	联盟	旅客周转量/百万客公里	可用旅客周转量/百万客公里	旅客载运率/%	旅客运输量/百万人次	截至日期 2018
7	中国南方航空集团	China Southern Group	中国			25 194	314 421	82.4	139.9	Dec
	中国南方航空	China Southern Airlines	中国	CZ	SKYTEAM	195 480	236 218	82.8	100.3	Dec
	厦门航空	Xiamen Airlines	中国	MF	SKYTEAM	58 879	72 270	81.5	35.9	Dec
9	中国航空集团	Air China　Group	中国			220 728	273 855	80.6	109.7	Dec
	中国国际航空	Air China	中国	CA	STAR	161 759	201 903	80.1	71.0	Dec
	深圳航空公司	Shenzhen Airlines	中国	ZH	STAR	53 855	65 564	82.1	30.7	Dec
11	中国东方航空集团	China Eastern Group	中国			201 486	244 841	83.1	121.1	Dec
	中国东方航空	China Eastern	中国	MU	SKYTEAM	167 574	203 687	82.3	97.7	Dec
	上海航空公司	Shanghai Airlines	中国	FM	SKYTEAM	24 788	31 250	79.3	17.2	Dec
17	新加坡航空集团	Singapore Airlines	新加坡			140 838	169 607	83.0	36.1	Dec
	新加坡航空	Singapore Airlines	新加坡	SQ	STAR	102 572	123 486	83.1	20.7	Dec
	新加坡酷航航空公司	Scoot Airways	新加坡	TR	低成本	29 325	34 388	85.3	10.5	Dec
	胜安航空	SilkAir	新加坡	MI		8 850	11 751	75.3	4.9	Dec
18	海南航空集团	Hainan AirlinesGroup	中国			138 731	164 055	84.6	79.9	Dec
	海南航空	Hainan Airlines	中国	HU		74 402	89 735	82.9	35.0	Dec
	天津航空	Tianjin Airlines	中国	GS		19 500	22 500	86.7	14.5	Dec
	祥鹏航空	Lucky Air	中国	8L	低成本	15 250	17 500	87.1	11.5	Dec
19	国泰航空集团	Cathay Pacific	中国香港			130 626	155 361	84.1	35.5	Dec
	国泰航空	Cathay Pacific	中国香港	CX	ONEW	114 697	135 078	84.9	24.3	Dec
	港龙航空	Cathay Dragon	中国香港	KA		15 718	20 018	78.5	11.1	Dec
31	泰国航空	Thai AirwaysInternational	泰国	TG	STAR	68 164	87 290	78.1	19.7	Dec
34	亚洲航空集团	AirAsia Group	马来西亚			55 962	66 261	84.5	44.4	Dec
34A	亚洲航空	AirAsia	马来西亚	AK	低成本	41 225	48 452	85.1	32.3	Dec
39	印尼鹰航集团	Garuda Indonesia	印尼			48 506	64 453	75.3	38.4	Dec
	印尼鹰航	Garuda Indonesia	印尼	GA	SKYTEAM	35 597	49 506	71.9	23.5	Dec
	印尼连成航空	Citilink Indonesia	印尼	QG		11 901	14 369	82.8	14.8	Dec
40	长荣航空	EVA Air	中国台湾	BR	STAR	48 368	59 835	80.8	12.5	Dec
42	印度尼西亚狮航集团	Lion Group	印尼			45 000	57 000	78.9	52.5	Dec
	印度尼西亚狮航	Lion Air	印尼	JT	低成本	36 000	44 500	80.9	36.0	Dec
43	四川航空公司	Sichuan Airlines	中国	3U		45 000	53 500	84.1	26.0	Dec
48	中华航空	China Airlines	中国台湾	CI	SKYTEAM	41 748	52 490	79.5	15.6	Dec

续表

2018年客运量全球排名	航空公司名称1	航空公司名称2	总部所在地	二字代码	联盟	旅客周转量/百万客公里	可用旅客周转量/百万客公里	旅客载运率/%	旅客运输量/百万人次	截至日期2018
50	菲律宾航空	Philippine Airlines	菲律宾	PR		40 003	51 683	77.4	15.9	Dec
56	山东航空公司	Shandong Airlines	中国	SC		37 000	44 000	83.2	25.5	Dec
58	越南航空	Vietnam Airlines	越南	VN	SKYTEAM	36 300	44 700	81.4	22.0	Dec
61	春秋航空	Spring Airlines	中国	9C	低成本	34 683	38 965	89.0	19.5	Dec
66	马来西亚航空	Malaysia Airlines	马来西亚	MH	ONEW	32 000	41 000	78.0	13.5	Dec
68	吉祥航空	Juneyao Airlines	中国	HO	低成本	30 021	34 812	86.2	18.9	Dec
69	亚航X	AirAsiaX	马来西亚	D7	低成本	29 112	36 046	80.8	6.2	Dec
72	首都航空公司	Capital Airlines	中国	JD		27 983	31 486	88.9	15.5	Dec
74	越捷航空	Vietjet	越南	VJ	低成本	26 652	31 512	84.6	23.0	Dec
80	宿务太平洋航空	Cebu Pacific Air	菲律宾	5J	低成本	21 736	25 881	84.0	20.3	Dec
82	泰国亚洲航空	Thai AirAsia	泰国	FD	低成本	21 243	25 019	84.9	21.6	Dec

资料来源：Flight Global PLANNING IN ASSOCIATION WITH 2019

（四）东南亚次区的主要机场

1. 枢纽机场

东南亚次区（TC3-1）的主要枢纽机场如下：中国有 21 家，即北京首都国际机场/PEK、香港国际机场/HKG、上海浦东国际机场/PVG、广州白云国际机场/CAN、成都双流国际机场/CTU、深圳宝安国际机场/SZX、台北桃园国际机场/TPE、昆明长水国际机场/KMG、上海虹桥国际机场/SHA、西安咸阳国际机场/XIY、重庆江北国际机场/CKG、南京禄口国际机场/NKG、厦门高崎国际机场/XMN、郑州新郑国际机场/CGO、长沙黄花国际机场/CSX、青岛流亭国际机场/TAO、武汉天河国际机场/WUH、海口美兰国际机场/HAK、乌鲁木齐地窝堡国际机场/URC、天津滨海国际机场/TSN、杭州萧山国际机场/HGH；印度尼西亚有 3 家，即雅加达苏加诺-哈达国际机场 CGK、巴厘岛登巴萨机场/DPS、泗水（苏腊巴亚）机场/SUB；泰国有 2 家，即曼谷素旺那蓬国际机场/BKK、曼谷廊曼/DMK；越南有 2 家，即胡志明市新山机场/SGN、河内内排机场/HAN；其他机场有新加坡的樟宜机场/SIN，马来西亚的吉隆坡国际机场/KUL，菲律宾的马尼拉机场/MNL。

2. 东南亚次区主要国家、城市、机场代码（略）

请阅读本书第十章第二节“国家、城市或机场代码”。

二、日朝韩次区

（一）日朝韩次区概述

航空运输协议区域划分中的日朝韩次区包括日本、韩国和朝鲜三个国家。

日本是位于亚洲大陆东岸外的太平洋岛国，领土由北海道、本州、四国、九州四个大岛和 6 800 多个小岛组成，众列岛呈弧形。日本东部和南部为一望无际的太平洋，西临日本海、朝鲜海峡、黄海、东海，同中国、韩国、朝鲜、俄罗斯隔海相望。日本作为一个环海岛国的地理位置决定了它在航空运输上具有重要地位，尤其是在太平洋航线上发挥着重要作用。

日本是个高度发达的经济大国，是全球最富裕、经济最发达和生活水平最高的国家之一。GDP 方面，2018 年，日本国内生产总值达 50 706.26 亿美元，居世界第 3 位；人均国内生产总值为 38 550 美元，是世界第 25 位。特色经济行业方面，日本的服务业，特别是银行业、金融业、航运业、保险业以及商业服务业占 GDP 最大比重，而且处于世界领导地位。东京不仅是日本第一大城市和经济中心，更是世界数一数二的金融、航运和服务中心。日本的旅游业发达，既有大量的本国人民热爱旅游，日本国内的景点也吸引了众多游客。对外经济联系方面，日本国内资源稀缺，其原料、燃料和市场严重依赖国外。日本是典型的“加工贸易型”国家，对外贸易在其国民经济中占有举足轻重的地位，它是当今世界第四大出口国与第四大进口国。由于贸易繁荣、旅游业发达等种种因素，日本的航空运输需求量很大，交通运输业发达，目前共有 14 家航空公司、112 个机场。

朝鲜半岛是位于东北亚的一个半岛，三面环海。朝鲜半岛的东北与俄罗斯相连，西北部隔着鸭绿江、图们江与中国相望，西部与胶东半岛隔海相望，东南隔朝鲜海峡与日本相望，西、南、东分别为黄海、朝鲜海峡、日本海环绕。朝鲜半岛是由朝鲜半岛本土和周围包括独岛在内的 3 300 个大小岛屿组成的，半岛本土占全境总面积的 97%。

1945 年 2 月，第二次世界大战即将结束时，朝鲜半岛被划分为南北两块，分别成立朝鲜民主主义人民共和国和大韩民国。

朝鲜文化是朝鲜民族自古不断演化发展形成的民族思想、理念、风俗和习惯。虽然朝鲜战争后朝鲜半岛的南北对峙导致了南北政治体制的差异，但双方传统文化却一脉相承。朝鲜半岛在历史上与中国有着密切的交往，因此，朝鲜半岛传统文化受中国文化影响，不过与中国传统文化相比，朝鲜半岛传统文化有着其独特的文化特征。

（二）日朝韩次区的航空运输经济

日本面积虽小，但两端距离长达 3 000 千米，全境地形破碎、崎岖多山，国内航线数量几乎可同澳大利亚的国内航线相比，是英国国内航线的两倍。日本的国际航线位置极其重要，航线连接亚洲特别是东南亚各国的航路，并在与美国的太平洋航线中占很大的比重。因此，日本的地理条件需要日本的航空运输业不断发展。

日本是全球航空运输的重要枢纽，其市场规模达 625 亿美元，占据了全球定期航空运输市场规模的 6.5%，年收入占全球航空业收入的 10%。日本虽是岛国，但它曾是东亚航空运输的唯一枢纽。成田国际机场被称为“亚洲的希思罗机场”，其接待旅客量占进出日本客运总量的 71%，它的货运处理量已超过美国的肯尼迪机场。现在，成田国际机场的吞吐能力已达到顶峰，日本其他机场也十分繁忙。

2017 年，日韩航空市场的增长动力来自于不断发力的低成本航空运输。其中，亚航计划与名古屋当地公司建立合资企业；日本捷星航空和香草航空在未来几年都将扩大机队规模。日韩市场曾是东亚规模第二大的国际配对市场，但在 2015 年滑落至了第六名。

（三）日朝韩次区的主要航空公司

日朝韩次区的主要航空公司如表 9-13 所示。

表 9-13　2018 年日朝韩次区主要航空公司客运量排名

2018 年客运量全球排名	航空公司名称 1	航空公司名称 2	总部所在地	二字代码	联盟	旅客周转量/百万客公里	可用旅客周转量/百万客公里	旅客载运率/%	旅客运输量/百万人次	截至日期 2018
23	全日空	ANA　Holdings	日本	NH	STAR	91 481	124 451	73.5	54.4	Dec
28	大韩航空	Korean Air	韩国	KE	SKYTEAM	80 154	99 943	80.2	27.0	Dec
29	日本航空集团	Japan AirlinesGroup	日本			70 855	91 043	77.8	44.0	Mar
	日本航空	Japan Airlines	日本	JL	ONEW	65.912	83 856	78.6	35.1	Mar
41	韩亚航空	Asiana Airlines	韩国	OZ	STAR	46 837	55 598	84.2	19.9	Dec

资料来源：Flight Global PLANNING IN ASSOCIATION WITH 2019

（四）日朝韩次区的主要机场

1. 枢纽机场

日朝韩次区（TC3-2）的主要枢纽机场如下：日本有 6 家，即东京国际（羽田）机场/HND、东京成田国际机场/NRT、大阪关西机场/KIX、福冈机场/FUK、札幌新千岁机场/CTS、冲绳那霸机场/OKA；韩国有 3 家，即仁川国际机场/ICN、济州机场/CJU、首尔金浦机场/GMP。

2. 日朝韩次区主要国家、城市、机场代码（略）

请阅读本书第十章第二节“国家、城市或机场代码”。

三、南亚次大陆次区

（一）南亚次大陆次区概述

南亚次大陆次区国家包括阿富汗、印度、巴基斯坦、孟加拉、斯里兰卡、尼泊尔、不丹和马尔代夫。

这块次大陆包含了世界上超过 20%的人口，总数超过 17 亿，因此该地区成为世界上人口最多和最密集的地域，同时也是继非洲之后全球最贫穷的地区。

南亚次大陆地区既有世界四大文明发源地之一，又有佛教、印度教等宗教的发源地。早在公元前 3000 年左右，恒河—印度河流域便出现过一些繁华的城市，公元前 3 世纪以后，又相继出现了囊括次大陆地区的大部分版图的四个统一的国家，即孔雀王朝、笈多王朝、德里苏丹国和莫卧儿王朝，在这一过程中，南亚一直是世界上最富饶的地区之一，其农业、手工业、交通运输业以及各种形式的文化艺术均达到了较高的水平。由于政治及宗教上的分别，当地各国的政局都不太稳定。

（二）南亚次大陆次区的航空运输经济

在“金砖国家”中，印度近年来的经济发展较为平稳，在全球市场上也是一大亮点。随着印度经济的发展，人们用于休闲旅游的花费不断增加，而金融、IT、制造等各个行业的崛起也促进了各个功能型城市的商务出行需求。2017 年，印度商务、休闲旅游花费同比增长 12.08%，预计在未来十年，仍将保持年均 6.9%的增速。民航业的发展离不开经济的推动和出行需求的支撑。因此，在经济和需求发展势头强劲的背景下，印度民航业的潜力巨大。印度的航空市场迎来了极好的发展机遇和较高的利润回报，并吸引了一些新竞争者的加入，被视为全球增长潜力最大的航空市场。

国际航空运输协会（IATA）发布报告指出，印度可能到 2025 年将会超越英国，成为全世界第三大航空客运市场，位列中国和美国之后。根据国际航空运输协会的数据，截至 2017 年，印度已连续三年蝉联全球国内航空市场增长最快的桂冠。

航空业在印度是一个飞速发展的行业，到 2036 年，印度市场预计将能服务 4.78 亿乘客，这一数字将会超过日本（2.25 亿人次）和德国（刚刚超过 2 亿人次）的总和。现阶段，印度航空客运量大约为 1.41 亿人次。

（三）南亚次大陆次区的主要航空公司

南亚次大陆次区的主要航空公司如表 9-14 所示。

表 9-14 2018 年南亚次大陆次区主要航空公司客运量排名

2018 年客运量全球排名	航空公司名称 1	航空公司名称 2	总部所在地	二字代码	联盟	旅客周转量/百万客公里	可用旅客周转量/百万客公里	旅客载运率/%	旅客运输量/百万人次	截至日期 2018
33	靛蓝航空公司	Indigo	印度	6E	低成本	65 996	76 001	86.8	61.9	Dec
37	印度航空公司	Air India	印度	AI	STAR	48 625	61 074	79.6	22.2	Dec
38	捷特航空	Jet Airways	印度	9W	低成本	48 542	57 988	83.7	27.4	Dec
86	香料航空公司	Spice Jet	印度	SG	低成本	19 686	21 248	92.6	19.3	Dec
92	济州航空	Jeju Air	韩国	7C		17 701	20 134	87.9	12.0	Dec
95	斯里兰卡航空公司	Sri Lankan Airlines	斯里兰卡	UL		16 500	20 000	82.5	6.2	Dec

资料来源：Flight Global PLANNING IN ASSOCIATION WITH 2019

（四）南亚次大陆次区的主要机场

1. 枢纽机场

南亚次大陆次区（TC3-3）的枢纽机场主要集中在印度，有 3 家：新德里英迪拉·甘地国际机场 DEL、孟买机场/BOM、班加罗尔机场/BLR。

2. 南亚次大陆次区主要国家、城市、机场代码（略）

请阅读本书第十章第二节“国家、城市或机场代码”。

四、西南太平洋次区

（一）西南太平洋次区概述

西南太平洋次区主要指大洋洲（Oceania）赤道以南的那一部分，不包括北半球的密克罗尼西亚、关岛（美）、马绍尔群岛、北马里亚纳群岛（美）、帕劳五个国家或地区。西南太平洋次区的陆地面积约占大洋洲陆地总面积的 99.9%、世界陆地总面积的 6%，约为 897 万平方千米。

西南太平洋次区有 11 个独立国家和地区，它们是：澳大利亚、新西兰、巴布亚新几内亚、所罗门群岛、瓦努阿图、瑙鲁、图瓦卢、基里巴斯、萨摩亚、汤加、斐济，另外还有 8 个地区［美属萨摩亚、纽埃（新西兰）、库克群岛（新西兰）、皮特凯恩群岛（英国）、新喀里多尼亚（法国）、托克劳（新西兰）、瓦利斯和富图纳（法国）、法属波利尼西亚］尚在美、英、法等国的管辖之下。西南太平洋次区内各国经济发展水平差异显著，澳大利亚和新西兰经济发达，其他岛国多为农业国，经济比较落后；工业主要集中在澳大利亚，其次是新西兰。

（二）西南太平洋次区航空运输经济

西南太平洋次区主要由澳大利亚、新西兰和许多南太平洋岛国组成，相对孤立的天然地理位置孕育出的不仅有独特的生态，其航空业的发展也呈现出与众不同的面貌。航空业在澳大利亚与其他亚太国家的社会文化交流中扮演着重要角色，旅游业的发展就是一项明证。以澳大利亚为例，澳大利亚的航空业收入占国内生产总值的 6%左右，解决了 80 万人的就业问题；赴海外旅游人数占澳大利亚总人口的 30%。2017 年，对于澳大利亚的航空集团来说，中国市场乃至整个亚洲为其带来了巨大的潜力，拥有进入整个亚洲的能力将有助于澳大利亚航企塑造自己的未来。澳大利亚航空市场的一大特点是国际航线的增长，其中大多数的增长可能来自于海外的航空公司，但是澳大利亚本土的航空公司也在积极归划新的国际航线。

新西兰的国际航空市场在 2017 年也迎来了一番新的景象，除了本土的新西兰航空发展迅猛，同时还吸引了来自美国、中国、中东的航空公司。

西南太平洋次区中，皮特凯恩群岛（英国）、托克劳（新西兰）两个地区没有航空运输业。

（三）西南太平洋次区的主要航空公司

西南太平洋次区的主要航空公司如表 9-15 所示。

表 9-15 2018 年西南太平洋次区主要航空公司客运量排名

2018 年客运量全球排名	航空公司名称 1	航空公司名称 2	总部所在地	二字代码	联盟	旅客周转量/百万客公里	可用旅客周转量/百万客公里	旅客载运率/%	旅客运输量/百万人次	截至日期 2018
20	澳洲航空集团	Qantas AirwaysGroup	澳大利亚			126 814	152 428	83.2	55.3	Jun
	澳洲航空	Qantas Airways	澳大利亚	QF	ONEW	85 057	103 665	82.0	30.5	Dec
	捷星航空	Jetstar Group	澳大利亚	JQ	低成本	35 076	40 806	36.0	20.3	Dec
53	维珍澳洲航空	Virgin Australia Group	澳大利亚			38 857	48 575	80.0	24.9	Dec
	维珍澳洲航空	Virgin Australia	澳大利亚	VA	低成本	33 262	42 262	78.7	20.2	Jun
	澳洲欣丰虎航	Tigerair Australia	澳大利亚	TT	低成本	5 595	6 313	18.6	4.6	Jul
57	新西兰航空	Air New Zealand	新西兰	NZ	STAR	36 638	45 222	83.2	17.3	Dec

资料来源：Flight Global PLANNING IN ASSOCIATION WITH 2019

（四）西南太平洋次区的主要机场

1. 枢纽机场

西南太平洋次区（TC3-4）的枢纽机场主要集中在澳大利亚，有 3 家：悉尼机场/SYD、墨尔本机场/MEL、布里斯班机场/BNE。

2. 西南太平洋次区主要国家、城市、机场代码（略）

请阅读本书第十章第二节“国家、城市或机场代码”。

第五节 世界主要航线的分布

航线、机场、航空公司（运力的分布）是构成航空运输生产布局的三大要素。本节主要介绍世界主要航线的分布。

一、世界国际航线的分布特点

2018 年，全球有 43.22 亿人乘坐飞机旅行，6 300 多万吨货物通过飞机运输，全球商业航空公司超过 800 家，提供航空服务的飞机超过 2.8 万架，定期航班民用机场超过 4 000 家，民用航线超过 5 万条，连接全球大大小小的城市。

世界主要国际航线的分布具有如下 3 个特点。

（1）航线最密集的地区和国家分布于欧洲、北美、东亚等地；航线最繁忙的海域为北大西洋以及北太平洋。

（2）航线走向总趋势呈东西向，主要的国际航线集中分布在北半球的中纬地区，由北美航线、北太平洋航线、欧亚航线及北大西洋航线形成一个环绕圈的航空带。

（3）在纬向航空带的基础上，由航线密集区向南辐射，形成一定的经向航线的分布，如美洲航线、欧非航线、亚太航线。

二、世界主要国际航线

（一）北大西洋航线

北大西洋航线是连接欧洲与北美的最重要的国际航线，分布于中纬地区的北大西洋上空，来往于欧洲的雷克雅未克 REK、伦敦 LON、巴黎 PAR、法兰克福 FRA、阿姆斯特丹 AMS、马德里 MAD、里斯本 LIS 和北美的蒙特利尔 YMQ、多伦多 YTO、波士顿 BOS、纽约 NYC、费城 PHL、华盛顿 WAS、亚特兰大 ATL、奥兰多 MCO、迈阿密 MIA 等主要国际机场之间，它是目前世界上最繁忙的国际航线。

北大西洋航线开辟至今已有近一个世纪的历史。近百年来，它对于欧洲各国与北美之间的政治、经济、军事联系，甚至对于世界航空运输的发展，都发挥了十分重要的作用。由于这条航线历史悠久，飞行的航空公司众多，竞争非常激烈，因此这条航线虽然经济意义和政治意义都十分重大，却不是世界上经济效益最好的航线。

（二）北太平洋航线

北太平洋航线是连接北美和亚洲的重要航线，它穿越浩瀚的太平洋以及北美大陆，是世界上最长的航空线，从北美西海岸的安克雷奇 ANC、温哥华 YVR、西雅图 SEA、旧金山 SFO、洛杉矶 LAX、圣迭戈 SAN 等地飞越太平洋到亚洲东部的哈巴罗夫斯克（伯力）KHV、东京 TYO、大阪 OSA、首尔 SEL、北京 BJS、上海 SHA、香港 HKG、新加坡 SIN、曼谷 BKK 等城市。

这条中枢航线通常以亚洲的东京、首尔、香港、北京、上海、广州等城市集散亚洲各地的客货，以北美的温哥华、洛杉矶、旧金山、芝加哥、西雅图等城市集散美洲大陆的客货。如中国的旅客选择乘坐国航 CA 或东航 MU、南航 CZ 的航班去北美或南美地区，一般在北京、上海或广州出发直飞洛杉矶、纽约、旧金山、温哥华。如果旅客选择国泰 CX、达美 DL、美国 AA 或联合 UA 等航空公司的航班，很多要到亚洲的东京、香港、首尔、新加坡等地中转再直飞北太平洋航线。外国航空公司在北美地区直飞的目的地地点相对更丰富些，如芝加哥、迈阿密、亚特兰大、华盛顿等城市。2018 年 1 月，中国国内 7 家航空公司与北美地区 37 个直飞的口岸城市通航，但通过共享航班旅客也可以到达美国中部或东部的更多城市。

从东南亚出发的航班经北太平洋航线通常直飞美国西岸门户城市，如果目的地为美国东岸的门户城市，则通常选择安克雷奇、圣何塞以及西岸的一些机场中转。如果目的地在南美，则这些北太平洋航线的北美目的地通常选择奥兰多、坦帕、劳德代尔堡、迈阿密和圣胡安等中转。

美国很多城市的中转能力都非常强，能有效地集中和分散其周边航线的客货运输。不少航空公司推出 SPA 或 PASS 联运运价吸引客货源，其运价制定成本主要覆盖跨北太平洋的成本和利润，其他的联运航线只收取极少甚至忽略运输成本。由此可见，这条航线在越洋运输方面的利润是相当可观的。不少美国的航空公司甚至宣称在如此众多的经营航线中，真正赢利的只有北太平洋航线。

这条航线的航程非常长，航空公司一般选择具有越洋飞行能力的波音公司 B747、B777、B787 或空中客车工业公司的 A350、A340 飞行。在飞行路线上，一些航空公司选择直飞，不选择直飞的航空公司一般选择太平洋上的火奴鲁鲁或北部安克雷奇等城市中转飞行。

（三）欧亚航线

欧亚航线是横穿欧亚大陆、连接大陆东西两岸的重要航线，又称西欧—中东—远东航线。它对东亚、南亚、中东和欧洲各国之间的政治、经济联系起到重要作用。

它可分为北、中、南三线。

北线：LON—AMS—SXF（BER）—MOW—IKT—KHV

伦敦—阿姆斯特丹—柏林—莫斯科—伊尔库茨克—哈巴罗夫斯克（伯力）

中线：LON—FRA—BUH—THR—URC—BJS

伦敦—法兰克福—布加勒斯特—德黑兰—乌鲁木齐—北京

南线：LON—PAR—ROM—CAI—KHI—BJS

伦敦—巴黎—罗马—开罗—卡拉奇—北京

LON—ROM—CAI—CCU—RGN—BKK

伦敦—罗马—卡拉奇—加尔各答—仰光—曼谷

（四）北美航线

北美航线是指北美大陆东西两岸之间的航线，主要是美国、加拿大两国东部沿海地区的蒙特利尔 YMQ、多伦多 YTO、波士顿 BOS、纽约 NYC、华盛顿 WAS、费城 PHL、巴尔的摩 BWI、奥兰多 ORL、迈阿密 MIA 等城市与西部沿海地区的温哥华 YVR、西雅图 SEA、圣弗朗西斯科（旧金山）SFO、奥克兰 OAK、洛杉矶 LAX、圣迭戈 SAN、拉斯维加斯 LAS、菲尼克斯（凤凰城）PHX 等城市之间的航线。实际上它主要是美国国内横穿北美大陆的东西向航线，北美航线也是目前世界上最繁忙的航线之一。

美国东西两岸之间的航线大多经过中部的明尼阿波利斯 MSP、芝加哥 CHI、丹佛 DEN、盐湖城 SLC、亚特兰大 ATL、孟菲斯 MEM、达拉斯沃思堡 DFW、休斯敦 HOU 等大型枢纽机场中转连接，从而形成典型的中枢结构航线网络。

北大西洋航线、北太平洋航线、欧亚航线和北美航线均呈东西向分布，以上四组航线共同组成了北半球中纬地区的纬向航空圈带，这个圈带是当今世界航空运输的主流。以此为基础，从欧、美、亚向南辐射，形成欧—非、欧—拉美、北美—拉美、北美—大洋洲、北美—非洲航线以及亚洲—大洋洲等航线。

（五）欧—非航线

欧—非航线可分为西、中、东三线。

西线：LON—PAR—DKR—ABJ—LOS

伦敦—巴黎—达喀尔（塞内加尔）—阿比让（科特迪瓦）—拉各斯（尼日利亚）

中线：PAR—ALG—FIH—CPT

巴黎—阿尔及尔—金沙萨—开普敦

东线：MOW—ROM—CAI—KRT—NBO—DAR

莫斯科—罗马—开罗—喀土穆—内罗毕—达累斯萨拉姆

（六）欧—拉美航线

欧—拉美航线分为西线和东线。

西线：LON—PAR—LIS—CCS—LIM

伦敦—巴黎—里斯本—加拉加斯—利马

东线：LON—PAR—LIS—RIO—BUE

伦敦—巴黎—里斯本—里约热内卢—布宜诺斯艾利斯

（七）北美—拉美航线

北美—拉美航线又称美洲航线，分为西、中、东三线。

西线：SFO—LAX—MEX—PTY—LIM—SCL

旧金山—洛杉矶—墨西哥—巴拿马—利马—圣地亚哥

中线：YMO—NYC—MIA—PTY—LIM—SCL

蒙特利尔—纽约—迈阿密—巴拿马—利马—圣地亚哥

东线：YMQ—NYC—CCS—RIO—BUE

蒙特利尔—纽约—加拉加斯—里约热内卢—布宜诺斯艾利斯

（八）北美—非洲航线

NYC—DKR—LOS—KRT

纽约—达喀尔（塞内加尔）—拉各斯（尼日利亚）—喀土穆（苏丹）

（九）北美—大洋洲航线

SFO（LAX）—HNL—NAN—SYD

旧金山（洛杉矶）—火奴鲁鲁—楠迪（斐济）—悉尼

（十）亚洲—大洋洲航线

亚洲—大洋洲航线是联系东亚、南亚、东南亚与大洋洲的主要航线，分为西、中、东三线。

西线：BKK—SIN—JKT—SYD
曼谷—新加坡—雅加达—悉尼

中线：BJS—CAN—MNL—MEL—SYD
北京—广州—马尼拉—墨尔本—悉尼
TYO—HKG（TPE）—MNL—SYD—MEL
东京—中国香港（中国台北）—马尼拉—悉尼—墨尔本

东线：TYO—GUM—BNE—SYD
东京—关岛—布里斯班—悉尼

（十一）北极航线

BJS—NYC
北京—纽约
TYO、OSA、SEA—STO、LON、PAR
东京、大阪、西雅图—斯德哥尔摩、伦敦、巴黎
北极航线是穿越北极上空的重要航线。

以上十一组航线基本涵盖世界主要的国际航线，在 IATA 出版的 *OAG*、*PAT* 等手册中，还有东半球航线、西半球航线、南大西洋航线、南太平洋航线、远东航线、西伯利亚航线等用于运价计算的代码航线名称。

思　考　题

1．东西半球如何划分？
2．一区和二区的分界线在什么位置？
3．一区和三区的分界线在什么位置？
4．二区和三区的分界线在什么位置？
5．一区中按大西洋次区如何划分？
6．二区三大次区（欧洲、中东、非洲）如何划分？
7．三区四大次区（东南亚、日朝韩、南亚次大陆和西南太平洋）如何划分？
8．简述北美地区主要航空公司、枢纽机场的分布。
9．简述欧洲地区主要航空公司、枢纽机场的分布。
10．简述亚洲地区主要航空公司、枢纽机场的分布。
11．简述世界国际航线的分布特点。
12．简述世界主要国际航线走向。
13．大西洋航线连接哪几个主要城市？
14．太平洋航线连接哪几个主要城市？
15．欧亚航线连接哪几个主要城市？

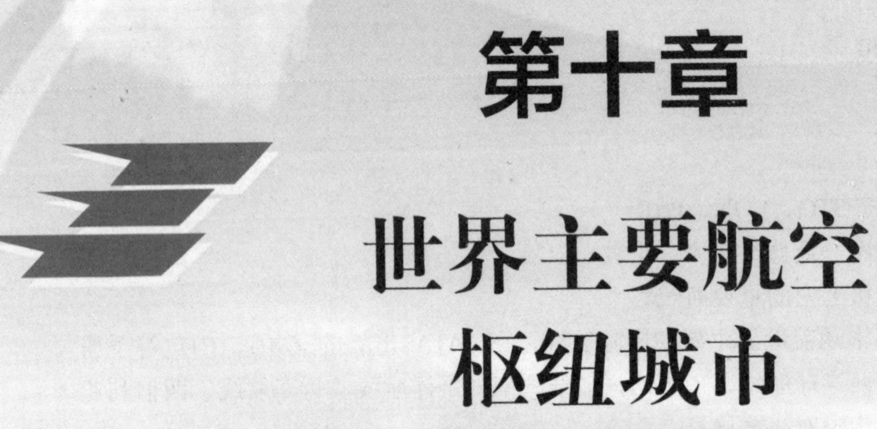

第十章

世界主要航空枢纽城市

学习目标

1. 了解世界机场的分布格局。
2. 了解空港城市类型及地理分布。
3. 掌握国家和城市的机场代码。
4. 掌握航空枢纽机场的地理分布。
5. 掌握世界 TOP25 枢纽机场和城市简况。

第一节　世界机场分布格局

机场是航空运输的重要载体，其空间格局深刻影响着航空市场和航空网络的演化。近年来，迅速增长的中国航空运输经济成为世界航空运输经济最为突出的成就之一，未来，美国、欧盟及亚太地区将形成全球三大民航“发展极”，而亚太地区（尤其中国、印度等新兴国家）则是未来航空经济增长最具潜力的区域。

一、世界机场的分布格局

（一）世界民航发展概况

民航运输起源于 1783 年法国蒙哥菲尔兄弟设计制造的载人热气球升空，其后的 19 世纪成为气球和汽艇的航空时代。1903 年，美国莱特兄弟制造的飞机成功试飞开启了人类现代航空的新纪元。1918 年，美国开通了世界上首条航空运输线：纽约—华盛顿—芝加哥，同年，英国伦敦至法国巴黎之间的定期航空邮运开辟了世界上第一条国际民用航线，由此揭开了民航发展的序幕，世界各地的机场建设也随之发展起来。受第一次和第二次世界大战的影响，民用航空特别是旅客运输发展缓慢，但军事需要促进了现代航空技术的飞速发展。二战后，航空技术开始民营化，世界范围内的定期航线网络逐步形成。随着 20 世纪 50 年代初大型民用运输机的问世，自 60 年代开始，世界航空正式步入现代化航空运输时代。20 世纪 80 年代前，由于民航运输被视为公共服务事业，各国对民用航空均采取了严格的控制，一定程度上制约了民航的发展。美国于 1976 年推行的《航空货运放松管制法案》和 1978 年颁布的《航空公司放松管制法案》率先推进了民航放松管制，并开始逐步推行机场民营化管理，迅速推动了世界范围内的民航改革。而另外一个经济群体——欧盟，其成员国受疆域地域小的影响，除推行放松管制及区内合作发展的政策外，进一步实行“开放天空（Open Sky）”成为其主要发展目标，这也是目前世界民航发展的热点之一。2008 年年初，作为世界民航两大“发展极”的美国与欧盟已就“开放天空”达成初步协议，这对世界民航机场系统的重构造成了重大的影响。

（二）世界民用机场的空间格局

根据 2017 年相关部门提供的统计数据，全世界可供飞机起降的机场约有 41 782 个，主要分布在美洲和欧洲，具体情况如下：北美地区 16 739 个、拉美地区 10 943 个、欧洲地区 5 665 个、中东地区 1 114 个、非洲地区 2 755 个、亚太地区 4 566 个。其中，美国可供飞机起降的专用场所有 13 513 个，占世界机场总量的 32.34%；巴西拥有机场 4 093 个，居世界第 2 位；墨西哥拥有机场 1 714 个，居世界第 3 位；加拿大拥有机场 1 467 个，居世界第 4 位；俄罗斯拥有机场 1 218 个，位居世界第 5 位；阿根廷拥有机场 1 138 个，居世界第 6 位；中国（不含港澳台）可供飞机起降的机场有 512 个，居世界第 15 位，如表 10-1 所示。

表 10-1　2017 年全球主要国家机场指标情况表

国　家	机场数量/个	面积/万平方千米	机场密度/（个/万平方千米）	运输周转/百万吨公里	人口/万人	人均周转量/（吨公里/人）
美国	13 513	963.0	14.03	184 130	32 276	570.5
中国	512	967.0	0.53	108 195	140 537	77.0
英国	460	24.5	18.70	35 953	6 504	552.8
德国	539	35.7	15.10	32 759	7 976	410.7
日本	175	37.8	4.63	27 090	12 862	210.6
俄罗斯	1 218	1 707.5	0.71	25 529	14 635	174.4
法国	464	54.7	8.48	23 943	6 702	357.3
澳大利亚	480	768.2	0.62	16 969	2 441	695.2
巴西	4 093	851.2	4.81	12 700	20 529	61.9

从民航机场分布格局分析，中国的机场密度明显偏低，中国机场平均分布密度为每万平方千米 0.53 个，美国机场密度为每万平方千米 14.03 个，约为中国的 26 倍。与英国、德国等西欧国家比较，中国机场密度将更低。

（三）世界航空运输经济格局

2018 年，国际民航组织统计的民航运输总周转量中，位列世界前 50 位的机场的吞吐总量约为 30.08 亿人次，占世界客运总量 88 亿人次的 34%；这些机场主要位于北纬 20°～60°，分布在美国、欧盟以及亚太地区，非洲与拉丁美洲则基本为空白。除民航超级大国美国及传统意义上民航较为发达的欧洲国家（如英、法、德、意）等之外，亚洲的中国、日本、印度、新加坡、马来西亚、印度尼西亚等国在世界民航运输市场中也占有重要的地位。南美洲国家虽拥有相当数量的机场，但其在世界民航市场中的地位相对较轻。

航空运输是未来最具发展潜力的交通方式之一，航空运输业是现代交通运输方式中科技密集度最高的行业，也是开放程度较高的运输行业，在国际运输市场竞争中具有十分重要的地位。根据国际机场理事会统计资料分析，2017 年，北美、欧洲、亚太地区机场的客运量分别占世界客运量的 22.41%、26.75%和 36.27%，如表 10-2 所示。

表 10-2 2017 年世界各地区机场航空业务量统计表

区域		机场吞吐量/亿人次	增长率/%	占比/%	货邮吞吐量/百万吨	增长率/%	起降架次/百万架次	增长率/%
World	全球	83.0	7.5	100.00	118.6	7.7	95.8	3.0
North America	北美	18.6	3.7	22.41	33.1	7.1	31.8	1.0
LA-Carib.	拉美-加勒比	6.1	4.0	7.37	5.4	4.7	8.5	-0.8
Europe	欧洲	22.2	8.8	26.75	21.6	8.6	24.4	3.0
Middle East	中东	3.9	5.8	4.72	9.3	5.9	3.1	1.6
Africa	非洲	2.0	6.3	2.35	2.2	9.2	3.0	1.4
Asia-Pacific	亚太	30.1	10.0	36.27	47.1	8.3	24.9	7.5

数据来源：国际机场理事会（ACI）WATR 2017 Annual World Airport Traffic Report

（四）发展趋势

根据国际机场理事会预测，到 2040 年，全球旅客吞吐量的年均发展速度将为 4.1%，货邮吞吐量的年均发展速度将为 2.4%。其中，国际客运量，亚太地区增长率最高将达到 42.8%，欧洲地区为 26.0%，北美地区为 9.0%，中东地区为 12.7%，非洲地区为 2.6%。

二、空港城市的类型及其分布

空港城市即航空港所依托的城市，这些城市的某些职能就是航空港吸引辐射功能的本质所在。按这些职能可将空港城市分为政治外交型、经济贸易型、航空枢纽型、旅游型以及综合型。

（一）政治外交型

这类城市的主要职能是作为国家或地区的政治及外交活动中心。它们多为国家首都以及国际会议的召开地。这些城市的人口较少，一般在百万以下。城市中没有大型工厂企业，只有国家机关、科研教育机构、文化娱乐设施，以及供城市消费的食品、服装以及印刷等轻工业。一般城市环境良好，极少有污染。

政治外交型城市如纽约 NYC、华盛顿 WAS、日内瓦 GVA、万隆 BDO、新加坡 SIN、伊斯兰堡 ISB、突尼斯 TUN、布鲁塞尔 BRU、斯德哥尔摩 STO、堪培拉 CBR、渥太华 YOW 等，国家的首都一般均具备进行政治外交活动的功能。通常，此类城市的机场的规模不大。

（二）经济贸易型

这类城市多为世界上重要的国际贸易中心。频繁的经济贸易往来是形成这类城市的辐射吸引功能的主要原因。目前，世界上大多数重要空港城市属于此类型。此类城市机场的运量较大，且较为稳定。

国际贸易中心是指那些具有国际贸易职能的中心城市，它们集结着国际商品和国际贸易机构，可以是国际商品的集散地，也可以是专门提供交易场所的中心，或者兼而有之。国际贸易中心的形成和发展是一个较为复杂的过程，它受到地理位置、商品经济水平、发展历史、科技水平、政治经济制度等因素的影响。

目前，国际贸易中心主要分布在通信现代化程度较高的城市。美国纽约有世界最大的国际贸易中心，即世界贸易中心。世界上已建成的国际贸易中心有：北美的纽约 NYC、亚特兰大 ATL、巴尔的摩 BWI、休斯敦 HOU、洛杉矶 LAX、新奥尔良 MSY、奥兰多 ORL、多伦多 YTO；欧洲的伦敦 LON、马赛 MRS、斯特拉斯堡 SXB、鹿特丹 RTM、埃因霍温 EIN、布鲁塞尔 BRU、安特卫普 ANT、日内瓦 GVA、莫斯科 MOW、里斯本 LIS、哥本哈根 CPH、米兰 MIL；亚太地区的墨尔本 MEL、孟买 BOM、首尔 SEL、香港 HKG、新加坡 SIN、东京 TYO、大阪 OSA、特拉维夫雅法 TLV、迪拜 DXB 等。

为适应中国国际贸易的发展，中国已在北京 BJS、上海 SHA、广州 CAN、深圳 SZX 等城市兴建国际贸易中心。

（三）航空枢纽型

这类城市多为地理位置优越的重要城市或交通枢纽。与现代化大都市相比，这类城市的经济不一定很发达，人口也有多有少，但是，它们多处在航线网络的中心地带，随着航空运输的发展逐渐成了重要的航空枢纽。枢纽型城市机场的空运业务量较大，主要航空公司在机场设有基地，除了机场腹地范围内的社会经济支撑外，还有大量中转客货的补充。如美国亚特兰大的城市人口不足 300 万人，却设有达美航空公司（DL）的总部和运营基地，其机场近 3 年的旅客吞吐量连续超 1 亿人次，高居世界榜首。

航空枢纽型城市主要有北美的多伦多 YTO（加拿大航空 AC）、温哥华 YVR（加拿大航空 AC）、明尼阿波利斯 MSP（达美 DL）、芝加哥 CHI（联合 UA、美国 AA）、丹佛 DEN（联合 UA）、盐湖城 SLC（达美 DL）、亚特兰大 ATL（达美 DL）、孟菲斯 MEM（联邦快递 FX、联合包裹 5X）、达拉斯沃思堡 DFW（美国 AA、达美 DL）、休斯敦 HOU（联合 UA、西南 WN）、安克雷奇 ANC（联邦快递 FX）、火奴鲁鲁 HNL（夏威夷航空 HA）；欧洲的伦敦 LON（英航 BA）、巴黎 PAR（法航 AF）、法兰克福 FRA（汉莎 LH）、阿姆斯特丹 AMS（荷皇 KL）；亚太地区的东京 TYO（日航 JL）、大阪 OSA（全日空 NH）、首尔 SEL（大韩 KE）、香港 HKG（国泰航空 CX）、曼谷 BKK（泰国 TG）、新加坡 SIN（新航 SQ）、卡拉奇 KHI（巴基斯坦航空 PK）等。中国的北京 BJS（国航 CA）、上海 SHA（东航 MU）、广州 CAN（南航 CZ）也是亚太地区重要的大型航空枢纽。

（四）旅游型

旅游型空港城市必须具有一种或多种著称于世的名胜古迹，它们以秀丽的自然风光、悠久的古迹、独特的异国风情、精美的建筑、现代化的游乐设施产生极强的吸引能力，从而成为重要的空港城市。由于现代生活节奏的加快和旅游热潮的空前高涨，许多旅游城市的航空旅客运输量持续、稳定、高速增长，它们在世界航空运输中起到越来越重要的作用。

世界著名的旅游城市有：巴黎 PAR（塞纳河、香榭丽舍大道、凯旋门、埃菲尔铁塔）、伦敦 LON（伦敦大桥、大本钟）、马德里 MAD、雅典 ATH（奥林匹克）、日内瓦 GVA、罗马 ROM（竞技场）、佛罗伦萨 FLR（斜塔）、庞培（意大利古城遗址）、突尼斯 TUN、斯德哥尔摩 STO、卢森堡 LUX、伊斯坦布尔 IST、耶路撒冷 JRS、巴格达 BGW、曼谷 BKK、德里 DEL、仰光 RGN、东京 TYO、新加坡 SIN、堪培拉 CBR、悉尼 SYD、蒙特利尔 YMQ、纽约 NYC、华盛顿 WAS、洛杉矶 LAX、布法罗 BUF、墨西哥城 MEX，还有中国的北京 BJS、上海 SHA、西安 SIA、桂林 KWL、杭州 HGH、昆明 KMG、三亚 SYX 等。

（五）综合型

以上四种类型的划分不是绝对的，许多空港城市具有多方面的职能，一个城市可能以多种职能影响空港的吸引辐射能力。特别是综合性大城市，如纽约 NYC、东京 TYO、伦敦 LON、巴黎 PAR、北京 BJS，它们既是所属国家的政治或经济中心，又是国际贸易中心和航空枢纽。同时，它们也是世界上著名的旅游城市和国家的旅游中心。这种综合型大都市一般都有两个以上的大型机场，形成都市机场群，如表 10-3 所示。

表 10-3　世界著名都市机场群

城　市	机　场	距市中心距离/千米	机　场	距市中心距离/千米	机　场	距市中心距离/千米
伦敦 LON	希思罗 LHR	24	盖特威克 LGW	45	斯坦斯特德 STN	48
	卢顿 LTN	50	伦敦城市 LCY	10		
巴黎 PAR	戴高乐 CDG	50	奥利 ORY	9		
东京 TYO	羽田 HND	16	成田 NRT	60		
纽约 NYC	肯尼迪 JFK	29	纽瓦克 EWR	29	拉瓜迪亚 LGA	15
	艾斯利普 ISP	80				
芝加哥 CHI	奥黑尔 ORD	29	米德韦 MDW	16		
洛杉矶 LAX	洛杉矶国际 LAX	27	橙县 MGJ	55	安大略 ONT	56
	伯班克 BUR	21	长滩 LGB	25		
北京 BJS	首都机场 PEK	29	大兴机场 PKX	48	南苑 NAY	13
上海 SHA	浦东 PVG	30	虹桥 SHA	13		

第二节　国家、城市或机场代码

一、北美洲次区国家（地区）主要城市/机场代码

北美洲次区国家（地区）主要城市/机场代码如表 10-4 所示。

表 10-4　北美洲次区国家（地区）主要城市/机场代码

国家、城市或机场	Country/City/Airport	CODE
北美洲次区　North America Sub-area		TC1-1
加拿大　CANADA		**CA**
卡尔加里	Calgary	YYC
埃德蒙顿	Edmonton	YEA
埃德蒙顿机场	Edmonton International Airport	YEG
蒙特利尔	Montreal	YMQ
蒙特利尔皮埃尔·艾利奥特·特鲁多机场	Montreal Pierre E.Trudeau Int'l Airport	YUL
蒙特利尔米拉贝尔机场	Montreal Mirabel Int'l Airport	YMX
渥太华	Ottawa	YOW
多伦多	Toronto	YTO
多伦多皮尔森机场	Pearson Int'l Airport	YYZ
温哥华	Vancouver	YVR
哈利法克斯	Halifax	YHZ
温尼伯理查森机场	Winnipeg J.A. Richardson Int'l	YWG
美国　UNITED STATES		**US**
亚特兰大	Atlanta	ATL
波士顿	Boston	BOS
达拉斯	Dallas	DFW
达拉斯沃思堡国际机场	Dallas/Ft.Worth Int'l Apt	DFW
底特律	Detroit	DTT
底特律都会韦恩县机场	Metropolitan Wayne Co.	DTW
休斯敦	Houston	HOU
休斯敦乔治·布什机场	George Bush Intercont.	IAH
洛杉矶	Los Angeles	LAX
迈阿密	Miami	MIA
纽约	New York	NYC
纽约约翰肯尼迪机场	John F Kennedy Intl	JFK
纽约拉瓜迪亚机场	La Guardia	LGA
纽约纽瓦克机场	Newark Liberty Int	EWR
费城	Philadelphia	PHL
旧金山	San Francisco	SFO
西雅图	Seattle	SEA
华盛顿	Washington	WAS
华盛顿杜勒斯机场	Dulles International	IAD
华盛顿罗纳德·里根 机场	Ronald Reagan National	DCA
夏特洛道格拉斯机场	Charlotte Douglas Int'l	CLT
孟菲斯机场	Memphis Int'l	MEM

续表

国家、城市或机场	Country/City/Airport	CODE
北美洲次区 North America Sub-area		TC1-1
夏威夷檀香山	Honolulu	HNL
阿尔伯克基	Albuquerque	ABQ
安克雷奇	Anchorage	ANC
巴尔的摩	Baltimore	BWI
水牛城	Buffalo	BUF
芝加哥	Chicago	CHI
芝加哥奥黑尔机场	Chicago O'Hare Int'l Apt	ORD
辛辛那提	Cincinnati	CVG
克利夫兰	Cleveland	CLE
丹佛	Denver	DEN
印第安纳玻利斯	Indianapolis	IND
堪萨斯城	Kansas City	MKC
拉斯维加斯	Las Vegas	LAS
小石城	Little Rock	LIT
密尔沃基	Milwaukee	MKE
明尼阿波利斯	Minneapolis	MSP
新奥尔良	New Orleans	MSY
俄克拉何马城	Oklahoma City	OKC
奥兰多	Orlando	ORL
奥兰多机场	Orlando Int'l Apt	MCO
凤凰城	Phoenix	PHX
匹兹堡	Pittsburgh	PIT
波特兰	Portland	PDX
盐湖城	Salt Lake City	SLC
圣安东尼奥	San Antonio	SAT
圣何塞	San Jose	SJC
图森	Tucson	TUS
墨西哥 MEXICO		**MX**
阿卡普尔科-德华雷斯	Acapulco de Juarez	ACA
瓜达拉哈拉	Guadalajara	GDL
墨西哥城	Mexico City	MEX

二、拉丁美洲和加勒比地区国家（地区）主要城市/机场代码

拉丁美洲和加勒比地区国家（地区）主要城市/机场代码如表 10-5 所示。

表 10-5　拉丁美洲和加勒比地区国家（地区）和主要城市/机场代码

国家、城市或机场	Country/City/Airport	CODE
中美洲次区	Central American Sub-area	TC1-2
伯利兹　BELIZE		**BZ**
贝尔莫潘	Belmopan	BCV
伯利兹城	Belize City	BZE
萨尔瓦多　EL SALVADOR		**SV**
圣萨尔瓦多	San Salvador	SAL
洪都拉斯　HONDURAS		**HN**
特古西加尔巴	Tegucigalpa	TGU
危地马拉　GUATRMALA		**GT**
危地马拉城	Guatemala City	GUA
尼加拉瓜　NICARAGUA		**NI**
马那瓜	Managua	MGA
哥斯达黎加　COSTA RICA		**CR**
圣何塞	San Jose	SJO
加勒比次区	Caribbean Sub-area	TC1-3
巴哈马　BAHAMAS		**BS**
拿骚	Nassau	NAS
巴巴多斯　BARBADDS		**BB**
布里奇顿	Bridgetown	BGI
荷属安的列斯群岛　NETHERLANDS ANTILLES		**AN**
博奈尔岛	Bonaire	BON
阿鲁巴岛	Aruba	AUA
库拉索岛	Curacao	CUR
萨巴岛	Saba	SAB
圣尤斯特歇乌斯岛	St Eustatius	EUX
圣马丁	St Martin	SFG
马提尼克岛　MARTINIQUE		**MQ**
法兰西堡	Fort de France	FDF
海地　HAITI		**HT**
太子港	Port au Prince	PAP
特立尼达和多巴哥　TRINIDAD & TOBAGO		**TT**
西班牙港	Port of Spain	POS
安圭拉　ANGUILLA		**AI**
安圭拉岛	Anguilla Island	AXA
安提瓜和巴布达　ANTIGUA &BARBUDA		**AG**
圣约翰	ST. John'S	ANU
百慕大　BERMUDA		**BM**
百慕大岛/哈密尔顿	Bermuda/Hamilton	BDA

续表

国家、城市或机场	Country/City/Airport	CODE
加勒比次区　Caribbean Sub-area		TC1-3
英属维尔京群岛　**VIRGIN IS.(U.K.)**		**VG**
托托拉岛	Tortola	TOV
开曼群岛　**CAYMAN ISLANDS**		**KY**
大开曼岛	Grand Cayman	GCM
古巴　**CUBA**		**CU**
哈瓦那	Havana	HAV
多米尼克　**DOMINICA**		**DM**
罗索	Roseau	DOM
多米尼加　**DOMINCAN REPUBLIC**		**DO**
圣多明各	Santo Domingo	SDQ
格林纳达　**GRENADA**		**GD**
圣乔治	St George'S	GND
瓜德罗普　**GUADELOUPE**		**GP**
巴斯特尔	Basse Terre	BBR
圣巴特岛	St Barthelemy	SBH
牙买加　**JAMAICA**		**JM**
蒙特哥贝	Montego Bay	MBJ
金斯敦	Kingston	KIN
蒙特塞拉特　**MONTSERRAT**		**MS**
约翰奥斯本机场	John A. Osborne Airport	MNI
波多黎各　**PUERTO**		**PR**
圣胡安	San Juan	SJU
圣基茨和尼维斯　**ST. KITTS & NEVIS**		**KN**
圣基茨岛	St. Kitts	SKB
尼维斯岛	Nevis	NEV
圣卢西亚　**ST. LUCIA**		**LC**
圣卢西亚机场	St. Lucia Airport	SLU
圣文森特和格林纳丁斯　**ST. VINCENT & THE GRENADINES**		**VC**
圣文森特岛	St. Vincent Island	SVD
特克斯和凯科斯群岛　**TURKS & CAICOS IS.**		**TC**
大特克岛	Grand Turk Island	GDT
美属维尔京群岛　**US VIRGIN IS.(U.S.)**		**VI**
圣托马斯岛	St. Thomas Island	STT
南美洲次区　South America Sub-area		TC1-4
阿根廷　**ARGENTINA**		**AR**
布宜诺斯艾利斯	Buenos Aires	BUE
布宜诺斯艾利斯埃塞萨机场	Ministro Pistarini Airport	EZE
布宜诺斯艾利斯乔治纽伯里机场	Jorge Newbery Apt	AEP

续表

国家、城市或机场	Country/City/Airport	CODE
南美洲次区	South America Sub-area	TC1-4
哥伦比亚　COLOMBIA		**CO**
波哥大	Bogota	BOG
秘鲁　PERU		**PE**
利马	Lima	LIM
乌拉圭　URUGUAY		**UY**
蒙得维的亚	Montevideo	MVD
玻利维亚　BOLIVIA		**BO**
拉巴斯	La Paz	LPB
巴西　BRAZIL		**BR**
巴西利亚	Brasilia	BSB
马瑙斯	Manaus	MAO
累西腓	Recife	REC
里约热内卢	Rio De Janeiro	RIO
里约热内卢加利昂机场	Galeao-A.C.Jobim Intl	GIG
里约热内卢桑托斯机场	Santos Dumont Airport	SDU
圣保罗	Sao Paulo	SAO
圣保罗孔戈尼亚斯机场	Congonhas International Airport	CGH
圣保罗瓜鲁柳斯国际机场	Guarulhos International Airport	GRU
圣保罗维拉科波斯机场	Viracopos International Airport	VCP
巴拿马　PANAMA		**PA**
巴拿马城	Panama City	PTY
厄瓜多尔　ECUADOR		**EC**
基多	Quito	UIO
智利　CHILE		**CL**
圣地亚哥	Santiago	SCL
巴拉圭　PARAGUAY		**PY**
亚松森	Asuncion	ASU
委内瑞拉　VENEZUELA		**VE**
加拉加斯	Caracas	CCS
苏里南　SURINAME		**SR**
帕拉马里博	Paramaribo	PBM
圭亚那　GUYANA		**GY**
乔治敦	Georgetown	GEO
法属圭亚那　FRENCH GUIANA		**GF**
卡宴	Cayenne	CAY

三、欧洲次区国家和主要城市/机场代码

欧洲次区国家和主要城市/机场代码如表 10-6 所示。

表 10-6　欧洲次区国家和主要城市/机场代码

国家、城市或机场	Country/City/Airport	CODE
欧洲次区　Europe Sub-area		TC2-1
阿尔巴尼亚　**ALBANIA**		**AL**
地拉那	Tirana	TIA
安道尔　**ANDORRA**		**AD**
安道尔市	Andorra Lavella	ALV
亚美尼亚　**ARMENIA**		**AM**
埃里温	Yerevan	EVN
奥地利　**AUSTRIA**		**AT**
维也纳	Vienna	VIE
因斯布鲁克	Innsbruck	INN
萨尔茨堡	Salzburg	SZG
阿尔及利亚　**ALGERIA**		**DZ**
阿尔及尔	Algiers	ALG
比利时　**BELGIUM**		**BE**
布鲁塞尔	Brussels	BRU
安特卫普	Antwerpen	ANR
阿塞拜疆　**AZERBAIJAN**		**AZ**
巴库	Baku	BAK
摩纳哥　**MONACO**		**MC**
蒙特卡洛	Monte Carlo	MCM
波斯尼亚和黑塞尔维那　**BOSNIA AND HERZEGOVINA**		**BA**
萨拉热窝	Sarajevo	SJJ
捷克　**CZECH REPUBLIC**		**CZ**
布拉格	Prague	PRG
丹麦　**DENMARK**		**DK**
哥本哈根	Copenhagen	CPH
奥胡斯	Aarhus	AAR
保加利亚　**BULGARIA**		**BG**
索非亚	Sofija	SOF
克罗地亚　**CROATIA**		**HR**
萨格勒布	Zagreb	ZAG
爱沙尼亚　**ESTONIA**		**EE**
塔林	Tallinn	TLL

续表

国家、城市或机场	Country/City/Airport	CODE
欧洲次区	Europe Sub-area	TC2-1
德国 GERMANY		**DE**
柏林	Berlin	BER
柏林泰格尔机场	Tegel	TXL
柏林滕柏尔夫机场	Tempelhof Airport	THF
柏林舍纳菲尔德机场	Schoenenfeld Airport	SXF
科隆/波恩机场	Cologne/Bonn Airport	CGN
杜塞尔多夫	Dusseldorf	DUS
法兰克福	Frankfurt	FRA
汉堡	Hamburg	HAM
慕尼黑	Munich	MUC
斯图加特	Stuttgart	STR
格鲁吉亚 GEORGIA		**GE**
第比利斯	Tbilisi	TBS
直布罗陀 GIBRALTAR		**GI**
直布罗陀	Gibraltar	GIB
拉脱维亚 LATVIA		**LV**
里加	Riga	RIX
希腊 GREECE		**GR**
雅典	Athens	ATH
爱尔兰 IRELAND		**IE**
都柏林	Dublin	DUB
匈牙利 HUNGARY		**HU**
布达佩斯	Budapest	BUD
意大利 ITALY		**IT**
米兰	Milan	MIL
米兰利纳特机场	Linate Airport	LIN
米兰国际机场	Milan Malpensa Airport	MXP
那不勒斯	Naples	NAP
罗马	Rome	ROM
罗马达·芬奇机场	Leonardo Da Vinci（Fiumicino）Airport	FCO
都灵	Turin	TRN
博洛尼亚	Bologna	BLQ
佛罗伦萨	Florence	FLR
威尼斯	Venice	VCE
冰岛 ICELAND		**IS**
雷克雅未克	Reykjavik	REK
冰岛国际机场	Keflavik International Airport	KEF

续表

国家、城市或机场	Country/City/Airport	CODE
欧洲次区　Europe Sub-area		TC2-1
立陶宛　**LITHUANIA**		**LT**
维尔纽斯	Vilnius	VNO
卢森堡　**LUXEMBOURG**		**LU**
卢森堡市	Luxembourg City	LUX
马耳他　**MALTA**		**MT**
瓦莱塔	Valleta	MLA
摩尔多瓦　**MOLDOVA**		**MD**
基希讷乌	Chisinau	KIV
白俄罗斯　**BELARUS**		**BY**
明斯克	Minsk	MSQ
摩洛哥　**MOROCCO**		**MA**
卡萨布兰卡	Casablanca	CAS
拉巴特	Rabat	RBA
荷兰　**NETHERLANDS**		**NL**
阿姆斯特丹	Amsterdam	AMS
鹿特丹	Rotterdam	RTM
挪威　**NORWAY**		**NO**
奥斯陆	Oslo	OSL
卑尔根	Bergen	BGO
波兰　**POLAND**		**PL**
华沙	Warsaw	WAW
突尼斯　**TUNISIA**		**TN**
突尼斯	Tunis	TUN
罗马尼亚　**ROMANIA**		**RO**
布加勒斯特	Bucharest	BUH
俄罗斯（欧洲部分）　**RUSSIAN FEDERATION（West of the Ural Mountains）**		**RU**
莫斯科	Moscow	MOW
莫斯科谢列梅捷沃机场	Sheremetyevo Airport	SVO
莫斯科多莫杰多沃机场	Moscow Domodedovo Airport	DME
圣彼得堡	St.Petersburg	LED
圣彼得堡雷日夫卡机场	St.Petersburg Rzhevka Airport	RVH
斯洛文尼亚　**SLOVENIA**		**SI**
卢布尔雅那	Ljubijana	LJU
斯洛伐克　**SLOVAKIA**		**SK**
布拉迪斯拉发	Bratislava	BTS
瑞典　**SWEDEN**		**SE**
斯德哥尔摩	Stockholm	STO
斯德哥尔摩兰达机场	Arlanda Airport	ARN

续表

国家、城市或机场	Country/City/Airport	CODE
欧洲次区 Europe Sub-area		TC2-1
土耳其 **TURKEY**		**TR**
安卡拉	Ankara	ANK
安卡拉爱森伯加机场	Esenboga Airport	ESB
伊斯坦布尔	Istanbul	IST
瑞士 **SWITZERLAND**		**CH**
日内瓦	Geneva	GVA
苏黎世	Zurich	ZRH
伯尔尼	Bern	BRN
乌克兰 **UKRAINE**		**UA**
基辅	Kiev	IEV
基辅鲍里斯波尔机场	Kiev Borispol Airport	KBP
英国 **UNITED KINGDOM**		**GB**
伯明翰	Birmingham	BHX
伯明翰爱丁堡	Edinburgh Airport	EDI
格拉斯哥	Glasgow	GLA
伦敦	London	LON
伦敦希思罗机场	Heathrow Airport	LHR
伦敦盖特威克机场	Gatwick Airport	LGW
伦敦城市机场	London City Airport	LCY
伦敦卢顿机场	Luton International Airport	LTN
伦敦斯坦斯特德机场	Stansted Airport	STN
曼彻斯特	Manchester	MAN
布里斯托尔	Bristol	BRS
北爱尔兰贝尔法斯特	Belfast（Northern Ireland）	BFS
威尔士加的夫	Cardiff（Wales）	CWL
葡萄牙 **PORTUGAL**		**PT**
里斯本	Lisbon	LIS
波尔图	Porto	OPO
芬兰 **FINLAND**		**FI**
赫尔辛基	Helsinki	HEL
西班牙 **SPAIN**		**ES**
巴塞罗那	Barcelona	BCN
拉斯帕尔马斯	Las Palmas	LPA
马德里	Madrid	MAD
马拉加	Malaga	AGP
帕尔马	Palma de Maliorca	PMI
塞维利亚	Sevilla	SVQ
巴伦西亚	Valencia	VLC

续表

国家、城市或机场	Country/City/Airport	CODE
欧洲次区 Europe Sub-area		TC2-1
法国 **FRANCE**		**FR**
里昂	Lyon	LYN
马赛	Marseille	MRS
尼斯	Nice	NCE
巴黎	Paris	PAR
巴黎夏尔·戴高乐机场	Charles De Gaulle Airport	CDG
巴黎奥利机场	Orly Airport	ORY
塞浦路斯 **CYPRUS**		**CY**
拉纳卡	Larnaca	LCA
塞尔维亚 **SERBIA**		**CS**
贝尔格莱德	Belgrade	BEG

四、中东次区国家和主要城市/机场代码

中东次区国家和主要城市/机场代码如表 10-7 所示。

表 10-7 中东次区国家和主要城市/机场代码

国家、城市或机场	Country/City/Airport	CODE
中东次区 Middle East Sub-area		TC2-2
伊朗 **IRAN**		**IR**
德黑兰	Tehran	THR
伊拉克 **IRAQ**		**IQ**
巴格达	Baghdad	BGW
科威特 **KUWAIT**		**KW**
科威特城	Kuwait City	KWI
以色列 **ISRAEL**		**IL**
耶路撒冷	Jerusalem	JRS
特拉维夫雅法	Tel Aviv-Yafo	TLV
约旦 **JORDAN**		**JO**
安曼	Amman	AMM
黎巴嫩 **LEBANON**		**LB**
贝鲁特	Beirut	BEY
沙特阿拉伯 **SAUDI ARABIA**		**SA**
吉达	Jeddah	JED
利雅得	Riyadh	RUH
达曼	Dammam	DMM
阿曼 **OMAN**		**OM**
马斯喀特	Muscat	MCT

续表

国家、城市或机场	Country/City/Airport	CODE
中东次区　Middle East Sub-area		TC2-2
巴林　**BAHRAIN**		**BH**
麦纳麦	Manama	BAH
叙利亚　**SYRIA**		**SY**
大马士革	Damascus	DAM
阿拉伯联合酋长国　**UNITED ARAB EMIRATES**		**AE**
阿布扎比	Abu Dhabi	AUH
迪拜	Dubai	DXB
也门　**YEMEN**		**YE**
萨那	Sana'a	SAH
亚丁	Aden	ADE
卡塔尔　**QATAR**		**QA**
多哈	Doha	DOH
埃及　**EGYPT**		**EG**
开罗	Cairo	CAI
苏丹　**SUDAN**		**SD**
喀土穆	Khartoum	KRT

五、非洲次区国家和主要城市/机场代码

非洲次区国家和主要城市/机场代码如表 10-8 所示。

表 10-8　非洲次区国家和主要城市/机场代码

国家、城市或机场	Country/City/Airport	CODE
非洲次区　Africa Sub-area		TC2-3
马拉维　**MALAWI**		**MW**
利隆圭	Lilongwe	LLW
赞比亚　**ZAMBIA**		**ZM**
卢萨卡	Lusaka	LUN
津巴布韦　**ZIMBABWE**		**ZW**
哈拉雷	Harare	HRE
布隆迪　**BURUNDI**		**BI**
布琼布拉	Bujumbura	BJM
肯尼亚　**KENYA**		**KE**
内罗毕	Nairobi	NBO
坦桑尼亚　**TANZANIA**		**TZ**
达累斯萨拉姆	Dar Es Salaam	DAR

续表

国家、城市或机场	Country/City/Airport	CODE
非洲次区　Africa Sub-area		TC2-3
吉布提　**DJIBOUTI**		**DJ**
吉布提	Djibouti	JIB
厄立特里亚　**ERITREA**		**ER**
阿斯马拉	Asmara	ASM
卢旺达　**RWANDA**		**RW**
基加利	Kigali	KGL
乌干达　**UGANDA**		**UG**
恩德培	Entebbe	EBB
索马里　**SOMALIA**		**SO**
摩加迪沙	Mogadishu	MGQ
埃塞俄比亚　**ETHIOPIA**		**ET**
亚的斯亚贝巴	Addis Abeba	ADD
博茨瓦纳　**BOTSWANA**		**BW**
哈博罗内	Gaborone	GBE
南非　**SOUTH AFRICA**		**ZA**
开普敦	Cape Town	CPT
德班	Durban	DUR
约翰内斯堡	Johannesburg	JNB
比勒陀利亚	Pretoria	PRY
纳米比亚　**NAMIBIA**		**NA**
温得和克	Windhoek	WDH
莱索托　**LESOTHO**		**LS**
马塞卢	Maseru	MSU
莫桑比克　**MOZAMBIQUE**		**MZ**
马普托	Maputo	MPM
斯威士兰　**SWAZILAND**		**SZ**
曼齐尼	Manzini	MTS
安哥拉　**ANGOLA**		**AO**
罗安达	Luanda	LAD
贝宁　**BENIN**		**BJ**
科托努	Cotonou	COO
科特迪瓦　**COTE D IVOIRE**		**CI**
阿比让	Abidjan	ABJ
亚穆苏克罗	Yamoussoukro	ASK
布基纳法索　**BURKINA FASO**		**BF**
瓦加杜古	Ouagadougou	OUA

续表

国家、城市或机场	Country/City/Airport	CODE
非洲次区 Africa Sub-area		TC2-3
喀麦隆 **CAMEROON**		**CM**
杜阿拉	Douala	DLA
乍得 **CHAD**		**TD**
恩贾梅纳	N'Djamena	NDJ
利比里亚 **LIBERIA**		**LR**
蒙罗维亚	Monrovia	MLW
中非 **CENTRAL AFRICA**		**CF**
班吉	Bangui	BGF
佛得角 **CAPE VERDE**		**CV**
普拉亚	Praia	RAI
刚果（布） **GONGO**		**CG**
布拉柴维尔	Brazzaville	BZV
刚果（金） **D.R.CONGO**		**CD**
金沙萨	Kinshasa	FIH
尼日利亚 **NIGERIA**		**NG**
拉各斯	Lagos	LOS
阿布贾	Abuja	ABV
赤道几内亚 **EQUATIRIAL GUINEA**		**GQ**
马拉博	Malabo	SSG
冈比亚 **GAMBIA**		**GM**
班珠尔	Banjul	BJL
加蓬 **GABON**		**GA**
利伯维尔	Libreville	LBV
塞内加尔 **SENEGAL**		**SN**
达喀尔	Dakar	DKR
几内亚比绍 **GUINEA BISSAU**		**GW**
比绍	Bissau	OXB
几内亚 **GUINEA**		**GN**
科纳克里	Conakry	CKY
加纳 **GHANA**		**GH**
阿克拉	Accra	ACC
塞拉利昂 **SIERRA LEONE**		**SL**
弗里敦	Freetown	FNA
毛里塔尼亚 **MAURITANIA**		**MR**
努瓦克肖特	Nouakchott	NKC

续表

国家、城市或机场	Country/City/Airport	CODE
非洲次区　Africa Sub-area		TC2-3
尼日尔　**NIGER**		**NE**
尼亚美	Niamey	NIM
马里　**MALI**		**ML**
巴马科	Bamako	BKO
圣多美和普林西比　**SAO TOME　&PRINCIPE**		**ST**
圣多美	Sao Tome	TMS
多哥　**TOGO**		**TG**
洛美	Lome	LFW
毛里求斯　**MAURITIUS**		**MU**
路易港	Port Louis	MRU
马达加斯加　**MADAGASCAR**		**MG**
塔那那利佛	Antananarivo	TNR
留尼汪（法）　**REUNION**		**RE**
圣但尼	Saint-Denis	RUN
塞舌尔　**SEYCHELLES ISLANDS**		**SC**
维多利亚/马埃岛	Victoria/Mahe Island	SEZ
利比亚　**LIBYA**（非洲唯一未分区国家）		**LY**
的黎波里	Tripoli	TIP

六、亚太地区国家和主要城市/机场代码

亚太地区国家和主要城市/机场代码如表 10-9 所示。

表 10-9　亚太地区国家和主要城市/机场代码

国家、城市或机场	Country/City/Airport	CODE
东南亚次区　South East Asia Sub-area		TC3-1
文莱　**BRUNEI**		**BN**
斯里巴加湾	Bandar Seri Begawan	BWN
柬埔寨　**CAMBODIA**		**KH**
金边	Phnom Penh	PNH
暹粒	Siem Reap	REP
中国　**CHINA**		**CN**
北京	Beijing	BJS
首都机场	Capital Intl Airport	PEK
广州	Guangzhou	CAN
上海	Shanghai	SHA

续表

国家、城市或机场	Country/City/Airport	CODE
东南亚次区	South East Asia Sub-area	TC3-1
浦东机场	Pudong Airport	PVG
香港特别行政区	CHINA HONG KONG SAR	HK
香港国际机场	Hong Kong Airport	HKG
澳门特别行政区	CHINA MACAU SAR	MO
澳门机场	Macau Airport	MFM
台湾	CHINA TAIWAN	TW
台北机场	Taipei Airport	TPE
台北松山机场	Taipei Sung Shan Airport	TSA
高雄机场	Kaohsiung Airport	KHH
台南机场	Tainan Airport	TNN
印度尼西亚 **INDONESIA**		**ID**
雅加达	Jakarta	JKT
巴厘岛（登巴萨）	Denpasar-Bali	DPS
泗水	Surabaya	SUB
棉兰	Medan	MES
巨港	Palembang	PLM
哈萨克斯坦 **KAZAKHSTAN**		**KZ**
阿拉木图	Almaty	ALA
吉尔吉斯斯坦 **KYRGYZSTAN**		**KG**
比什凯克	Bishkek	FRU
马来西亚 **MALAYSIA**		**MY**
吉隆坡	Kuala Lumpur	KUL
槟城	Penang	PEN
哥打基纳巴卢	Kota Kinabalu	BKI
古晋	Kuching	KCH
怡保	Ipoh	IPH
蒙古 **MONGOLIA**		**MN**
乌兰巴托	Ulaanbaatar	ULN
缅甸 **MYANMAR**		**BU**
仰光	Yangon	RGN
菲律宾 **PHILIPPINES**		**PH**
马尼拉	Manila	MNL
宿务	Cebu	CEB
新加坡 **SINGAPORE**		**SG**
新加坡	Singapore	SIN
俄罗斯（亚洲部分） **RUSSIAN FEDERATION（Eest of the Ural Mountains）**		**RZ**
鄂木斯克	Omsk	OMS

续表

国家、城市或机场	Country/City/Airport	CODE
东南亚次区　South East Asia Sub-area		TC3-1
哈巴罗夫斯克	Khabarovsk	KHV
海参崴	Vladivostok	VVO
塔吉克斯坦　**TAJIKISTAN**		**TJ**
杜尚别	Dushanbe	DYU
老挝　**LAOS**		**LA**
万象	Vientiane	VTE
泰国　**THAILAND**		**TH**
曼谷	Bangkok	BKK
普吉岛	Phuket	HKT
清迈	Chiang Mai	CNX
土库曼斯坦　**TURKMENISTAN**		**TM**
阿什卡巴德	Ashgabat	ASB
乌兹别克斯坦　**UZBEKISTAN**		**UZ**
塔什干	Tashkent	TAS
越南　**VIET NAM**		**VN**
河内	Ha Noi	HAN
胡志明市	Ho Chi Minh City	SGN
岘港	Da Nang	DAD
东帝汶　**EAST TIMOR**		**TL**
帝力	Dili	DIL
马绍尔群岛　**MARSHALL ISLANDS**		**MH**
马朱罗	Majuro	MAJ
密克罗尼西亚联邦　**FEDERATED STATES OF MICRONESIA**		**FM**
雅浦岛	Yap Island	YAP
波纳佩岛	Pohnpei Island	PNI
帕劳　**PALAU**		**PW**
科罗尔	Koror	ROR
北马里亚纳群岛　**NORTHERN MARIANA ISLANDS**		**MP**
塞班	Saipan	SPN
关岛　**GUAM**		**GU**
关岛机场	Guam Airport	GUM
日朝韩次区　Japan,Korea Sub-area		TC3-2
日本　**JAPAN**		**JP**
大阪	Osaka	OSA
大阪关西机场	Osaka Kansai Int'l Airport	KIX
东京	Tokyo	TYO
东京成田机场	Narita Int'l Airpor	NRT
东京羽田机场	Haneda Intl Airpor	HND

续表

国家、城市或机场	Country/City/Airport	CODE
日朝韩次区 Japan,Korea Sub-area		TC3-2
札幌	Sapporo	SPK
札幌新千岁机场	Sapporo New Chitose Airport	CTS
札幌机场	Sapporo Okadams Airport	OKD
名古屋	Nagoya	NGO
函馆	Hakodate	HKD
冲绳	Okinawa	OKA
福冈	Fukuoka	FUK
韩国 **R.O.KOREA**		**KR**
首尔	Seoul	SEL
首尔仁川机场	Seoul Incheon Int'l Airport	ICN
釜山	Pusan	PUS
朝鲜 **D.P.R.KOREA**		**KP**
平壤	Pyongyang	FNJ
南亚次大陆次区 South Asia Sub-area		TC3-3
阿富汗 **AFGHANISTAN**		**AF**
喀布尔	Kabul	KBL
巴基斯坦 **PAKISTAN**		**PK**
卡拉奇	Karachi	KHI
伊斯兰堡	Islamabad	ISB
印度 **INDIA**		**IN**
孟买	Mumbai	BOM
加尔各答	Kolkata	CCU
德里	Delhi	DEL
金奈	Chennai	MAA
班加罗尔	Bangalore	BLR
阿格拉	Agra	AGR
斋浦尔	Jaipur	JAI
孟加拉 **BANGLADESH**		**BD**
达卡	Dhaka	DAC
吉大港	Chittagong	CGP
不丹 **BHUTAN**		**BT**
廷布	Thimphu	QJC
尼泊尔 **NEPAL**		**NP**
加德满都	Kathmandu	KTM
斯里兰卡 **SRI LANKA**		**LK**
科伦坡	Colombo	CMB
马尔代夫 **MALDIVES**		**MV**
马累	Male	MLE

续表

国家、城市或机场	Country/City/Airport	CODE
西南太平洋次区 South West Pacific Sub-area		TC3-4
澳大利亚 **AUSTRALIA**		**AU**
阿德莱德	Adelaide	ADL
布里斯班	Brisbane	BNE
堪培拉	Canberra	CBR
墨尔本	Melbourne	MEL
珀斯	Perth	PER
悉尼	Sydney	SYD
斐济 **FIJI**		**FJ**
楠迪	Nadi	NAN
法属波利尼西亚 **FRENCH POLYNESIA**		**PF**
帕皮提/塔希提岛	Papeete/Tahiti	PPT
新喀里多尼亚 **NEW CALEDONIA**		**NC**
努美阿	Noumea	NOU
新西兰 **NEW ZEALAND**		**NZ**
奥克兰	Auckland	AKL
克赖斯特彻奇	Christchurch	CHC
巴布亚新几内亚 **PAPUA NEW GUINEA**		**PG**
莫尔兹比港	Port Moresby	POM
库克群岛 **COOK ISLANDS**		**CK**
阿瓦鲁阿	Avarua	RAR
基里巴斯 **KIRIBATI**		**KI**
塔拉瓦	Tarawa	TRW
纽埃 **NIUE**		**NU**
纽埃岛	Niue Island	IUE
萨摩亚 **SAMOA**		**WS**
阿皮亚	Apia	APW
所罗门群岛 **SOLOMON ISLANDS**		**SB**
霍尼亚拉	Honiara	HIR
汤加 **TONGA**		**TO**
努库阿洛法	Nuku'Alofa	TBU
图瓦卢 **TUVALU**		**TV**
富纳富提	Funafuti	FUN
瓦努阿图 **VANUATU**		**VU**
维拉港	Port Vila	VLI
美属萨摩亚 **AMERICAN SAMOA**		**AS**
帕果帕果	Pago Pago	PPG
瑙鲁 **NAURU**		**NR**
瑙鲁国际机场	Nauru International Airport	INU

续表

国家、城市或机场	Country/City/Airport	CODE
西南太平洋次区 South West Pacific Sub-area		TC3-4
瓦利斯和富图纳 **WALLIS AND FUTUNA**		**WF**
富图纳岛	Futuna Island Pointe Vele	FUT
瓦利斯岛	Wallis Island Hihifo	WLS
托克劳 **TOKELAU**		**TK**
皮特凯恩 **PITCAIRN**		**PN**

第三节　航空枢纽和城市

一、航空枢纽

航空枢纽一般指在航空运输网络中具有重要中转功能和组织功能的大型航空港。在当前多种交通方式协同发展的综合交通枢纽大背景下，交通枢纽不仅体现在内部联通的便利性指标以及外部扩散的连通性指标上，更重要的是反映旅客和货物的服务吞吐业务量，航空枢纽也是一样。航空运输作为现代主要的交通方式，航空枢纽自然而然也成为现代交通枢纽的主要功能形式。

“枢纽”本指主门户开合之“枢”和提系器物之“纽”，用于比喻事物的关键或相互联系的中心环节。现代生活中，“枢纽”是指重要的部分、事物相互联系的中心环节，比喻要冲的地点、事物的关键之处。航空枢纽一般地处航空网络各大通道或航路的交叉点，是运输过程和为实现运输所拥有的设备的综合体，是航空运输网络的重要组成部分，也是路网客流、物流和车流的重要集散中心。随着现代交通的发展，航空枢纽同时又是几种运输方式（航空、铁路、公路、海运）综合交通运输干线的交会点，并且是能办理客货运输作业的各种技术设备的综合体。

航空枢纽的发展受到所处城市或区域的人口密度、经济发展水平、商业和旅游业发展水平、地理位置、居民消费能力与习惯、各种运输方式的竞争、地面运输网络质量以及机场管理模式等因素的影响。同时，航空枢纽对于区域之间联系、区域和城市的发展起到促进作用。航空枢纽是国家综合交通运输体系的重要组成部分，是协调运营、组织联合运输的结合部。形成航空枢纽的条件包括自然条件与地理位置、航空运输技术进步、经济联系的形式与规模、航空网络的原有基础与发展条件、航空枢纽所在城市的发展条件等。

二、航空枢纽机场分布

经济发展与国际贸易变化趋势始终是影响航空运输发展的决定性因素。随着第三次、第四次与第五次产业转移的发生，世界贸易中心也由环大西洋发展到环太平洋，甚至是今天的环印度洋，航空枢纽的数量与布局结构也随之出现动态调整。一方面，在大格局上，航空枢纽的布局由欧美发达国家向东北亚、东南亚、中东地区，甚至是未来的南美与非洲地区扩展；另一方面，随着经济增长速度与结构的调整，区域内出现阶段性的变化，如美国西部沿海地带航空枢纽的地位起起落落。随着各种产业转移与全球经济中心的演变，航空枢纽在数量与结构上也呈现着东移的态势。仅以全球排名前 30 位的都市区航空旅客流量的变化趋势来看，2012—2017 年，这 30 个都市区的航空旅客流量平均增速为 29.6%，传统欧美发达国家的大都市区中，除了美国的旧金山外，其他都市区的航空旅客流量增速基本都低于这个平均速度。相反地，围绕在中国与印度这两个发展中大国周边的亚洲大都市区，以及海湾地区的都市区的航空流量增速都超过了平均速度，呈现快速增长态势，尤其是印度的新德里与泰国的曼谷。

根据航空发展的现状，航空枢纽机场主要分布的地区和 GaWC（全球化与世界级城市研究小组与网络，Globalization and World Cities Study Group and Network）于 2018 年发布的《世界城市名册》基本相符，如表 10-10 和表 10-11 所示。

表 10-10　GaWC（2018）公布世界城市/机场 Alpha 级别名册

Alpha 级别	城　市
Alpha++	伦敦、纽约
Alpha+	香港、北京、新加坡、上海、悉尼、巴黎、迪拜、东京
Alpha	米兰、芝加哥、莫斯科、多伦多、圣保罗、法兰克福、洛杉矶、马德里、墨西哥城、吉隆坡、首尔、雅加达、孟买、迈阿密、布鲁塞尔、台北、广州、布宜诺斯艾利斯、苏黎世、华沙、伊斯坦布尔、曼谷、墨尔本
Alpha-	阿姆斯特丹、斯德哥尔摩、旧金山、新德里、圣地亚哥、约翰内斯堡、都柏林、维也纳、蒙特利尔、里斯本、巴塞罗那、卢森堡、波哥大、马尼拉、华盛顿、布拉格、慕尼黑、罗马、利雅得、布达佩斯、休斯顿、深圳

表 10-11　2018 Alpha 级别世界城市/机场地区分布

地　区	城　市
北美地区	亚特兰大、纽约、芝加哥、洛杉矶、旧金山、达拉斯、孟菲斯、盐湖城、丹佛、多伦多、蒙特利尔、温哥华、墨西哥城
南美地区	里约热内卢、布宜诺斯艾利斯
欧洲地区	伦敦、柏林、法兰克福、巴黎、阿姆斯特丹、马德里、里斯本、布鲁塞尔、罗马、莫斯科、哥本哈根、赫尔辛基、维也纳、苏黎世、都柏林
中东地区	迪拜、伊斯坦布尔、多哈
非洲地区	约翰内斯堡、内罗毕
亚太地区	东京、首尔、新加坡、曼谷、雅加达、新德里、吉隆坡、悉尼、墨尔本、奥克兰、北京、上海、广州、香港

三、世界 TOP25 枢纽机场和城市简况

根据国际机场理事会于 2017 年公布的数据，下面重点对全球排名前 25 的枢纽机场和所在的城市做简单介绍（除了中国的北京首都机场、上海浦东机场、广州白云机场外），如表 10-12 所示。

表 10-12　2017 年世界 TOP25 枢纽机场业务量

排名	国家	城市	机场	全部吞吐量/千人		
				2017	2016	2017/2016
1	美国	佐治亚州，亚特兰大	哈兹菲尔德-杰克逊国际机场/ATL	103 903	104 172	−0.3
2	中国	北京	北京首都国际机场/PEK	95 786	94 393	1.5
3	阿联酋	迪拜	迪拜国际机场/DXB	88 242	83 654	5.5
4	日本	东京	东京国际（羽田机场）/HND	85 409	80 224	6.5
5	美国	加州，洛杉矶	洛杉矶国际机场/LAX	84 558	80 922	4.5
6	美国	伊利诺伊州，芝加哥	奥黑尔国际机场/ORD	79 828	77 961	2.4
7	英国	伦敦	希思罗机场/LHR	78 015	75 715	3.0
8	中国	香港	香港国际机场/HKG	72 664	70 306	3.4
9	中国	上海	上海浦东国际机场/PVG	70 001	66 002	6.1
10	法国	巴黎	夏尔·戴高乐机场/CDG	69 471	65 933	5.4
11	荷兰	阿姆斯特丹	史基浦机场/AMS	68 515	63 626	7.7
12	美国	德州，达拉斯沃思堡	达拉斯沃思堡国际机场/DFW	67 092	65 599	2.3
13	中国	广州	广州白云国际机场/CAN	65 887	59 732	10.3
14	德国	法兰克福	法兰克福国际机场/FRA	64 500	60 787	6.1
15	土耳其	伊斯坦布尔	阿塔图尔克机场/IST	63 872	60 279	6.0
16	印度	新德里	英迪拉·甘地国际机场/DEL	63 452	55 631	14.1
17	印度尼西亚	雅加达	苏加诺-哈达国际机场/CGK	63 016	58 195	8.3
18	新加坡	新加坡	新加坡樟宜机场/SIN	62 220	58 698	6.0
19	韩国	仁川	仁川国际机场/ICN	62 158	57 850	7.4
20	美国	科罗拉多州，丹佛	丹佛国际机场/DEN	61 379	58 267	5.3
21	泰国	曼谷	素旺那蓬国际机场/BKK	60 861	55 892	8.9
22	美国	纽约州，纽约市	肯尼迪国际机场/JFK	59 393	59 106	0.5
23	马来西亚	吉隆坡	吉隆坡国际机场/KUL	58 558	52 645	11.2
24	美国	加州，旧金山	旧金山机场/SFO	55 822	53 105	5.1
25	西班牙	马德里	巴拉哈斯机场/MAD	53 386	50 396	5.9
合计				1 757 990	1 669 091	5.3

（一）亚特兰大和哈兹菲尔德-杰克逊国际机场

亚特兰大（Atlanta）位于美国东部，坐落在海拔 350 米的阿巴拉契亚山麓的台地上，是美国三大高地城市之一，是富尔顿县的县政府驻地、美国第九大都市区，亦是美国佐治亚州首府和最大的工商业城市。

亚特兰大是美国十大富豪集聚地之一，这里生活着众多资产在千万美元以上的大富豪。2013 年，亚特兰大被《时代》杂志评为美国富人最想创业的大城市。它既是一座历史名城，也是一个新兴的工商业城市和文化、医疗卫生中心。1836 年，亚特兰大作为铁路终点站而兴建，是南北战争（1861—1865 年）时南方军的战略要地，毁于南北战争，后再重建。它是美国东南部陆空交通要地、金融中心。

近 20 年来，随着北方工商业发展和人口南迁，亚特兰大市发展迅速，被誉为“新南方之都”。当地经济多元化，上百家大公司的总部设在这里，包括可口可乐、家得宝、达美航空、联合包裹、假日酒店及南方贝尔等；全美 500 家大公司中有 430 家在亚特兰大市设立了分公司；当地 1 800 多家工厂生产包括飞机、汽车、家具、纺织品、化学原料、食品、纸、钢铁等 3 500 多种产品；该市 IT 业工作岗位数量增长较快。

亚特兰大哈兹菲尔德-杰克逊国际机场是全球首个客运量过亿的机场，已连续 20 年蝉联全球机场客运量第一，也是旅客中转量最大的机场。运营情况如图 10-1 所示。

亚特兰大

机场简介			
名称	亚特兰大哈兹菲尔德-杰克逊国际机场		
外文名	Atlanta Hartsfield-Jackson International Airport		
所在国家	美国	飞行区等级	4F级
所在城市	亚特兰大	最大起降机型	A380
IATA代码	ATL	跑道数量	5条
ICAO代码	KATL	航站楼	2座
建成时间	1926年	网址：www.atlanta-airport.com/	

机场业务量			
指标	2017年	同比增长率%	2017年全球排名
旅客吞吐量(人次)	103 902 992	-0.3	1
货邮吞吐量（吨）	685 337	5.67	40
起降架次（次）	879 560	-2.1	1

机场服务（2019-01-20）			
服务航空公司数量	53	连通性指数	256
主要基地航空公司1	达美航空	航班占比(2017年)	78%
主要基地航空公司2	西南航空公司	航班占比	10%
航线量	>336	航班量	
连接国家/地区数量	>48	连接机场数量	335
连接城市	>235		

图 10-1　亚特兰大哈兹菲尔德-杰克逊国际机场基本情况

（二）迪拜和迪拜国际机场

迪拜（Dubai）是阿拉伯联合酋长国人口最多的城市，也是组成阿联酋七个酋长国之一迪拜酋长国的首都，2018 年被 GaWC 评为年度世界一线城市第九位。

迪拜位于中东地区的中央，是面向波斯湾的一片平坦的沙漠之地，面积约为 4 114 平方千米，占阿联酋全国总面积的 5.8%，继阿布扎比之后排名第二。当地人口约为 3 102 511 人（2018 年 4 月），约占阿联酋全国人口的 41.9%。

迪拜是中东地区的经济金融中心，也是中东地区旅客和货物的主要运输枢纽。石油收入促进了迪拜的早期发展，但由于储量有限、生产水平较低，2010 年以后，石油产业只占到迪拜国民生产总值的 5%以下。继石油之后，迪拜的经济主要依靠旅游业、航空业、房地产和金融服务。2018 年，迪拜酋长国国民生产总值为 4 326.12 亿美元。

此外，迪拜也通过大型建筑项目和体育赛事吸引全世界的目光，迪拜拥有世界上最高的人工建筑——哈利法塔，还有世界上面积最大的人工岛项目——棕榈岛。

迪拜国际机场是位于迪拜市以东 4.6 千米处的一座民用国际机场，归迪拜市市政府所有，由迪拜机场公司运营管理，为迪拜市提供航空服务。运营情况如图 10-2 所示。

迪拜国际

机场简介			
名称	迪拜国际机场		
外文名	Dubai International Airport		
所在国家	阿联酋	飞行区等级	4F级
所在城市	迪拜	最大起降机型	A380
IATA代码	DXB	跑道数量	2条
ICAO代码	OMDB	航站楼	3座
建成时间	1959年	网址：www.dubaiairport.com/	

机场业务量			
指标	2017年	同比增长率%	2017年全球排名
旅客吞吐量(人次)	88 242 099	5.5	3
货邮吞吐量（吨）	2 654 494	2.4	6
起降架次（次）	408 000	-1.6	

机场服务（2019-01-20）			
服务航空公司数量	88	连通性指数	194
主要基地航空公司1	阿联酋航空	航班占比	64%
主要基地航空公司2	迪拜航空	航班占比	14%
航线量	>249	航班量	
连接国家/地区数量	>103	连接机场数量	272
连接城市	>225		

图 10-2　迪拜国际机场基本情况

（三）东京和羽田国际机场

东京（Tokyo）位于日本关东平原中部，自德川幕府时代开始成为日本主要都市之一，明治维新时期改名为东京后，发展成为日本政治、经济、文化、交通等众多领域的枢纽。经过第二次世界大战后的继续发展，东京不仅成为世界商业金融、流行文化与时尚重镇，亦为世界经济发展程度与富裕程度最高的都市之一。

2018 年 10 月，东京都区部人口数达 955 万，首都圈的人口数则达 3 700 万，是全球规模最大的都市区，亦为亚洲最重要的世界级城市。东京经综合实力评价，为亚洲城市第一位，国际社会惯例上将其与伦敦、纽约、巴黎并列，为已开发世界中具有全方位主导性的四大全球城市之一。2018 年，东京 GDP 总量首次突破了 1 万亿美元（10 220 万亿），仅次于纽约，位居世界第二、亚洲第一。

东京是日本的经济中心，日本的主要公司都集中在这里，它们大多分布在千代田区、中央区和港区等地。东京同它南面的横滨和东面的千叶地区共同构成了闻名日本的京滨叶工业区，主要工业有钢铁、造船、机器制造、化工、电子、皮革、电机、纤维、石油、出版印刷和精密仪器等。东京金融业和商业发达，对内对外商务活动频繁，素有“东京心脏”之称的银座是当地最繁华的商业区。

东京羽田国际机场建于 1931 年 8 月，最早是一所国营的民航机场，第二次世界大战后，为美军所接管，1952 年再次开放，作为首都东京航空运输的出入门户，经营国内和少量国际航空客货运输业务。1978 年，新东京国际机场（成田国际机场）建成后，羽田机场改为日本国内的航空运输中心，同时兼营国际航班业务。运营情况如图 10-3 所示。

东京羽田

机场简介			
名称	东京羽田国际机场		
外文名	Tokyo International Airport		
所在国家	日本	飞行区等级	4F级
所在城市	东京	最大起降机型	A380
IATA代码	HND	跑道数量	4条
ICAO代码	RJTT	航站楼	3座
建成时间	1931年	网址：www.haneda-airport.jp	

机场业务量			
指标	2017年	同比增长率%	2017年全球排名
旅客吞吐量(人次)	85 408 975	6.5	4
货邮吞吐量（吨）	1 365 372	11.51	22
起降架次（次）	453 126	1	18

机场服务（2019-01-20）			
服务航空公司数量	48	连通性指数	179
主要基地航空公司1	全日空	航班占比	45%
主要基地航空公司2	日本航空	航班占比	30%
航线量	>84	航班量	
连接国家/地区数量	>21	连接机场数量	92
连接城市	>79		

图 10-3　东京羽田国际机场基本情况

（四）洛杉矶和洛杉矶国际机场

被誉为“天使之城”“科技之城”“名人之城”的洛杉矶（Los Angeles）位于美国加利福尼亚州西南部，是美国第二大城市，也是美国西部最大的城市。洛杉矶面积约 1 291 平方千米，2018 年全市拥有约 1 329.1 万人口。洛杉矶在美国的工商业、国际贸易、科教、娱乐和体育行业中具有重要的地位，也是美国石油化工、海洋、航天工业和电子业的主要基地之一。洛杉矶还拥有许多世界知名的高等教育机构，如加州理工学院、加州大学洛杉矶分校、南加州大学、佩珀代因大学等。洛杉矶曾主办了 1932 年洛杉矶奥运会、1984 年洛杉矶奥运会，即将主办 2028 年洛杉矶奥运会。

洛杉矶国际机场是位于洛杉矶市西南 26 千米处的一座民用国际机场，紧邻太平洋，于 1930 年正式对外开放，归洛杉矶市市政府所有，由洛杉矶国际机场有限公司运营管理，为洛杉矶地区提供航空服务。洛杉矶国际机场是洛杉矶地区最繁忙的机场。运营情况如图 10-4 所示。

洛杉矶国际机场

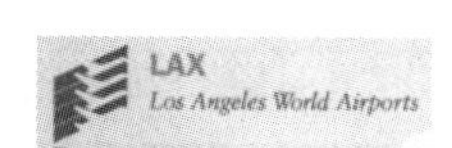

机场简介			
名称	洛杉矶国际机场		
外文名	Los Angeles International Airport		
所在国家	美国	飞行区等级	4F级
所在城市	洛杉矶	最大起降机型	A380
IATA代码	LAX	跑道数量	4条
ICAO代码	KLAX	航站楼	9座
建成时间	1930年	网址：www.lawa.org/welcomeLAX.aspx	

机场业务量			
指标	2017年	同比增长率%	2017年全球排名
旅客吞吐量(人次)	84 557 968	4.5	5
货邮吞吐量（吨）	2 158 324	8.1	13
起降架次（次）	700 362	0.5	3

机场服务（2019-01-20）			
服务航空公司数量	90	连通性指数	257
主要基地航空公司1	美国航空	航班占比	18%
主要基地航空公司2	达美航空	航班占比	16%
航线量	>291	航班量	
连接国家/地区数量	>49	连接机场数量	273
连接城市	>193		

图 10-4　洛杉矶国际机场基本情况

（五）芝加哥和奥黑尔国际机场

芝加哥（Chicago）位于美国中西部密歇根湖的南部，是世界著名的国际金融中心之一。

芝加哥地处北美大陆的中心地带，是美国最大的商业中心区和最大的期货市场之一，其都市区新增的企业数一直位居美国第一位，被评为美国发展最均衡的经济体。此外，芝加哥还拥有很多世界著名的高楼大厦，被誉为“摩天大楼的故乡”。2018 年，芝加哥大都会区人口约为 950 万。

芝加哥是美国最重要的文化科教中心之一，拥有世界顶级学府芝加哥大学、西北大学和享誉世界的芝加哥学派。截至 2018 年，逾百位诺贝尔奖得主曾在芝加哥工作、求学过（芝加哥大学 98 位、西北大学 19 位）。芝加哥是世界著名的旅游胜地，平均每年接待全世界超过 5 000 万名游客。2018 年，芝加哥地区的生产总值达到了 6 894.6 亿美元。

芝加哥奥黑尔国际机场是距离芝加哥市中心西北 27 千米的一个民用国际机场，奥黑尔国际机场始建于 1942—1943 年，占地面积达 31.16 平方千米，海拔高度为 204 米（668 英尺），归芝加哥市市政府所有，由芝加哥民航局运营管理，为芝加哥和伊利诺伊州提供航空服务。它是芝加哥市的主要机场，是世界上唯一的双中枢机场，是全美最大的两家航空公司——联合航空公司和美利坚航空公司的主要中心机场。运营情况如图 10-5 所示。

奥黑尔机场

Chicago O'Hare International AIRPORT

机场简介			
名称	芝加哥奥黑尔国际机场		
外文名	Chicago O'Hare International Airport		
所在国家	美国	飞行区等级	4F级
所在城市	芝加哥	最大起降机型	A380
IATA代码	ORD	跑道数量	7条
ICAO代码	KORD	航站楼	4座
建成时间	1943年	网址：	

机场业务量			
指标	2017年	同比增长率%	2017年全球排名
旅客吞吐量(人次)	79 828 183	2.4	6
货邮吞吐量（吨）	1 721 807	12.6	20
起降架次（次）	867 049	-0.1	2

机场服务（2019-01-20）			
服务航空公司数量	91	连通性指数	306
主要基地航空公司1	美国联合航空	航班占比	44%
主要基地航空公司2	美国航空	航班占比	35%
航线量	>276	航班量	
连接国家/地区数量	>47	连接机场数量	303
连接城市	>241		

图 10-5 芝加哥奥黑尔国际机场基本情况

（六）伦敦和希思罗机场

伦敦（London）是大不列颠及北爱尔兰联合王国（简称英国）的首都，也是世界上最大的金融中心之一，与纽约和中国香港并称为“纽伦港”。伦敦位于英格兰东南部的平原上，泰晤士河贯穿其中，截至 2018 年，伦敦大都会区面积为 1 577 平方千米，人口约

1 387.9 万人，生产总值已达到 6 339 亿美元。

伦敦是英国的政治、经济、文化、金融中心和世界著名的旅游胜地，有数量众多的名胜景点与博物馆。伦敦是多元化的大都市，居民来自世界各地，是一座种族、宗教与文化的大熔炉城市，使用的语言超过 300 种，是全球化的典范。

2018 年，伦敦在世界城市规模的排名中与纽约并列位居首位。2018 年 10 月，第十七届“全球城市竞争力排行榜”发布，伦敦排名第三。2018 年 11 月，伦敦被 GaWC 评为 Alpha++级世界一线城市。

伦敦希思罗机场是位于英国英格兰大伦敦希灵登区的一座民用机场，距离伦敦市市中心 24 千米，归希思罗机场控股公司所有，并由其运营管理，为伦敦市提供航空服务。它是英国航空和维珍航空的枢纽机场，同时也是英伦航空的主要机场。此外，它是伦敦最主要的联外机场，是全英国乃至全世界最繁忙的机场之一。运营情况如图 10-6 所示。

希思罗机场

Heathrow
Making every journey better

机场简介			
名称	伦敦希思罗机场		
外文名	london heathrow airport		
所在国家	英国	飞行区等级	4F级
所在城市	伦敦希思罗机场	最大起降机型	A380
IATA代码	LHR	跑道数量	2条
ICAO代码	EGLL	航站楼	5座
建成时间	1946年	网址：http:www.heathrowairport.com	

机场业务量			
指标	2017年	同比增长率%	2017年全球排名
旅客吞吐量(人次)	78 014 598	3	7
货邮吞吐量（吨）	1 794 276	9.4	17
起降架次（次）	475 915	0.2	12

机场服务（2019-01-20）			
服务航空公司数量	107	连通性指数	333
主要基地航空公司1	英国航空	航班占比	48%
主要基地航空公司2	维珍大西洋航空	航班占比	4%
航线量	>209	航班量	
连接国家/地区数量	>87	连接机场数量	264
连接城市	>200		

图 10-6　伦敦希思罗机场基本情况

（七）香港和香港国际机场

香港（Hong Kong），简称“港”（HK），全称为中华人民共和国香港特别行政区（HKSAR），地处中国华南地区，珠江口以东，南海沿岸，北临广东省深圳市，西濒珠江，与澳门特别行政区、珠海市以及中山市隔着珠江口相望。

香港是一座高度繁荣的国际大都市，区域范围包括香港岛、九龙、新界和周围 262 个岛屿，陆地总面积约 1 106.34 平方千米，海域面积约 1 648.69 平方千米。截至 2017 年年末，香港总人口约 740.98 万，是世界上人口密度最高的城市之一。

香港自古以来就是中国的领土。第二次世界大战以后，香港经济和社会迅速发展，它不仅被誉为“亚洲四小龙”之一，更成为全球最富裕、经济最发达和生活水准最高的城市之一。1997 年 7 月 1 日，中国政府对香港恢复行使主权，香港特别行政区成立。

香港与纽约、伦敦并称为“纽伦港”，它是全球第三大金融中心，重要的国际金融、贸易、航运中心和国际创新科技中心，也是全球最自由经济体和最具竞争力城市之一，在世界享有极高声誉，被 GaWC 评为世界一线城市第三位。

香港国际机场，俗称赤鱲角机场，于 1998 年 7 月 6 日启用，耗资 500 亿港元兴建，是当时全球规模最大的工程及建筑项目之一。香港国际机场是位于中国香港特别行政区新界大屿山赤鱲角的一座国际机场，距离市区 34 千米，由香港机场管理局运营管理，为香港及其周边地区提供航空服务。它是香港现时唯一的民航机场，也是全世界最大的机场之一，是亚太地区的重要枢纽机场，同时为“寰宇一家”的其中一个枢纽机场。香港国际机场是通往中国内地的门户，为迎合不断上升的需求，该机场会继续加强与中国内地的综合多式联运网络，尤其是与珠三角的联系。运营情况如图 10-7 所示。

香港国际机场

香港國際機場 HONG KONG INTERNATIONAL AIRPORT

机场简介			
名称	香港国际机场		
外文名	Hong Kong International Airport		
所在国家	中国	飞行区等级	4F级
所在城市	香港特别行政区	最大起降机型	A380
IATA代码	HKG	跑道数量	2条
ICAO代码	VHHH	航站楼	2座
建成时间	1998年	网址：www.hongkongairport.com/gb/index.html	

机场业务量			
指标	2017年	同比增长率%	2017年全球排名
旅客吞吐量(人次)	72 664 075	3.4	8
货邮吞吐量（吨）	5 049 898	9.4	1
起降架次（次）	432 000	2.5	

机场服务（2019-01-20）			
服务航空公司数量	114	连通性指数	230
主要基地航空公司1	CX航空	航班占比	30%
主要基地航空公司2	KA航空	航班占比	15%
航线量	>179	航班量	
连接国家/地区数量	>53	连接机场数量	193
连接城市	>162		

图 10-7　香港国际机场基本概况

（八）巴黎和夏尔·戴高乐机场

巴黎（Paris）是法兰西共和国的首都和最大的城市，也是法国的政治、经济、文化和商业中心，世界五个国际大都市之一（其余四个分别为纽约、伦敦、东京、香港），并被 GaWC 评为 Alpha+级世界一线城市。

巴黎位于法国北部巴黎盆地的中央，横跨塞纳河两岸。广义的巴黎有小巴黎和大巴黎之分。小巴黎指大环城公路以内的巴黎城市内，面积约 105.4 平方千米，人口约 200 万；大巴黎包括城区周围的上塞纳省、瓦勒德马恩省、塞纳-圣但尼省、伊夫林省、瓦勒德瓦兹省、塞纳-马恩省和埃松省七个省，共同组成巴黎大区，这片地区在古代就已经被称作“法兰西岛”（ile-de-france），面积达 12 000 平方千米，2018 年人口约 1 090 万，几乎占全国人口的五分之一。

巴黎建都已有 1 400 多年的历史，它是法国乃至西欧的政治、经济和文化中心。2018 年，巴黎的地区生产总值已达到 7 240 亿美元。

2017 年 8 月 1 日，国际奥委会宣布，巴黎成为 2024 年奥运会主办城市。

巴黎夏尔·戴高乐机场，简称戴高乐机场，它是位于法国首都巴黎市东北 25 千米处的一座民用机场，隶属于巴黎机场集团，并由其运营管理，为巴黎大都会区提供航空服务。该机场是欧洲乃至世界主要的航空中心之一，是法国最大、最主要的国际机场。它是法国航空的枢纽机场，是达美航空的欧洲航空枢纽，是地中海航空、易捷航空和伏林航空服务的重点城市。运营情况如图 10-8 所示。

戴高乐机场

机场简介			
名称	巴黎夏尔.戴高乐机场		
外文名	Paris Charles de Gaulle Airport		
所在国家	法国	飞行区等级	4F级
所在城市	巴黎	最大起降机型	A380
IATA代码	CDG	跑道数量	4条
ICAO代码	LFPG	航站楼	3座
建成时间	1974年	网址：www.aeroportsdeparis.fr/en/homepage	

机场业务量			
指标	2017年	同比增长率%	2017年全球排名
旅客吞吐量(人次)	69 471 442	5.4	10
货邮吞吐量（吨）	2 195 229	2.8	10
起降架次（次）	482 676	0.7	11

机场服务（2019-01-20）			
服务航空公司数量	143	连通性指数	250
主要基地航空公司1	法国航空	航班占比	51%
主要基地航空公司2	易捷航空	航班占比	7%
航线量	>300	航班量	
连接国家/地区数量	>114	连接机场数量	380
连接城市	>275		

图 10-8　巴黎夏尔·戴高乐机场基本情况

（九）阿姆斯特丹和史基浦机场

阿姆斯特丹（Amsterdam）是荷兰的首都及最大城市，位于该国西部省份北荷兰省，是世界著名的国际大都市。其名称源于 Amstel dam，这表明了该城市的起源：一个位于阿姆斯特尔河上的水坝，即今水坝广场址。据 2017 年城市安全度调查报告，阿姆斯特丹被评为欧洲最安全的城市。

12 世纪晚期，一个小渔村建于此，而后由于贸易的发展，阿姆斯特丹在荷兰黄金时代一跃成为世界上重要的港口。在那个时代，该城是金融和钻石的中心。19 到 20 世纪，该城扩展，许多新的街道与近郊住宅区形成，2018 年成为欧洲第三大航空港（前两位分别为伦敦、巴黎）。

阿姆斯特丹有很多旅游景点，包括历史悠久的运河网、荷兰国家博物馆、凡·高博物馆、安妮之家，每年有大约 420 万游客来此观光。作为当前荷兰第一大城市，阿姆斯特丹历经了从渔村到大都市的发展过程，经历了辉煌与破败，以及世界大战的洗礼，从一定程度上讲，它的历史也是荷兰历史的一个缩影。

阿姆斯特丹史基浦机场又名阿姆斯特丹国际机场，位于阿姆斯特丹西南方的市郊，距离市中心约 9.1 千米，是荷兰首都阿姆斯特丹的主要机场，也是荷兰主要的进出门户，是欧洲第五大繁忙的机场。史基浦机场是荷兰皇家航空与其子公司马丁航空、泛航航空的枢纽机场，而向来与荷兰皇家航空有深厚合作关系的美国西北航空（后被达美航空并购成为其一部分）也以该机场作为在欧洲地区的转运枢纽，因此每年都有大批旅客以该机场作为进入欧陆地区的入口点。运营情况如图 10-9 所示。

史基浦机场

Schiphol
Amsterdam Airport

机场简介			
名称	阿姆斯特丹史基浦机场		
外文名	Amsterdam Schiphol Airport		
所在国家	荷兰	飞行区等级	4F级
所在城市	阿姆斯特丹	最大起降机型	A380
IATA代码	AMS	跑道数量	6条
ICAO代码	EHAM	航站楼	1座
建成时间	1991年	网址：www.schiphol.com/	

机场业务量			
指标	2017年	同比增长率%	2017年全球排名
旅客吞吐量(人次)	68 515 425	7.7	11
货邮吞吐量（吨）	1 778 382	4.9	19
起降架次（次）	514 625	3.6	9

机场服务（2019-01-20）			
服务航空公司数量	111	连通性指数	286
主要基地航空公司1	荷兰皇家航空	航班占比	50%
主要基地航空公司2	易捷航空	航班占比	8%
航线量	>	航班量	
连接国家/地区数量	>	连接机场数量	362
连接城市	>		

图 10-9　阿姆斯特丹史基浦机场基本情况

（十）达拉斯和达拉斯沃思堡国际机场

达拉斯市（Dallas）始建于 1814 年，1856 年正式建立，是美国得克萨斯州第三大城市、美国第九大城市、达拉斯县首府，城市面积约 385 平方英里（997 平方千米），它也是得克萨斯大学达拉斯分校（The University of Texas at Dallas）的所在地，人口约 124 万。达拉斯与沃思堡、阿灵顿组成达拉斯沃思堡（DFW）大都会，覆盖 12 个县，城市群人口超过 600 万，其中黑人占 25%，是美国第四大、南方第一大都会。1999 年，达拉斯被 GaWC 列为第三类世界级城市，即小型世界级城市。

当地经济支柱为石油工业、电信业、计算机技术、银行业和航空运输业。达拉斯位于美国内陆，缺少水上交通线，其蓬勃的经济发展来自于强大的石油和棉花工业。此外，达拉斯位于数条铁路线和高速公路线上，陆上交通非常发达。达拉斯地区是美国南部的医疗、教育和金融中心，2018 年的 GDP 总量为 5 125.09 亿美元，位居全美第 5。

达拉斯沃思堡国际机场是美国得克萨斯州达拉斯市和沃思堡市共同所有的一座民用机

场，距达拉斯 24 千米，距沃思堡 29 千米，由达拉斯沃思堡国际机场有限公司运营管理，为达拉斯市和沃思堡市提供航空服务。作为该地区的主要空中门户，达拉斯沃思堡国际机场是得克萨斯州最大、最繁忙的机场，同时也是世界最繁忙的机场之一。运营情况如图 10-10 所示。

达拉斯沃思堡

机场简介			
名称	达拉斯沃思堡国际机场		
外文名	Dallas-Fort Worth International Airport		
所在国家	美国	飞行区等级	4F级
所在城市	达拉斯沃思堡	最大起降机型	A380
IATA代码	DFW	跑道数量	7条
ICAO代码	KDFW	航站楼	5座
建成时间	1927年	网址：www.dfwairport.com/	

机场业务量			
指标	2017年	同比增长率%	2017年全球排名
旅客吞吐量(人次)	67 092 194	2.3	12
货邮吞吐量（吨）			
起降架次（次）	654 344	-2.7	4

机场服务（2019-01-20）			
服务航空公司数量	61	连通性指数	166
主要基地航空公司1	美国航空	航班占比	87.0%
主要基地航空公司2	精神航空	航班占比	4%
航线量	>241	航班量	
连接国家/地区数量	>33	连接机场数量	278
连接城市	>229		

图 10-10　达拉斯沃思堡国际机场基本情况

（十一）法兰克福和法兰克福国际机场

法兰克福（Frankfurt）全名为美因河畔法兰克福，以便与位于德国东部的奥得河畔法兰克福相区别。它是德国第五大城市及黑森州最大城市，位于德国西部的黑森州境内，处在莱茵河中部支流美因河的下游。

法兰克福拥有德国最大的航空枢纽、铁路枢纽。法兰克福国际机场（FRA）已成为全球最重要的国际机场和航空运输枢纽之一，也是仅次于伦敦希思罗机场、巴黎夏尔·戴高乐机场和阿姆斯特丹史基浦机场的欧洲第四大机场。

法兰克福是德国乃至欧洲重要的工商业、金融服务业和交通中心，全城拥有超过 324 家银行，经营着德国 85%的股票交易、欧洲规模最大的国际性车展。

法兰克福大学是德国排名前列的国际顶尖高校，是德国最著名的研究奖 Leibniz-Award 获得者最多的大学，精英集群数量居全德第二。

根据德国每年的城市潜力排行榜数据显示，近五年中，法兰克福已连续三年问鼎榜首。

法兰克福机场又称为莱茵-美因国际机场，正式启用于 1936 年，是位于德国黑森州法兰克福市中心南方约 12 千米的一座民用机场，由 Fraport 公司运营管理，为法兰克福以及整个“法兰克福/莱茵-美因都会区”提供航空服务。它是德国规模最大的机场，也是欧洲第四、世界第十四大机场。此外，法兰克福机场是欧洲最重要的客运航空枢纽，是欧洲境内货运航班量排行第二的集散点。运营情况如图 10-11 所示。

法兰克福机场

机场简介			
名称	法兰克福莱茵–美因国际机场		
外文名	Frankfurt Airport		
所在国家	德国	飞行区等级	4F级
所在城市	法兰克福	最大起降机型	A380
IATA代码	FRA	跑道数量	3条
ICAO代码	EDD	航站楼	2座
建成时间	1936年	网址：www.frankfurt-airport.de	

机场业务量			
指标	2017年	同比增长率%	2017年全球排名
旅客吞吐量(人次)	64 500 386	6.1	14
货邮吞吐量（吨）	2 194 056	3.8	11
起降架次（次）	475 537	2.7	13

机场服务（2019-01-20）			
服务航空公司数量	119	连通性指数	302
主要基地航空公司1	汉莎航空	航班占比	64%
主要基地航空公司2	瑞安航空	航班占比	4%
航线量	>296	航班量	
连接国家/地区数量	>100	连接机场数量	386
连接城市	>279		

图 10-11　法兰克福国际机场基本情况

（十二）伊斯坦布尔和阿塔图尔克机场

伊斯坦布尔（Istanbul）是土耳其的政治、经济、文化、金融、新闻、贸易、交通中心，是世界著名的旅游胜地、繁华的国际大都市之一。

伊斯坦布尔位于巴尔干半岛东端、博斯普鲁斯海峡南口西岸，扼黑海入口，当欧、亚交通要冲，战略地位极为重要；面积约 5 343 平方千米，人口约 1 506.7 万（2018 年）。

伊斯坦布尔于公元前 658 年始建在金角湾与马尔马拉海之间的地岬上，称拜占庭。公元 330 年，君士坦丁将罗马帝国迁都至此，起初称为新罗马，不过很快就以其创建者君士坦丁的名字而著称：君士坦丁堡；1453 年成为奥斯曼帝国首都；1923 年，土耳其共和国初建时以其为首都（独立战争期间迁都安卡拉），伊斯坦布尔成为国际上的正式名称。现在，其市区已扩大到金角湾以北，博斯普鲁斯海峡东岸的于斯屈达尔也划入市区，伊斯坦布尔成为地跨欧、亚两洲的现代化城市。

伊斯坦布尔当选为 2010 年欧洲文化之都和 2012 年欧洲体育之都，该市的历史城区在 1985 年被联合国教科文组织列为世界文化遗产。2018 年 11 月，世界城市排名发布，伊斯坦布尔进入世界一线城市行列。

伊斯坦布尔阿塔图尔克机场启用于 1924 年，是位于土耳其伊斯坦布尔市以西 24 千米处的一座民用机场，隶属于土耳其国家机场管理总局，由 TAV 机场公司运营管理，为伊斯坦布尔市及其周边地区提供航空服务。它是土耳其最大的机场，是土耳其航空和 AtlasJet 的枢纽机场。作为伊斯坦布尔主要的国际门户，阿塔图尔克机场主营国内、地区和国际定期的客货运航线，为超过 30 家航空公司服务，它是全世界发展得最快的主要国际机场之一。伊斯坦布尔是世界上最大的国际大都市之一，同时也是土耳其向世界展示其魅力的窗口。运营情况如图 10-12 所示。

伊斯坦布尔机场

机场简介			
名称	伊斯坦布尔阿塔图尔克机场		
外文名	Istanbul Ataturk Airport		
所在国家	土耳其	飞行区等级	4E级
所在城市	伊斯坦布尔	最大起降机型	B747
IATA代码	IST	跑道数量	1条
ICAO代码	LTBA	航站楼	3座
建成时间	1924年	网址：www.ataturkairport.com/	

机场业务量			
指标	2017年	同比增长率%	2017年全球排名
旅客吞吐量(人次)	64 119 374	6.1	15
货邮吞吐量（吨）	1 090 792	15.68	26
起降架次（次）	460 785	-1.2	16

机场服务（2019-01-20）			
服务航空公司数量	86	连通性指数	205
主要基地航空公司1	土耳其航空	航班占比	79%
主要基地航空公司2	Atlasglobal	航班占比	6%
航线量	>303	航班量	
连接国家/地区数量	>212	连接机场数量	304
连接城市	>285		

图 10-12 伊斯坦布尔阿塔图尔克机场基本情况

（十三）新德里和英迪拉·甘地国际机场

新德里（New Delhi）是印度共和国首都，是全国政治、经济和文化中心，也是印度北方最大的商业中心。根据联合国 2014 年发布的《世界城市化前景报告》，新德里人口达到 2 500 万，位居世界第二，超过人口 2 100 万的孟买，成为印度人口最多的城市。当地主要产业为 IT、电信、餐饮住宿服务、金融、媒体和旅游业。

新德里位于印度的西北部，东经 77°、北纬 28°，在喜马拉雅山脉西南方附近，恒河支流亚穆纳河从城东缓缓流过，河对岸是广阔的恒河平原。新德里是在古老的德里城的基础上扩建而成的，1911 年开始动工兴建城市，1929 年初具规模，1931 年起成为首府，1947 年印度独立后成为首都。新德里和老德里中间隔着一座印度门，印度门以南为新德里，印度门以北为老德里。

新德里是一座典型的放射型城市，城市以姆拉斯广场为中心，城市街道成辐射状、蛛网式的伸向四面八方。宏伟的建筑群大多集中于市中心。政府主要机构集中在市区从总统府到印度门之间绵延几公里的宽阔大道的两旁。国会大厦为大圆盘式建筑，四周绕以高大的白色大理石圆柱，是典型中亚细亚式的建筑，但屋檐和柱头的雕饰又全部为印度风格。总统府的屋顶是个巨大的半球形结构，鲜明地带有莫卧儿王朝的遗风。城市西端的康瑙特市场建筑新巧，呈圆盘形，是新德里最大的商业中心。

新德里英迪拉·甘地国际机场建立在第二次世界大战时期，是位于印度首都新德里西南 16 千米处的一座民用机场，隶属于印度机场管理局，并由新德里国际机场私营有限公司运营管理，为新德里及其周边地区提供航空服务。它是印度首都地区主要的民用航空枢纽，是印度甚至整个南亚最大并且最为重要的空港，同时也是印度最繁忙的机场。在货运量方面，该机场是印度仅次于孟买国际机场的第二大繁忙机场。运营情况如图 10-13 所示。

新德里机场

DELHI INDIRA GANDHI INTERNATIONAL AIRPORT | GMR

机场简介			
名称	新德里英迪拉·甘地国际机场		
外文名	Delhi Indira Gandhi International Airport		
所在国家	印度	飞行区等级	4E级
所在城市	新德里	最大起降机型	B747
IATA代码	DEL	跑道数量	2条
ICAO代码	VIDP	航站楼	2座
建成时间	第二次世界大战时期	网址：www.newdelhiairport.in/traveller.aspx	

机场业务量			
指标	2017年	同比增长率%	2017年全球排名
旅客吞吐量(人次)	63 451 503	14.1	16
货邮吞吐量（吨）	966 819	14.35	29
起降架次（次）	448 000	10.2	21

机场服务（2019-01-20）			
服务航空公司数量	76	连通性指数	168
主要基地航空公司1	靛蓝航空公司	航班占比	26%
主要基地航空公司2	印度捷特航空	航班占比	18%
航线量	>199	航班量	
连接国家/地区数量	>53	连接机场数量	193
连接城市	>146		

图 10-13　新德里英迪拉·甘地国际机场基本情况

（十四）雅加达和苏加诺-哈达国际机场

雅加达（Jakarta）是印度尼西亚的首都和最大城市，位于爪哇岛西北海岸，城市面积约 740 平方千米，人口约 1 018 万。雅加达是印度尼西亚的经济中心，聚集了全国大部分财富、人才和政治精英。雅加达享有省级地位，居民为爪哇人，少数为华人，官方语言是印度尼西亚语。

雅加达作为印度尼西亚的经济中心，生产总值占全国的 28.7%，并拥有国内最大的金融和主要工商业机构。雅加达早于 15 世纪已是重要商港，殖民时代曾是荷属东印度公司总部所在地，贸易遍及亚、欧、非三大洲。今雅加达仍有多处大型综合市场和专业商场，每年在此举办雅加达交易会。

雅加达苏加诺-哈达国际机场启用于 1985 年 4 月，是位于印度尼西亚首都雅加达以西约 20 千米处的一座民用机场，归印度尼西亚政府所有，由 PT Angkasa Pura II 运营管理，为雅加达及其周边地区提供航空服务。该机场以印尼开国总统苏加诺和副总统穆罕默德·哈达的名字命名。它是印度尼西亚航空的枢纽机场，也有许多国际航空公司在此设站，是亚洲转运中心之一。2008 年，苏加诺-哈达国际机场位列世界最有特色的机场第 8 位；2018 年排名为世界第 18 位。运营情况如图 10-14 所示。

雅加达机场

Soekarno-Hatta
International Airport

机场简介			
名称	雅加达苏加诺-哈达国际机场		
外文名	Jakarta Soekarno-Hatta International Airport		
所在国家	印度尼西亚	飞行区等级	4F级
所在城市	雅加达	最大起降机型	A380
IATA代码	CGK	跑道数量	3条
ICAO代码	WIII	航站楼	3座
建成时间	1985年	网址：www.jakartasoekarnohattaairport.com/	

机场业务量			
指标	2017年	同比增长率%	2017年全球排名
旅客吞吐量(人次)	63 015 620	8.3	17
货邮吞吐量（吨）	633 742	5.39	44
起降架次（次）	447 000	16.1	22

机场服务（2019-01-20）			
服务航空公司数量	61	连通性指数	249
主要基地航空公司1	印尼鹰航	航班占比	28%
主要基地航空公司2	狮子航空公司	航班占比	25%
航线量	>122	航班量	
连接国家/地区数量	>23	连接机场数量	103
连接城市	>95		

图 10-14　雅加达苏加诺-哈达国际机场基本情况

（十五）新加坡和樟宜机场

新加坡共和国（Singapore）于 1965 年正式独立，简称新加坡，旧称星洲或星岛，别称狮城，是东南亚的一个岛国，政治体制实行议会共和制。新加坡北隔柔佛海峡与马来西亚为邻，南隔新加坡海峡与印度尼西亚相望，毗邻马六甲海峡南口，国土除新加坡岛（占全国面积的 88.5%）之外，还包括周围 63 个小岛。

新加坡是一个具有多元文化的移民国家，促进种族和谐是当地政府治国的核心政策。新加坡以稳定的政局、廉洁高效的政府而著称，是全球最国际化的国家之一。

新加坡是一个较为发达的资本主义国家，被誉为“亚洲四小龙”之一，其经济模式被称作“国家资本主义”。根据 2018 年的全球金融中心指数（Global Financial Centers Index，GFCI）排名报告，新加坡是继纽约、伦敦、香港之后的第四大国际金融中心，也是亚洲重要的服务和航运中心之一，被 GaWC 评为世界一线城市第五位。新加坡是东南亚国家联盟（ASEAN）成员国之一，也是世界贸易组织（WTO）、英联邦（The Commonwealth）以及亚洲太平洋经济合作组织（APEC）成员经济体之一。

新加坡樟宜机场占地 13 平方千米，距离市区 17.2 千米，是新加坡主要的民用机场，也是亚洲重要的航空枢纽，特别是在东南亚地区，它是世界上主要的中途站。

樟宜机场由新加坡民航局营运，是新加坡航空、新加坡航空货运、捷达航空货运、欣丰虎航、胜安航空、捷星亚洲航空和惠旅航空的主要运营基地。此外，它亦是加鲁达印尼航空公司的枢纽和澳洲航空的第二枢纽，其中后者利用新加坡作为中途站来营运欧洲、大洋洲两地的“袋鼠航线”，是樟宜机场最繁忙的外国航空公司。运营情况如图 10-15 所示。

樟宜机场

机场简介			
名称	新加坡樟宜机场		
外文名	Singapore Changi Airport		
所在国家	新加坡	飞行区等级	4F级
所在城市	新加坡	最大起降机型	A380
IATA代码	SIN	跑道数量	4条
ICAO代码	WSSS	航站楼	3座
建成时间	1981年	网址：www.changiairport.com/	

机场业务量			
指标	2017年	同比增长率%	2017年全球排名
旅客吞吐量(人次)	62 220 000	6	18
货邮吞吐量（吨）	2 164 700	7.9	12
起降架次（次）	378 000	3.6	

机场服务（2019-01-20）			
服务航空公司数量	99	连通性指数	253
主要基地航空公司1	新加坡航空	航班占比	29%
主要基地航空公司2	酷航	航班占比	8%
航线量	>195	航班量	
连接国家/地区数量	>49	连接机场数量	181
连接城市	>167		

图 10-15　新加坡樟宜机场基本情况

（十六）首尔和仁川国际机场

首尔（Seoul）全称首尔特别市，旧称汉城。它是大韩民国的首都、世界第十大城市、朝鲜半岛最大的城市、亚洲主要金融城市之一，也是韩国的政治、经济、科技、教育、文化中心。

首尔位于韩国西北部的汉江流域、朝鲜半岛的中部，最早为周朝的真番东夷小国的栖居地，1394 年，朝鲜国王李成桂迁都汉阳并改称为汉城。2005 年 1 月，韩国政府宣布“서울”的中文翻译名称正式更改为“首尔”。

首尔全市下辖 25 区，面积约 605.25 平方千米，是世界上人口密度极高的城市之一。虽然首尔仅占韩国面积的 0.6%，GDP 却占全国的 21%。首尔是世界十大金融中心之一、世界重要的经济中心，消费者物价指数居世界第五。同时，它也是高度数字化的城市，网速和数字机会指数均居世界前列。

首尔是一座年轻的城市，充满活力的首尔到处呈现出令人心动的景象，拥有首尔大学、汉阳大学、成均馆大学等院校 34 所，是名副其实的大学之城。

首尔有冠岳山、三角山、仁旺山、景福宫、德寿宫、昌德宫等名胜古迹，市区内的浓荫下，古老的宫殿、庙宇等同直入云霄的现代建筑群交相辉映，显示了首尔既古老又现代的历史和时代风貌。

首尔仁川国际机场建成于 2001 年，位于距首尔市市中心 52 千米，距仁川海岸 15 千米的永宗岛和龙游岛之间。从仁川国际机场起飞，飞行时间在 3.5 小时以内的、人口在一百万以上的各国大城市有几十个，它可以说是东亚航空网的中心，是国际客运及货运的航空枢纽，位列亚洲最繁忙的国际机场第 9 位。根据瑞士日内瓦国际机场理事会 2006—2012 年的调查，仁川国际机场连续七年获得“全球服务最佳机场”第一名。机场周围无噪声影响，自然条件优越，绿化率达 30%以上，环境优美舒适，加上其整体设计、规划和工程都本着环保的宗旨，亦被誉为“绿色机场”。运营情况如图 10-16 所示。

首尔仁川机场

机场简介			
名称	仁川国际机场		
外文名	Incheon International Airport		
所在国家	韩国	飞行区等级	4F级
所在城市	首尔	最大起降机型	A380
IATA代码	ICN	跑道数量	3条
ICAO代码	RKSI	航站楼	1座
建成时间	2001年	网址：www.airport.kr/ap/ch/index.do#	

机场业务量			
指标	2017年	同比增长率%	2017年全球排名
旅客吞吐量(人次)	62 157 834	7.5	19
货邮吞吐量（吨）	2 921 691	7.6	4
起降架次（次）	363 000	5.9	

机场服务（2019-01-20）			
服务航空公司数量	81	连通性指数	216
主要基地航空公司1	大韩航空	航班占比	27%
主要基地航空公司2	韩亚航空	航班占比	19%
航线量	>169	航班量	
连接国家/地区数量	>50	连接机场数量	192
连接城市	>158		

图 10-16　首尔仁川国际机场基本情况

（十七）丹佛和丹佛国际机场

丹佛市县（City and County of Denver）是美国科罗拉多州的一个合并市县，也是科罗拉多州的首府和最大城市。

丹佛位于一片紧邻着落基山山脉的平原上，形成丹佛-奥罗拉大都会区的核心。丹佛的市中心位于南普拉特河（South Platte River）东岸，接近南普拉特河与樱桃溪（Cherry Creek）的交会口，离山脚大约 24 千米远的地方。

丹佛市 2016 年的人口为 69.31 万，丹佛大都会区（丹佛-奥罗拉-莱克伍德）的人口大约为 285 万，是美国人口排名第 19 位的大都会区。

丹佛在历史上曾被称为“草原上的女王城”，表示丹佛对落基山脉东边平原上农业的重要性。

丹佛国际机场是位于美国科罗拉多州丹佛市的一座民用国际机场，于 1989 年正式投入使用，归丹佛市县航空部所有，并由其运营管理，为丹佛市及周边地区提供航空服务。它是美国总占地面积最大及全世界第三大机场，仅次于法赫德国王国际机场和蒙特利尔-米拉贝勒国际机场，同时它也是世界第二十位、美国第五位最繁忙的机场。

丹佛国际机场主营国内、地区和国际定期的客货运航线，它是美国联合航空、边疆航空和美国西南航空的一个重要枢纽基地。丹佛国际机场为来自全球的超过 20 家航空公司提供服务，通航全美、拉美、欧洲、亚洲、非洲和中东各国各主要城市和地区。丹佛国际机场拥有全球第三大区域航线网络，运营情况如图 10-17 所示。

丹佛国际机场　DENVER INTERNATIONAL AIRPORT

机场简介			
名称	丹佛国际机场		
外文名	Denver International Airport		
所在国家	美国	飞行区等级	4E级
所在城市	丹佛	最大起降机型	B747
IATA代码	DEN	跑道数量	6条
ICAO代码	KDEN	航站楼	2座
建成时间	1989年	网址：www.flydenver.com/	

机场业务量			
指标	2017年	同比增长率%	2017年全球排名
旅客吞吐量(人次)	61 379 396	5.3	20
货邮吞吐量（吨）			
起降架次（次）	574 966	1.7	6

机场服务（2019-01-20）			
服务航空公司数量	54	连通性指数	
主要基地航空公司1	美国联合航空	航班占比	42%
主要基地航空公司2	西南航空	航班占比	30%
航线量	>396	航班量	
连接国家/地区数量	>14	连接机场数量	248
连接城市	>198		

图 10-17　丹佛国际机场基本情况

（十八）曼谷和素旺那蓬国际机场

曼谷（Bangkok）是泰国的首都和最大城市，别名“天使之城”，位于昭披耶河东岸，南临暹罗湾，是中南半岛最大城市、东南亚第二大城市，为泰国政治、经济、贸易、交通、文化、科技、教育、宗教与各方面的中心。

曼谷是繁华的国际大都市，是贵金属和宝石的交易中心。当地经济占泰国总量的44%，曼谷港承担着泰国 90%的外贸业务。曼谷的旅游业十分发达，被评选为 2013 年全球最受欢迎旅游城市。

曼谷是国际活动中心之一，每年有多达 200～300 场的各种国际会议在此举行。城内设有联合国亚洲及太平洋经济社会委员会总部，世界银行、世界卫生组织、国际劳工组织以及 20 多个国际机构的区域办事处。曼谷被誉为“佛教之都”，是“世界佛教徒联谊会”总部及亚洲理工学院所在地。

曼谷素旺那蓬国际机场又称为（新）曼谷国际机场，位于曼谷以东约 25 千米的沙没巴干府，机场自 1960 年 6 月开始建设，历时 46 年 3 个月，是世界上建设时间最长的机场，又称为眼镜蛇机场。该机场在 2006 年 9 月 15 日开始正式运营有限的国内航线，在 2006 年 9 月 28 日开始开放多数的国内航线和所有的国际商业航线。机场名字“素旺那蓬”由当时的国王普密蓬・阿杜德选定，意为“黄金之地”。

目前，曼谷素旺那蓬国际机场是泰国国际航空、曼谷航空和泰国东方航空的主要枢纽，同时也是连接国外航空公司的地区性门户。素旺那蓬国际机场是曼谷主要的民用机场，也是东南亚地区乃至亚洲重要的航空枢纽。该机场除了为泰国国际航空的枢纽机场外，国泰航空、中华航空、长荣航空等外籍航空公司也将其当作重点机场。它是亚洲第十大最繁忙机场，也是泰国本土最繁忙的机场，运营情况如图 10-18 所示。

曼谷国际机场

机场简介			
名称	曼谷素旺那蓬国际机场		
外文名	Bangkok Suvarnabhumi International Airport		
所在国家	泰国	飞行区等级	4F级
所在城市	曼谷	最大起降机型	A380
IATA代码	BKK	跑道数量	2条
ICAO代码	VTBS	航站楼	3座
建成时间	2006年	网址：www.suvarnabhumiairport.com/	

机场业务量			
指标	2017年	同比增长率%	2017年全球排名
旅客吞吐量(人次)	60 861 000	8.9	21
货邮吞吐量（吨）	1 439 889	10.22	21
起降架次（次）	352 000	3.2	

机场服务（2019-01-20）			
服务航空公司数量	126	连通性指数	230
主要基地航空公司1	泰国航空	航班占比	42%
主要基地航空公司2	曼谷航空	航班占比	9%
航线量	>208	航班量	
连接国家/地区数量	>57	连接机场数量	189
连接城市	>180		

图 10-18　曼谷素旺那蓬国际机场基本情况

（十九）纽约和肯尼迪国际机场

纽约（New York）市位于美国纽约州东南部大西洋沿岸，是美国第一大城市及第一大港口、世界第一大城市，与英国伦敦、中国香港并称为“纽伦港”（Nylonkong）。2018 年 11 月，纽约被 GaWC 评为 Alpha++级世界一线城市。

截至 2017 年，纽约市总面积达 1 214.4 平方千米，人口约 851 万，居住在 789 平方千米的土地上，纽约大都市圈则有 2 032 万人（2017 年）。2018 年，纽约地区生产总值已达到 10 300 亿美元。

纽约在世界商业和金融方面发挥着巨大的影响力。纽约的金融区以曼哈顿下城及华尔街为龙头，被称为世界的金融中心，世界 500 强企业中，有 56 家企业的总部位于纽约。纽约证券交易所是世界第二大证交所，它曾是最大的交易所，全球市值为 15 万亿美元，直到 1996 年，它的交易量被纳斯达克超过。纽约时代广场位于百老汇剧院区枢纽，被称作“世界的十字路口”，亦是世界娱乐产业的中心之一。曼哈顿的唐人街是西半球最为密集的华人集中地。纽约还拥有哥伦比亚大学、纽约大学、洛克菲勒大学等名校。

纽约地铁和纽新航港局过哈德逊河捷运所组成的纽约地下铁路系统是世界上最为发达的城市轨道交通系统之一，提供一日 24 小时、一周七日的服务。而长岛铁路、大都会北方铁路、新泽西捷运和美铁则共同组成了纽约的城际和通勤铁路系统。

纽约约翰·菲茨杰拉德·肯尼迪国际机场简称肯尼迪国际机场，是位于美国纽约市曼哈顿下城东南约 20 千米处的一座国际机场，归纽约市市政府所有。肯尼迪国际机场始建于 1942 年，1948 年 7 月 1 日首次开通商业航班。肯尼迪国际机场是纽约市的主要国际机场，是美国最繁忙的机场之一，也是全世界最大的机场之一，同时也是达美航空、捷蓝航空和美国航空主要国际航班的枢纽机场，主营国内、地区和国际定期的客货运航线，航线遍及南美、北美、欧洲、非洲、亚洲和中东地区，机场内有超过 100 家航空公司营运。运营情况如图 10-19 所示。

肯尼迪国际机场

John F. Kennedy
INTERNATIONAL AIRPORT

机场简介			
名称	纽约约翰·菲茨杰拉德·肯尼迪国际机场		
外文名	New York John F Kennedy International Airport		
所在国家	美国	飞行区等级	4F级
所在城市	纽约	最大起降机型	A380
IATA代码	JFK	跑道数量	4条
ICAO代码	KJFK	航站楼	7座
建成时间	1948年	网址：www.panynj.gov/airports/jfk.html	

机场业务量			
指标	2017年	同比增长率%	2017年全球排名
旅客吞吐量(人次)	59 393 000	0.5	22
货邮吞吐量（吨）	1 263 997	5.9	23
起降架次（次）	446 000	-1.2	

机场服务（2019-01-20）			
服务航空公司数量	107	连通性指数	207
主要基地航空公司1	达美航空	航班占比	26%
主要基地航空公司2	捷蓝航空	航班占比	21%
航线量	>208	航班量	
连接国家/地区数量	>85	连接机场数量	279
连接城市	>191		

图 10-19　肯尼迪国际机场基本情况

（二十）吉隆坡和吉隆坡国际机场

吉隆坡（Kuala Lumpur）是马来西亚的首都兼最大城市，2018 年 11 月，世界城市排名发布，吉隆坡进入世界一线城市行列。

吉隆坡是一座对东南亚的文化、教育、体育、财政、经济、商业、金融都具有极大影响力的国际大都会。因许多在东南亚召开的国际级外交会议都会在吉隆坡和新加坡举行，因此吉隆坡也被视为东南亚外交的两大中心之一。

吉隆坡国际机场是位于马来西亚雪兰莪州南部雪邦区的一座民用国际机场，距离首都吉隆坡市约 50 千米，由马来西亚政府持有 60%股份的马来西亚机场集团运营管理，为吉隆坡市提供航空服务。它是马来西亚最主要的国际机场之一，是马来西亚规模最大的机场，同时也是亚洲主要的航空枢纽之一、全球最繁忙的机场之一。

作为马来西亚最大且最繁忙的机场，吉隆坡国际机场主营国内、地区和国际定期的客货运输业务，为全球超过 40 家航空公司提供航班服务。它是马来西亚航空、马来西亚货运航空、亚洲航空、全亚洲航空和马印航空的枢纽机场。吉隆坡国际机场的标语是“一个新的方式走向世界”，它曾三次获得“世界最佳机场”的荣誉称号，也荣获过“最佳机场客服”和“五星级机场”等荣誉。运营情况如图 10-20 所示。

吉隆坡国际机场

机场简介			
名称	吉隆坡国际机场		
外文名	Kuala Lumpur International Airport		
所在国家	马来西亚	飞行区等级	4F级
所在城市	吉隆坡	最大起降机型	A380
IATA代码	KUL	跑道数量	3条
ICAO代码	WMKK	航站楼	3座
建成时间	1998年	网址：www.klia.com.my/index.php?m=airport	

机场业务量			
指标	2017年	同比增长率%	2017年全球排名
旅客吞吐量(人次)	58 558 000	11.2	23
货邮吞吐量（吨）	730 811	8.89	38
起降架次（次）	387 000	8.5	

机场服务（2019-01-20）			
服务航空公司数量	73	连通性指数	233
主要基地航空公司1	亚洲航空	航班占比	35%
主要基地航空公司2	马来西亚航空	航班占比	22%
航线量	>153	航班量	
连接国家/地区数量	>41	连接机场数量	191
连接城市	>140		

图 10-20　吉隆坡国际机场基本情况

（二十一）旧金山和旧金山机场

旧金山（San Francisco）又译“三藩市”“圣弗朗西斯科”，是美国加利福尼亚州太平洋沿岸的港口城市，也是世界著名旅游胜地、加州人口第四大城市。旧金山临近世界著名高新技术产业区硅谷，是世界最重要的高新技术研发基地和美国西部最重要的金融中心，也是 1945 年《联合国宪章》的诞生地。

旧金山属亚热带地中海气候，拥有享誉世界的旧金山湾区、金门大桥和渔人码头，气候冬暖夏凉、阳光充足，临近众多美国国家公园（如约塞米蒂国家公园）和加州葡萄酒产地纳帕谷，被誉为“最受美国人欢迎的城市”。1769 年，西班牙人发现此地，1848 年加入美联邦。19 世纪中叶，旧金山在淘金热中迅速发展，华侨称之为“金山”，后为区别于澳大利亚的墨尔本，改称“旧金山”。截至 2014 年 7 月，旧金山全市人口约 85 万，其中华人 18 万，是西半球华人人口密度最高的地区之一，华人总数量仅次于纽约。

旧金山湾区是世界最重要的科教文化中心之一，拥有的世界著名高等学府包括公立的加州大学伯克利分校和私立的斯坦福大学，以及世界顶级医学中心加州大学旧金山分校。截至 2018 年 10 月，逾百位诺贝尔奖得主以及众多菲尔兹奖得主，更有约 200 位奥运会冠军从旧金山湾区走出。旧金山湾区从 20 世纪起一直是美国嬉皮士文化、近代自由主义和进步主义的中心之一。

旧金山机场位于南加利福尼亚州圣马特奥县，不仅拥有数量众多的美国国内航班，同时也提供直飞加拿大、墨西哥、南美洲、欧洲、亚洲和大洋洲等地国际城市的航班，飞往目的地遍及整个美洲大陆，是一个通往欧洲、亚洲和大洋洲的主要国际机场。旧金山机场是联合航空公司（United Airlines）和维珍美国航空公司（Virgin America）的主要枢纽机场。运营情况如图 10-21 所示。

旧金山机场

机场简介			
名称	旧金山机场		
外文名	San Francisco International Airport		
所在国家	美国	飞行区等级	4F级
所在城市	旧金山	最大起降机型	A380
IATA代码	SFO	跑道数量	4条
ICAO代码	KSFO	航站楼	5座
建成时间	1927年	网址：www.flysfo.com/	

机场业务量			
指标	2017年	同比增长率%	2017年全球排名
旅客吞吐量(人次)	55 822 000	5.1	24
货邮吞吐量（吨）	561 804	16.26	49
起降架次（次）	460 000	2.2	

机场服务（2019-01-20）			
服务航空公司数量	73	连通性指数	155
主要基地航空公司1	美国联合航空	航班占比	42%
主要基地航空公司2	维珍美国航空	航班占比	9%
航线量	>187	航班量	
连接国家/地区数量	>31	连接机场数量	214
连接城市	>134		

图 10-21　旧金山机场基本情况

（二十二）马德里和阿道弗·苏亚雷斯马德里-巴拉哈斯机场

马德里（Madrid）是西班牙的首都及最大都市，建成于 9 世纪，也是马德里自治区首府，曼萨纳雷斯河贯穿市区。马德里位于伊比利亚半岛梅塞塔高原中部，瓜达拉马山脉东南麓的山间高原盆地中，海拔 670 米，南下可与非洲大陆一水为界的直布罗陀海峡相通，北越比利牛斯山可直抵欧洲腹地，因此地理位置十分重要，在历史上因战略位置重要而素有“欧洲之门”之称。

马德里市内人口约 340 万，大都会区人口则约 627.1 万，均占西班牙首位。其由于特殊的地位而得到迅速的发展，成为西班牙殖民帝国的运筹中心，现今则与巴塞罗那并列为西班牙的两大对外文化窗口。马德里同时也是西班牙的商业中心和“总部经济”中心。马德里也是南欧地区的旅游、文化中心，历史文化遗迹丰富，现代旅游设施齐全，服务业发达。

阿道弗·苏亚雷斯马德里-巴拉哈斯机场（简称巴拉哈斯机场）在 1928 年落成并正式投入使用，是位于西班牙首都马德里市中心东北约 12 千米的巴拉哈斯区的一座民用机场。机场由西班牙机场航管局运营管理，为马德里市提供航空服务。它是马德里的主要国际机场，是西班牙欧洲航空和伊比利亚航空的枢纽机场，同时也是伊比利亚快运航空、挪威航空、瑞安航空、伏林航空和 Wamos 航空服务的重点机场。

自开航以来，巴拉哈斯机场已迅速发展成为欧洲最重要的航运中心之一。作为欧洲最繁忙的机场之一，巴拉哈斯机场主营国内、地区和国际定期的客货运输业务，包括一些季节性的航班服务，为超过 60 家航空公司提供航班服务。巴拉哈斯机场是来自伊比利亚半岛的旅客通往欧洲和世界其他地方的重要门户，同时也是欧洲和拉丁美洲之间的一个重要转乘点，在马德里乃至整个西班牙的经济体系中起着非常重要的作用。运营情况如图 10-22 所示。

马德里机场

机场简介			
名称	阿道弗·苏亚雷斯马德里-巴拉哈斯机场		
外文名	Adolfo Suárez Madrid–Barajas Airport		
所在国家	西班牙	飞行区等级	4F级
所在城市	马德里	最大起降机型	A380
IATA代码	MAD	跑道数量	4条
ICAO代码	LEMD	航站楼	4座
建成时间	1928年	网址：www.aena.es/csee/Satellite/Aeropuerto-Madrid-Barajas/en/	

机场业务量			
指标	2017年	同比增长率%	2017年全球排名
旅客吞吐量(人次)	53 386 000	5.9	25
货邮吞吐量（吨）	493 939	11.81	54
起降架次（次）	388 000	2.5	

机场服务（2019-01-20）			
服务航空公司数量	105	连通性指数	132
主要基地航空公司1	伊比利亚航空	航班占比	37%
主要基地航空公司2	欧洲航空	航班占比	13%
航线量	>203	航班量	
连接国家/地区数量	>71	连接机场数量	254
连接城市	>186		

图 10-22　阿道弗·苏亚雷斯马德里-巴拉哈斯机场基本情况

思　考　题

1．简述世界民用机场的地理分布。

2．简述世界航空运输经济分布。

3．近十年世界航空运输增长速度最快的国家是哪个？

4．试述未来 20 年世界航空运输发展预测。

5．简述空港城市的类型及其地理分布。

6．简述并熟记主要国家、城市或机场代码。

7．简述世界主要航空枢纽机场的地理分布。

8．了解并简述世界 TOP25 主要航空枢纽的地理位置及基本概况。

第十一章

世界主要航空公司

学习目标

1. 了解航空公司的地理分布。
2. 掌握航空公司的分类、规模。
3. 了解现代航空业的发展趋势。
4. 掌握星空联盟及主要航空公司概况。
5. 掌握天合联盟及主要航空公司概况。
6. 掌握寰宇一家及主要航空公司概况。
7. 掌握非联盟主要航空公司概况。

第一节　世界航空公司的分布

一、航空公司地理分布

（一）航空公司地理分布的内涵

航空公司地理分布主要指其运力分布。运力分布是运输飞机数量、航空公司基地以及航线运力投入在地域上的配置。按照国际惯例，航空公司是飞机的拥有者和使用者。为了充分发挥资源优势，提高飞机和地面设施的利用率，航空公司的机群多数配置在空运较为繁忙、飞行区等级较高的机场，这些机场称为主基地机场。公司机群的地域分布对航空运输的生产布局起到极为重要的作用。

（二）航空公司分布的重要性

航空公司分布是空运布局的重要组成部分。航空公司是航空运输活动的直接组织者和经营者，它的分布必然对空运布局产生重大影响。大型航空公司拥有庞大的机群，目前机队规模最大的美国航空公司、美国联合航空公司、美国达美航空公司等拥有飞机 700～900 架，中国南航、东航、国航三大航空公司的飞机数量也超过 400 架。为此，航空公司必须建立自己的空运基地。大型公司除了中心基地外，还可能在其他机场建立多个分基地。中小型航空公司的机队规模不大，一般无须建立自己专用的维修基地或航站楼等地面设施，但为了保持正常运转，也必须依赖于较为固定的维修基地和公用设施。可见，运力的分布也具有较强的地域性。

航空公司机群的地域配置、机队的规模、飞机的性能以及投入航线使用的状况基本决定了其服务区域内的航空运输能力。因此，航空公司的分布决定了运力的分布，它是航空运输生产布局中不可缺少的重要组成部分。

二、世界航空公司概况

（一）世界航空公司的发展现状

目前，全世界正式注册的航空公司约 2 000 家，它们分布在世界上 200 多个国家或地区。各航空公司的规模大小相差悬殊，大型航空集团和公司可拥有数百架飞机和数万名职工，其销售额可达数十亿至数百亿美元，如美国航空、联合航空、达美航空、联邦航空、法国航空、德国汉莎航空、日航、全日空、北欧航空等。而小型的航空公司可能仅有数架飞机和几百名职工，其运量微小，销售额可能只有几百万美元。

（二）世界航空公司分布

根据国际航空运输协会（IATA）规定，运营的航空公司至少要有一架现役飞机。按此标准，截至 2017 年 12 月，共有 833 家航空公司在运营，与 2016 年同期相比，总体增加了 7 家。

这 833 家航空公司中有将近一半，即 415 家，运营着超过 10 架飞机的机队，这比 2016 年同期多了 5 家航空公司。另有 55 家航空公司经营着超过 100 架飞机的机队，这些航空公司接到大量飞机订单后还在继续扩大机队规模，其中有不少是不断扩张的低成本航空公司。

在 833 家航空公司中，亚太和欧洲的航空公司数量最多，都超过了 240 家。北美有 104 家运营商，其中只有 28 家是全服务网络主流运营商，这反映出美国市场的成熟度和整合度。相比之下，拥有几乎相同数量（105 家）航空公司的拉丁美洲有 57 家全服务网络主流运营商。非洲和中东分别有 94 家和 43 家航空公司，如图 11-1 所示。

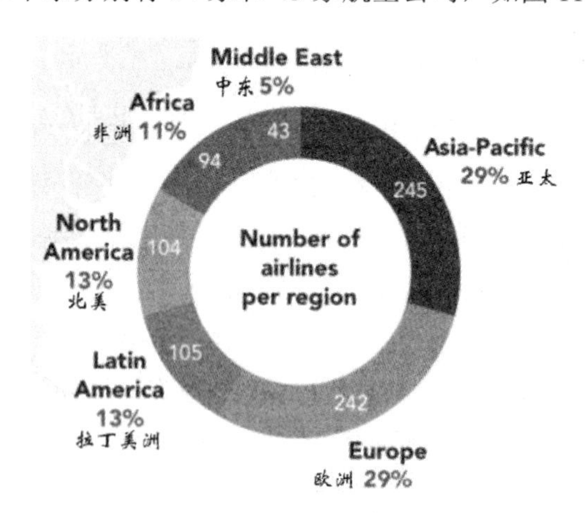

图 11-1　航空公司区域分布图

（三）航空公司的分类

航空公司按主营业务可分为六大类。

（1）Regional：短途区域型航空公司，共计 291 家。

（2）Mainline：全服务网络型主流干线航空公司，共计 225 家。

（3）LCC（Low Cost Carrier）：低成本航空公司，共计 111 家。

（4）Cargo：货运航空，共计 108 家。

（5）Leisure：休闲性航空公司，共计 78 家。

（6）ACMI［全称为 Aircraft Crew Maintenance and Insurance（wet lease）］：（湿）租赁公司，共计 20 家。

具体的航空分类数据如表 11-1 所示。

表 11-1　全球航空公司分类统计表

航空公司类型	航空公司数量		拥有>10 架飞机的公司数量		拥有>100 架飞机的公司数量	
	2017 年 12 月	与 2016 相比	2017 年 12 月	与 2016 相比	2017 年 12 月	与 2016 相比
Regional	291	0	123	−3	8	0
Mainline	225	−1	150	+2	34	−1
LCC	111	+3	82	+2	11	+1
Cargo	108	+4	30	+1	2	0
Leisure	78	−1	25	+3		
ACMI	20	+2	5	0		
合计	833	+7	415	+5	55	0

（四）世界航空公司分布的地域差异

在 833 家航空公司中，亚太占 245 家；欧洲占 242 家；北美（仅指美国和加拿大）和拉美地区各有约 100 家；非洲和中东数量较少，部分国家尚无自己的航空公司，这种分布与航空运输的地区发展水平和空运业务基本吻合。

北美和欧洲是航空运输最发达的地区，其航空公司的数量之和占世界总量的 40%以上。就公司的规模而言，这两个地区在飞机数量上有明显的优势，尤其在旅客运输方面发展迅猛。

统计表明，从 20 世纪 90 年代以来，世界上运输量最大的 100 家航空公司中，来自北美和欧洲的占一半以上。

亚太地区的航空公司无论从数量还是从规模上，都比欧美略逊一筹。但是，自 20 世纪六七十年代以来，亚太地区的空运量迅速增长，进入 21 世纪仍势头不减。中国航空公司的高速稳步增长使其在国际航空运输业中初露锋芒。目前，除日本、韩国、新加坡、澳大利亚等国的部分航空公司已跻身世界主要空运企业外，国泰航、泰航、印尼鹰航、华航、安塞特航、澳大利亚航、新西兰航、马来西亚航等亚太地区的航空公司也已步入世界 50 大航空公司之列。亚太地区高速增长的国民经济对航空运输提出了巨大的需求，在旅客运输方面也发展迅猛。全球各类型航空公司区域分布如表 11-2 所示。

表 11-2　全球各类型航空公司区域分布表

航空公司类型	北　美	拉　美	欧　洲	中　东	非　洲	亚　太
Regional	48	45	70	24	37	82
Mainline	28	57	59	9	36	72

续表

航空公司类型	北　美	拉　美	欧　洲	中　东	非　洲	亚　太
LCC	11	19	55	6	7	55
Cargo	8	12	24	2	5	30
Leisure	6	1	23	2	5	5
ACMI	3	1	11		4	1
合计	104	105	242	43	94	245

三、世界主要航空公司运输指标

2018 年，世界主要航空集团/公司（前 100 名）运输指标汇总如表 11-3 所示。

表 11-3　2018 年旅客运输量世界前 100 位的航空集团/公司排名表

2018 年客运量全球排名	航空公司名称 1	航空公司名称 2	总部所在地	二字代码	联盟	旅客周转量/百万客公里	可用旅客周转量/百万客公里	旅客载运率/%	旅客运输量/百万人次	截至日期 2018
1	美国航空集团	American AirlinesGroup	美国			372 015	453 921	82.0	203.7	Dec
	美国航空	American Airlines	美国	AA	ONEW	330 575	399 956	82.7	148.2	Dec
	特使航空	Envoy Air	美国	MQ		10 461	13 399	78.1	13.6	Dec
2	美国联合大陆	United Continental	美国			370 319	442 892	83.6	158.3	Dec
	美国联合航空	United Airlines	美国	UA	STAR	329 692	393 836	83.7	113.3	Dec
3	达美航空集团	Delta Air LinesGroup	美国			362 489	423 845	85.5	192.5	Dec
	达美航空	Delta Air Lines	美国	DL	SKYTEAM	330 364	383 888	86.1	152.3	Dec
	奋进航空	Endeavor Air	美国	9E		11 024	13 892	79.4	13.8	Dec
4	阿联酋航空	Emirates Airlines	阿联酋	EK		299 967	390 582	76.8	58.6	Mar
5	汉莎航空集团	Lufthansa Group	德国			284 410	349 450	81.4	142.3	Dec
	汉莎航空	Lufthansa	德国	LH	STAR	160 074	196 768	81.4	70.1	Dec
	欧洲之翼航空	Eurowings	德国	EW	低成本	52 609	64 748	81.3	38.5	Dec
	瑞士国际航空	Swiss Int'l Air Lines	瑞士	LX	STAR	50 048	60 595	82.6	20.4	Dec
	奥地利航空	Austrian	奥地利	OS	STAR	21 973	27 703	79.3	13.9	Dec
6	IAG 集团	IAG	英国			270 657	324 808	83.3	112.9	Dec
	英国航空	British Airways	英国	BA	ONEW	152 177	184 547	82.5	44.9	Dec
	伊比利亚航空	Iberia	西班牙	IB	ONEW	60 526	70 685	85.6	21.0	Dec
	伏林航空公司	Vueling Airlines	西班牙	VY	低成本	31 973	37 431	85.4	32.5	Dec
	爱尔兰航空	Aer Lingus	爱尔兰	EI		23 516	29 030	81.0	11.6	Dec
7	中国南方航空集团	China Southern Group	中国			25 194	314 421	82.4	139.9	Dec
	中国南方航空	China Southern Airlines	中国	CZ	SKYTEAM	195 480	236 218	82.8	100.3	Dec
	厦门航空	Xiamen Airlines	中国	MF	SKYTEAM	58 879	72 270	81.5	35.9	Dec
8	法国荷兰航空集团	Air France-KLM	法国			255 406	292 188	87.4	85.6	Dec
	法国航空	Air France	法国	AF	SKYTEAM	147 734	171 363	86.2	51.4	Dec
	荷兰皇家航空	KLM	荷兰	KL	SKYTEAM	107 678	120 815	89.1	34.2	Dec
	泛航航空公司	Transavia Group	荷兰	HV		28 392	30 850	92.0	15.8	Dec

续表

2018年客运量全球排名	航空公司名称 1	航空公司名称 2	总部所在地	二字代码	联盟	旅客周转量/百万客公里	可用旅客周转量/百万客公里	旅客载运率/%	旅客运输量/百万人次	截至日期 2018
9	中国航空集团	Air China　Group	中国			220 728	273 855	80.6	109.7	Dec
	中国国际航空	Air China	中国	CA	STAR	161 759	201 903	80.1	71.0	Dec
	深圳航空公司	Shenzhen Airlines	中国	ZH	STAR	53 855	65 564	82.1	30.7	Dec
10	美国西南航空	Southwest Airlines	美国	WN	低成本	214 508	257 004	83.5	163.6	Dec
11	中国东方航空集团	China Eastern Group	中国			201 486	244 841	83.1	121.1	Dec
	中国东方航空	China Eastern	中国	MU	SKYTEAM	167 574	203 687	82.3	97.7	Dec
	上海航空公司	Shanghai Airlines	中国	FM	SKYTEAM	24 788	31 250	79.3	17.2	Dec
12	瑞安航空	Ryanair	爱尔兰	FR	低成本	178 000	186 000	95.7	142.1	Mar
13	卡塔尔航空	Qatar Airways	卡塔尔	QR	ONEW	154 080	231 094	67.0	29.5	Mar
14	土耳其航空	Turkish Airlines	土耳其	TK	STAR	149 169	182 031	81.9	75.2	Dec
15	加拿大航空	Air Canada Group	加拿大	AC	STAR	148 607	178 383	83.3	50.9	Dec
16	俄罗斯航空集团	Aeroflot Group	俄罗斯			143 151	173 075	82.7	55.7	Dec
	俄罗斯航空	Aeroflot	俄罗斯	SU	SKYTEAM	97 956	121 616	80.5	38.8	Dec
	俄罗斯国家航空	Rossiya Airlines	俄罗斯	FV		29 601	34 181	86.6	11.1	Dec
	俄罗斯胜利航空	Pobeda	俄罗斯	DP	低成本	13 105	13 925	94.1	7.2	Dec
17	新加坡航空集团	Singapore Airlines	新加坡			140 838	169 607	83.0	36.1	Dec
	新加坡航空	Singapore Airlines	新加坡	SQ	STAR	102 572	123 486	83.1	20.7	Dec
	新加坡酷航航空公司	Scoot Airways	新加坡	TR	低成本	29 325	34 388	85.3	10.5	Dec
	胜安航空	SilkAir	新加坡	MI		8 850	11 751	75.3	4.9	Dec
18	海南航空集团	Hainan AirlinesGroup	中国			138 731	164 055	84.6	79.9	Dec
	海南航空	Hainan Airlines	中国	HU		74 402	89 735	82.9	35.0	Dec
	天津航空	Tianjin Airlines	中国	GS		19 500	22 500	86.7	14.5	Dec
	祥鹏航空	Lucky Air	中国	8L	低成本	15 250	17 500	87.1	11.5	Dec
19	国泰航空集团	Cathay Pacific	中国香港			130 626	155 361	84.1	35.5	Dec
	国泰航空	Cathay Pacific	中国香港	CX	ONEW	114 697	135 078	84.9	24.3	Dec
	港龙航空	Cathay Dragon	中国香港	KA		15 718	20 018	78.5	11.1	Dec
20	澳洲航空集团	Qantas AirwaysGroup	澳大利亚			126 814	152 428	83.2	55.3	Jun
	澳洲航空	Qantas Airways	澳大利亚	QF	ONEW	85 057	103 665	82.0	30.5	Dec
21	拉塔姆航空集团	LATAM ArilinesGroup	智利			119 07	143 265	83.1	68.8	Dec
	拉塔姆航空巴西	LATAM Arilines Brazil	巴西	JJ	ONEW	759 903	72 988	82.1	34.2	Dec
	拉塔姆航空智利	LATAM Arilines Chile	智利	LA	ONEW	24 667	29 595	83.3	8.4	Dec
22	易捷航空	EasyJet	英国	U2	低成本	98 522	104 800	94.0	88.5	Sep
23	全日空	ANA　Holdings	日本	NH	STAR	91 481	124 451	73.5	54.4	Dec
24	阿拉斯加航空集团	Alaska Air Group	美国	AS		87 970	105 124	83.7	45.8	Dec
	地平线航空	Horizon Air	美国	QX		4 172	5 264	79.2	7.2	Dec
25	挪威航空	Norwegian	挪威	DY	低成本	85 124	99 219	85.8	37.3	Dec
26	阿提哈德航空	Etihad Airways	阿联酋	EY		84 269	110 300	76.4	17.8	Dec
27	捷蓝航空	JetBlue Airways	美国	B6	低成本	81 720	96 347	84.8	42.1	Dec
28	大韩航空	Korean Air	韩国	KE	SKYTEAM	80 154	99 943	80.2	27.0	Dec

续表

2018年客运量全球排名	航空公司名称1	航空公司名称2	总部所在地	二字代码	联盟	旅客周转量/百万客公里	可用旅客周转量/百万客公里	旅客载运率/%	旅客运输量/百万人次	截至日期2018
29	日本航空集团	Japan AirlinesGroup	日本			70 855	91 043	77.8	44.0	Mar
	日本航空	Japan Airlines	日本	JL	ONEW	65 912	83 856	78.6	35.1	Mar
30	沙特阿拉伯航空	Saudi Arabian Airlines	沙特	SV	SKYTEAM	68 500	102 000	67.2	34.0	Dec
31	泰国航空	Thai AirwaysInternational	泰国	TG	STAR	68 164	87 290	78.1	19.7	Dec
32	汤姆森库克航空集团	Thomas Cook Group	英国			66 707	73 954	90.2	20.2	Dec
	神鹰航空	Condor	德国	DE		31 555	35 395	89.2	9.1	Dec
	汤姆森库克航空	Thomas Cook Airlines	英国	MT		28 417	31 416	90.5	8.1	Dec
33	靛蓝航空公司	Indigo	印度	6E	低成本	65 996	76 001	86.8	61.9	Dec
34	亚洲航空集团	AirAsia Group	马来西亚			55 962	66 261	84.5	44.4	Dec
34A	亚洲航空	AirAsia	马来西亚	AK	低成本	41 225	48 452	85.1	32.3	Dec
35	匈牙利威兹航空公司	Wizz Air	匈牙利	W6	低成本	54 433	58 836	92.5	33.8	Dec
36	精神航空公司	Spirit Airlines	美国	NK	低成本	49 222	58 359	84.3	28.7	Dec
37	印度航空公司	Air India	印度	AI	STAR	48 625	61 074	79.6	22.2	Dec
38	捷特航空	Jet Airways	印度	9W	低成本	48 542	57 988	83.7	27.4	Dec
39	印尼鹰航集团	Garuda Indonesia	印度尼西亚			48 506	64 453	75.3	38.4	Dec
	印尼鹰航	Garuda Indonesia	印度尼西亚	GA	SKYTEAM	35 597	49 506	71.9	23.5	Dec
	印尼连成航空	Citilink Indonesia	印度尼西亚	QG		11 901	14 369	82.8	14.8	Dec
40	长荣航空	EVA Air	中国台湾	BR	STAR	48 368	59 835	80.8	12.5	Dec
41	韩亚航空	Asiana Airlines	韩国	OZ	STAR	46 837	55 598	84.2	19.9	Dec
42	印度尼西亚狮航集团	Lion Group	印度尼西亚			45 000	57 000	78.9	52.5	Dec
	印度尼西亚狮航	Lion Air	印度尼西亚	JT	低成本	36 000	44 500	80.9	36.0	Dec
43	四川航空公司	Sichuan Airlines	中国	3U		45 000	53 500	84.1	26.0	Dec
44	西捷航空	WestJet	加拿大	WS	低成本	44 389	53 002	83.7	25.5	Dec
45	哥伦比亚国家航空	Avianca	哥伦比亚	AV	STAR	43 729	52 624	83.1	30.5	Dec
46	墨西哥航空集团	Group Aeromexico	墨西哥			43 439	52 936	82.1	21.5	Dec
	墨西哥航空	Aeromexico	墨西哥	AM	SKYTEAM	35 382	46 381	76.3	12.2	Dec
47	埃塞俄比亚航空	Ethiopian Airlines	埃塞俄比亚	ET	STAR	42 624	57 842	73.7	11.5	Dec
48	中华航空	China Airlines	中国台湾	CI	SKYTEAM	41 748	52 490	79.5	15.6	Dec
49	西天航空公司	SkyWest Inc	美国			40 728	50 740	80.3	48.2	Dec
	西天航空公司	SkyWest Airlines	美国	OO		33 419	41 502	80.5	39.0	Dec
	美国快捷航空公司	Express Jet Airlines	美国	EV		7 309	9 238	79.1	9.3	Dec
50	菲律宾航空	Philippine Airlines	菲律宾	PR		40 003	51 683	77.4	15.9	Dec
51	北欧航空	SAS Scandinavian	瑞典	SK	STAR	39 821	52 626	75.7	30.0	Dec
52	途易航空	TUI Airways	英国	BY	低成本	39 163	42 199	92.8	11.2	Dec
54	巴西戈尔航空公司	Gol Airlines	巴西	G3		38 361	48 010	79.9	33.5	Dec
55	葡萄牙航空	TAP Air Portugal	葡萄牙	TP	STAR	38 000	47 000	80.9	15.8	Dec
56	山东航空公司	Shandong Airlines	中国	SC		37 000	44 000	83.2	25.5	Dec
58	越南航空	Vietnam Airlines	越南	VN	SKYTEAM	36 300	44 700	81.4	22.0	Dec

续表

2018年客运量全球排名	航空公司名称1	航空公司名称2	总部所在地	二字代码	联盟	旅客周转量/百万客公里	可用旅客周转量/百万客公里	旅客载运率/%	旅客运输量/百万人次	截至日期2018
59	维珍航空公司	Virgin Atlantic Airways	英国	VS		36 215	46 712	77.5	5.2	Dec
60	意大利航空	Alitalia	意大利	AZ	SKYTEAM	35 850	45 500	78.8	21.5	Dec
61	春秋航空	Spring Airlines	中国	9C	低成本	34 683	38 965	89.0	19.5	Dec
62	芬兰航空	Finnair	芬兰	AY	ONEW	34 660	42 386	81.8	13.3	Dec
63	巴拿马航空	Copa Airlines	巴拿马	CM	STAR	34 639	41 538	83.4	10.1	Dec
64	边疆航空公司	Frontier Airlines	美国	F9	低成本	33 588	39 330	85.4	19.4	Dec
65	S7 航空集团	S7 AirlinesGroup	俄罗斯			33 169	38 542	86.1	16.0	Dec
	S7 航空	S7 Airlines	俄罗斯	S7	ONEW	22 027	25 465	86.5	11.6	Dec
	全球巴士航空	Globus	俄罗斯	GH		11 141	13 077	85.2	4.4	Dec
66	马来西亚航空	Malaysia Airlines	马来西亚	MH	ONEW	32 000	41 000	78.0	13.5	Dec
67	飞马航空	Pegasus	土耳其	PC		30 390	35 543	85.5	30.0	Dec
68	吉祥航空	Juneyao Airlines	中国	HO	低成本	30 021	34 812	86.2	18.9	Dec
69	亚航 X	AirAsiaX	马来西亚	D7	低成本	29 112	36 046	80.8	6.2	Dec
70	墨西哥廉价航空	Volaris	墨西哥	Y4	低成本	28 558	33 805	84.5	18.4	Dec
71	西班牙欧洲航空公司	Air　Europa	西班牙	UX	SKYTEAM	28 146	33 833	83.2	11.8	Dec
72	首都航空公司	Capital Airlines	中国	JD		27 983	31 486	88.9	15.5	Dec
73	夏威夷航空	Hawaiian Airlines	美国	HA		27 636	32 455	85.3	11.8	Dec
74	越捷航空	Vietjet	越南	VJ	低成本	26 652	31 512	84.6	23.0	Dec
75	捷特二航空公司	Jet2	英国	LS	低成本	26 511	28 995	91.4	12.2	Dec
76	阿曼航空	Oman Air	阿曼	WY		25 033	31 656	79.1	9.5	Dec
77	巴西阿苏尔航空公司	Azul	巴西	AD		24 157	29 352	82.3	22.6	Dec
78	以色列航空公司	EI AI	以色列	LY		22 895	27 324	83.8	5.6	Dec
79	迪拜航空	Flydubai	阿联酋	FZ		22 500	30 167	74.6	11.0	Dec
80	宿务太平洋航空	Cebu Pacific Air	菲律宾	5J	低成本	21 736	25 881	84.0	20.3	Dec
81	乌拉尔航空	Ural Airlines	俄罗斯	U6		21 698	26 364	82.3	9.0	Dec
82	泰国亚洲航空	Thai AirAsia	泰国	FD	低成本	21 243	25 019	84.9	21.6	Dec
83	越洋航空公司	Air Transat	加拿大	TS		20 500	24 000	85.4	5.0	Dec
84	阿根廷航空公司	Aerolineas Argentinsa	阿根廷	AR	SKYTEAM	20 032	25 365	79.0	9.5	Dec
85	忠实航空公司	Allegiant Air	美国	G4	低成本	19 744	23 646	83.5	13.7	Dec
86	香料航空公司	Spice Jet	印度	SG	低成本	19 686	21 248	92.6	19.3	Dec
87	埃及航空公司	Egyptair	埃及	MS	STAR	19 650	27 504	71.4	3.7	Dec
88	Azur 航空公司	Azur Air	俄罗斯	ZF		19 096	19 912	95.9	4.2	Dec
89	南非航空	South African Airways	南非	SA	STAR	19 000	26 000	73.1	6.0	Dec
90	英特捷特航空	Interjet	墨西哥	4O	低成本	18 127	22 308	81.3	13.9	Dec
91	共和航空公司	Republic Airline	美国	YX		17 954	22 780	78.8	18.6	Dec
92	济州航空	Jeju Air	韩国	7C		17 701	20 134	87.9	12.0	Dec
93	阿拉伯航空公司	Air Arabia	阿联酋	G9	低成本	17 000	21 000	81.0	8.7	Dec
94	摩洛哥皇家航空	Royal Air Maroc	墨洛哥	AT		16 750	23 500	71.3	7.3	Dec

续表

2018年客运量全球排名	航空公司名称1	航空公司名称2	总部所在地	二字代码	联盟	旅客周转量/百万客公里	可用旅客周转量/百万客公里	旅客载运率/%	旅客运输量/百万人次	截至日期2018
95	斯里兰卡航空公司	Sri Lankan Airlines	斯里兰卡	UL	ONEW	16 500	20 000	82.5	6.2	Dec
96	乌克兰国际航空	Ukraine International	乌克兰	QU		16 302	20 231	80.6	8.0	Dec
97	波兰航空	LOT Polish	波兰	LO	STAR	16 000	21 000	76.2	8.8	Dec
98	巴西阿维安卡航空公司	Avianca in Brazil	巴西	O6	STAR	15 960	19 266	82.8	12.3	Dec
99	阳光快运航空	Sun Express	土耳其	XG	低成本	15 500	19 000	81.6	9.7	Dec
100	爱琴海航空	Aegean Airlines	希腊	A3	STAR	14 435	17 245	83.7	14.0	Dec

注：2018年旅客运输量世界前100位的航空集团/公司排名表中，实际航空公司有128家

数据来源：Flight Global“NETWORK PLANNING 2019”

四、全球航空运输市场的地理分布

（一）2017年区域航空运输市场概况

全球航班时刻表数据显示，由于航空旅行需求强劲，航空公司在2017年提高了短途和区域市场的运力。

航空公司在亚太市场上以最快的速度增加运力，尽管这包括许多新兴经济体，但就需求能力而言，亚太市场已经是最大的地区，其航空运力在2017年增长了7.6%。

欧洲市场由于担心年初欧洲运营环境的诸多不确定性因素，预期并不乐观，但事实证明，2017年欧洲运营商的运力增长比预期更高。2017年，该地区的航空公司在欧洲地区的需求运量增加了7.2%，高于2016年7%的增幅。

北美地区（包括快速增长的墨西哥市场）的运力增长了4.6%，这略低于2016年该地区5%的平均增长速度。

2017年，中东地区内部运力增长了6%，不到2016年增速的一半，这主要是因为中东地区几个国家关闭了飞往卡塔尔的航班，影响了该地区航班的运力。卡塔尔航空（Qatar Airways）受到的影响最为严重，而阿联酋航空（Emirates）、阿提哈德航空（Etihad）、迪拜飞航（Flydubai）和海湾航空（Gulf Air）都在减产之列，如表11-4所示。

表11-4　各区域内运力（可用座位百万公里ASK）投入统计表

REGION 地区	ASK2017（m）	ASK2016（m）	CHANGE
AFRICA（非洲）	93 854	90 083	4.20%
ASIA-PACIFIC（亚太）	1 747 251	1 623 280	7.60%
EUROPE（欧洲）	1 187 987	1 108 419	7.20%
LATINAMERICA（拉丁美洲）	261 310	253 899	2.90%
MIDDLEEAST（中东）	99 522	93 809	6.10%
NORTHAMERICA（北美）	1 597 825	1 527 270	4.60%

（二）2017 年洲际航空运输市场概况

全球航班时刻表数据显示，2017 年航空公司洲际航线的运力提高了 6%。在跨大西洋航线上（最大的洲际市场），航空公司的运力增长了 5.8%，这包括来自发展中长距离、低成本航空公司的增长，尤其是挪威航空（Norwegian），该公司推出了一系列大西洋航线。

尽管欧洲和北美是最大的洲际市场，但连接亚太和北美的航班数量增幅最大，航空公司在这个市场的运力提升了 9%以上，按运力计算，它是仅次于欧亚大陆的第二大市场。

连接亚太和中东（海湾国家在该地区一直非常活跃）的运输量，按运力计算，是第二大不断增长的市场。航空公司将这两个地区之间的航线运力提高了 9.2%。前往中东、非洲和拉丁美洲的欧洲航线的运力也有稳定增长，如表 11-5 所示。

表 11-5　洲际航线运力（可用座位百万公里 ASK）投入统计表

REGIONPAIRING 洲际航线		ASK2017（m）	ASK2016（m）	CHANGE
NORTH AMERICA 北美至	EUROPE 欧洲	3 589 341	3 391 509	5.80%
EUROPE 欧洲至	NORTH AMERICA 北美	3 581 135	3 383 293	5.80%
EUROPE 欧洲至	ASIA-PACIFIC 亚太	3 206 830	3 033 046	5.70%
ASIA-PACIFIC 亚太至	EUROPE 欧洲	3 199 700	3 029 897	5.60%
NORTH AMERICA 北美至	ASIA-PACIFIC 亚太	2 785 345	2 553 558	9.10%
ASIA-PACIFIC 亚太至	NORTH AMERICA 北美	2 784 339	2 549 664	9.20%
MIDDLE EAST 中东至	ASIA-PACIFIC 亚太	2 539 450	2 324 395	9.30%
ASIA-PACIFIC 亚太至	MIDDLE EAST 中东	2 536 962	2 322 651	9.20%
EUROPE 欧洲至	MIDDLE EAST 中东	1 703 233	1 600 085	6.40%

最大的增长速度是在非洲和拉丁美洲之间，约为 12%，这是因为基数很小。就需求而言，它仍然是航空公司运力投入最少的洲际市场，表 11-5 中没有列出数据。

五、航空公司机队规模与更新

（一）2017 年全球 TOP10 航空公司机队规模

美国大型航空公司拥有最大的航空机队，这再次反映出美国航空业的整合程度以及规模庞大的地区业务。2017 年，美国航空公司（American Airlines）共有 950 架飞机在役，其次是达美航空公司（Delta）863 架、美国联合航空公司（United）738 架、美国西南航空公司（Southwest）696 架、中国南方航空公司（China Southern）696 架、西部空中航空公司（Sky West Airlines）696 架、瑞安航空公司（Ryanair）413 架、中国国际航空公司（Air China）392 架、中国东方航空公司（China Eastern）370 架、联邦快递（FedEx）365 架。按机队规模排名前十的航空公司中，美国占了六家，中国占了三家。

（二）航空公司机队规模发展与机型更新

作为航空公司最核心的生产资料，一架飞机从新交付到退出的十几年服役时间里，始终影响着航空公司的安全和运营，成为牵动企业发展的“牛鼻子”，直接影响其航线网络维护、新线开航、运输能力、旅客体验度、竞争力及盈利能力等关键指标。

1. 引进新机型扩大航空公司规模

在国家经济实力增强、消费升级、航空出行日益频繁的推动下，近年来，中国民航运输一直保持两位数的快速增长，2017 年航空旅客周转量已占中国综合交通运输体系总量的 29%。巨大的需求之下，中国民航飞机引进加速，平均机龄已比航空发达国家还要低。

2. 开辟国际新航线、引进大飞机

2018 年 1 月 20 日，吉祥航空首架 B787-9 抵达上海。由此，吉祥航空从空客 A320 系列单通道客机机队迈入双机队运营阶段。此后不久，吉祥航空向中国民航局申请于 2019 年 6 月起开通上海浦东—赫尔辛基往返定期客运航线，使用机型定为 B787-9。吉祥航空负责人表示，“在上海运营国际化的航空公司，没有远程客机肯定不行，B787-9 有更远的航程，上海直飞纽约都没问题。”2017 年年底，四川航空向中国民航局申请当年分别新开成都到开罗、特拉维夫、哥本哈根、波士顿等国际航线，使用 A330 及 A350 飞机执飞。当时，川航还没有 A350 飞机。2018 年 2 月，四川航空与空中客车公司签订 10 架 A350-900 飞机购买协议，订单金额超过 200 亿元人民币。

3. 更新换代降低机龄，提高经济效益

航空公司会根据自身定位及市场需求淘汰机型旧的、机龄老的、技术落后的飞机，选择适合自身发展的机型，而飞机的技术性能也是航空公司最为看重的因素。以燃油经济性为例，业内数据显示，燃油成本占航班运营开支的一半左右，约占总营运成本的 30%，故新飞机的燃油经济性就显得格外重要。新机型不仅令旅客坐得更舒适，更改变了全球洲际航线网络。2017 年 10 月 11 日，新加坡航空开通了当时飞行距离最长的商业航班——新加坡至纽约不落地直飞航线，这也证明了新机型对航线的重要性。

4. 2017 年新飞机交货概况

2017 年的初步数据显示，全年商用飞机交付量连续第四年超过 1 600 架。来自飞行机队分析公司的数据显示，亚太地区的航空公司占据了全球新飞机市场的最大份额，在全年接收的新飞机中，亚太地区运营商占了 42%、北美地区占 22%、欧洲地区占 22%、中东地区占 8%、拉丁美洲地区占 4%、非洲地区占 2%。

表 11-6 统计数据中显示，2017 年接收新飞机数量最多的前十大航空公司仍然集中在美国和中国，说明中国的航空运输国际竞争力在逐年增强，趋势不减。

表 11-6 2017 年接收新飞机数量最多的前十大航空公司

	航空公司	国家	接收数量
1	American Airlines 美航	USA 美国	57
2	Southwest Airlines 西南航空	USA 美国	52
3	China Southern Airlines 南航	China 中国	50
4	Ryanair 瑞安航空	Ireland 爱尔兰	50
5	China Eastern Airlines 东航	China 中国	48
6	Delta Air Lines 达美	USA 美国	47
7	Aeroflot Russian Airlines 俄航	Russia 俄罗斯	42

续表

	航 空 公 司	国　　家	接 收 数 量
8	Hainan Airlines 海航	China 中国	37
9	Air China 国航	China 中国	32
10	Saudia Saudi 沙特阿拉伯航空	Arabia 沙特阿拉伯	31

六、航空联盟

回顾近 40 年的民用航空发展历程，全球航空公司已发生巨大的变化，主要体现在四个方面：（1）枢纽航线网络的产生与发展；（2）计算机订座系统（Computer Reservation System，CRS）和收益管理系统的广泛采用；（3）常旅客计划的实施；（4）全球航空公司业战略性重组与联盟等。其中，航空公司联盟和枢纽运作对机场的影响最为显著。所谓航空联盟，是两家或多家航空公司同意进行实质性合作，互惠互利的一种组织。

航空公司合作的形式有很多种，最低层次的合作是凭证互认，往上就是层次更高的合作，如联合运输。代码共享属于中间层次的合作，再往上是航空联盟，即通过联盟的方式进行代码共享，统一服务标准，吸引更多旅客，做大市场蛋糕。航空联盟只是层次较高的合作形式，而最高层次是股权合作。

目前全球性的联盟主要有星空联盟、寰宇一家、天合联盟三家，中国三大航空公司集团也将分别与之结盟。这些联盟的建立大大促进了成员公司航空运输量的提高。中国的国航、东航和南航三大航空公司早已悉数选择了自己合适的航空联盟：国航于 2007 年加入了星空联盟，南航于 2007 年、东航于 2011 年分别加入了天合联盟。厦门航空于 2012 年加入天合联盟，深圳航空于 2012 年加入星空联盟。南航为了自身能更好的发展，选择了更高级的合作方式，决定自 2020 年 1 月 1 日退出天合联盟。

截至 2019 年年底，星空联盟成员共 26 家，2019 年 9 月 1 日，巴西阿维安卡航空公司（O6）因破产退出星空联盟；2019 年 9 月 30 日，亚德里亚航空公司（JP）宣告破产，停止所有航班运营，同年 10 月 2 日退出星空联盟。

截至 2019 年年底，天合联盟成员共 19 家，中国南方航空股份有限公司（CZ）于 2019 年 1 月宣布退出天合联盟。

截至 2019 年年底，寰宇一家成员共 15 家，斐济航空公司（FJ）、摩洛哥皇家航空公司（AT）于 2018 年年底加入寰宇一家。

（一）航空联盟是竞争的产物

1993 年，荷兰与美国签署了首个《开放天空协议》，协议规定两国的航空公司都可以自由来往于两国的任何地方，也取消了对于运力、航班频次和定价的限制，在此之后，这种不限于代码共享但又不同于合并的合作方式开始大规模流行开来。荷兰航空和西北航空于 1997 年成立了合资企业，紧接着就是我们所熟悉的三大联盟相继出场了。美国联合航空、汉莎航空、加拿大航空、北欧航空和泰国国际航空在 1997 年成立了星空联盟；1998 年，美国航空、英国航空、原加拿大航空公司（Canadian Airlines，后被 Air Canada 收购）、中国国泰航空及澳洲航空组成了寰宇一家与前者抗衡；法国航空、达美航空、墨西哥航空和大韩航空则于 2000 年宣布成立天合联盟。至此，全球民航业形成了“三足鼎立”的格局。截至 2019 年，星空联盟是世界上第一家也是目前最大的全球性航空公司联盟，有 26 家成员航空公司，并构建了覆盖全球的航线网络。天合联盟和寰宇一家的成员数量分别为 19 家和 15 家。

（二）航空联盟的特点

全球三大航空联盟经过多年的发展，已经日渐成熟。一方面，三大航空联盟通过各自的成员航空公司将航线网络延伸到了全球。另一方面，它们在提升旅客体验方面持续发力，如星空联盟积极推动“同一屋檐下”战略的实施，促使成员航空公司在主要机场的同一航站楼运营；天合联盟推出天合优享服务，向高端旅客提供全球机场优先贵宾服务。

可以说，三大航空联盟已经将全球大多数中大型全服务航企吸引进来了。Flight Global 定期航班数据显示，2017 年，三大航空联盟在全球市场上占有 59%的客运量份额。考虑到三大航空联盟的成员主要为全服务网络型主流航企，并不包括主要的低成本航企，所以这一比例是相当高的。

航空公司加入航空联盟的情况，不论是在国内还是在国外，都早已不鲜见。事实证明，加入航空联盟的航空公司可在国内市场提升航企国际化品牌形象，在海外市场可利用航空联盟渠道推荐自身品牌，培育品牌价值，为航企未来开拓新市场做准备，提升公司品牌形象。利用联盟平台，国内航企可与外航充分合作交流，获得行业信息，收集最新市场情报。

各航空公司之所以如此热衷加入航空联盟，与民航业的特性有很大的关系。航空运输业的飞机、航材、地面服务设施和 IT 系统等方面都需要投入巨大的成本，如果航空公司的规模较小，单位成本就比较高，若航空公司有所联合，规模扩大，则能“摊薄”单位成本。

此外，航空业要受到国际航空协定和国内航空法规的限制，若某一家航空公司因为航权等因素的影响无法顺利地实现其全球化发展战略，就需要航空公司通过寻求合作伙伴来共同完成。

航空联盟有助于完善航线网络，实现“无缝隙”服务。民航业属于网络型产业，航线网络的完善和使用效率是航空公司的核心竞争力之一。加入航空联盟最直接的效果体现，就是实现了网络拓展，从而提高了航空公司自身的竞争力，可以帮助航空公司向旅客提供“无缝隙”服务，降低公司运营成本，规避双边航空协定的某些限制，这些特点都让航空公司主动趋向结盟。

航空公司加入联盟，受益的不仅仅是航空公司，更是广大旅客。旅客可以通过国内的航空公司和其所属联盟中成员航空公司的合作，到达更多的目的地，享受到更加快捷的服务。东航在加入天合联盟后，其航线网络得到了进一步的完善。通过与联盟成员公司的航线网络的衔接和融合，东航的旅客可通过一票到底、行李直挂和“无缝隙”中转到达世界 100 多个国家的 800 多个目的地。

（三）三大航空联盟在全球航空运输业中的地位

2018 年，全球 800 多家航空公司的旅客总周转量为 8 257 635 百万客公里，排名前 128 位航空公司的旅客周转量为 8 090 621 百万客公里，其全球市场占有率达 97.98%。其中，属于三大航空联盟的航空公司共有 55 家，数量占 43%。三大联盟旅客周转量占全球市场的 63.86%，其中星空联盟 25 家，旅客周转量的全球市场占有率达 22.27%；天合联盟 17 家，旅客周转量的全球市场占有率达 18.69%；寰宇一家 13 家，旅客周转量的全球市场占有率达 22.90%，如表 11-7 所示。

表 11-7　2018 年全球前 128 位航空公司旅客周转量统计表

	STAR	SKYTEAM	ONEW	低成本	无联盟	航空公司区域分布	旅客周转量/百万客公里	区域公司占 128 家的比重/%	区域公司占全球比重/%
北大西洋	2	2	1	8	9	22	1 884 921	23.30	22.83
中大西洋	2					2	78 368	0.97	0.95
南大西洋	1	1	2		2	6	883 080	10.91	10.69
欧洲	8+(3)	5+(2)	4	10	12	39	2 064 287	25.51	25.00
中东	1	1+(1)	1+(1)	1	5	9	713 894	8.82	8.65
非洲	2	（1）				2	61 624	0.76	0.75
东南亚	5	6	2	10	9	33	1 707 385	21.10	20.68
东亚	2	1	1		1	5	302 085	3.73	3.66
南亚	1		1	3		5	199 349	2.46	2.41
西南太平洋	1		1+(1)	3		5	195 628	2.42	2.37
公司合计	25+(3)=28	17+(4)=21	13+(2)=15	35	38	128	8 090 621	100.00	97.98
旅客周转量（百万客公里）	1 801 720	1 512 162	1 852 781	1 595 200	1 328 758				
联盟/非联盟占总体比重（%）	5 166 663			1 595 200	1 328 758		8 090 621		97.98%
	22.27%	18.69%	22.90%	19.72%	16.42%	100.00%			
	63.86%			19.72%	16.42%	100.00%			
ICAO2018 年全球旅客周转量（百万客公里）							8 257 635		100.00%

注：25+(3)= 28 表示星空联盟成员共 28 家，列入全球排名前 128 名有 25 家，排 128 名后有 3 家。

第二节　星空联盟

一、简介

星空联盟（STAR ALLIANCE）是全球第一大航空联盟。星空联盟的企业识别标志是一个由 5 个三角形图样组合而成的五角星，象征创立联盟的 5 个初始会员，如图 11-2 所示。航空联盟的概念源自更早以前就存在于民用航空业界的代码共享（Code-Sharing）与延续航线代理制度。代码共享令航空公司间在很大程度上实现了无缝连接。在星空联盟之前，西北航空和荷兰皇家航空自 1993 年起便共同经营，是现代航空联盟体系的先行者，虽然在此前更早的几十年里，航空公司间就已存在搭配和合作制度，甚至共同执行行销活动，但合作方式较分散杂乱。1997 年，由联合航空（United Airlines）与汉莎航空（Lufthansa，又常称为德航）这两

图 11-2　星空联盟

家分别来自美洲与欧洲的民航巨擘为主干，再加上加拿大航空（Air Canada，当时仍译称为加拿大枫叶航空）、北欧航空（SAS）与泰国国际航空（Thai Airways International），共 5 家航空公司宣布星空联盟正式成立。星空联盟的成立形成了规模、联合竞争模式，创造了航空发展史上的一个新的里程碑。时至今日，星空联盟仍然是行业开拓先锋，致力于创新与提供优质的客户服务。不过其现在的开拓精神是建立在一系列成功经验的基础之上的。因而，星空联盟的客户能享受到两全其美的体验：绝对可靠和不断创新。

星空联盟每天有 18 800 个航班飞往世界 193 个国家的 1 330 个目的地，其成员共发送 7.56 亿乘客/年，营业额达到 1 772.4 亿美元。该联盟的旅客周转量达 16 826.4 亿客公里。

二、星空联盟的成员

截至 2018 年，星空联盟的现有成员有亚德里亚航空公司 JP、爱琴航空公司 A3、加拿大航空公司 AC、中国国际航空公司 CA、印度航空公司 AI、新西兰航空公司 NZ、全日空航空公司 NH、韩亚航空公司 OZ、奥地利航空公司 OS、哥伦比亚航空 AV、巴西阿维安卡航空公司 O6、布鲁塞尔航空公司 SN、巴拿马航空公司 CM、克罗地亚航空公司 OU、埃及航空公司 MS、埃塞俄比亚航空公司 ET、长荣航空 BR、波兰航空公司 LO、德国汉莎航空公司 LH、北欧航空公司 SK、深圳航空公司 ZH、新加坡航空公司 SQ、南非航空公司 SA、瑞士国际航空公司 LX、葡萄牙航空公司 TP、泰国国际航空公司 TG、土耳其航空公司 TK、美国联合航空公司 UA 等 28 家航空公司。星空联盟成员标识如图 11-3 所示。

图 11-3　星空联盟成员标识

注：哥伦比亚航空 AV、巴西阿维安卡航空公司 O6 两家航空公司使用的是同一个阿维安卡集团的航徽

三、星空联盟成员基本情况表

星空联盟成员基本情况由摘录于 2018 年星空联盟官方网站公布的信息汇总而成，如表 11-8 所示。

表 11-8　星空联盟成员基本情况表

航空公司	成立时间	代号	网址	枢纽机场	目的地	国家	飞机	每日航班	年乘客数	销售额	常旅客计划
星空联盟	1997		staralliance.com	>50	>1 300						
亚德里亚航空公司	1961	JP	www.adria.si	Ljubljana	26	21	12	32	1.21 m	180 MUSD	Miles & More
爱琴航空公司	1987	A3	en.aegeanair.com	Athens	134	44	46	246	7.37m	1.11 BUSD	Miles+Bonus
加拿大航空公司	1937	AC	www.aircanada.com	Toronto, Montreal, Vancouv	222	60	396	1 655	48 m	12.52 BUSD	Aeroplan®
中国国际航空公司	1988	CA	www.airchina.com	Beijing, Chengdu, Shanghai	184	39	385	1 100	30.30 m	5.88 BUSD	PhoenixMiles
印度航空公司	1932	AI	www.airindia.com	新德里	114	27	118			3.3 BUSD	
新西兰航空公司	1947	NZ	www.airnewzealand.com	奥克兰	52	19	105			3.7 BUSD	
哥伦比亚航空公司	1919	AV	www.avianca.com		108	26	183			4.4 BUSD	
巴西阿维安卡航空公司	2002	O6	http://www.avianca.com.br		30	4	55			1.2 BUSD (约)	
全日空航空公司	1952	NH	www.anaskyweb.com	Tokyo - Narita, Tokyo - Haneda	62	22	257	979		16.3 BUSD	ANA Mileage Club
韩亚航空公司	1988	OZ	www.flyasiana.com	Seoul - Incheon, Seoul - Gim	75	23	84	298	18.4 m (2016)	5.12 BUSD	Asiana Club
奥地利航空公司	1957	OS	www.austrian.com	Vienna	130	57	82	395 (约)	12.9 m (约)	2.4 BUSD	Miles & More
布鲁塞尔航空公司	2005	SN	www.brusselsairlines.com	Brussels	124	49	48	250	9.1 m	1.557 BUSD	Miles & More
巴拿马航空公司	1947	CM	www.copaair.com	Panama	75	31	100	335	14.6 m	2.53 BUSD	ConnectMiles
克罗地亚航空公司	1989	OU	www.croatiaairlines.com	Zagreb	40	24	12	110	2.13 m	280 MUSD	Miles & More
埃及航空公司	1934	MS	www.egyptair.com	Cairo	72	47	69	220	7.14 m	1.42 BUSD	EGYPTAIR Plus
埃塞俄比亚航空公司	1945	ET	www.ethiopianairlines.com	Addis Ababa (main hub), Lomé (Togo),Lilongwe (Malawi), and Liège (Belgium- cargo hub)	121	65	97	275	8.76 m	2.71 BUSD	ShebaMiles
长荣航空公司	1989	BR	www.evaair.com	台湾桃园国际机场 (TPE)	57	18	78			4.10 BUSD	
波兰航空公司	1929	LO	www.lot.com	Warsaw Chopin Airport	90	45	70	350	7 m	1.26 BUSD	Miles & More
德国汉莎航空公司	1926	LH	www.lufthansa.com	Frankfurt am Main, Munich	209	74	357	842	66.2 m	20.16 bn (EUR)	Miles & More
北欧航空公司	1946	SK	www.flysas.com	Copenhagen, Oslo, Stockholm	123	> 30	158	817	30.0 m	5.20 BUSD	EuroBonus
深圳航空公司	1992	ZH	global.shenzhenair.com	Shenzhen, Guangzhou	81	6	181	644	28.28 m	3.79 BUSD	PhoenixMiles
新加坡航空公司	1947	SQ	www.singaporeair.com	Singapore Changi	61	32	109	238	19.03 m	8.96 BUSD	
南非航空公司	1934	SA	www.flysaa.com	Johannesburg	32	22	48	103	6.8 m	2.0 BUSD	SAA Voyager
瑞士国际航空公司	1931	LX	www.swiss.com	Zurich and Geneva	108	43	90	400	16.9 m	5.0 BUSD	Miles & More
葡萄牙航空公司	1945	TP	www.flytap.com	Lisbon	88	34	88		14.2 m	3.46 BUSD	Victoria
泰国国际航空公司	1960	TG	www.thaiairways.com	Suvarnabhumi Airport Bangkok	82	33	102	156	22.2 m	5.07 BUSD	
土耳其航空公司	1933	TK	www.turkishairlines.com	Istanbul, Ankara	303	120	329	1 324	68.6 m	9.40 BUSD	
美国联合航空公司	1926	UA	www.united.com	hicago, Denver, Houston, Los Angeles, Newark, San Francisco and Washington D.C. International: Tokyo, Guam	338	49		4 500	148 m	37.7 BUSD	MileagePlus®

四、主要航空公司介绍

2017 年，全球按旅客周转量排名前 20 位的航空公司中属于星空联盟的有 6 家：美国联合航空公司（第 4 名）、土耳其航空公司（第 8 名）、汉莎航空公司（第 10 名）、中国国际航空公司（第 11 名）、全日空航空公司（第 14 名）和加拿大航空公司（第 16 名）等。

（一）美国联合航空公司

联合航空（United Airlines）是美国的一家大型航空公司，简称联航（United），在中国则被简称为美联航，以便与中国联合航空（中联航）区别。其总部位于美国伊利诺伊州芝加哥市郊，邻近其主要枢纽机场芝加哥奥黑尔国际机场。2017 年，其拥有 733 架飞机的庞大机队，以旅客运输量计算，其为世界第四大航空公司，仅次于达美航空、美国航空和瑞安航空。联合航空亦是星空联盟的创始成员之一。

美国联合航空公司与航空业的深厚渊源可追溯至 1926 年，当时 Walter T.Varney 拥有的“燕子”双翼小飞机运送航空邮件，从华盛顿的帕斯科前往内华达，这次飞行标志着商业航空运输的正式发端，以及美国联合航空公司的诞生。

如今，美国联合航空公司的飞机在全美国航空公司运输网络中的燃油性能最高，并拥有世界上覆盖范围最广的全球航线网络，包括飞往亚洲、澳大利亚、欧洲、拉丁美洲和中东地区的世界一流国际航线。美国联合航空公司会同联航快运，每日航班数高达 4 500 多次，分别从芝加哥、丹佛、关岛、休斯敦、洛杉矶、纽约、旧金山、东京和华盛顿哥伦比亚特区的枢纽机场起飞，前往 49 个国家的 339 个目的地，公司全球员工总数超过 89 800 人。其基本情况如图 11-4 所示。

UNITED  (UA) 4

业务概况	
航空公司名称	美国联合航空公司
全球排名（座位数）	4
所有权	上市
所属联盟	星空联盟
所在地	美国
航空公司类型（OAG类别）	主线

关键绩效指标			
运营航线	897	载客量	148 645 366
座位数	177 028 403	平均预订客座率	84%
航班数	1 647 475	准点率（过去12个月）	78.80%
平均每架飞机座位数	107	平均航程km	2 025
可用座位数m	412 222	平均飞行时间（时分）	2:46
新航线净值	5	服务的国家数	70

航空网络关键指标			
前三大机场	座位数	机场动力占比	航线数
ORD	20 187 360	43.80%	218
IAH	18 742 934	76.50%	223
EWR	16 167 321	67.90%	191

运力	
年同比增长率	19%
国内运力比	78%
国际运力比	22%

前三大航线	乘客预订量	日均预订量
EWR-SFO	1 088 562	2 974
EWR-LAX	990 730	2 707
ORD-SFO	728 285	1 990

截至2017年2月的机队和订单		
类型	使用中	订购中
窄体	556	193
宽体	177	71

机队现有客机 733 架、订购客机 264 架以窄体客机为主

机队平均机龄为 14.2 年。

图 11-4　2017 年美国联合航空公司基本情况

（二）土耳其航空公司

土耳其航空（Turkish Airlines）一般简称为“土航”，它是土耳其的国家航空公司，为星空联盟成员，总部位于伊斯坦布尔。土耳其航空公司于 1933 年成立时仅有 5 架飞机，如今已发展成为一家四星级航空公司，目前拥有 329 架飞机（包括客机与货机），每日运营 1 324 个航班，飞行航线已覆盖欧洲、亚洲、非洲和美洲地区 120 个国家的 303 个目的地，包括 252 个国际城市和 51 个国内城市。其基本情况如图 11-5 所示。

TURKISH AIRLINES  (TK) 8

业务概况	
航空公司名称	土耳其航空公司
全球排名（座位数）	8
所有权	Mix ofstate &pubicly-listed ow
所属联盟	星空联盟
所在地	土耳其
航空公司类型（OAG类别）	主线

关键绩效指标			
运营航线	407	载客量	65 796 474
座位数	84 318 540	平均预订客座率	77%
航班数	457 209	准点率（过去12个月）	77.60%
平均每架飞机座位数	184	平均航程km	2 151
可用座位数m	168 779	平均飞行时间（时分）	2:53
新航线净值	21	服务的国家数	117

航空网络关键指标			
前三大机场	座位数	机场动力占比	航线数
IST	30 755 665	76.30%	261
ESB	6 363 878	75.20%	49
SAW	5 773 910	30.50%	63

运力	
年同比增长率	3%
国内运力比	41%
国际运力比	59%

前三大航线	乘客预订量	日均预订量	
ESB-SAW	690 043	1 885	
ESB-IST	441 764	1 207	
ADB-IST	424 033	1 159	

截至2017年2月的机队和订单		
类型	使用中	订购中
窄体	192	167
宽体	73	1

机队现有客机 265 架，订购客机 168 架以窄体客机为主

机队平均机龄为 6 年。

图 11-5 2017 年土耳其航空公司基本情况

据 2015 年 Skytrax 调查结果显示，土耳其航空公司已连续五年获得“欧洲最佳航空公司”提名，连续七年荣获“南欧最佳航空公司”称号。土耳其航空公司曾荣获 2010 年“全球最佳经济舱餐饮服务”大奖、2013 年“全球最佳商务舱餐饮服务”大奖和 2014 年“全球最佳商务舱餐饮服务”大奖，并且在 2015 年 Skytrax 调查中获得“全球最佳商务舱休息室餐饮”和“最佳商务舱航空公司休息室”两项大奖。土耳其航空公司目前已拥有 8 条美国航线，每周运营 70 次航班。

（三）汉莎航空公司

汉莎航空公司创立于 1926 年。德国政府在 1997 年以前持有汉莎航空 35.68%的股份，目前则由私人投资者控股（88.52%）。汉莎航空在 1997 年成为星空联盟的创始成员。

德国汉莎航空公司是汉莎集团规模最大的航空公司。作为全球规模最大、最负盛名的航空公司，汉莎航空公司的航线网络覆盖四大洲的 74 个国家和地区的 209 个目的地。在 2017 年，该公司有 357 架飞机，每日 842 个航班，共承运旅客 6 620 万人次。汉莎集团总

部位于北威州科隆，枢纽机场有法兰克福机场、慕尼黑机场和杜塞尔多夫机场。其运营基地称为“汉莎航空中心”，飞行员、地勤人员和空乘人员均主要基于法兰克福，拥有员工55 000多名。

汉莎航空公司作为行业的创新者，长久以来始终致力于环境的保护与可持续发展，运营着全球技术最先进、燃油效能最高的航空机队。长途飞机包括波音 747-8 和空客A380，这是业内最环保的两种客机。汉莎航空是欧洲规模最大的 A380 飞机运营商，也是新型波音 747-8 飞机的启始客户。其基本情况如图 11-6 所示。

Lufthansa (LH) 10

业务概况	
航空公司名称	汉莎航空公司
全球排名（座位数）	10
所有权	上市
所属联盟	星空联盟（创始成员）
所在地	德国
航空公司类型（OAG类别）	主线

关键绩效指标			
运营航线	291	载客量	64 051 143
座位数	82 632 538	平均预订客座率	77%
航班数	492 730	准点率（过去12个月）	82.40%
平均每架飞机座位数	168	平均航程km	2 869
可用座位数m	185 102	平均飞行时间（时分）	2:24
新航线净值	-8	服务的国家数	78

航空网络关键指标

前三大机场	座位数	机场动力占比	航线数
FRA	25 720 828	64.50%	174
MUC	15 904 159	55.00%	141
TXL	1 825 762	12.80%	2

前三大航线	乘客预订量	日均预订量
FRA-TXL	818 543	2 236
HAM-MUC	718 680	1 964
MUC-TXL	706 852	1 931

运力	
年同比增长率	-2%
国内运力比	22%
国际运力比	78%

截至2017年2月的机队和订单		
类型	使用中	订购中
窄体	159	100
宽体	103	58

机队现有客机 262 架，订购客机 158 架窄体宽体机结合使用

机队平均机龄为 11.1 年。

图 11-6　2017 年汉莎航空公司基本情况

（四）中国国际航空公司

中国国际航空股份有限公司简称国航，是中国第二大国有航空企业，也是中国唯一载旗飞行的民用航空公司，总部设在北京，以北京首都国际机场为基地。其前身中国国际航空公司成立于 1988 年。2002 年 10 月，中国国际航空公司联合中国航空总公司和中国西南航空公司成立了中国航空集团公司，并以联合三方的航空运输资源为基础，组建了新的中国国际航空公司。

中国国际航空公司（国航）是中国的国家航空公司，也是中国航空客运、货运及航空相关服务与产品的领先供应商。另外，公司还提供航空相关服务，包括在北京、成都和其他地方的飞机维修和地勤服务等。截至 2018 年 12 月，国航拥有 411 架飞机，客运航线已达到 377 条，包括 98 条国际航线、16 条地区性航线和 263 条国内航线。公司航线网络覆盖全球 39 个国家和地区的 173 个城市，包括 61 个国际城市、4 个地区性城市和 108 个国内城市。通过星空联盟，国航航线网络扩展至 190 个国家和地区的 1 300 个目的地。其基

本情况如图 11-7 所示。

(CA)　　11

业务概况	
航空公司名称	中国国际航空公司
全球排名（座位数）	11
所有权	Mix ofstate &pubicly-listed ow
所属联盟	星空联盟
所在地	中国
航空公司类型（OAG类别）	主线

关键绩效指标			
运营航线	445	载客量	60 393 969
座位数	80 370 497	平均预订客座率	76%
航班数	445 493	准点率（过去12个月）	65.50%
平均每架飞机座位数	180	平均航程km	2 037
可用座位数m	159 514	平均飞行时间（时分）	2:59
新航线净值	28	服务的国家数	42

航空网络关键指标			
前三大机场	座位数	机场动力占比	航线数
PEK	22 261 003	37.90%	150
CTU	7 405 941	27.80%	74
CKG	2 977 868	14.80%	34

运力	
年同比增长率	4%
国内运力比	79%
国际运力比	21%

前三大航线	乘客预订量	日均预订量
CTU-PEK	1 738 564	4 750
PEK-SHA	1 719 640	4 698
PESZX	1 132 637	3 095

截至2017年2月的机队和订单		
类型	使用中	订购中
窄体	283	58
宽体	102	33

机队现有客机 385 架，订购客机 91 架以窄体、宽体结合使用

机队平均机龄为 6.7 年。

图 11-7　2017 年中国国际航空公司基本情况

中国国际航空股份有限公司于 2017 年完成运输总周转量 253.85 亿吨公里，同比增长 7.12%；运输旅客 1.02 亿人次，同比增长 5.15%；客座率为 81.14%，同比上升 0.46 个百分点；营业总额为 1213.63 亿元人民币，全年净利润为 72.4 亿元人民币。

（五）全日空航空公司

全日空航空公司（All Nippon Airways，ANA）是日本最大的航空公司，公司成立于 1952 年 12 月 27 日，为星空联盟成员，总部位于东京汐留，其商号“全日本空输”中的“空输”为空中运输之意。全日空原为日本营运规模第二大的航空公司，但于 2010 年 1 月日本航空申请破产保护后取而代之，成为日本第一大航空公司。目前运营约 80 条国际航线和 110 多条国内航线。

全日空航空公司自 1999 年起就一直是星空联盟的成员，与美国联合航空公司共同运营跨太平洋和亚洲航线，与汉莎航空公司、瑞士国际航空公司和奥地利航空公司共同运营日本往返欧洲的航线。该公司飞行常客计划 ANA Mileage Club 会员人数超过 2 900 万。

全日空航空目前的机队规模为 257 架，员工为 13 518 人，每日运营 979 个航班飞往 62 个机场。作为波音 787 启始客户，全日空航空拥有世界上规模最大的波音 787 机队，共有 59 架投入服务。其基本情况如图 11-8 所示。

Skytrax 于 2013 年 3 月 29 日将全日空航空公司评为五星级航空公司，它是全球第 7 家获此殊荣的航空公司。若以公司载客量而言，全日空航空是世界第 14 大航空公司。

(NH) 14

业务概况	
航空公司名称	全日航
全球排名（座位数）	14
所有权	上市
所属联盟	星空联盟
所在地	日本
航空公司类型（OAG类别）	主线

关键绩效指标			
运营航线	189	载客量	47 285 861
座位数	73 274 937	平均预订客座率	64%
航班数	357 964	准点率（过去12个月）	N.A
平均每架飞机座位数	205	平均航程km	2 731
可用座位数m	105 683	平均飞行时间（时分）	2:15
新航线净值	1	服务的国家数	28

航空网络关键指标			
前三大机场	座位数	机场动力占比	航线数
HND	22 421 011	42.90%	64
ITM	5 749 644	57.70%	20
CTS	4 886 545	34.60%	26

运力	
年同比增长率	-2%
国内运力比	83%
国际运力比	17%

前三大航线	乘客预订量	日均预订量
FUK-HND	2 760 910	7 543
CTS-HND	2 375 661	6 491
HND-ITM	1 855 292	5 069

截至2017年2月的机队和订单		
类型	使用中	订购中
窄体	58	47
宽体	148	55

机队现有客机 206 架，订购客机 102 架以窄体、宽体机结合使用

机队平均机龄为 9.5 年。

图 11-8 2017 年全日空航空公司基本情况

（六）加拿大航空公司

加拿大航空公司（Air Canada），简称加航，是加拿大规模最大的运营国内和国际航线的航空公司，也是全球 20 大航空公司之一。其总部设在加拿大魁北克省蒙特利尔，亦为其他航空公司提供维修、地勤及训练服务。加拿大航空的主要航空枢纽在多伦多国际机场，在蒙特利尔特鲁多国际机场及温哥华国际机场亦设有枢纽。加拿大航空公司的航点覆盖 200 多个机场，提供客运及货运定期及包机服务，其携手加拿大快捷航空公司地区性合作伙伴及 Air Canada Rouge，共同为 64 座加拿大城市、57 个美国目的地以及欧洲、中东、非洲、亚洲、澳大利亚、加勒比海地区、墨西哥、中美洲和南美洲的 95 座城市提供定期客运直飞航班。其基本情况如图 11-9 所示。

AIR CANADA  (AC) 16

业务概况	
航空公司名称	加拿大航空公司
全球排名（座位数）	16
所有权	上市
所属联盟	星空联盟（创始成员）
所在地	加拿大
航空公司类型（OAG类别）	主线

关键绩效指标			
运营航线	340	载客量	45 345 669
座位数	58 144 941	平均预订客座率	80%
航班数	575 546	准点率（过去12个月）	74.30%
平均每架飞机座位数	101	平均航程km	2 800
可用座位数m	151 667	平均飞行时间（时分）	2:26
新航线净值	16	服务的国家数	55

航空网络关键指标			
前三大机场	座位数	机场动力占比	航线数
YYZ	15 615 637	57.40%	155
YVR	6 587 521	47.00%	56
YUL	5 706 549	53.50%	83

运力	
年同比增长率	9%
国内运力比	51%
国际运力比	49%

前三大航线	乘客预订量	日均预订量
YVR-YYZ	15 615 637	1 930
YUL-YYZ	602 612	1 646
YVR-YYC	518 471	1 417

截至2017年2月的机队和订单		
类型	使用中	订购中
窄体	97	106
宽体	70	13

机队现有客机 167 架，订购客机 119 架以窄体客机为主

机队平均机龄为 14.6 年。

图 11-9 2017 年加拿大航空航空公司基本情况

第三节　天合联盟

一、简介

天合联盟（SKYTEAM）是全球第二大航空联盟，其标志如图 11-10 所示。2000 年 6 月 22 日，墨西哥航空公司、法国航空公司、达美航空公司和大韩航空公司的执行总裁们在纽约宣布成立天合联盟。2001 年，两家欧洲航空公司，即意大利航空公司和捷克航空公司加入天合联盟，使其网络快速增长。天合联盟初期由 4 家分属不同国家的大型国际航空公司结盟，借由共用其成员航空公司航班时间、票务、代码共享、乘客转机、飞行常客计划、机场贵宾室、降低支出及软硬件资源与航线网等多方面进行合作，强化联盟各成员的竞争力。

图 11-10　天合联盟标志

随着美国大陆航空公司、美国西北航空公司、荷兰皇家航空公司和俄罗斯航空公司的加入，天合联盟成为全球第二大航空联盟。今日的天合联盟成员数已发展到 19 个之多，是迄今为止最年轻、规模第二大的传统航空联盟。天合联盟依然在积极地招募新成员当中。

截至 2018 年，该联盟的成员航空公司数量增加了近四倍，航班数翻了两倍，通航城市也增加了一倍，同时它也为全世界范围内的客户提供了轻松往来的空中桥梁。随着天合联盟成员航空公司的稳步增长，联盟网络覆盖全球的目标也愈发明确。联盟的航线在不断增加，每年可为 7.3 亿位客户提供服务，每天有超过 16 609 架航班飞往 177 个国家的 1 074 个目的地。除了到达欧洲、美国、亚洲和非洲的最现代、最便捷的枢纽机场外，该联盟的网络几乎覆盖全球每个角落。天合联盟的客户可以在超 600 个贵宾休息室享受旅行服务，赚取并兑换飞行常客里数计划积分。天合联盟顶级优选会员客户可以享受天合优享服务，天合联盟使常旅客的生活更加轻松。天合联盟成员航空公司将打造大范围的全球网络，提供无缝衔接的旅行体验，让旅客有可能以更好的方式周游世界。无论旅客是乘飞机度假、旅游还是商务活动，天合联盟都提供了更多的选择。

二、天合联盟的成员

截至 2019 年，天合联盟的成员有法国航空公司 AF、美国达美航空公司 DL、墨西哥航空公司 MX、大韩航空 KE、捷克航空公司 OK、荷兰皇家航空公司 KL、俄罗斯航空公司 SU、西班牙欧洲航空公司 UX、肯尼亚航空公司 KQ、意大利航空公司 AZ、罗马尼亚航空公司 RO、越南国家航空公司 VN、中国东方航空股份有限公司 MU、中华航空公司 CI、沙特阿拉伯航空公司 SV、黎巴嫩中东航空公司 ME、阿根廷航空公司 AR、厦门航空公司 MF、印尼鹰航空公司 GA 共 19 家公司，如图 11-11 所示。

图 11-11　天合联盟成员标识

三、天合联盟成员基本情况

天合联盟成员基本情况由摘录于天合联盟官方网站公布的信息汇总而成，如表 11-9 所示。

2017 年，全球按旅客周转量排名前 20 位的航空公司中属天合联盟的有达美航空公司（第 2 名）、中国南方航空公司（第 6 名、2019 年 1 月 1 日宣布退出天合联盟）、中国东方航空公司（第 7 名）、法国航空公司（第 17 名）和俄罗斯航空公司（第 20 名）五家。

四、主要航空公司介绍

（一）达美航空公司

达美航空（Delta Air Lines，Inc.）是美国的一家大型航空公司，也是目前美国国内客运总里程最长与客运机队规模最大的航空公司，为天合联盟创始成员之一，总部位于美国佐治亚州亚特兰大。凭借无可匹敌的全球网络，其在全球五大洲的 67 个国家拥有超过 247 个航点。达美航空及其子公司拥有超过 80 000 名员工，主线机队拥有飞机超过 800 架，每天运营 4 932 次航班。基本情况如图 11-12 所示。

达美航空是天合联盟的创始成员，与法航-荷航集团和意大利航空公司共同加入了业界领先的跨大西洋航空联盟。其枢纽机场有阿姆斯特丹机场、亚特兰大机场、辛辛那提机场、底特律机场、孟菲斯机场、明尼阿波利斯-圣保罗机场、纽约-拉瓜迪亚机场、纽约-约翰肯尼迪机场、巴黎-戴高乐机场、盐湖城机场和东京-成田机场。达美航空的服务还包括飞凡里程常旅客计划（世界一流的航空常客计划）、曾获殊荣的商务精英（Business Elite）服务以及在全球各大机场设立的 50 多处达美飞凡俱乐部。

表 11-9 天合联盟成员基本情况表

航空公司	成立时间	代号	网址	枢纽机场	目的地	国家	机队	每日航班	年载客量	年营业收入	贵宾室	飞行常客计划
天合联盟	2000		skyteam.com	史基浦机场	1 080+	170+		17 000+	730m+		750	
俄罗斯国际航空公司	1923	SU	aeroflot.ru	莫斯科谢诺梅杰沃机场（SVO）	146	52	241	750	32.8m	446.6bn (RUB)	166	Aeroflot Bonus
阿根廷航空公司	1950	AR	aerolineas.com	布宜诺斯艾利斯埃塞萨国际机场（EZE）	58	13	82	337	13.1m	2.4bn (USD)	12	Aerolíneas Plus
墨西哥航空公司	1934	MX	aeromexico.com	墨西哥城贝尼托华瑞兹国际机场（MEX）	92	24	130	600	20.7m	61.5bn (MXN)	10	Club Premier
西班牙欧洲航空公司	1986	UX	aireuropa.com	马德里巴拉哈斯国际机场（MAD）	53	23	54	226	10.6m	1.9bn (EUR)	51	SUMA
法国航空公司	1933	AF	airfrance.com	巴黎戴高乐机场（CDG）阿姆斯特丹史基浦机场（AMS）	195	93	312	1 500	97.8m	25.8bn (EUR)	145	Flying Blue
意大利航空公司	1946	AZ	alitalia.com	罗马费米奇诺机场（FCO）	95	44	118	556	21.8m	3.0bn (EUR)	91	MilleMiglia
中华航空公司	1959	CI	china-airlines.com	台湾桃园国际机场（TPE）	156	29	88	114	15.1m	139.8bn (TWD)	81·	Dynasty Flyer
中国东方航空公司	2003	MU	flychinaeastern.com	上海浦东国际机场（PVG）、昆明、西安	257	35	787	2 248	103.1m	93.6bn (RMB)	40	Eastern Miles
捷克航空公司	1923	OK	czechairlines.com	布拉格-鲁济涅国际机场（PRG）	49	26	18	90	2.9m	9.1bn (CZK)	38	OK Plus
达美航空公司	1928	DL	delta.com	亚特兰大哈兹菲尔德-杰克逊机场、纽约-拉瓜迪亚机场、纽约-约翰肯尼迪机场、巴黎-戴高乐机场、盐湖城机场和东京-成田机场	324	57	800+	5 800+	180m+	41.3bn (USD)	53	Delta SkyMiles
印度尼西亚鹰航空公司	1949	GA	garuda-indonesia.com	苏加诺-哈达国际机场	90	14	202	600	24m	4.2bn (USD)	58	Garuda Miles
肯尼亚航空公司	1977	KQ	kenya-airways.com	内罗毕乔莫肯雅塔国际机场（NBO）	52	40	36	154	4.5m	106.3m (KES)	3	Flying Blue
荷兰皇家航空公司	1919	KL	klm.com	巴黎戴高乐机场（CDG）阿姆斯特丹史基浦机场（AMS）	164	73	204	357	32.7m	10.3bn (EUR)	2	Flying Blue
大韩航空公司	1969	KE	koreanair.com	首尔仁川国际机场（ICN）	123	43	164	465	26.7m	11.8tn (KRW)	123	SkyPass
黎巴嫩中东航空公司	1946	ME	mea.com.lb	黎巴嫩贝鲁特拉菲克哈里里国际机场（BEY）	32	23	18	69	3m	1.0bn (LBP)	28	Cedar Miles
沙特阿拉伯航空公司	1945	SV	saudiairlines.com	吉达阿卜杜拉·阿齐兹国王国际机场（JED）	90	37	149	540	31.2m	20.5bn (SAR)	70	Alfursan
罗马尼亚航空公司	1954	RO	tarom.ro	布加勒斯特亨利康达国际机场（OTP）	40	23	25	55	2.4m	252.4m (USD)	0	Flying Blue
越南国家航空公司	1996	VN	vietnamairlines.com	河内内排机场（HAN）	49	17	89	400	26.5m	88.4bn (VND)	50	LotuSmile
厦门航空公司	1984	MF	xiamenair.com	厦门高崎国际机场（XMN）	94	16	167	546	27.2m	23bn (RMB)	101	Egret Club

DELTA (DL) 2

业务概况	
航空公司名称	达美航空公司
全球排名（座位数）	2
所有权	上市
所属联盟	天合联盟
所在地	美国
航空公司类型（OAG类别）	主线

关键绩效指标			
运营航线	911	载客量	183 072 324
座位数	223 949 810	平均预订客座率	82%
航班数	1 893 765	准点率（过去12个月）	83.80%
平均每架飞机座位数	118	平均航程km	2.123
可用座位数m	404 720	平均飞行时间（时分）	2:28
新航线净值	15	服务的国家数	67

航空网络关键指标			
前三大机场	座位数	机场动力占比	航线数
ATL	47 304 314	78.70%	236
MSP	15 550 503	70.60%	151
DTW	15 253 478	73.50%	135

运力	
年同比增长率	3%
国内运力比	85%
国际运力比	15%

前三大航线	乘客预订量	日均预订量	
JFK-LAX	47 304 314	2 219	
ATL-LGA	792 171	2 164	
JFK-SFO	647 223	1 768	

截至2017年2月的机队和订单		
类型	使用中	订购中
窄体	697	188
宽体	150	51

机队现有客机 847 架，订购客机 239 架以窄体客机为主

机队平均机龄为 17.2 年。

图 11-12　2017 年达美航空公司基本情况

（二）中国东方航空公司

中国东方航空股份公司（China Eastern Airlines）是一家总部设在上海的中国大型中央企业，简称东航，为中国三大航空公司之一，设有飞行常客计划东方万里行。其母公司中国东方航空集团公司是以原先的中国东方航空公司为基础，兼并中国西北航空公司，联合云南航空公司所组成的新集团，与中国航空集团公司和中国南方航空集团公司合称中国三大航空集团，并在 2010 年完成了与上海航空公司的联合重组。除了主要的航空运输业务外，东航还运营航空食品、进出口、传媒广告、旅游票务、机场投资等其他次要业务。

2017 年，东航完成运输总周转量 188.56 亿吨公里，同比增长 8.79%；运输旅客 1.11 亿人次，同比增长 8.91%；客座率为 81.06%，同比微降 0.17 个百分点。

中国东方航空股份有限公司掌管 50 个海外办事处和 11 家国内分公司。此外，它还拥有 24 家控股子公司，与子公司上海航空公司共同运营着一支平均机龄不到 7 年的现代化机组。其航空网络覆盖中国、日本、韩国、东南亚、欧洲、美洲和大洋洲。中国东方航空公司致力于为乘客及承运人提供优质的服务。其基本情况如图 11-13 所示。

（三）法国航空公司

1933 年 10 月 7 日，法国航空公司（简称法航）在法国成立。1948 年，法国航空公司成为法国国营航空公司。1970 年，法国航空公司开始使用波音 747 型飞机服务长程航线。

1988 年，法航成为空中客车 A320 的启动用户，两年后并购因特航空和法国联合航空。1999 年 2 月 22 日，法国航空股票正式上市。2000 年 6 月 22 日，法国航空与达美航空、墨西哥国际航空及大韩航空共同成立“天合联盟”，之后捷克航空以及意大利航空陆

续加入。目前，法国航空为世界重要的航空公司之一，它也是全球除了英国航空之外，第二家拥有协和式飞机的航空公司。法航-荷航集团在法国的法律之下成立，而总部则设于巴黎戴高乐国际机场，它是欧洲最大的航空公司，也是世界上最大的航空公司之一。

(MU)　　7

业务概况	
航空公司名称	中国东方航空公司
全球排名（座位数）	7
所有权	国有与上市结合
所属联盟	天合联盟
所在地	中国
航空公司类型（OAG类别）	主线

关键绩效指标			
运营航线	701	载客量	78 875 613
座位数	109 950 331	平均预订客座率	73%
航班数	675 935	准点率（过去12个月）	63.50%
平均每架飞机座位数	163	平均航程km	1 537
可用座位数m	458 845	平均飞行时间（时分）	2:23
新航线净值	38	服务的国家数	36

航空网络关键指标

前三大机场	座位数	机场动力占比	航线数
PVG	11 776 832	28.10%	115
KMG	9 510 138	38.20%	90
SHA	7 784 794	31.50%	57

运力	
年同比增长率	4%
国内运力比	81%
国际运力比	19%

前三大航线	乘客预订量	日均预订量	
PEK-SHA	2 501 270	6 842	
SHA-SZX	1 000 453	2 733	
JHG-KMG	84 262	2 296	

截至2017年2月的机队和订单

类型	使用中	订购中
窄体	392	125
宽体	61	39

机队现有客机 453 架，订购客机 164 架以窄体客机为主

机队平均机龄为 5.5 年。

图 11-13　2017 年中国东方航空公司基本情况

法航每日运营 1 500 架次航班，客运网络覆盖 113 个国家/地区的 230 个目的地。

法航-荷航及其航线合作伙伴达美航空和意大利航空公司组成了最大的跨大西洋航空联盟，每日起降跨大西洋航班超过 250 架次。

在激烈的竞争环境中，法航的主要优势是以欧洲最具影响力的巴黎戴高乐机场为中心辐射运输网络，配置现代化机队、创新的产品服务，以客户作为中心，实现自身“让蓝天成为地球上最舒适的地方”的战略目标。其基本情况如图 11-14 所示。

（四）俄罗斯航空公司

俄罗斯航空股份公司简称俄航（Aeroflot，意为“航空舰队”），它是俄罗斯的国家航空公司，也是俄罗斯最大的航空公司，为天合联盟成员，总部设于莫斯科。其前身为 1923 年成立的苏联民航总局，曾垄断苏联内外所有民航服务，是当时世界上最大的民用航空业者，也是世界上历史最悠久的航空公司之一。1991 年苏联解体时，其国内航线业务分裂于 300 多家公司，只保留国际航线业务，后来重新建立国内航线，1994 年改组为股份有限公司。其俄语原名的“Aeroflot”即指苏联民航总局，而 IATA 代码“SU”即为苏联。

AIRFRANCE (AF) 17

业务概况	
航空公司名称	法国航空公司
全球排名（座位数）	17
所有权	国有与上市结合
所属联盟	天合联盟（创始成员）
所在地	法国
航空公司类型（OAG类别）	主线

关键绩效指标			
运营航线	194	载客量	44 132 004
座位数	57 751 069	平均预订客座率	76%
航班数	332 399	准点率（过去12个月）	75.70%
平均每架飞机座位数	174	平均航程km	3 388
可用座位数m	163 729	平均飞行时间（时分）	2:52
新航线净值	-8	服务的国家数	90

航空网络关键指标			
前三大机场	座位数	机场动力占比	航线数
CDG	20 896 235	51.40%	162
ORY	6 859 760	34.40%	29
TLS	1 699 359	31.10%	3

前三大航线	乘客预订量	日均预订量
ORY-TLS	1 797 776	4 912
NCE-ORY	1 323 067	3 615
BOD-ORY	939 850	2 569

运力	
年同比增长率	4%
国内运力比	31%
国际运力比	69%

截至2017年2月的机队和订单		
类型	使用中	订购中
窄体	118	3
宽体	105	49

机队现有客机 223 架，订购客机 52 架以宽体客机为主

机队平均机龄为 12.4 年。

图 11-14　2017 年法国航空公司基本情况

截至 2018 年，俄航的服务据点遍及 52 个国家的 116 座城市（有 45 个目的地位于俄罗斯），其中主要转运枢纽为莫斯科谢列梅捷沃国际机场，旗下机队共有 225 架飞机，包括空中客车 A320 系列、A330 系列，波音 737、波音 777 和苏霍伊-100 超音速喷气式飞机。其基本情况如图 11-15 所示。

(SU) 20

业务概况	
航空公司名称	俄罗斯航空公司
全球排名（座位数）	20
所有权	国有与上市结合
所属联盟	天合联盟
所在地	俄罗斯
航空公司类型（OAG类别）	主线

关键绩效指标			
运营航线	252	载客量	36 652 477
座位数	47 060 867	平均预订客座率	81%
航班数	296 644	准点率（过去12个月）	N/A
平均每架飞机座位数	159	平均航程km	2 427
可用座位数m	113 706	平均飞行时间（时分）	3:09
新航线净值	3	服务的国家数	53

航空网络关键指标			
前三大机场	座位数	机场动力占比	航线数
SVO	18 508 703	90.40%	133
LED	3 646 286	48.00%	52
VKO	1 674 363	20.40%	17

前三大航线	乘客预订量	日均预订量
LED-SVO	746 483	2 031
SIP-SVO	506 433	1 384
AER-SVO	419 218	1 145

运力	
年同比增长率	6%
国内运力比	49%
国际运力比	51%

截至2017年2月的机队和订单		
类型	使用中	订购中
窄体	148	42
宽体	37	37

机队现有客机 185 架，订购客机 79 架以窄体、宽体机结合使用

机队平均机龄为 4.3 年。

图 11-15　2017 年俄罗斯航空公司基本情况

第四节　寰 宇 一 家

一、简介

寰宇一家（OneWorld）是全球第三大航空联盟，成立于 1998 年 9 月 21 日，由英航、

美洲航空、加拿大国航、中国香港国泰航空和澳大利亚康达斯五大航空公司发起，其标志如图 11-16 所示。建立联盟前，这五家公司就已经有着密切的联系，如美航在 1996 年就决定与英航联合，并与另三家公司分别建有市场合作关系，美航在加航中享有 33%的股份，英航在康达斯中也占有 25%的股份，新的结盟是这些关系的发展。

图 11-16　寰宇一家标志

初建成时，寰宇一家的总部位于加拿大温哥华，后于 2011 年 5 月 26 日正式宣布把总部迁往美国纽约市。结盟后，其成员航空公司及其附属航空公司在航班时刻、票务、代码共享、乘客转机、飞行常客计划、机场贵宾室及降低支出等多方面进行合作。合作措施包括：（1）在与本公司不存在竞争关系的航线上，为其他成员公司的乘客提供票位安排服务；（2）各成员公司的“经常性乘客”所获得的“里程优惠”可在成员公司之间互换通用；（3）成员公司的头等舱乘客可选择其他成员公司的机场候机室，等等。结盟使这五家航空公司获益明显，尤其是中国香港国泰航空在很大程度上补足了其他盟友在远东市场的份额。

二、寰宇一家的成员

截至 2018 年，寰宇一家共有 15 家成员航空公司，包括美国航空公司 AA、英国航空公司 BA、国泰航空公司 CX、芬兰航空公司 AY、西班牙航空公司 IB、日本航空公司 JL、拉塔姆航空公司 LA/JJ（两家）、马来西亚航空公司 MH、澳洲快达航空公司 QF、卡塔尔航空公司 QR、约旦航空公司 RJ、俄罗斯 S7 航空公司 S7、斯里兰卡航空公司 UL、斐济航空公司 FJ（2018 年 12 月加入）以及 24 家联属成员航空公司，如图 11-17 所示。

图 11-17　寰宇一家成员标识

2018 年，寰宇一家可通达 155 个国家、共 1 016 个航点，每日航班数目达 14 011 次，拥有 3 428 架飞机，年载超过 5.5 亿名乘客，年总收入为 1 350 亿美元。

三、寰宇一家成员基本情况

寰宇一家成员基本情况由摘录于 2018 年寰宇一家官方网站公布的信息汇总而成，如表 11-10 所示。

表 11-10 寰宇一家成员基本情况表

航空公司	成立时间	代号	网址	总部（枢纽机场）	目的地	国家	机队	每日航班	年旅客运输量/百万人	旅客周转量/百万客公里	销售额/US 百万	贵宾室数量	飞行常客计划
寰宇一家	1999		oneworld.com	纽约	1 012	158	3 447	12 738	527.9	1 139 466	123 174	More than 650	
美国航空公司	1926	AA	aa.com	沃思堡	356	57	1 536	6 226	198.7	359 651	40 180	82	AAdvantage
iairgroup	2011		iairgroup.com										
英国航空公司	1919	BA	ba.com	伦敦	235	90	529	1 043	88.3	145 170	12 056	162	Executive Club
西班牙航空公司	1927	IB	iberia.com	马德里	135	45		513		51 064	4 832	91	Iberia Plus
国泰航空公司	1946	CX	cathaypacific.com	香港	98	35	189	428	34.3	123 477	11 960	70	The Marco Polo Club / Asia Miles
芬兰航空公司	1923	AY	finnair.com	赫尔辛基	135	45	73	316	10.9	27 065	2 442	96	Finnair Plus
日本航空公司	1951	JL	jal.com	东京	80	21	222	781	40.2	62 411	12 137	66	JAL Mileage Bank
拉塔姆航空公司	1929	LA/JJ	latam.com	圣地亚哥	140	23	329	1 284	66.9	113 627	9 527	32	LATAM Pass and LATAM Fidelidade
马来西亚航空公司	1974	MH	malaysiaairlines.com	吉隆坡	62	22	76	448	20.7	48 323	4 765	55	Enrich
澳洲快达航空公司	1920	QF	qantas.com	悉尼	81	17	193	747	28.2	79 245	12 016	57	Qantas Frequent Flyer
卡塔尔航空公司	1994	QR	qatarairways.com	多哈	172	86	194	360	19.4	82 439	9 796	149	Privilege Club
约旦航空公司	1963	RJ	rj.com	安曼	54	33	26	84	2.9	7 181	1 068	45	Royal Plus
S7 航空公司	1992	S7	s7.ru	莫斯科	124	29	59	252	13.1	27 086	1 316	75	S7 Priority
斯里兰卡航空公司	1979	UL	srilankan.com	科伦坡	38	20	21	87	4.3	12 728	906	33	FlySmiLes

四、主要航空公司介绍

2017 年，全球按旅客周转量排名前 20 名的航空公司中，属寰宇一家的有美国航空公司（第 1 名）、南美航空集团拉塔姆航空公司（第 12 名）、英国航空公司（第 15 名）和日本航空公司（第 18 名）四家航空公司。

（一）美国航空公司

美国航空公司（American Airlines），或称美利坚航空公司，简称美航，是全世界载客量、客运总里程和机队规模最大的航空公司，是寰宇一家航空联盟的创始成员之一。

美国航空公司总部位于得克萨斯州的沃思堡，紧邻达拉斯沃思堡国际机场，拥有五大枢纽，分别是达拉斯沃思堡国际机场（DFW）、芝加哥奥黑尔国际机场（ORD）、迈阿密国际机场（MIA）、洛杉矶国际机场（LAX）和肯尼迪国际机场（JFK）。在所有枢纽机场中，来往总部所在地的达拉斯沃思堡机场的航班最多，其平均每天提供近 6 700 次航班，执行的航班网络遍及整个美国，可飞往加拿大、拉丁美洲、西欧与亚洲 65 个国家/地区的 350 个机场。

美国航空公司 AAdvantage 常客计划在 1981 年首次推出时是世界上第一个航空公司忠诚度计划。公司基本情况如图 11-18 所示。

American Airlines  (AA) 1

业务概况	
航空公司名称	美国航空公司
全球排名（座位数）	1
所有权	上市
所属联盟	寰宇一家（创始成员）
所在地	美国
航空公司类型（OAG类别）	主线

关键绩效指标			
运营航线	1 003	载客量	201 837 168
座位数	250 762 625	平均预订客座率	80%
航班数	2 300 432	准点率（过去12个月）	78.40%
平均每架飞机座位数	109	平均航程km	1 898
可用座位数m	443 449	平均飞行时间（时分）	02:23
新航线净值	47	服务的国家数	57

航空网络关键指标			
前三大机场	座位数	机场动力占比	航线数
DWF	32 789 312	84.80%	204
CLT	24 763 989	90.80%	153
MIA	17 258 562	67.70%	134

运力	
年同比增长率	37%
国内运力比	17%
国际运力比	83%

前三大航线	乘客预订量	日均预订量
LGA-ORD	916 367	2 504
JFK-LAX	825 251	2 255
LGA-MIA	809 445	2 212

截至2017年2月的机队和订单		
类型	使用中	订购中
窄体	789	245
宽体	145	40

机队现有客机 934 架，订购客机 258 架以窄体客机为主

机队平均机龄为 10.3 年。

图 11-18　2017 年美国航空基本情况

（二）南美航空集团

南美航空集团（LATAM Airlines Group S.A.）是由 LAN 航空公司和 TAM 航空公司合

并而成的，它是拉丁美洲领先的航空集团，在圣地亚哥、圣保罗、布宜诺斯艾利斯、波哥大、利马、基多和瓜亚基尔等地设有枢纽，将拉丁美洲与其他国家联系在一起。该公司总部与公司注册地位于智利圣地亚哥，航班可飞往 26 个国家/地区的 143 个目的地，2017 年的旅客周转量全球排名第 12 名。其基本情况如图 11-19 所示。

LATAM　　(JJ/LA)　　12

业务概况	
航空公司名称	拉塔姆航空公司
全球排名（座位数）	12
所有权	上市
所属联盟	寰宇一家
所在地	巴西/智利
航空公司类型（OAG类别）	主线

关键绩效指标			
运营航线	299	载客量	65 023 278
座位数	80 610 826	平均预订客座率	79%
航班数	463 310	准点率（过去12个月）	N/A
平均每架飞机座位数	174	平均航程km	2 101
可用座位数m	132 987	平均飞行时间（时分）	2:22
新航线净值	-5	服务的国家数	28

航空网络关键指标			
前三大机场	座位数	机场动力占比	航线数
GRU	8 014 690	36.80%	111
SCL	7 458 537	65.20%	78
LIM	6 073 251	50.00%	88

运力	
年同比增长率	-5
国内运力比	78%
国际运力比	22%

前三大航线	乘客预订量	日均预订量	
CGH-SDU	1 774 280	4,848	
CUZ-LIM	1 306 883	3,571	
ANF-SCL	1 096 691	2,996	

截至2017年2月的机队和订单		
类型	使用中	订购中
窄体	237	54
宽体	77	29

机队现有客机 314 架，订购客机 83 架以窄体、宽体机结合使用

机队平均机龄为 7.3 年。

图 11-19　2017 年南美航空集团基本情况

（三）英国航空公司

英国航空公司（British Airways）成立于 1924 年 3 月 31 日，是英国的国家航空公司，也是英国历史最悠久的航空公司，并且为寰宇一家的创始成员之一，隶属于国际航空集团 IAIRGROUP 旗下。其主要枢纽是伦敦希思罗机场及伦敦盖特威克机场。英国航空是全球最大的国际航空客运公司、全球第七大货运航空公司、欧洲第二大航空公司、西欧最大的航空公司之一。全球有三家航空公司曾拥有协和客机型号，英国航空为其中一家，另两家曾拥有协和客机的航空公司为法国航空和新加坡航空。

英国航空公司的航班网络覆盖 90 个国家的 250 多个目的地，2017 年乘载约 4 800 万名乘客，自 1980 年起为中国提供服务。英国航空公司专属的伦敦希思罗机场第五航站楼于 2008 年 3 月 27 日投入服务，航站楼每年可以吞吐 3 000 万名旅客，所有航班于 2008 年 10 月完成入驻此航站楼。其基本情况如图 11-20 所示。

（四）日本航空公司

日本航空公司（Japan Airlines）简称日航，是日本的国家航空公司，同时为寰宇一家成员之一。日航总部设于东京品川区，并以成田国际机场（国际线）及东京国际机场（国内线）为枢纽，服务全球 20 个国家/地区的 80 个航点。日航原为日本规模最大的航空公司，在 2010 年 1 月申请破产保护后被全日空超越，但仍与全日空并列为日本两大航空公司。2018 年 7 月 17 日，日航被航空权威评选机构 Skytrax 评定为五星级航空公司。

BRITISH AIRWAYS　(BA)　15

业务概况	
航空公司名称	英国航空公司
全球排名（座位数）	15
所有权	上市
所属联盟	寰宇一家
所在地	英国
航空公司类型（OAG类别）	主线

关键绩效指标			
运营航线	236	载客量	48 306 337
座位数	61 978 149	平均预订客座率	78%
航班数	368 050	准点率（过去12个月）	74.10%
平均每架飞机座位数	168	平均航程km	2 955
可用座位数m	183 756	平均飞行时间（时分）	3:19
新航线净值	12	服务的国家数	84

航空网络关键指标			
前三大机场	座位数	机场动力占比	航线数
LHR	23 039 102	48.30%	147
LGW	3 704 077	14.70%	62
LCY	1 583 445	11.50%	33

运力	
年同比增长率	2%
国内运力比	17%
国际运力比	83%

前三大航线	乘客预订量	日均预订量
JFK-LHR	614 218	1 678
AMS-LHR	479 614	1 310
EDI-LHR	493 932	1 267

截至2017年2月的机队和订单		
类型	使用中	订购中
窄体	131	35
宽体	138	36

机队现有客机 269 架，订购客机 71 架以窄体、宽体机结合使用

机队平均机龄为 12.9 年。

图 11-20　2017 年英国航空公司基本情况

日本航空于 1951 年 8 月创立，并于同年 10 月开始经营国内定期航线；至 1953 年 10 月 1 日，改制为特殊会社（日本政府特别以专法成立的国有企业）；1954 年，开办了第一条通往美国的跨太平洋国际航线。经过 30 多年的扩展，日航在 1987 年实现完全民营化。2002 年，日航与当时的日本第三大航空公司日本佳速航空合并。其安全措施亦为国际航空运输协会所认可。

日本航空现使用波音 767-300ER、波音 777-200ER、波音 777-300ER、波音 787 等进行中长程国际飞行；短程及内陆则使用波音 737、767 及 787。其基本情况如图 11-21 所示。

JAL JAPAN AIRLINES　(JL)　18

业务概况	
航空公司名称	日本航空公司
全球排名（座位数）	18
所有权	上市
所属联盟	寰宇一家
所在地	日本
航空公司类型（OAG类别）	主线

关键绩效指标			
运营航线	129	载客量	36 606 198
座位数	50 992 135	平均预订客座率	72%
航班数	278 778	准点率（过去12个月）	86.80%
平均每架飞机座位数	183	平均航程km	2 396
可用座位数m	81 701	平均飞行时间（时分）	2:21
新航线净值	6	服务的国家数	22

航空网络关键指标			
前三大机场	座位数	机场动力占比	航线数
HND	17 798 876	33.90%	46
ITM	3 986 907	40.00%	25
CTS	3 488 571	24.70%	15

运力	
年同比增长率	-1%
国内运力比	80%
国际运力比	20%

前三大航线	乘客预订量	日均预订量
FUK-HND	2 353 518	6 430
CTS-HND	2 067 518	5 649
HND-OKA	1 791 615	4 895

截至2017年2月的机队和订单		
类型	使用中	订购中
窄体	50	41
宽体	110	41

机队现有客机 160 架，订购客机 85 架以窄体、宽体机结合使用

机队平均机龄为 9 年。

图 11-21　2017 年日本航空公司基本情况

第五节 非联盟航空公司

一、简介

2018 年，按旅客周转量排名前 128 位的航空公司中有 55 家属于三大联盟，加入航空联盟的都属于全服务网络型主流航空公司，其他 73 家航空公司可分为两大类：一类是没有加入航空联盟的主流航空公司，有 38 家；另一类是非主流型低成本廉价航空公司，有 35 家，这 35 家廉价航空公司的旅客周转量占前 128 家航空公司的 19.72%，并有向上扩展的趋势。

（一）廉价航空公司

廉价航空这个概念起源于 20 世纪 90 年代初美国向欧洲开展航空业务之前，并在其后开始向全世界蔓延。

在美国，由于幅员辽阔，飞机是最常用的中长途交通工具。许多旅客只希望能够快速安全地到达目的地，并不需要很高级的服务，因此，廉价航空公司所具有的经济实惠的价格和简便快捷的登机手续使其成功地打开了在美国的市场。

美国于 20 世纪 70 年代末放松了航空管制后，各大航空公司对形势过分乐观，盲目扩张，导致出现运力过度饱和、运营成本过高等严重问题，各航空公司在 20 世纪 80 年代打响了激烈的价格战，价格战使各航空公司遭受了巨大的损失，美国各大航空公司损失最严重。在一片萧条的景象中，赫伯特·凯勒尔创立并带领西南航空公司在美国航空史上创造了辉煌的业绩，同时也开启了航空运输的新天地。

美国西南航空公司的创建标志着一个廉价航空模式——低成本航空公司的诞生。就是这个在开创之初受无数人嘲笑的举动，在 2012 年席卷了美洲、欧洲、大洋洲等航空市场，成为航空业中发展得最快的一个领域，此后又出现了一大批成功的低成本航空公司，如马来西亚的亚洲航空、中国的春秋航空等。以维珍蓝航空（Virgin Blue）和亚航（AirAsia）为代表的多家亚太地区的低成本航空公司仅用了 3 年时间就占据了亚太民航市场超过 9%的市场份额，其发展之迅速，大有后来者居上的架势。

据统计，全球廉价航空公司共有 176 家，其中，欧洲 78 家、亚洲 43 家、美洲 36 家、非洲 10 家、大洋洲 9 家。2010 年之前，廉价航空公司每年的增长速度都在 30%左右，美国廉价航空公司的市场份额为 27%、欧洲为 24%，而亚洲仅为 10%左右。据亚太航空公司协会预测，未来几年，低成本航空公司在亚太区的市场份额会增长到 20%左右。

（二）非航空联盟主流航空公司

加入航空联盟是有一定要求的，大部分非航空联盟主流航空公司是由于达不到联盟标准，暂时不能加入；一部分非航空联盟主流航空公司则不愿意加入航空联盟，如阿联酋航空公司；还有很小一部分航空公司加入后由于种种原因退出航空联盟，如中国南方航空公司。

尽管对于很多航空公司来说，加入联盟是对抗行业衰退的不错选择，但是阿联酋航空公司（Emirates Airlines）总裁 Tim Clark 在接受 ATW Online 记者采访时强调，阿联酋航空会继续保持独立，不会加入任何联盟，也不会和阿提哈德航空合并。

在 2009 年的吉隆坡国际航协年会上，Clark 表示，“对于某些人来说，联盟可能是件好事情。”他还补充到，很多联盟中的航空公司都在面临严重的财政困难。“组成联盟就能应对这些困难了吗？答案是否定的。如果你的商业模式足够强大，并且管理良好，你就可以度过艰难时期，并继续发展。”他表示，阿联酋航空在建立之初就在向那些经济发达小国的航空公司学习，如瑞士航空、新加坡航空。

另外，根据三大航空联盟的资料统计，截至目前，分别有 11 家、5 家、3 家航企退出星空联盟、寰宇一家、天合联盟。它们退出的原因主要有：破产或停止运营，因合并重组或股权关系变更航空联盟，业务调整（转型为低成本航空公司）。

2018 年，中国南方航空公司发布公告称，基于自身发展战略的需要和顺应全球航空运输业合作模式的新趋势，决定自 2019 年 1 月 1 日起不再续签《天合联盟协议》，将于 2019 年内完成各项过渡工作。南航在没有联盟束缚后，可以更自由地跨联盟与不同航空公司展开合作，并将加强与美国航空等航空公司的合作，推进双边、多边合作，建立新型合作伙伴关系。

二、廉价航空公司的基本情况表

2018 年按旅客周转量排名前 128 位的航空公司中有 35 家廉价航空公司，其基本情况如表 11-11 所示。

表 11-11　2018 年 35 家廉价航空公司基本情况表

序号	航空公司名称 1	航空公司名称 2	总部所在地	二字代码	区域	旅客周转量/百万客公里	可用旅客周转量/百万客公里	旅客载运率/%	旅客运输量/百万人次	截至日期 2018
1	美国西南航空	Southwest Airlines	美国	WN	area1-1	214 508	257 004	83.5	163.6	Dec
2	瑞安航空	Ryanair	爱尔兰	FR	area2-1	178 000	186 000	95.7	142.1	Mar
3	易捷航空	EasyJet	英国	U2	area2-1	98 522	104 800	94.0	88.5	Sep
4	挪威航空	Norwegian	挪威	DY	area2-1	85 124	99 219	85.8	37.3	Dec
5	捷蓝航空	JetBlue Airways	美国	B6	area1-1	81 720	96 347	84.8	42.1	Dec
6	靛蓝航空公司	Indigo	印度	6E	area3-3	65 996	76 001	86.8	61.9	Dec
7	匈牙利威兹航空公司	Wizz Air	匈牙利	W6	area2-1	54 433	58 836	92.5	33.8	Dec
8	欧洲之翼航空	Eurowings	德国	EW	area2-1	52 609	64 748	81.3	38.5	Dec
9	精神航空公司	Spirit Airlines	美国	NK	area1-1	49 222	58 359	84.3	28.7	Dec

续表

序号	航空公司名称 1	航空公司名称 2	总部所在地	二字代码	区域	旅客周转量/百万客公里	可用旅客周转量/百万客公里	旅客载运率/%	旅客运输量/百万人次	截至日期2018
10	捷特航空	Jet Airways	印度	9W	area3-3	48 542	57 988	83.7	27.4	Dec
11	西捷航空	WestJet	加拿大	WS	area1-1	44 389	53 002	83.7	25.5	Dec
12	亚洲航空	AirAsia	马来西亚	AK	area3-1	41 225	48 452	85.1	32.3	Dec
13	途易航空	TUI Airways	英国	BY	area2-1	39 163	42 199	92.8	11.2	Dec
14	印度尼西亚狮航	Lion Air	印度尼西亚	JT	area3-1	36 000	44 500	80.9	36.0	Dec
15	捷星航空	Jetstar Group	澳大利亚	JQ	area3-4	35 076	40 806	36.0	20.3	Dec
16	春秋航空	Spring Airlines	中国	9C	area3-1	34 683	38 965	89.0	19.5	Dec
17	边疆航空公司	Frontier Airlines	美国	F9	area1-1	33 588	39 330	85.4	19.4	Dec
18	维珍澳洲航空	Virgin Australia	澳大利亚	VA	area3-4	33 262	42 262	78.7	20.2	Jun
19	伏林航空公司	Vueling Airlines	西班牙	VY	area2-1	31 973	37 431	85.4	32.5	Dec
20	吉祥航空	Juneyao Airlines	中国	HO	area3-1	30 021	34 812	86.2	18.9	Dec
21	新加坡酷航航空公司	Scoot Airways	新加坡	TR	area3-1	29 325	34 388	85.3	10.5	Dec
22	亚航 X	AirAsiaX	马来西亚	D7	area3-1	29 112	36 046	80.8	6.2	Dec
23	墨西哥廉价航空	Volaris	墨西哥	Y4	area1-1	28 558	33 805	84.5	18.4	Dec
24	越捷航空	Vietjet	越南	VJ	area3-1	26 652	31 512	84.6	23.0	Dec
25	捷特二航空公司	Jet2	英国	LS	area2-1	26 511	28 995	91.4	12.2	Dec
26	宿务太平洋航空	Cebu Pacific Air	菲律宾	5J	area3-1	21 736	25 881	84.0	20.3	Dec
27	泰国亚洲航空	Thai AirAsia	泰国	FD	area3-1	21 243	25 019	84.9	21.6	Dec
28	忠实航空公司	Allegiant Air	美国	G4	area1-1	19 744	23 646	83.5	13.7	Dec
29	香料航空公司	Spice Jet	印度	SG	area3-3	19 686	21 248	92.6	19.3	Dec
30	英特捷特航空	Interjet	墨西哥	4O	area1-1	18 127	22 308	81.3	13.9	Dec
31	阿拉伯航空公司	Air Arabia	阿联酋	G9	area2-2	17 000	21 000	81.0	8.7	Dec
32	阳光快运航空	Sun Express	土耳其	XG	area2-1	15 500	19 000	81.6	9.7	Dec
33	祥鹏航空	Lucky Air	中国	8L	area3-1	15 250	17 500	87.1	11.5	Dec
34	俄罗斯胜利航空	Pobeda	俄罗斯	DP	area2-1	13 105	13 925	94.1	7.2	Dec
35	澳洲欣丰虎航	Tigerair Australia	澳大利亚	TT	area3-4	5 595	6 313	18.6	4.6	Jul

三、非联盟航空公司介绍

2017 年，全球按旅客周转量排名前 20 名的航空公司中不属任何联盟的有西南航空公司（第 3 名）、瑞安航空公司（第 5 名）、易捷航空公司（第 9 名）、阿联酋航空公司（第 13 名）和狮子航空公司（第 19 名）5 家，加上 2019 年退出天合联盟的中国南方航空公司（第 6 名），共计 6 家，各航空公司标识如图 11-22 所示。

图 11-22　非联盟航空公司成员标识

（一）西南航空公司

西南航空公司（Southwest Airlines Inc.）是美国主要的航空公司，也是世界上最大的廉价航空公司，总部位于得克萨斯州达拉斯。它由赫伯·凯莱赫创立于 1967 年，随后在 1971 年更名为现在的西南航空。截至 2014 年 12 月，这家航空公司拥有 46 000 名员工，每天运行超过 3 800 次航班。截至 2017 年，其旅客运周转量居全球第三。到 2016 年 1 月，西南航空通航美国 40 个州的 97 个站点，以及波多黎各和其他海外城市。

西南航空除了在 20 世纪 70 年代和 80 年代中的几年里租过波音 727 机型以外，都只采用波音 737 机型。截至 2016 年 1 月，西南航空拥有全世界最大的波音 737 机队，有 700 架在役飞机，平均每架飞机每天执行 6 次航班。其基本情况如图 11-23 所示。

Southwest　(WN)　3

业务概况	
航空公司名称	西南航空公司
全球排名（座位数）	3
所有权	上市
所属联盟	无
所在地	美国
航空公司类型（OAG类别）	低成本

关键绩效指标			
运营航线	699	载客量	147 858 774
座位数	195 875 573	平均预订客座率	76%
航班数	1 328 086	准点率（过去12个月）	80.50%
平均每架飞机座位数	147	平均航程km	1 544
可用座位数m	242 106	平均飞行时间（时分）	2:08
新航线净值	29	服务的国家数	10

航空网络关键指标			
前三大机场	座位数	机场动力占比	航线数
MDW	12 758 450	93.50%	73
LAS	11 367 306	41.10%	62
BWI	1 100 238	70.50%	66

前三大航线	乘客预订量	日均预订量	
DAL-HOU	937 663	2 562	
BUR-OAK	728 888	1 991	
BWI-MCO	674 536	1 843	

运力	
年同比增长率	4%
国内运力比	97%
国际运力比	3%

截至2017年2月的机队和订单		
类型	使用中	订购中
窄体	722	262
宽体	0	0

机队现有客机 722 架，订购客机 262 架以窄体客机为主

机队平均机龄为 11.7 年。

图 11-23　2017 年西南航空公司基本情况

（二）瑞安航空公司

瑞安航空公司（Ryanair）成立于 1985 年，总部设在爱尔兰，它是欧洲第一家廉价航空公司。截至 2018 年年底，该公司运营着 450 架波音 737-800 飞机，这些飞机的平均机龄为 6.7 年，是欧洲最新、最年轻的机队。瑞安航空的飞机利用率很高，夏季为 12 小

时，冬季为 11 小时。该公司建有 84 个基地，运营着通往 37 个国家/地区、222 个机场的航线，每天有 2 400 个离港航班，旗下有 14 500 名训练有素的机组人员，是全欧洲飞机准点率最高的团队，安全记录一直稳居业内领先地位。2017 年，瑞安航空公司成为第一家总载客数超过 10 亿的欧洲航空公司，年载客人次超过 1.31 亿，预计到 2024 年将达到 2 亿人次。其基本情况如图 11-24 所示。

RYANAIR (FR) 5

业务概况	
航空公司名称	瑞安航空公司
全球排名（座位数）	5
所有权	上市
所属联盟	无
所在地	爱尔兰
航空公司类型（OAG类别）	低成本

关键绩效指标			
运营航线	1 319	载客量	111 255 449
座位数	126 503 181	平均预订客座率	91%
航班数	669 329	准点率（过去12个月）	85.30%
平均每架飞机座位数	189	平均航程km	1 497
可用座位数m	154 336	平均飞行时间（时分）	2:13
新航线净值	66	服务的国家数	33

航空网络关键指标			
前三大机场	座位数	机场动力占比	航线数
STN	11 251 737	81.40%	139
DUB	7 184 457	42.80%	94
BGY	5 246 451	82.20%	76

运力	
年同比增长率	12%
国内运力比	19%
国际运力比	81%

前三大航线	乘客预订量	日均预订量
ATH-SKG	877 456	2 397
DUB-STN	789 638	2 157
CTA-FCO	745 111	2 036

截至2017年2月的机队和订单		
类型	使用中	订购中
窄体	371	192
宽体	0	0

机队现有客机 371 架，订购客机 192 架以窄体客机为主

机队平均机龄为 6.7 年。

图 11-24　2017 年瑞安航空公司基本情况

（三）中国南方航空公司

中国南方航空集团公司（China Southern Airlines Holding Company）是一家总部设在中国广州的中央企业，与中国航空集团公司和中国东方航空集团公司合称中国三大航空集团。中国南方航空股份有限公司以蓝色垂直尾翼镶红色木棉花为公司标志，是中国运输飞机最多、航线网络最发达、年客运量最大的航空公司，拥有新疆航空、北方航空等 16 家分公司和厦门航空等 6 家控股航空子公司，在珠海设有南航通航，在杭州、青岛等地设有 22 个国内营业部，在新加坡、纽约等地设有 68 个国外办事处。

南航以“阳光南航”为文化品格，以“连通世界各地 创造美好生活”为企业使命，以“顾客至上、尊重人才、追求卓越、持续创新、爱心回报”为核心价值观，大力弘扬“勤奋、务实、包容、创新”的南航精神，致力于建设具有全球竞争力的世界一流航空运输企业。

2017 年，南航运输总周转量为 273.21 亿吨公里，同比增长 12.03%；旅客运输量 1.26 亿人次，连续 39 年居中国各航空公司之首，同比增长 10.19%；客座率为 82.20%，同比增长 1.69 个百分点，成为全亚洲载客量及飞机数量最多的航空公司。截至 2018 年 12 月，南航运营包括波音 787、777、737 系列，空客 A380、A330、A320 系列等型号客货运输飞机超过 601 架，是全球首批运营空客 A380 的航空公司。其机队规模居亚洲第一、

世界第四。

南航的安全飞行纪录卓越，保持着中国航空公司最好的安全纪录，其安全纪录和安全管理水平处于国际领先地位。2018 年 6 月，南航荣获中国民航飞行安全最高奖“飞行安全钻石二星奖”，是中国国内安全星级最高的航空公司。

目前，南航每天有 3 000 多个航班飞至全球 40 多个国家和地区、224 个目的地，航线网络达 1 000 多条，提供座位数超过 30 万个。通过与合作伙伴密切合作，南航的航线网络将延伸到全球更多目的地。近年来，南航持续新开和加密航班网络，强化中转功能，利用第六航权，全力打造“广州之路（Canton Route）”国际航空枢纽，广州国际和地区通航点超过 50 个，形成了以欧洲、大洋洲两个扇形为核心，以东南亚、南亚、东亚为腹地，全面辐射北美、中东、非洲的航线网络布局，已成为中国至大洋洲、东南亚的第一门户枢纽。2017 年，南航在广州枢纽承运旅客 3 175 万人次，国际中转旅客 370 万人次。其基本情况如图 11-25 所示。

中国南方航空
CHINA SOUTHERN
(CZ)　6

业务概况	
航空公司名称	中国南方航空公司
全球排名（座位数）	6
所有权	国有与上市结合
所属联盟	天合联盟
所在地	中国
航空公司类型（OAG类别）	主线

关键绩效指标			
运营航线	710	载客量	83 536 357
座位数	115 763 222	平均预订客座率	74%
航班数	709 294	准点率（过去12个月）	68.30%
平均每架飞机座位数	163	平均航程km	1 630
可用座位数m	186 294	平均飞行时间（时分）	2:35
新航线净值	-1	服务的国家数	47

航空网络关键指标			
前三大机场	座位数	机场动力占比	航线数
CAN	18 202 829	48.40%	134
PEK	8 753 746	14.70%	46
SZX	6 034 793	24.00%	61

前三大航线	乘客预订量	日均预订量
CAN-PEK	1,663,863	4 546
CAN-SHA	1,238,520	3 384
PEK-SZX	853,503	2 332

运力	
年同比增长率	3%
国内运力比	85%
国际运力比	15%

截至2017年2月的机队和订单		
类型	使用中	订购中
窄体	439	136
宽体	66	32

机队现有客机 505 架，订购客机 168 架以窄体客机为主

机队平均机龄为 7.1 年。

图 11-25　2017 年中国南方航空公司基本情况

（四）易捷航空公司

易捷航空（easyJet）是英国的一家航空公司，总部位于英国伦敦卢顿机场，其国际和国内营运航线超过 600 条，航点遍布 33 个国家，载客数量首屈一指。它是英国最大的航空公司、欧洲第二大低成本航空公司，仅次于瑞安航空。

1995 年易捷航空成立后，发展快速，并购了其他公司，由于选择低成本航空旅游的旅客持续增长，其便在欧洲各地设置枢纽机场。目前，易捷航空与子公司瑞士易捷航空拥有飞机数量超过 236 架的机队，多数为空中客车 A319；在欧洲各地共设置 23 座枢纽机场，规模最大的为盖特威克机场。2017 年，易捷航空一共运载超过 6 900 万名旅客。其基本情况如图 11-26 所示。

easyJet (U2) 9

业务概况	
航空公司名称	易捷航空公司
全球排名（座位数）	9
所有权	上市
所属联盟	无
所在地	英国
航空公司类型（OAG类别）	低成本

关键绩效指标			
运营航线	678	载客量	69 114 266
座位数	82 644 804	平均预订客座率	85%
航班数	498 365	准点率（过去12个月）	75.10%
平均每架飞机座位数	166	平均航程km	1 374
可用座位数m	90 108	平均飞行时间（时分）	2:01
新航线净值	6	服务的国家数	32

航空网络关键指标

前三大机场	座位数	机场动力占比	航线数
LGW	9 920 448	39.40%	113
GVA	4 142 700	37.70%	75
MXP	3 914 028	30.70%	57

前三大航线	乘客预订量	日均预订量
AMS-LGW	723 644	1 977
GVA-LGW	672 285	1 837
CDG-MXP	670 632	1 832

运力	
年同比增长率	7%
国内运力比	20%
国际运力比	80%

截至2017年2月的机队和订单

类型	使用中	订购中
窄体	236	161
宽体	0	0

机队现有客机 236 架，订购客机 161 架以窄体客机为主

机队平均机龄为 7.2 年。

图 11-26　2017 年易捷航空公司基本情况

（五）阿联酋航空公司

阿联酋航空公司（Emirates）是阿拉伯联合酋长国的一家航空公司，于 1985 年成立，由迪拜政府全资拥有，提供来往迪拜的民航服务。阿联酋航空为中东地区最大的航空公司，每周运营超过 1 500 个航班，航线遍布六大洲的 78 个国家、142 个城市。该公司还运营着世界上四个最长的直飞航线，即从迪拜到洛杉矶、旧金山、达拉斯沃思堡和休斯敦。2017 年，阿联酋航空运送旅客 5 548 万人次。阿联酋航空拥有世界上最大的 A380-800 以及 B777-300ER 机队。其基本情况如图 11-27 所示。

Emirates (EK) 13

业务概况	
航空公司名称	阿联酋航空公司
全球排名（座位数）	13
所有权	国有
所属联盟	无
所在地	阿拉伯联合酋长国
航空公司类型（OAG类别）	主线

关键绩效指标			
运营航线	154	载客量	55 482 912
座位数	75 957 082	平均预订客座率	75%
航班数	194 509	准点率（过去12个月）	78.70%
平均每架飞机座位数	391	平均航程km	5 008
可用座位数m	359 319	平均飞行时间（时分）	6:05
新航线净值	8	服务的国家数	76

航空网络关键指标

前三大机场	座位数	机场动力占比	航线数
DXB	35 410 366	62.40%	132
BKK	1 416 642	3.80%	3
LHR	1 105 932	2.30%	1

前三大航线	乘客预订量	日均预订量
DXB-KWI	638 018	1 743
DXB-KHI	611 173	1 670
DXB-LHR	598 302	1 635

运力	
年同比增长率	10%
国内运力比	
国际运力比	100%

截至2017年2月的机队和订单

类型	使用中	订购中
窄体	0	0
宽体	241	223

机队现有客机 241 架，订购客机 223 架全部为宽体客机

机队平均机龄为 5.5 年。

图 11-27　2017 年阿联酋航空公司基本情况

（六）印度尼西亚狮子航空公司

狮子航空（PT Lion Mentari Airlines）是印度尼西亚的一家民营航空公司，专门服务于东南亚（如印度尼西亚、马来西亚、新加坡）、中东地区的国家（如沙特阿拉伯）以及澳大利亚等地之间的航线。其总部设在雅加达苏卡诺-哈达国际机场，次要枢纽机场是泗水朱安达国际机场及巴厘岛伍拉·赖国际机场。

狮子航空总共飞航 55 个国内航点以及 6 个国际航点。另外，欧盟曾基于安全考虑，于 2007 年禁止其飞往欧洲，直到 2016 年才解禁。其基本情况如图 11-28 所示。

Lion air (JT) 19

业务概况	
航空公司名称	印度尼西亚狮航
全球排名（座位数）	19
所有权	私有
所属联盟	无
所在地	印尼
航空公司类型（OAG类别）	低成本

关键绩效指标			
运营航线	106	载客量	39 237 806
座位数	48 557 485	平均预订客座率	79%
航班数	263 433	准点率（过去12个月）	N/A
平均每架飞机座位数	184	平均航程km	1 248
可用座位数m	44	平均飞行时间（时分）	1:35
新航线净值	3	服务的国家数	7

航空网络关键指标			
前三大机场	座位数	机场动力占比	航线数
CGK	10 927 789	26.60%	33
SUB	5 305 912	40.50%	23
UPG	4 106 486	42.30%	25

运力	
年同比增长率	0%
国内运力比	95%
国际运力比	5%

前三大航线	乘客预订量	日均预订量
CGK-DPS	1 232 062	3 366
CGK-UPG	1 144 339	3 127
SUB-UPG	1 106 609	3 024

截至2017年2月的机队和订单		
类型	使用中	订购中
窄体	108	440
宽体	5	3

机队现有客机 113 架，订购客机 443 架以窄体客机为主

机队平均机龄为 5.8 年。

图 11-28 2017 年印度尼西亚狮子航空公司基本情况

思 考 题

1. 简述航空公司地理分布的内涵。
2. 简述世界航空公司的地理分布。
3. 航空公司的分类有哪些？
4. 简述全球各地区内航空运输市场的运力投入概况。
5. 简述全球洲际航空运输市场的运力投入概况。
6. 简述全球航空公司的机队规模与更新概况。
7. 简述航空联盟的特点。
8. 简述三大航空联盟在全球航空运输业中的地位。
9. 简述星空联盟的概况。

10．简述星空联盟主要航空公司概况。

11．简述天合联盟概况。

12．简述天合联盟主要航空公司概况。

13．简述寰宇一家概况。

14．简述寰宇一家主要航空公司概况。

15．简述低成本航空公司发展概况。

16．简述非联盟中主要航空公司概况。

参 考 文 献

[1] 谭惠卓．航空运输地理教程[M]．北京：中国民航出社，2007.

[2] 刘得一．民航概论[M]．北京：中国民航出版社，2011.

[3] 方学东，由扬．杰普逊航图教程[M]．北京：中国民航出版社，2008.

[4] 石丽娜，周慧艳．航空运输地理[M]．北京：国防工业出版社，2012.

[5] 赵廷渝．飞行员航空理论教程[M]．成都：西南交通大学出版社，2004.

[6] 张焕．空中领航学[M]．成都：西南交通大学出版社，2016.

[7] 周敏．世界港口交通地图集[M]．北京：中国地图出版社，2019.

[8] 周敏．世界地图册[M]．北京：中国地图出版社，2013.

[9] 中国民航局官方网站 http://www.caac.gov.cn/.

[10] 中国民航报（2008－2018）http://editor.caacnews.com.cn.

[11] 国际民航组织官方网站 https://www.icao.int/.

[12] 国际航空运输协会官方网站 https://www.iata.org.

[13] 国际机场协会官方网站 https://aci.aero/.

[14] 星空联盟官方网站 https://www.staralliance.com/zh/.

[15] 天合联盟官方网站 https://www.skyteam.com/zh/.

[16] 寰宇一家官方网站 https://www.oneworld.com./

[17] 飞常准大数据官方网站 https://data.variflight.com/.

[18] FlightGlobal 官方网站 https://www.flightglobal.com/.